*Von Michael Tsokos und Andreas Gößling
sind bereits folgende Titel erschienen:*
Zerschunden (Band 1 True-Crime-Trilogie)
Zersetzt (Band 2 True-Crime-Trilogie)
Zerbrochen (Band 3 True-Crime-Trilogie)

Über die Autoren:
Michael Tsokos, 1967 geboren, ist Professor für Rechtsmedizin und international anerkannter Experte auf dem Gebiet der Forensik. Seit 2007 leitet er das Institut für Rechtsmedizin der Charité. Seine Bücher über spektakuläre Fälle aus der Rechtsmedizin sind allesamt Bestseller.

Andreas Gößling wurde 1958 geboren und ist promovierter Literatur- und Sozialwissenschaftler. Unter Pseudonym und seinem eigenen Namen hat er zahlreiche Sachbücher und Romane für jugendliche und erwachsene Leser verfasst. Er lebt als freier Autor mit seiner Frau in Berlin, wo er auch den Spezialverlag MayaMedia leitet.

MICHAEL TSOKOS

mit Andreas Gößling

Zerschunden

True-Crime-Thriller

Besuchen Sie uns im Internet:
www.knaur.de

Vollständige Taschenbuchausgabe Juni 2018
Knaur Taschenbuch
© 2015 Knaur Verlag
Ein Imprint der Verlagsgruppe Droemer Knaur GmbH & Co. KG, München
Ein Projekt der AVA international GmbH Autoren- und Verlagsagentur
www.ava-international.de
Alle Rechte vorbehalten. Das Werk darf – auch teilweise – nur mit
Genehmigung des Verlags wiedergegeben werden.
Redaktion: Regine Weisbrod
Covergestaltung: ZERO Werbeagentur, München
Coverabbildung: FinePic®, München
Satz: Adobe InDesign im Verlag
Druck und Bindung: CPI books GmbH, Leck
ISBN 978-3-426-52221-9

10 9

Zerschunden

Prolog

Genau im richtigen Moment stieß er die Fahrertür des ockerfarbenen Peugeot Kastenwagens auf. Metall krachte gegen Metall, und die junge Frau kippte mitsamt ihrem Fahrrad ganz einfach um. Schotter und Staub spritzten zur Seite, als ihr Körper auf der schmalen, unbefestigten Straße aufschlug. Genauso, wie er sich das im Voraus ausgemalt hatte. Hunderte Male, tage- und nächtelang.
Er stieg langsam aus und setzte ein breites Lächeln auf, das sich für ihn selbst nach gebleckten Reißzähnen anfühlte. Sein Herzschlag war stark beschleunigt, ihm war etwas schwindlig. Das Adrenalin war zurück. Endlich.
Mach langsam, *ermahnte er sich*, sonst ist gleich alles wieder vorbei. Der große Kick, von dem er schon so lange geträumt hatte.
Er musterte das Durcheinander aus nackten Beinen und Armen, aus Speichen und zwei im Leeren drehenden Rädern. In Gedanken schnitt er ihr bereits die Kleider vom Leib.
Er würde sie beschriften, sorgfältig und langsam, jeden einzelnen ihrer Körperteile. Er hatte eine ganze Sammlung an Messern beiseitegeschafft, was nicht leicht gewesen war. Ständig hatten alle rumgenervt, weil schon wieder ein Messer verschwunden war. Mal ein Gemüsehackmesser, dann das große, axtartige Schlachtmesser, mit dem man zur Not bestimmt auch Knochen zerteilen konnte.
Zur Not, *dachte er.* In solche Not kann man schon mal kommen.
Die kleine Straße führte mitten durch den Wald, weit draußen vor der Stadt. Um diese Morgenstunde war hier nie-

mand unterwegs. Er beugte sich über die junge Frau und griff sich das Fahrrad an Lenker und Rahmen. Unter den verbogenen Speichen ihr Gesicht, jung, hellhäutig, dreckverschmiert. Sie wimmerte irgendetwas, aber er hörte nicht hin. Es wurde Zeit, dass er sie wegbrachte.
Das Fahrrad warf er in den zugewucherten Straßengraben. Da unten lag jede Menge Müll, niemand würde dort nach einem Fahrrad suchen. Und wenn schon, dachte er.
Als er sich wieder zu dem Mädchen umwandte, versuchte sie gerade, wegzukriechen. »Das hast du dir wohl so gedacht, Schätzchen!«, schrie er.
Mit drei Schritten war er bei ihr. Sie drehte den Kopf über die Schulter zu ihm zurück. Stirn und Wange schwarz-rotgrau verschmiert mit Öl, Blut und Staub. Weit aufgerissene Augen voller Angst. Nackter Angst vor dem, was kommen würde.
Er brauchte nicht groß auszuholen, wenn er hart zuschlagen wollte. Darüber hatten sich die Leute schon öfter gewundert. Vielleicht war er nicht besonders hochgewachsen, aber das glich er durch die Schlagkraft seiner Fäuste locker aus. Er traf sie seitlich am Hals. Ihr Körper wurde augenblicklich schlaff.
Er warf sie ins Innere des Kastenwagens, kletterte hinterher und kauerte sich neben sie. Sie fing schon wieder an, sich zu bewegen und vor sich hin zu wimmern, und für einen Moment geriet er fast in Panik. Verdammt, er hatte nicht daran gedacht, dass er sie irgendwie ruhig kriegen musste. Nicht tot, aber ruhig. Schließlich konnte er nicht während der Fahrt immer wieder nach hinten hechten und sie aufs Neue k.o. hauen.
Seine Augen huschten durch das Innere des Wagens. In der Ladefläche eingebaut war eine Klappe, und als er sie öffnete, quoll ihm ein orangefarbenes Seil entgegen. Ein Abschleppseil, ein bisschen grob für seine Zwecke, aber es gelang ihm,

das Mädchen mit dem Strick an Händen und Füßen zusammenzubinden.

Sie sträubte sich, wimmerte lauter und rollte mit den Augen. Aber nachdem er ihr noch einen Schlag verpasst hatte, diesmal an die Schläfe, wurde sie wieder schlaff. Mit einem Streifen Verbandspflaster aus dem Erste-Hilfe-Kasten klebte er ihr zum Schluss noch den Mund zu.

Reisefertig, *dachte er und kletterte nach draußen. Erst als er die Fahrertür öffnete, fiel ihm die Delle unter dem Schloss auf. Verflucht, sein Bruder würde stinksauer sein. Der Lack war total zerkratzt, und die Delle war so tief, dass er den halben Daumen darin versenken konnte.*

Die Wut kochte in ihm hoch. Daran ist nur diese verfluchte kleine Schlampe schuld! *Er wurde von Visionen überschwemmt, in denen er das Flittchen da drinnen mit bloßen Händen erwürgte. Wie sie unter ihm lag und zuckte, wie sie sich aufbäumte und stöhnte wie bei der Liebe. Eine halbe Ewigkeit lang kämpfte er gegen den Drang an, sie auf der Stelle kaltzumachen.*

Versau es nicht wieder, *ermahnte er sich.* Du hast es perfekt vorbereitet, also zieh es jetzt auch so durch.

Er atmete noch ein paarmal tief ein und aus, dann hatte er sich wieder im Griff.

Er würde seinem Bruder einfach irgendeine beschissene Story erzählen. Er hatte die Karre irgendwo abgestellt, und als er zurückkam, war da eben diese gottverdammte Delle. Wer interessierte sich schon für so etwas Dämliches wie Beulen und Kratzer an Autos?

Er selbst bestimmt nicht – er interessierte sich höchstens für Kratzer in Frauenkörpern und sonst für gar nichts. Für die Wörter, die er ihr jetzt endlich in die Haut schneiden würde, wie er sich das schon lange ausgemalt hatte.

Nein, diesmal würde er es nicht versauen. Er hatte sogar ein Versteck gefunden, wo er sie in aller Ruhe beschriften

konnte. Niemand würde sie dort suchen. Niemand würde auf die Idee kommen, dass sich in diesem Loch etwas anderes als Ratten aufhalten könnte.
Er glitt hinter das Steuer des Kastenwagens, knallte die Tür zu und fuhr mit durchdrehenden Rädern los.

I

**Berlin-Tegel,
Donnerstag, 2. Juli, 19:45 Uhr**

Der kleine Supermarkt war genauso in die Jahre gekommen wie die ganze Mehrfamilienhaussiedlung am nordwestlichen Stadtrand. Und wie ein großer Teil ihrer Bewohner.
Irina Petrowa stand in der Kassenschlange, und jeder einzelne Knochen ihres sechsundsiebzigjährigen Körpers tat ihr weh. Obwohl die Stadt seit acht Tagen unter einer Hitzeglocke schmorte, fröstelte die alte Frau in ihrem Sommermantel. Ihr Augenlicht war vom grauen Star getrübt, in ihren Ohren ertönte unaufhörliches Tinnitusklingeln. Desto angestrengter sperrte sie Augen und Ohren auf, um möglichst viel von dem mitzubekommen, was um sie herum passierte.
Das war allerdings im Moment nicht sonderlich viel. Alle in der Kassenschlange wirkten müde und abgekämpft. Einige hatten sichtlich einen langen Arbeitstag hinter sich und kauften kurz vor Ladenschluss noch Berge an Lebensmitteln ein. Die meisten Kunden aber schienen ein einsames Leben zu führen, denn in ihren Einkaufswagen lagen nur wenige Artikel. So wie bei Irina Petrowa.
Mit einer Hand schob sie ihren Einkaufswagen zentimeterweise voran, mit der anderen umklammerte sie den Griff ihres altmodischen Spazierstocks. Ein Erbstück von Sascha, ihrem jüngsten Bruder, der im letzten Sommer mit nur einundsiebzig Jahren verstorben war. *Wodka, der Fluch Russlands,* dachte sie. Zur Beerdigung war sie nach Sankt Petersburg geflogen, und es hatte sie ihre letzten Kräfte gekostet.

Die Reise, die Stadt ihrer Jugend, die Erinnerungen, die sie seitdem nicht mehr losließen.

Irina Petrowa war noch zu Zeiten des Kalten Krieges nach Deutschland gekommen, natürlich der Liebe wegen, die allerdings bald schon im grauen DDR-Alltag verwelkt war. Mehr oder weniger ihr ganzes Erwachsenenleben hatte sie in der deutschen Hauptstadt verbracht – zuerst im Osten, seit dem Mauerfall im Westen Berlins. Seit über zehn Jahren war sie verwitwet.

An Saschas Grab war ihr zum ersten Mal der Gedanke gekommen, dass sie ihr Leben verpasst hatte, wie man auf dem Bahnhof einen Zug verpasst. Seitdem spürte sie, wie tief in ihr die Lebensgier brodelte. Die meisten ihrer Mitbewohner in der Seniorenwohnanlage hatten mehr oder weniger mit allem abgeschlossen. Irina Petrowa aber wollte leben, auch wenn ihr mit jedem Tag jede Bewegung noch mehr weh tat.

Sie hatte die junge Frau an der Kasse noch niemals vorher gesehen. Entweder sie tauschten die Kassiererinnen hier alle paar Tage aus, oder ihr Kurzzeitgedächtnis ließ genauso rapide nach wie ihre Sehkraft. Irina Petrowa bat die Angestellte, ihr beim Verstauen ihres Einkaufs zu helfen, und machte sich mit ihrem Stock und der Plastiktasche auf den Heimweg.

Neben dem Ausgang waren Sonderangebote für Gartenfreunde aufgebaut. Den untersetzten Schwarzen, der die Kollektion aus Liegestühlen und Holzkohlegrills betrachtete, nahm sie nur als verschwommenen Schatten wahr. Schritt für Schritt schleppte sie sich über den Parkplatz, und der schwarze Schatten folgte ihr.

Linker Hand gab es eine kleine Grünanlage mit Parkbänken, auf denen wie immer die Trinker saßen. Irina Petrowa achtete darauf, den alten Männern mit den Reibeisenstimmen nicht zu nahe zu kommen. Aber es half nichts. *Sie sind wie Sascha.* Der Leichenbestatter hatte sein Bestes gegeben, trotzdem hatte ihr armer kleiner Bruder in seinem Sarg ausgesehen wie eine Mumie. So ausgemergelt und eingeschrumpft, als hätte der Alkohol ihn von innen her verbrannt.

Nachdem sie den Parkplatz überquert hatte, waren es nur noch etwa hundert Meter bis zu ihrer Haustür. Doch für Irina Petrowa fühlte es sich an wie ein Gewaltmarsch durch die Wüste. Die immer noch grelle Abendsonne stach ihr in die Augen, so dass sie alles wie in gleißenden Nebel gehüllt sah. Schweiß lief ihr in Bächen den Rücken herunter, gleichzeitig war ihr erbärmlich kalt. Verbissen stieß sie ihren Stock mit dem versilberten Falkenkopfgriff vor sich auf den Gehweg. Natürlich hätte sie sich ihren Einkauf in die Wohnung liefern lassen können, aber das kam nicht in Frage. Der abendliche Gang zum Supermarkt war für sie der Höhepunkt des Tages.

Jeden Morgen um neun kam ihre Betreuerin, eine karibische Schönheit namens Mercedes Camejo, zu ihr in die Wohnung, um für sie den Haushalt zu erledigen und ihr bei der Körperpflege zu helfen. Aber Irina Petrowa war jedes Mal froh, wenn sie die dralle Person wieder los war. Sie konnten sowieso kaum ein vernünftiges Wort wechseln, da ihre Betreuerin nur gebrochen Deutsch sprach und die Betreute mehr oder weniger nur sinnloses Klingeln in ihren Ohren vernahm.

Endlich hatte Irina Petrowa die sechsgeschossige Wohnanlage erreicht, die fast schon in Sichtweite des Flughafens Tegel lag und sechzig Senioren in altersgerechten Apartments Platz bot. Sie beugte sich vor, lehnte ihren Stock neben der Haustür an die Wand und suchte in ihrem Mantel nach dem Schlüssel. Auf der gegenüberliegenden Straßenseite studierte der Mann mit der rußfarbenen Haut die Plakate an einer Litfaßsäule. Irina Petrowa spürte undeutlich,

dass der Schatten immer noch in ihrer Nähe war, aber in ihren Gedanken hatte er sich in etwas anderes verwandelt.
Nach Jahrzehnten der Entfremdung waren ihr Bruder Sascha und sie sich vor seinem Tod noch einmal nahegekommen. Sie hatten einander Briefe geschrieben und mehrmals im Monat telefoniert. Sascha war ihr früher immer wie ein roher Draufgänger erschienen, der jeden tieferen Gedanken für Zeitvergeudung hielt. Aber durch irgendeine wundersame Wandlung war er kurz vor seinem Tod geradezu ein Mystiker geworden.
Entweder er hat sich früher immer verstellt, oder der Wodka hat ihn zu einem Weisen gemacht, dachte Irina Petrowa. Letztlich schienen ihr beide Möglichkeiten gleichermaßen unwahrscheinlich. Sie kämpfte mit ihrem Schlüssel, der sich im Futter ihrer Manteltasche verheddert hatte, und ihr war unerträglich heiß.
Die Schatten, die uns umgeben, sind nichts anderes als unsere eigenen sündigen Gedanken, hatte Sascha ihr erklärt, wenige Wochen bevor er ins Koma gefallen war. *Verstehst du, Irina?*
Eigentlich hatte sie es nicht verstanden. Es war nicht logisch, jedenfalls auf den ersten Blick. Doch wenn man es als mystische Weisheit auffasste, schien es eben doch eine Art Sinn zu ergeben.
Mit zitternder Hand schob sie den Schlüssel ins Schloss. Nachdem sie aufgeschlossen und ihren Stock wieder an sich genommen hatte, schleppte sie sich in die Eingangshalle. Die Liftkabine lockte mit offener Tür und surrendem Neonlicht, doch Irina Petrowa wandte sich entschlossen der Treppe zu. *Den Aufzug haben die Bestatter erfunden,* hatte Grigorij, der Priester ihrer orthodoxen Gemeinde, ihr schon vor Jahren eingeschärft.
Das hatte Irina Petrowa eingeleuchtet, ganz ohne Mystik. Ihr Hausarzt hatte im Grunde dasselbe gesagt, nur ohne

Seitenhieb auf die Bestatter. Jedenfalls mühte sie sich Tag für Tag über die Treppe in den ersten Stock hoch. Flüchtig wunderte sie sich, dass sie diesmal gar nicht gehört hatte, wie hinter ihr die Haustür ins Schloss gefallen war. Aber in ihren Ohren klingelte es wie in einer anfahrenden Straßenbahn.
Trotzdem drehte sie sich auf der Plattform im ersten Stock um und spähte angestrengt nach unten. Doch da war nichts, oder höchstens ein Schatten auf der halben Treppe, und schon waren ihre Gedanken wieder bei Sascha. *Es gibt keine Schatten, verstehst du, Irina?*
Ja, Brüderchen, ich verstehe, was du meinst. Vor ihrer Wohnungstür musste sie erneut das beschwerliche Ritual ausführen. Sie lehnte den Stock gegen die Wand, zog den Schlüssel aus der Manteltasche und schloss auf. Dann hangelte sie wieder nach der Gehhilfe und schob die Tür mit dem gummiüberzogenen Stockende weit auf.
Im selben Moment bekam sie einen harten Stoß in den Rücken. *Was war das? Um Himmels willen!* Sie stolperte in ihre kleine Diele und riss die Arme hoch. Stock und Einkaufstasche fielen ihr aus den Händen und landeten auf dem Teppichboden. Sie wollte sich umdrehen, doch da bekam sie einen zweiten, noch kräftigeren Stoß in den Rücken, der sie endgültig von den Füßen riss. Irina Petrowa fiel der Länge nach hin. Ihre Arme und Handgelenke, mit denen sie den Sturz abzufedern versucht hatte, taten höllisch weh. Sie wollte schreien, aber es ging nicht. Zwei kräftige Hände hatten ihren Kopf und Nacken gepackt und drückten ihr Gesicht in den muffig riechenden Teppich. Hilflos lag sie auf dem Bauch und kämpfte dagegen an, ohnmächtig zu werden.
Schatten, dachte sie, und plötzlich war alles schwarz.
Als sie wieder zu sich kam, lag sie immer noch in ihrer Diele, doch seltsamerweise auf dem Rücken. Die Wohnungstür

war geschlossen, und neben ihr kauerte ein Mann auf dem Boden und sah sie aufmerksam an. Sein Augenweiß und seine Zähne hoben sich unwirklich hell von seinem schwarzen Gesicht ab. Obwohl sie immer noch benommen war, wusste Irina Petrowa, dass es der stämmige Mann vom Supermarktparkplatz sein musste.

Der Schatten, du hast dich geirrt, Sascha, dachte sie. *Er ist ganz einfach ein Räuber, der es auf meinen Schmuck abgesehen hat.*

Sein Mund ging auf und zu, anscheinend redete er mit ihr. Aber Irina Petrowa verstand kein Wort. Der Tinnitus schrillte in ihren Ohren. Das Herz schlug ihr bis in die Kehle hinauf. »Sie können alles haben!«, stieß sie hervor.

Er bleckte die Zähne, packte ihren Rock und zog ihn bis zu ihrer Hüfte hoch. Dann zerrte er ihr die Strumpfhose herunter.

Irina Petrowa erstarrte. *Ein Perverser,* dachte sie. *Oh, mein Gott. Er wird mich vergewaltigen!*

Sie wollte um Hilfe schreien, da legte er ihr die Hände um den Hals und drückte zu. *Wenn ich nur den Stock noch hätte!* Panisch scharrten Irina Petrowas Hände über den Boden. Aber sie konnte das elende Ding nicht finden. Sie schlug um sich und strampelte. Als all das nichts half, krallte sie ihre Fingernägel in seine Hände, die wie ein eisernes Band um ihre Kehle lagen.

Aber sie hatte keine Chance. Noch einmal lief ein Zucken durch ihren Körper, dann fielen ihre Arme schlaff herab, und ihr Blick wurde für immer leer.

2

**Berlin, Treptowers, BKA-Einheit »Extremdelikte«,
Freitag, 3. Juli, 07:25 Uhr**

Schon beim Frühstück hatte Dr. Fred Abel einen Anruf aus dem Sekretariat erhalten: Auf einem Kleinflughafen in der Uckermark war am frühen Morgen eine Cessna beim Landeanflug abgestürzt. Acht Fallschirmspringer plus Besatzung. Keine Überlebenden.

Alle verfügbaren Rechtsmediziner vom Berliner Landesinstitut und vom rechtsmedizinischen Institut der Charité waren zum Unfallort beordert worden, um die Toten noch vor Ort in einer provisorisch eingerichteten Leichenhalle zu identifizieren. Also mussten Abel und seine Kollegen von der rechtsmedizinischen Abteilung der BKA-Einheit »Extremdelikte« wieder einmal für den gewöhnlichen Bereitschaftsdienst einspringen. Jeden auch nur halbwegs rätselhaften Todesfall würden sie in den nächsten Tagen auf den Tisch bekommen, bis die Kollegen von den beiden Berliner Instituten mit den abgestürzten Fallschirmspringern durch waren.

Anstatt den Tag beim Frühstück mit seiner Lebensgefährtin Lisa einigermaßen ruhig angehen zu lassen, hatte Abel hastig seinen Kaffee ausgetrunken und war aus dem Haus gestürzt. Von ihrem Townhouse in Berlin-Grünau bis zu den Treptowers brauchte man um diese Zeit mit dem Auto mindestens eine halbe Stunde.

Als ob wir nicht schon genügend Leichen im Keller hätten, dachte Abel, während er seinen schwarzen Audi A5 auf dem Parkplatz der Berlin Treptowers abstellte. Die Box daneben, in der sonst Herzfelds Range Rover stand, war leer.

Ausgerechnet heute.

Am gestrigen Donnerstag hatte Professor Paul Herzfeld, der Leiter ihrer Sonderabteilung, einen fünftägigen Kurzurlaub angetreten. Als seinem Stellvertreter kam Abel die zweifelhafte Ehre zu, das anbrandende Chaos zu koordinieren.

Also los, packen wir's an.

Er atmete tief durch, während er auf den Eingang des imposanten Büroturms im Berliner Stadtteil Treptow zuging. Um diese Stunde war die Hitze noch erträglich, aber spätestens am Mittag würde das Thermometer wieder tropische Werte anzeigen. Allerdings nicht im Innern des weitläufigen Bürokomplexes, der mit einer erbarmungslos effizienten, neuen Aircondition ausgerüstet worden war.

Der glasummantelte Turm am Spreeufer, dem die Treptowers ihren Namen verdankten, war mit hundertfünfundzwanzig Metern das höchste Bürogebäude Berlins. Doch Abel hatte in den fünf Jahren, die er nun schon hier beim BKA war, nur selten Gelegenheit gehabt, die legendäre Aussicht von der Dachterrasse zu bewundern. Die rechtsmedizinische Sonderabteilung mitsamt Leichenkühlraum, Laboren und Obduktionssaal befand sich gut zehn Meter unter der Erde.

Er betrat die Eingangshalle, nickte dem Pförtner zu und fuhr mit dem Lift ins zweite Untergeschoss.

Bei der Frühbesprechung, die jeden Morgen um 7:30 Uhr im grau in grau möblierten Meetingraum stattfand, fehlte glücklicherweise keiner der zum Dienst eingeteilten Kollegen. Der österreichische Assistenzart Dr. Alfons Murau erzählte wieder einmal boshafte Anekdoten in breitem Dialekt. Dabei strich er sich über den Spitzbauch, als wäre sein Wiener Schmäh eine schmackhafte Speise. Dr. Sabine Yao, die zierliche Deutschchinesin, hörte ihm mit einem angedeuteten Lächeln zu, während sie sich Tee in eine winzige Porzellantasse einschenkte.

Nur Dr. Martin Scherz, Oberarzt und dienstältester Rechtsmediziner der Abteilung, schien seine lebenden Mitmenschen wie üblich zu ignorieren. Laut schlürfend trank er aus seinem Kaffeebecher und starrte gelangweilt ins Leere. Mit seinem schütteren, grauen Vollbart, der das Doppelkinn eher betonte als verdeckte, und dem griesgrämigen Gesichtsausdruck war er nicht gerade eine erfreuliche Erscheinung. Jahrzehnte am Obduktionstisch hatten ihn emotional abgestumpft. Aber auch wenn Scherz kein angenehmer Zeitgenosse war, schätzte ihn Abel als Rechtsmediziner sehr. Der grobschlächtige Mann verfügte über immense Erfahrung. In seinem unbestechlichen Gedächtnis bewahrte er wie in einem digitalen Archiv Hunderte Obduktionsberichte auf, die er jederzeit mit Namen, Sektionsdatum und Befunden wieder abrufen konnte.

»Ich trübe nur ungern die gute Stimmung«, sagte Abel, nachdem er die Runde begrüßt hatte. »Aber in den nächsten Tagen haben wir es mal wieder mit sämtlichen ungeklärten Berliner Todesfällen zu tun, nicht nur mit den Opfern von Extremdelikten.« Er klopfte auf den Schnellhefterstapel, der vor ihm auf dem Besprechungstisch lag. »Amtshilfe für die Kollegen vom Landesinstitut und von der Charité.«

Yao hob ihre wie mit dem Tuschepinsel gezeichneten Augenbrauen. Scherz gab ein langgezogenes Schnauben von sich. Es klang, als würde das letzte bisschen Luft aus einem lecken Schlauchboot abgelassen. »Heilige Scheiße, das auch noch«, knurrte er.

Nur Murau schien die drohende Mehrarbeit nichts auszumachen, im Gegenteil. Sein rundes Gesicht drückte Vorfreude aus. Er tätschelte sich den Bauch und begann halblaut zu rezitieren: »*Es ist ein Schnitter, der heißt Tod / Hat Gewalt vom höchsten Gott / Heut wetzt er das Messer / Es schneid't schon viel besser / Bald wird er drein schneiden / Wir müssen's nur leiden. / Hüte dich, schön's Blümelein!*«

Abel hatte großen Respekt vor Muraus Repertoire an schwarzer Poesie. Aber heute fehlte ihm definitiv der Sinn für lyrische Aus- und Abschweifungen. Ihm war auch so schon düster genug zumute.

»Vielleicht haben Sie es unterwegs im Radio gehört.« In knappen Worten fasste er zusammen, was auf dem Flughafen in der Uckermark passiert war. »Die Extremdelikte haben natürlich weiterhin Vorrang.« Er klopfte erneut auf den Stapel. »Aber wir müssen jederzeit damit rechnen, dass uns das LKA wegen irgendwelcher Mord- und Totschlagsfälle hinzuzieht.«

Er schlug die Schnellhefter aus dem Stapel einen nach dem anderen auf und referierte kurz die jeweilige Sachlage. In Charlottenburg war ein mit Sprengstoff präparierter Geldautomat in die Luft geflogen – das zerfetzte Opfer war möglicherweise der Bankräuber selbst; Hinweise auf seine mögliche Identität lagen bisher nicht vor. Eine weitgehend skelettierte Frauenleiche war in einem Waldstück im Berliner Nordosten aufgefunden worden – der Schädel von mehreren Geschossen durchlöchert, Liegezeit unbekannt. Eine türkische Frau war in Kreuzberg von ihrem Ehemann mit einem Krummsäbel regelrecht abgeschlachtet worden. Zur Krönung hatte der Mann den Kopf seiner Frau vom Balkon im vierten Stock in den Innenhof geworfen – vor den Augen ihrer gemeinsamen vier Kinder und zahlreicher Nachbarn, die durch das Geschrei der um ihr Leben kämpfenden Frau an ihre Fenster gelockt worden waren.

Bei dem bizarrsten Fall des Tages war offenbar sexuell motivierter Kannibalismus im Spiel gewesen. Oder außer Kontrolle geratener Wahnsinn. Vielleicht auch von beidem etwas. Jedenfalls hatte die Polizei in einer Wohnung am Berliner Stadtrand die zerstückelte und postmortal geschändete Leiche eines fünfunddreißigjährigen Mannes gefunden. Er hieß Maximilian Kowalske und war ein erfolgreicher

Fondsmanager gewesen. Abseits des Börsenparketts und seiner Familie hatte er ein bizarres Parallelleben geführt. Sein homosexuelles Schäferstündchen mit dem zehn Jahre älteren Kunstlehrer Markus Bossong, zu dem er in einem einschlägigen Internetportal Kontakt aufgenommen hatte, war allem Anschein nach aus dem Ruder gelaufen. Am Ende kochte sein abgetrennter Kopf jedenfalls in einem Topf auf Bossongs Induktionsherd. Und Kowalskes Rumpf und Extremitäten lagen, in zwölf Einzelteile zersägt, sorgsam verpackt in der Wohnung des Lehrers.

Bossong selbst hatte die Polizei alarmiert und behauptet, Kowalske habe ihn aufgefordert, ihn an Händen und Füßen zu fesseln und ihm den Mund zunächst mit Sekundenkleber zuzukleben und dann luftdicht mit Paketband zu verschließen. »Davon hat er sich den ultimativen Sexkick versprochen«, hatte Bossong zu Protokoll gegeben. Er habe das Klebeband aber so angebracht, dass Kowalske noch etwas Luft bekam, wenn auch leider nicht genug, wie sich dann herausgestellt habe. Anschließend habe er, wie von dem anderen Mann gewünscht, mit einer Spritzpistole große Mengen an handelsüblichem Bauschaum in den Enddarm des Fondsmanagers gespritzt, was diesen zusätzlich hochgradig erregt habe. Dass Kowalske erstickt sei, habe er erst bemerkt, als dieser kein Lebenszeichen mehr von sich gab.

»Herr Kowalske wollte das so«, hatte Bossong bei seiner Vernehmung immer wieder beteuert. Warum er den Körper des Toten anschließend zerstückelt und den Kopf gekocht hatte, blieb allerdings auch nach seiner Vernehmung im Dunkeln. Und die Staatsanwaltschaft hatte nun angeordnet, Todesursache und tatsächliche Todesumstände durch eine Obduktion zu klären.

»Da hat wohl jemand beim ultimativen Sexkick den Kopf verloren«, merkte Murau mit der ihm eigenen Bosheit an. Scherz zog geräuschvoll die Nase hoch. Die Klimaanlage in der Decke des Besprechungsraums stieß eisige Luftschwaden aus.

»Sie übernehmen bitte den Fall aus Kreuzberg«, sagte Abel zu Sabine Yao, die mit einem angedeuteten Nicken ihre Zustimmung signalisierte. Ihr feingeschnittenes, blasses Gesicht erinnerte ihn an eine kunstvolle Porzellanmaske. »Sie kümmern sich um das Sprengstoffopfer und Sie um die Tote aus dem Wald«, wandte er sich an Murau und Scherz. Er selbst würde Maximilian Kowalske obduzieren.

Er beendete die Frühbesprechung, und alle erhoben sich von ihren Stühlen. Die zierliche Sabine Yao, die sich am Obduktionstisch auf einen Schemel stellen musste, um dort ihrer Arbeit nachgehen zu können, reichte ihm gerade bis zum Brustbein. Aber mit seiner Körpergröße von eins neunundachtzig überragte Abel auch den hochgewachsenen Alfons Murau noch um einige Zentimeter. Er war schlank und für einen Mann Mitte vierzig ziemlich muskulös, dabei sah er allerdings deutlich fitter aus, als er sich fühlte. Seine Arbeit ließ ihm nur wenig Zeit für Sport und Erholung. Außerdem war es in den letzten Monaten mit der Gesundheit seiner Mutter rapide bergab gegangen, und Abel hatte sie in jeder freien Stunde im Krankenhaus besucht.

»*Tod, komm her, ich fürcht dich nicht / Eil daher in einem Schnitt*«, rezitierte Murau, während sie den Besprechungsraum verließen.

Scherz ließ seine Hosenträger schnalzen.

»War das etwa Applaus, Kollege?«, fragte ihn Murau.

Der graubärtige Oberarzt grunzte.

»Also nein«, seufzte Murau.

Entgegen seiner sonstigen Gewohnheit beteiligte sich Abel mit keinem Wort an den Flachsereien seiner Mitarbeiter. Dabei hielt er überhaupt nichts von Chefallüren. Er war zwar der Vorgesetzte und der Leiter der Sonderabteilung, solange Professor Herzfeld abwesend war. Aber als Team konnten sie nur dann funktionieren, wenn alle zusammenarbeiteten und sich zugehörig fühlten. Seine Kollegen waren keine schlechteren Rechtsmediziner als er, auch wenn er ihnen möglicherweise seinen vielgerühmten kriminalistischen Instinkt voraushatte.

Doch heute war er nicht gerade in blendender Laune. Letzte Woche war seine Mutter mit neunundsechzig Jahren an multipler Sklerose gestorben. Die Trauer um ihren Verlust hatte sich wie ein Schatten auf seine Seele gelegt. Zu allem Überfluss hatte ihn gestern seine Schwester Marlene angerufen und ihm vorgeworfen, dass er für den Tod ihrer Mutter in gewisser Weise verantwortlich sei.

Das Schlimmste aber war die Stimme in seinem Innern, die ihm zuflüsterte: *Vielleicht hat Marlene ja recht!*

3

Berlin, Treptowers, BKA-Einheit »Extremdelikte«,
Freitag, 3. Juli, 07:45 Uhr

Im Sektionssaal arbeiteten Abel und seine Kollegen den ganzen Vormittag über parallel an vier Obduktionstischen. Zunächst waren alle Körperteile von Maximilian Kowalske im Computertomographen gescannt worden, und Abel hatte sich ein Bild von den Sägespuren an den Abtrennungsstellen von Rumpf und Extremitäten gemacht. Anschließend setzte er die zwölf einzelnen Körperteile und den gekochten Kopf auf dem blanken Stahl seines Sektionstisches zu einem grotesken Puzzle zusammen.

Kurz darauf stand fest, dass Kowalske tatsächlich erstickt war. Der breite Klebebandstreifen, den Bossong ihm über den Mund geklebt hatte, war nach oben gerutscht, höchstwahrscheinlich weil er nicht ausreichend auf den von Sekundenkleber verschmierten Lippen haftete. Jedenfalls hatte das Klebeband zusätzlich die Nasenlöcher verschlossen, was mit dem Leben von Kowalske nicht lange vereinbar gewesen war.
Zum Abschluss der Obduktion schnitt Abel mit einer Darmschere den Enddarm des Fondsmanagers auf und förderte den zweieinhalb Kilogramm schweren Klumpen ausgehärteten Bauschaums zutage. Murau erging sich gerade in einem anspielungsreichen Monolog über homosexuelle Penetrationsriten und -objekte vom alten Griechenland bis zur Gegenwart, als die Sekretärin Renate Hübner in den Sektionssaal stürmte. Mit ausgestrecktem Arm trug sie ein altmodisches Mobiltelefon vor sich her, dessen weit ausgefahrene Antenne auf und ab schlenkerte.
»Möglicherweise auch geeignet«, kommentierte Murau, was sogar dem Kollegen Scherz den Anflug eines Lächelns entlockte.
Frau Hübner, eine hagere Mittfünfzigerin von gefürchteter Humorlosigkeit, warf dem Österreicher einen strengen Blick zu.
»Ein Anruf für Sie, Herr Kriminaldirektor«, sagte sie mit der Lebhaftigkeit eines Navigationsgeräts zu Abel. »Hauptkommissar Markwitz vom LKA 1. Es ist dringend.«
Abel unterdrückte einen Seufzer. *Landeskriminalamt*, dachte er. Bestimmt ging es um ein Wald-und-Wiesen-Delikt, für das sie als BKA-Spezialisten vollkommen überqualifiziert waren. *Aber Amtshilfe ist Amtshilfe.* Solange die Kollegen da draußen mit der Identifizierung der Fallschirmspringer beschäftigt waren, blieb ihm nichts anderes übrig, als mit Todesfällen seine Zeit zu vertrödeln, die nicht einmal

durch kriminelle Gewalteinwirkung verursacht worden waren.
Er nahm das Telefon, begrüßte den Hauptkommissar und hörte sich kommentarlos seinen knappen Bericht an.
»Ich bin jetzt seit mehr als zwanzig Jahren bei der Kriminalpolizei, aber so etwas habe ich noch nicht gesehen«, sagte Markwitz am Schluss. »Wann können Sie am Tatort sein, Doktor?«

4

**Berlin-Tegel, Seniorenwohnanlage,
Freitag, 3. Juli, 13:20 Uhr**

Die Senioreneinrichtung war in einem Siebziger-Jahre-Block untergebracht, und die Fassade flehte geradezu um einen frischen Anstrich. Zwischen dem fünften und dem sechsten Stockwerk stand in verschnörkelten Lettern *Sonnenresidenz*. Doch der altersgraue Bau sah eher wie eine betongewordene Schlechtwetterwolke aus.
Abel parkte hinter dem weißen Mercedes Sprinter der Spurensicherung. Vor der gläsernen Eingangstür waren zwei Streifenpolizisten postiert, um Neugierige fernzuhalten. Aber in der Mittagshitze interessierte sich ohnehin nur eine Handvoll halbwüchsiger Müßiggänger für den Polizeiauftrieb im Seniorenhort.
»Bringen die sich da drin jetzt gegenseitig um?«, fragte gerade einer der tätowierten Burschen, als sich Abel mit seinem Tatortkoffer zwischen ihnen seinen Weg bahnte.
»Macht doch keinen Sinn, Alter«, gab ein Typ mit Stier-

nacken und Muskelshirt zurück. »Denk doch mal nach, die sind sowieso praktisch schon tot.«

Sie prosteten einander mit ihren Bierdosen zu, und Abel sah unvermittelt seine Mutter in ihrem Sterbebett vor sich. Zuletzt war sie nur noch Haut und Knochen gewesen, eine abgezehrte Miniaturversion ihrer selbst. Doch sie hatte so sehr am Leben gehangen. Obwohl sie gewusst hatte, dass sie diesen letzten Kampf nicht gewinnen konnte, hatte sie buchstäblich bis zum letzten Atemzug um ihr Leben gerungen.

Den jüngeren der beiden Streifenpolizisten kannte Abel vom Sehen, auch wenn ihm der Name gerade nicht einfiel. Er nickte dem Beamten zu und deutete ein Lächeln an. Der Uniformierte tippte an seine Mütze und trat zur Seite, um ihn durchzulassen.

Die Eingangshalle machte einen genauso trostlosen Eindruck wie die Fassade der Sonnenresidenz. Wände aus Glas und Sichtbeton. Zerschlissene Sessel in den Orange- und Gelbtönen der schrillen Siebziger luden weniger zum Hinsetzen als zu sofortiger Flucht ein. Auch die spiralförmige Treppe bestand aus nacktem Beton, der zernarbt und abgetreten aussah. In der stickig heißen Luft hing der Geruch von Alter und Einsamkeit.

Sein Tatortkoffer kam Abel schwerer als gewöhnlich vor, als er über die Treppe in den ersten Stock hinaufging. Vorhin am Telefon hatte Hauptkommissar Markwitz ihm nur ein paar Basisinformationen gegeben: Die alte Dame hieß Irina Petrowa und hatte im ersten Obergeschoss allein in einem Apartment gewohnt. Heute gegen neun Uhr war sie von ihrer Betreuerin tot aufgefunden worden. Der Leichenfundort war auch der Tatort, und auf den ersten Blick sah alles nach Raubmord aus.

»Aber es gibt da ein paar Besonderheiten, zu denen ich gerne Ihre Meinung hören würde«, hatte Markwitz hinzugefügt. »Könnte ein glücklicher Zufall sein, dass gerade Sie heute Bereitschaft haben.«

Mit Markwitz hatte Abel in den letzten Jahren schon ein paarmal zusammengearbeitet. Der erfahrene Kriminalist war siebenundvierzig, ein Jahr älter als er selbst. Abel schätzte Markwitz' ruhige und besonnene Arbeitsweise. Der Hauptkommissar seinerseits hatte einen Heidenrespekt vor Abels »Bauchgefühl«, den er allerdings hinter gutmütigen Spötteleien verbarg.

Vor der Tür zu Irina Petrowas Apartment standen zwei Kriminaltechniker in Jeans und T-Shirt neben dem silberfarbenen Schrankkoffer der Spurensicherung. Das Behältnis sah wie ein Hybrid aus überdimensioniertem Werkzeugkasten und altmodischem Kühlschrank aus. Leider enthielt es keine eisgekühlten Softdrinks, sondern alle erdenklichen Hilfsmittel zur Sicherung tatrelevanter Spuren – von Kontrastpulvern und DNA-Abstrichröhrchen über Klebestreifen und Asservatenbehälter zum Nachweis von Faserspuren bis hin zu Wasserwaage, Schraubenschlüsseln und Scheinwerfern.

Abel kannte die beiden KTU-Beamten von diversen gemeinsamen Einsätzen und den unvermeidlichen Weihnachtsfeiern und Sommerfesten der Kriminalpolizei. Der Ältere mit der Halbglatze hieß Karl Mierschmann, hatte ein monatelanges Trennungsdrama hinter sich und wirkte immer noch ziemlich mitgenommen. Joe Morow, sein gut zehn Jahre jüngerer Kollege, hatte seine goldblonden Bartkoteletten in exakte Fischstäbchenform getrimmt. Er war vor kurzem zum zweiten Mal Vater geworden und sah entsprechend übernächtigt aus.

»Dauert noch ein bisschen«, sagte Morow zu Abel. »Sie kennen das ja.«

Abel nickte und stellte seinen Koffer neben dem silberfarbenen Kasten ab. Durch den Spalt der nicht ganz geschlos-

senen Wohnungstür konnte er sehen, wie die Spurensicherung drinnen vorankam. Einige Beamte fotografierten das Opfer und die im Umkreis herumliegenden Gegenstände. Andere streuten schwärzliches Kontrastpulver aus, das zum Auffinden von Fingerabdrücken diente, und klebten die bestreuten Flächen dann mit spezieller Folie ab.
Während Abel ihnen zusah, erkundigte er sich bei Joe Morow nach dem Befinden des jüngsten Familienmitglieds und der Kindsmutter. Karl Mierschmann gab bekannt, dass er mit seiner Ex nach monatelangem Rosenkrieg »jetzt auch emotional fix und fertig« sei, was immer das bedeuten sollte. Abel fragte lieber nicht nach. Er hatte mehr als genug mit seinem eigenen emotionalen Durcheinander zu tun.
»Mein aufrichtiges Beileid zum Tod Ihrer Mutter«, sagte Mierschmann.
Das hat sich also auch schon herumgesprochen. Abel dankte ihm. Auch Morow murmelte etwas, das nach Anteilnahme klang, und Abel schüttelte ihm gleichfalls die Hand.
Berlin war zwar eine Riesenstadt mit dreieinhalb Millionen Einwohnern, und allein beim LKA in der Keithstraße arbeiteten mehrere hundert Kriminalbeamte. Aber es war trotzdem eine kleine Welt. Wie auf dem Dorfplatz sprach sich in dieser Gemeinschaft alles rasend schnell herum.
Nachdem Abel zwanzig Minuten lang die Zeit totgeschlagen hatte, war er endlich am Zug. Er streifte blaue Plastikfüßlinge, den weißen Spurensicherungsanzug und Handschuhe über, nahm seinen Tatortkoffer und betrat Irina Petrowas Apartment.

5

**Berlin-Tegel, Wohnung von Irina Petrowa,
Freitag, 3. Juli, 13:44 Uhr**

Drinnen empfing ihn muffige Luft, typisch für die Wohnungen alter Menschen, die nur selten lüfteten. Es war stickig heiß. In dem nicht atmungsaktiven KTU-Anzug brach Abel sofort der Schweiß aus, aber das war er von unzähligen Einsätzen gewohnt. Und da war noch etwas in der Luft, das er nur zu gut kannte. Der Hauch des Todes. Ein stechender, zwar süßlicher, aber dennoch unangenehmer Leichengeruch.
Die Tote lag in der Vordiele auf dem Teppichboden, in Rückenlage und noch mit Mantel und Straßenschuhen bekleidet. Irgendetwas stimmte nicht mit ihren Beinen, doch Abel konnte nicht erkennen, was es war. Der kleine Raum war durch eine Stehlampe nur schummrig beleuchtet. Außerdem standen ein Fotograf und ein Techniker von der Spurensicherung über die Leiche gebeugt und verdeckten ihm die Sicht.
Der Türrahmen gegenüber füllte sich mit einer bulligen, schnauzbärtigen Gestalt. »Gleich dürfen Sie ran, Doktor!«, rief Markwitz ihm zu. »Die Spurensicherung ist in einer Minute fertig.«
Er bahnte sich einen Weg durch den schmalen Vorraum zu Abel. »Geht es Ihnen einigermaßen?«, fragte er und sah ihn mitfühlend an. »Ich meine, nach dem Tod Ihrer Mutter?«
Er machte eine Bewegung, als wollte er Abel am Arm berühren, zog die Hand mit dem weißen Plastikhandschuh aber vorher zurück. Auf so viel Anteilnahme war Abel nicht gefasst gewesen. Er musste sich räuspern, bevor er betont nüchtern antwortete: »Geht schon. Danke der Nachfrage.«

Markwitz war nicht entgangen, dass sich Abel unangenehm berührt fühlte. Er hob beide Hände zu einer entschuldigenden Geste und winkte dann einen jungen Mann herbei, der allen und jedem im Weg zu stehen schien.
»Tekin Okyar, unser neuer Praktikant«, sagte er. »Tekin, das ist Dr. Abel«, fuhr er fort. »Sperr Augen und Ohren auf, so eine Gelegenheit bietet sich dir so bald nicht wieder.«
Der junge Mann sah aus wie eine jüngere Version des Regisseurs Fatih Akin: buschige Augenbrauen, Knollennase und ein markantes Kinn. »Dr. Abel?«, wiederholte er und strahlte Abel an. »Doch nicht *der* Abel? Die Supernase vom BKA?«
»Glauben Sie nur nicht alles, was die Leute erzählen«, riet ihm Abel. »Das meiste davon ist entweder Schmeichelei oder üble Nachrede. Und manchmal kann man das eine kaum vom anderen unterscheiden.«
Tekin nickte zögernd und sah mit verwirrtem Gesichtsausdruck zu Abel auf. »Aber warum sind Sie heute hier? Bei dem Mordfall gestern hatten wir einen Rechtsmediziner von der Charité dabei. Und heute das BKA! War die Frau hier eine Sowjetagentin im Ruhestand oder so etwas?«
Schön wär's. Abel unterdrückte ein Schmunzeln.
Markwitz verdrehte die Augen in seine Richtung und erklärte dem Praktikanten in kurzen Worten, dass sich auf einem Flughafen in Brandenburg ein Unglück mit zahlreichen Todesopfern ereignet hatte. »Alle verfügbaren Rechtsmediziner von den beiden Instituten in der Turmstraße sind im Moment da draußen im Einsatz.«
»Süper«, sagte der Praktikant. Sein rundliches Gesicht verzog sich zu einem Grinsen. »Noch ein missglückter Versuch von Berlin und Brandenburg, einen Flughafen in Betrieb zu nehmen«, flachste er. »Aber zumindest verschafft uns das die Ehre, heute Dr. Abels Licht über unseren Häuptern leuchten zu sehen.«

Markwitz boxte ihm spielerisch gegen die Schulter. »Das reicht jetzt, Junge.«
Er wandte sich wieder an Abel. »Also zur Sache. Wie ich die Auffindesituation einschätze, ist hier nach der eigentlichen Tat nichts mehr verändert worden. Weder durch den Täter noch durch die Betreuerin, die die alte Dame heute Morgen hier aufgefunden hat. Sie hat bei Frau Petrowa geklingelt. Als ihr nicht aufgemacht wurde, hat sie versucht, Frau Petrowa telefonisch zu erreichen, gleichfalls ohne Erfolg. Daraufhin hat sie sich bei der Verwaltung den Zentralschlüssel geholt und ist nach Rücksprache mit ihrer Vorgesetzten hier rein. Alles nach Vorschrift. Sie hat nur einen Blick in die Diele geworfen und die alte Dame so vorgefunden.« Er deutete auf das starre Gesicht der toten Greisin. »Dann ist sie schreiend zu ihrer Chefin gerannt, und die hat uns sofort angerufen.«
»Mercedes Camejo aus Santo Domingo!«, mischte sich Tekin ein. Seine Stimme war plötzlich eine halbe Oktave höher. »Eine Schönheit wie aus Tausendundeiner Nacht!«
Abel und Markwitz sahen ihn erstaunt an. Der Praktikant bedeckte seinen Kopf mit beiden Händen, als wollte er am liebsten unsichtbar werden.
»Also kurz gesagt«, fuhr der Hauptkommissar fort, »meiner Ansicht nach haben wir es mit Raubmord durch einen Nachläufer zu tun. Unser Täter hier hat alles durchwühlt und im Schlafzimmerschrank den Schmuck der alten Frau gefunden. Er hat sämtliche Ketten, Ringe und Broschen auf dem Bett nebeneinander aufgereiht und sich anscheinend die wertvollsten Stücke herausgesucht. In ihrer Schmuckkassette hat Frau Petrowa nach Aussage ihrer Betreuerin außerdem ständig zwischen dreihundert und fünfhundert Euro aufbewahrt, von denen gleichfalls jede Spur fehlt. So weit alles typisch für einen Nachläufer.«
Abel sah das charakteristische Tatmuster sofort vor sich.

Dieser Tätertypus stellte vorzugsweise allein lebenden alten Menschen nach. Der Nachläufer folgte seinem Opfer vom Supermarkt oder von der Kirche nach Hause und schlüpfte hinter ihm unbemerkt durch die Haustür. Wenn das Opfer seine Wohnungstür geöffnet hatte und eintrat, versetzte ihm der Täter einen Stoß, drang in die Wohnung ein und schloss hinter sich die Tür. Dann fesselte oder tötete er sein Opfer, durchsuchte die Räumlichkeiten und machte sich mit seiner Beute aus dem Staub.

»Allerdings handelt es sich hier um einen Nachläufer mit Sendungsbewusstsein«, sprach der Hauptkommissar weiter. Er trat einen Schritt zur Seite, so dass Abel erstmals freien Blick auf die Tote hatte.

Markwitz deutete auf die Beine des Opfers, die in ungelenken Lettern beschriftet waren. »*Respectez*« hatte der Täter mit knallrotem Lippenstift vom Fußknöchel aufwärts auf Irina Petrowas rechtes Bein geschrieben. Und auf das linke Bein: »*Asia*«.

Abel ging neben der Toten in die Knie. Mit den Fingerspitzen der behandschuhten Rechten fuhr er behutsam über den Schriftzug auf Irina Petrowas Beinen. Die alte Frau trug trotz der Sommerhitze eine durchsichtige Strumpfhose. Der Täter hatte seine Parole jedoch nicht auf ihre Strümpfe geschrieben, sondern sich auf den nackten Beinen seines Opfers verewigt. Das kam Abel fast noch seltsamer vor als die Botschaft selbst.

»Er hat ihr danach die Strumpfhose wieder richtig angezogen«, sagte er erstaunt. »Und wofür soll das gut sein?«

»Ich dachte, das könnten Sie mir sagen.« Markwitz stand über Abel gebeugt, die Hände auf seine Oberschenkel gestützt. »Hat er das inszeniert, um uns auf eine falsche Fährte zu führen? Will er, dass wir denken, das wäre kein einfacher Raubmord eines Nachläufers, sondern eine Beziehungstat?«

Er schnaufte vernehmlich, was Abel nicht verwunderte. Der bullige Kriminalbeamte verfügte über einen beachtlichen Bauchumfang und bekam daher in vorgebeugter Haltung zu wenig Luft.
»Dafür bin ich eigentlich nicht der richtige Ansprechpartner«, antwortete Abel. »Aber wenn Sie mich schon fragen – um eine Beziehungstat vorzutäuschen, hätte er sich wahrscheinlich nicht die Mühe gemacht, ihr die Strumpfhose herunterzuziehen, die Beine zu beschriften und dann wieder akkurat anzukleiden. Diese Vorgehensweise ist für mein Gefühl eindeutig sexuell gefärbt – ob das Opfer zu diesem Zeitpunkt noch am Leben war oder nicht.«
Markwitz kehrte schnaufend in die Senkrechte zurück.
»Nicht schlecht, Dr. Holmes«, sagte er. »Haben Sie noch weitere Geistesblitze zu bieten?«
»Ein Punkt ist mir gleich aufgefallen«, sagte Abel. »Ich habe in Lausanne studiert und kann einigermaßen Französisch. Unser Täter dagegen hat nicht nur eine Message, sondern auch ein grammatikalisches Problem. Wenn er uns auf Französisch auffordern will, Asien zu respektieren, müsste er eigentlich *Respectez l'Asie* schreiben.«
»Na ja, wer kann heute schon noch korrekt schreiben?«, wandte Markwitz ein.
»Hier geht es um weit mehr als korrekte Schreibweise«, sagte Abel. »Kein französischer Muttersprachler würde einen solchen Fehler machen. Umgekehrt würden Sie als Deutscher ja auch niemals sagen: ›Ich respektiere das Asien.‹«
Sein Jagdeifer war geweckt. *Vielleicht ist das hier ja tatsächlich kein Allerweltsfall,* dachte er.

6

**Autobahn nahe Marseille,
fünf Jahre zuvor**

Er war gerade auf die linke Spur ausgeschert, um den museumsreifen Renault R4 zu überholen, dem bei der kleinsten Steigung die Luft ausging. Und genau in diesem Moment fing die junge Frau hinter ihm an zu schreien.
Die Wut kochte in ihm hoch. »Halt's Maul, du dreckige Fotze!«, brüllte er und riss so heftig am Lenkrad, dass er kurz ins Schlingern kam. Der schrottreife R4 stieß einen asthmatischen Hupton aus, und der Fahrer gestikulierte wild zu ihm herüber.
»Fick dich selbst, du fetter Wichser.« Er zog den Kastenwagen knapp vor der Stoßstange des R4 wieder nach rechts. Gleichzeitig verrenkte er sich fast den Hals, um im Rückspiegel zu sehen, was die kleine Schlampe da hinten anstellte. Zum Glück hatte der Wagen seines Bruders im Laderaum keine Seitenfenster. Der fette Renault-Fahrer hätte bestimmt noch viel mehr Stunk gemacht, wenn er die gefesselte Frau gesehen hätte.
Irgendwie hatte sie es geschafft, das Klebeband vor ihrem Mund loszuwerden. Es klebte nur noch an einer Seite fest, und das dämliche Flittchen warf den Kopf hin und her und schrie wie am Spieß.
»Maul halten, du verfickte Nutte!«, brüllte er.
Schlagartig hörte sie auf zu schreien. *Na, geht doch,* dachte er. Ihre Augen, groß vor Angst, starrten ihn im Rückspiegel an. Kaum hatte er den Blick wieder auf die Straße gerichtet, fing sie aufs Neue an zu schreien. »Hilfe!«, kreischte sie. »Ich bin entführt worden. Polizei!«
Seine Augen flackerten unruhig hin und her. *Jetzt nur keine*

Panik, ermahnte er sich. Am Straßenrand tauchte ein Schild auf, das einen Parkplatz in fünfhundert Metern ankündigte. Seine Hände zitterten. Er konnte vor Anspannung kaum noch das Lenkrad festhalten. Und die kleine Schlampe schrie sich die Seele aus dem Leib.

»Du kannst es wohl nicht erwarten?«, brüllte er. »Und weißt du was? Ich auch nicht!«

Ohne seine Geschwindigkeit nennenswert zu verlangsamen, zog er nach rechts und bog in den Parkplatz ein.

Zeit für ein paar kleine Schreibübungen mit dem Gemüsemesser, dachte er.

7

**Berlin-Tegel, Wohnung von Irina Petrowa,
Freitag, 3. Juli, 13:50 Uhr**

Neben der toten Irina Petrowa kniend, zog Abel seinen Tatortkoffer zu sich heran.

»Kennen Sie auch schon den Todeszeitpunkt – oder müssen Sie dafür doch erst noch ein paar altmodische Berechnungen durchführen?«, fragte ihn Markwitz.

»Berechnungen ja – altmodisch nein.« Abel entnahm dem Koffer ein digitales Tatort-Thermometer, um zunächst die exakte Raumtemperatur zu messen. Gefühlt waren es hier drinnen mindestens 37 Grad.

Dann knöpfte er Irina Petrowas Sommermantel, ihre Baumwolljacke und Bluse auf. Der Schweiß lief ihm übers Gesicht, und er achtete darauf, dass keine Tropfen auf Haut oder Kleidung des Opfers fielen.

»Ich helfe Ihnen, ja?«, sagte Tekin Okyar und kauerte schon auf der anderen Seite der Toten. »Ziehen wir ihr den Mantel aus?«

Abel schüttelte den Kopf. »Sie behält die Sachen an, bis sie bei uns im Institut ist. Wir brauchen vernünftige Lichtverhältnisse, um alles genau zu untersuchen. Packen Sie mal mit an.«

Er zeigte dem Praktikanten, wie er zufassen musste, um den Körper behutsam zu drehen. Nachdem Irina Petrowa auf dem Bauch lag, schob Abel ihr Mantel, Strickjacke und Bluse so weit nach oben, dass der Rücken bis über die Schulterblätter entblößt war.

Die Totenflecken auf der Rückseite waren stark ausgeprägt. Abel konnte sie durch festen Druck mit einer Pinzette gerade noch ein wenig wegdrücken. Auch die Leichenstarre war kräftig ausgebildet – die Arme und Beine der alten Frau waren komplett steif und ließen sich in den Ellbogen- und Kniegelenken nicht mehr bewegen.

Die Raumtemperatur in Irina Petrowas Wohnung betrug 28,8 Grad Celsius. Abel notierte den Wert in seinem Notizbuch. Anschließend schob er den Rock der Toten hoch, zog ihr Strumpfhose und Unterhose herunter und führte das Thermometer rektal ein, um die Körpertemperatur zu messen.

Bevor er die Tote mit Tekin Okyars Hilfe wieder in Rückenlage drehte, brachte er ihre Kleidung sorgfältig in Ordnung. Der Praktikant sah ihm mit verwirrtem Gesichtsausdruck zu, stellte aber nicht die Frage, die ihm offenbar auf der Zunge lag.

Du wirst es schon noch kapieren, Junge, dachte Abel. *Wenn wir die Würde der Toten nicht achten, sind wir nicht anders als die, die ihnen das Leben genommen haben.*

Er holte das Reizstromgerät aus seinem Tatortkoffer. Die nadelfeinen Spitzen der beiden Dioden, die mit dem Gerät durch dünne Kabel verbunden waren, stach er zunächst in die Haut der beiden äußeren Lidwinkel von Irina Petrowa. Nachdem er das Reizstromgerät ein- und wieder ausgeschaltet hatte, wiederholte er die Prozedur, indem er jeweils eine Nadeldiode in der Haut über den inneren Lidwinkeln plazierte, direkt neben der Nasenwurzel der Toten. Auf die gleiche Weise prüfte er anschließend an Stirn und Wangen die isoelektrische Erregbarkeit der Gesichtsmuskulatur. Bei keinem dieser Versuche kam es auch nur andeutungsweise zu einer Kontraktion der mimischen Muskulatur. Irina Petrowas Gesicht blieb starr wie eine Maske.

»Da lässt sich nichts mehr auslösen«, sagte Abel mehr zu sich selbst. Er rappelte sich auf und sah sich nach Markwitz um. »Sie können die Fenster jetzt aufmachen. Frischluft für alle«, sagte er, und die Anwesenden stöhnten erleichtert auf. Jemand riss die Balkontür auf. Die einströmende Luft war zwar heiß wie aus der Sahara, doch dafür enthielt sie nennenswerte Anteile an Sauerstoff. Und vor allem roch sie nicht nach Tod.

Abel öffnete den Reißverschluss seines Spurensicherungsanzugs und fischte sein BlackBerry-Smartphone aus der Hosentasche. Er gab die Ergebnisse seiner Untersuchungen in die Appen-App ein, die Ingolf von Appen für ihre Abteilung geschrieben hatte, ein Computergenie und früherer Praktikant der BKA-Einheit »Extremdelikte«. Die Forensik-App errechnete binnen Sekundenbruchteilen Irina Petrowas mutmaßlichen Todeszeitpunkt.

»Gestern Abend zwischen neunzehn und einundzwanzig Uhr«, sagte er zu Markwitz. »Plus/minus zwei Stunden.«

Der Hauptkommissar strich sich über den Schnauzbart. »So viel zum Thema altmodische Berechnungen. Noch vor kurzem hat das immer eine gefühlte Ewigkeit gedauert.« Er wirkte beeindruckt.

Abel speicherte den von der Appen-App ermittelten Wert,

schloss die Anwendung und öffnete das Telefonbuch seines Smartphones. Er rief den Leichentransportdienst des BKA an und ordnete an, die Tote in seine Abteilung in den Treptowers zu bringen.

»Wann können Sie die Frau obduzieren?«, fragte ihn Markwitz, nachdem Abel das Telefonat beendet hatte. »Ihnen brauche ich ja nicht zu erklären, dass wieder mal alles brandeilig ist. Wenn wir nicht innerhalb von vierundzwanzig Stunden die Spur des Täters aufnehmen ...«

Abel schnitt ihm mit einer Handbewegung das Wort ab.

»Heute um achtzehn Uhr«, sagte er.

»Wunderbar«, sagte der Hauptkommissar. »Ich bin also um sechs bei Ihnen. Mit einem Fotografen.«

»Und mit einem Praktikanten«, steuerte Tekin bei.

Markwitz legte dem Jungen einen Arm um die Schultern. »Meinetwegen. So viel Eifer soll man nicht bremsen«, sagte er mit einem väterlichen Lächeln. »Und wenn du bis dahin noch schnell herausfindest, warum unser Täter unbedingt will, dass wir Asien respektieren, ernenne ich dich persönlich zum Oberpraktikanten.«

Er rieb sich mit dem Handrücken über Stirn und Augen. Auf einmal sah der Hauptkommissar so fertig aus, wie Abel sich fühlte.

Ich sollte Urlaub machen, wenn Herzfeld zurück ist, überlegte Abel. *Einfach mal für eine Woche nach Frankreich oder Italien ...*

Trotz seines vielgerühmten Bauchgefühls ahnte er nicht im Mindesten, wie bald schon sein Wunsch in Erfüllung gehen würde. Und wie wenig es sich allerdings nach Erholungsurlaub anfühlen würde. Eher wie ein Überlebenstraining für Fremdenlegionäre.

☠ ☠ ☠

8

**Berlin, Treptowers, BKA-Einheit »Extremdelikte«,
Freitag, 3. Juli, 18:15 Uhr**

Im zweiten Untergeschoss der Treptowers stand Abel am Obduktionstisch und sezierte Irina Petrowa. Ihm assistierte der graubärtige Dr. Scherz, der genauso konzentriert und griesgrämig wirkte wie am Morgen. Oder wie eigentlich immer.
Die Klimaanlage spuckte eiskalte Luft aus sämtlichen Deckenlamellen. Obwohl es hier drinnen gefühlte fünfzehn Grad Celsius waren, klebte Abels Sektionsschürze schweißnass an seinem Körper. Er fühlte sich ausgepowert. Aber in einer Situation wie dieser konnte und wollte er sich natürlich nicht ausklinken.
Anwesend waren auch Hauptkommissar Markwitz und der altgediente Polizeifotograf Marwig Schachner, der seit vielen Jahren Stammgast in Berliner Sektionssälen war. Abel hatte ihn mit einem kameradschaftlichen Händedruck begrüßt. In Markwitz' Schlepptau war wie angekündigt der Praktikant Tekin Okyar erschienen, gehüllt in dieselbe quecksilbrige Aura aus Wissbegierde und Übermut wie schon am Nachmittag.
Ein Kollege von der KTU gab Markwitz gerade telefonisch die neuesten Laborresultate durch. Die gesamte kriminaltechnische Maschinerie in den KTU-Laborräumen in Berlin-Tempelhof war angelaufen, um Hinweise auf die mögliche Identität des Täters aufzuspüren.
Nach seiner Rückkehr vom Tatort hatte Abel in seiner Abteilung das befürchtete Chaos vorgefunden. Bedingt durch ihren unerwarteten Bereitschaftsdienst war bei ihnen eine ganze Flotte von Toten in ihren Särgen regelrecht ange-

schwemmt worden. Und jeder einzelne Fall war selbstverständlich brandeilig.

In Berlin-Lichtenrade war ein Pensionär tot in seiner Wohnung entdeckt worden. Offenbar hatte der ehemalige Finanzbeamte dort seit Wochen gelegen. Die Reste des Giftcocktails, die in einem Trinkglas neben seinem Sessel sichergestellt wurden, sprachen eine deutliche Sprache. Aller Wahrscheinlichkeit nach war der Siebenundsiebzigjährige, der an Darmkrebs im finalen Stadium gelitten hatte, von eigener Hand aus dem Leben geschieden. Aber das war bisher nur eine Arbeitshypothese. Denn die Polizei hatte in seinem Haus einen ganzen Ordner mit Drohbriefen gefunden, die der frühere Steuerfahnder während seiner Berufsjahre erhalten hatte.

Also musste durch die rechtsmedizinische Untersuchung dem Verdacht nachgegangen werden, dass ein ertappter Steuersünder späte Rache geübt und den Freitod seines einstigen Häschers vorgetäuscht hatte. Folglich verlangte die Staatsanwaltschaft die umgehende Obduktion. Und das war erst die Vorhut.

Eine fünfköpfige Familie hatte am vergangenen Wochenende in Spandau ihre kleine Grillfeier in die Garage verlegt, nachdem sie durch einen Wolkenbruch aus dem Garten verscheucht worden war. In der geschlossenen Garage hatten die Eltern und ihre drei Kinder offensichtlich über Stunden Steaks und Würstchen auf dem Holzkohlengrill gebraten. Am heutigen Vormittag hatte eine Nachbarin, die der Ursache des infernalischen Fäulnisgestanks nachgegangen war, alle fünf tot in der Garage aufgefunden.

Folglich mussten sie nun überprüfen, ob es vielleicht doch kein tragischer Unfall war. Möglicherweise hatte einer der beiden Elternteile »erweiterten Suizid« begangen. Und obwohl sich am Ende höchstwahrscheinlich herausstellen würde, dass die Familie durch eine unbeabsichtigte Kohlen-

monoxidvergiftung umgekommen war, hatte die Staatsanwaltschaft angeordnet, alle fünf Opfer noch am heutigen Tag zu obduzieren.
Darauf lief es am Ende immer hinaus. Wenn die Toten keine Abschiedsbriefe und die Täter keine Bekennerschreiben hinterlassen hatten, mussten Abel und seine Kollegen eben nachsehen, ob sich nicht in oder an den Toten mehr oder weniger leserliche Botschaften fanden. Wobei diese Botschaften nur selten buchstäblich auf die Opfer gekritzelte Parolen waren wie im Fall Irina Petrowa.
Jedenfalls hatten Abel und sein Team den ganzen Tag an den Obduktionstischen gestanden. Sabine Yao und Alfons Murau hatte er vor einer Stunde nach Hause geschickt, da beide am Ende ihrer Kräfte waren. Yaos Porzellangesicht hatte geradezu durchsichtig ausgesehen, und Murau hatte seit 15:30 Uhr keine einzige Zeile von Baudelaire oder Benn mehr rezitiert. Was bei ihm das sicherste Zeichen für hochgradige Erschöpfung war.
Nur an Scherz schien der Sektionsmarathon abzuperlen wie Nieselregen an einem Ostfriesennerz. Auch wenn er meist der Erste war, der über unerwartete Mehrarbeit lamentierte, machte es dem grobschlächtigen Oberarzt nicht das Geringste aus, auch einmal zwölf oder vierzehn Stunden am Stück mit Skalpell und Knochensäge zu arbeiten. Offenbar besaß er nicht nur das Gemüt, sondern auch die Konstitution des sprichwörtlichen Fleischerhundes. Außerdem schien er keinerlei Privatleben zu haben – in all den Jahren hatte Abel ihn niemals erwähnen hören, dass es eine Frau, einen Mann oder überhaupt irgendwelche Freunde oder Familienangehörige in seinem Leben gab.
Durch massive Gewalteinwirkung gegen den Hals waren der Kehlkopf und das Zungenbein von Irina Petrowa mehrfach gebrochen. Punktförmige Einblutungen in den Augenbindehäuten und der Schleimhaut des Mundes bewiesen die

todesursächliche Strangulation, eine Kombination aus Erwürgen und Erdrosseln. Die alte Frau hatte Hautabschürfungen und frische Hämatome an Händen und Armen. Diese Abwehrverletzungen zeigten, dass sie während ihrer Strangulation bei vollem Bewusstsein gewesen war und sich nach Kräften gewehrt haben musste.

Unter den Fingernagelrändern der Toten versuchte Abel, Gewebespuren zu sichern. Bei dem Kampf waren die Fingernagelränder zwar nicht abgebrochen, aber sie waren sehr kurz geschnitten. Daher war Abel nicht allzu optimistisch, dass es im Labor gelingen könnte, relevante Mengen von Täter-DNA aus diesen Asservaten nachzuweisen.

»Das sieht nicht besonders gut aus«, sagte er zu Markwitz. »Die Menge an Hautepithelien, die unser Täter hinterlassen hat, ist äußerst gering, zumindest dem makroskopischen Aspekt nach. Aber einen Versuch ist es in jedem Fall wert.«

»Bei der KTU sieht es auch nicht gut aus«, antwortete Markwitz. »Die haben bisher rein gar nichts. Keinen verwertbaren Fingerabdruck, dafür ein Faserchaos, das kaum aufzulösen ist.« Er klang gereizt. »Ihr DNA-Ergebnis ist der Strohhalm, an den ich mich im Moment klammere. Wir haben auch keine Zeugen, die irgendetwas mitbekommen haben, und keine Kameras, die etwas aufgezeichnet haben, das uns weiterhilft. Auf der Straße oder vor dem Supermarkt, in dem die Petrowa nach Aussage der dortigen Mitarbeiter jeden Tag eingekauft hat.«

»Am Montag wissen wir mehr«, erwiderte Abel. »Nach dem, was sich am Tatort offenbar abgespielt hat, müsste eigentlich DNA vom Täter nachweisbar sein.« Er zeigte auf die Batterie von Röhrchen mit Wattetupfern, das Resultat seiner Arbeit an Irina Petrowas Fingernägeln. »Wenn wir sehr viel Glück haben, reicht die Menge DNA für ein komplettes Profil«, fügte er hinzu. »Sowie wir hier durch sind, bringe ich das selbst hoch in unser Genetik-Labor. Kollege

Fuchs ist in der Regel auch am Wochenende bis zwanzig Uhr da. Der kann gleich mal die Untersuchungsreihe ansetzen.«

Während Abel und Scherz konzentriert weiterarbeiteten, stellten alle Anwesenden wilde Spekulationen darüber an, was die Parole »Respectez Asia« bedeuten sollte. Was wollte der Täter ihnen mitteilen? An wen wandte er sich eigentlich? An die Polizei, an die Bürger Berlins oder schlicht an die ganze Welt? Natürlich hatte Markwitz die mysteriöse Nachricht am Nachmittag in diverse Datenbanken und Suchmaschinen eingegeben, doch er hatte keinen Treffer erzielt.

Dr. Scherz ließ sein charakteristisches Schnauben hören. »Was gibt es da groß rumzurätseln?«, knurrte er. »Der Täter ist aus China, Vietnam oder meinetwegen aus Korea. Auf jeden Fall fühlt er sich als Asiate bei uns diskriminiert.«

Ein Glück, dass Scherz nicht zur Kripo gegangen ist, sagte sich Abel, verkniff sich aber jeden Kommentar. Am Sektionstisch war der Oberarzt ein Ass, doch im wirklichen Leben sah der vierschrötige Mann immer nur das allzu Naheliegende. Den Gedanken, dass die Dinge nur selten das waren, was sie zu sein schienen, hielt er schlicht für »abwegig«.

»Und ich war mir so sicher gewesen, dass ich die Message schon mal gesehen habe«, beklagte sich Tekin Okyar. »Als Tattoo bei irgendeinem Champion.«

»Dann schreib sie auf deine Beine, und schon stimmt's«, zog ihn Markwitz auf.

»Für mich sieht es so aus, als wollte der Täter eine falsche Fährte legen«, sagte Schachner.

Der vierundfünfzigjährige Fotograf mit den scharf geschnittenen Gesichtszügen war dafür bekannt, dass er sich ungeniert an den Debatten der Ermittler und Rechtsmediziner beteiligte. Andere Polizeifotografen machten einfach stumm ihre Arbeit und waren froh, wenn sie den Tatort oder den Obduktionssaal mit ihrem Elend und Gestank möglichst schnell wieder verlassen konnten. Marwig Schachner aber mischte sich ein und wartete meist mit kreativen Ideen auf, die allerdings nur selten zielführend waren.

»Vielleicht will er uns glauben machen, dass wir es mit einem französischsprachigen Asiaten zu tun haben«, fuhr er fort. »Aber dass er ›Asia‹ geschrieben hat, zeigt doch, dass er im Französischen nicht gerade sattelfest ist.«

Markwitz verzog das Gesicht zu einem grimmigen Grinsen. »Noch ein paar Vorschläge?«, fragte er und zerrte an den Enden seines buschigen Schnauzbarts.

Diese Gewohnheit deutete Abels Erfahrung nach darauf hin, dass der Hauptkommissar gehörig unter Dampf stand.

»Solange wir keine weiteren Anhaltspunkte haben, macht es wenig Sinn, über die Bedeutung der Parole und die Identität des Urhebers zu spekulieren«, fuhr Markwitz fort. »Er kann natürlich auch den Fehler absichtlich eingebaut haben, damit wir glauben, dass er kein Muttersprachler ist.«

Für einige Minuten kehrte Schweigen ein. Nur Abel sprach leise und rasend schnell seinen Obduktionsbericht in das Diktiergerät, das an einem Kabel über dem Obduktionstisch hing.

»... *Präparation der Körperrückseite über einen vom Nacken bis zum Kreuzbein gesetzten Mittelschnitt. Das Unterhautfettgewebe über beiden Schulterblättern kräftig dunkelrot, feucht glänzend in einem Durchmesser von jeweils sieben Zentimetern unterblutet. Entsprechender Befund über dem fünften Lendenwirbelkörper und dem Kreuzbein, körpermittig in einer Ausdehnung von vier mal acht Zentimetern. Bei den zuvor genannten Befunden handelt es sich um Widerlagerverletzungen als Folge eines forcierten Zu-Boden-Drückens der Körperrückseite des Opfers im Rahmen des kombinierten Würge- und Drosselvorgangs...*«

Niemand außer Renate Hübner, der anerkannt humorlosen BKA-Sekretärin, war imstande, dieses stakkatoartige Gemurmel nahezu fehlerfrei und gleichfalls in Rekordtempo zu transkribieren.

»Ich hab's!«, platzte auf einmal der Praktikant heraus. »Die gute Frau hier hat sich selbst mit ihrem Lippenstift bekritzelt, damit sich endlich mal wieder Männer nach ihr umdrehen. Und das hat sie jetzt davon.« Er deutete auf Irina Petrowas Gehirn, das Scherz gerade mit einer Behendigkeit, die jeden Fernsehkoch in den Schatten stellte, zu feinen Streifen zerschnitt.

Nur Okyar selbst lachte über seinen Witz, und gleich darauf blieb ihm das Lachen im Hals stecken.

»In diesem Raum werden die Toten respektvoll behandelt«, sagte Abel und sah ihn streng an. »Ist das klar, junger Mann?«

Tekin Okyar zog den Kopf ein und nickte fünfmal hintereinander so hastig, dass es fast wie ein Schüttelkrampf aussah.

»Beim nächsten Mal gibt es hier ein Donnerwetter, dass Sie in meinem Büro unter der Teppichkante durchlaufen können, und dann schmeiße ich Sie raus. Hausverbot für alle Zeiten. Alles klar?«, fügte Abel hinzu.

Der Praktikant wurde erst grau im Gesicht, dann puterrot. »Es gibt ... es tut mir leid«, stotterte er. »Es gibt kein nächstes Mal, ich schwöre!«

»Dann haben wir kein Problem«, sagte Abel und deutete ein Lächeln an. »Ansonsten sind Sie ja ein ganz unterhaltsamer und aufgeweckter Typ.«

Der Praktikant schien den Tränen nahe. »Danke, Entschuldigung«, murmelte er und wäre wohl am liebsten unsichtbar geworden.

»Sonderbar ist nicht nur die Signatur, mit der sich der Täter auf seinem Opfer verewigt hat«, wandte sich Abel wieder ihrer Fragestellung zu. »Seltsam ist auch, dass er seinem

Opfer die Strumpfhose anschließend wieder korrekt angezogen hat. Eine Art Undoing?«
Über den Obduktionstisch mit den Überresten von Irina Petrowa hinweg sahen sich Abel und Markwitz nachdenklich an.
»Gute Frage«, sagte Markwitz.
Eine Frage für einen guten Profiler, ergänzte Abel in Gedanken.
Ihm kam sein Freund Timo Jankowski in den Sinn, ein BKA-Profiler der Extraklasse. Aber auch wenn dieser Mordfall einige ungewöhnliche Aspekte aufwies, sah er doch weit mehr nach einem alltäglichen Raubmord als nach einem Extremdelikt aus. *Da sollen sich erst mal die Profiler vom LKA die Zähne dran ausbeißen. Wenn sie nicht weiterkommen – oder dieser Fall plötzlich größere Dimensionen annimmt –, landet die Sache früher oder später sowieso in Jankowskis Abteilung.*
Markwitz schien der Ansicht zu sein, dass sein Praktikant lange genug für seine Respektlosigkeit gebüßt hatte. »Unter der Signatur eines Täters verstehen wir seine ureigene Handschrift«, erklärte er Tekin Okyar. »Durch seine Signatur teilt er der Welt sozusagen mit: Seht her, das war ich.«
Der Praktikant hörte ihm mit großen Augen und einem Ausdruck geradezu kindlicher Dankbarkeit zu.
»Durch ›Undoing‹ dagegen«, sagte Markwitz, »nimmt ein Täter seine Tat symbolisch zurück – oder zumindest denjenigen Teil seiner Tat, der mit seinem Selbstbild oder seinen Moralvorstellungen nicht vereinbar ist.«
Tekin Okyar nickte wie in Trance. Offenkundig saugte er jede Information, die ihm Markwitz vermittelte, mit dem gläubigen Eifer eines Novizen auf.
Abel beobachtete ihn nicht ohne nostalgische Rührung. Der Junge erinnerte ihn an seine eigenen beruflichen Anfänge. Jahrelang hatte er eher lustlos Medizin studiert und

als Praktikant mal in die Neurochirurgie, dann in die Innere Medizin hineingeschnuppert. Bei einem Forschungsprojekt zum Thema *Induktion neuronaler Reparationsprozesse durch Einschleusung von Wachstumsfaktoren mittels viraler Carrier-Proteine* war ihm zwar eine vielbeachtete kleine Entdeckung gelungen, für die er sogar einen Preis erhalten hatte. Professor Helmrich, der das Projekt betreute, hatte Abel in seiner Laudatio gar als »aufsteigenden Stern der medizinischen Grundlagenforschung« bezeichnet, aber so hatte Abel selbst sich nie gesehen. Für die penible Laborarbeit mit ihren endlosen Untersuchungsreihen, die viel öfter in Sackgassen als zum Durchbruch führten, hatte er sich nie wirklich begeistern können.

Eines Tages war er fast durch Zufall in eine rechtsmedizinische Lehrveranstaltung gestolpert. Professor Moritz Faßbender, eine Legende schon zu Lebzeiten, hatte über *Schnittstellen von Archäologie und Rechtsmedizin – eine vergleichende Analyse des 19. und 20. Jahrhunderts* referiert und seinen Vortrag mit eindrucksvollem Bildmaterial, unkonventionellen Exponaten und den zugehörigen Anekdoten gewürzt. Vor allem aber hatte der erfahrene Rechtsmediziner mit einer Begeisterung von seinem Fach gesprochen, die sofort auf den damals dreiundzwanzigjährigen Fred Abel übergesprungen war.

Zum ersten Mal in seinem Studium, vielleicht sogar zum ersten Mal in seinem Leben war Abel für einen Gegenstand ganz und gar Feuer und Flamme gewesen. Und diese Begeisterung für die Rechtsmedizin war bis heute nicht erloschen, im Gegenteil: Sie brannte mit jedem Jahr stärker und trieb ihn rastlos von einem Fall zum anderen, von Kongress zu Kongress, sogar bis in ferne Länder wie Ägypten oder den zwischen Moldawien und Ukraine gelegenen Pseudostaat Transnistrien, in die sein Ruf als Rechtsmediziner bereits vorgedrungen war.

»Bis wann kann ich mit dem Ergebnis Ihrer DNA-Analyse rechnen, Dr. Abel?«, riss ihn Markwitz aus seiner Grübelei. Abel gab vor, über die Frage nachzudenken. Aber in seinem Hinterkopf war er noch mit sich selbst beschäftigt.
Hat meine Schwester vielleicht doch recht?, fragte er sich. Hatte er die medizinische Forschung, durch die er möglicherweise das Leben ihrer Mutter – und Tausender weiterer Patienten – hätte retten können, leichtfertig aufgegeben, einfach weil der spannende Beruf und das abenteuerliche Leben als BKA-Rechtsmediziner ihm mehr Erfüllung versprochen hatten? Während er darüber nachdachte, bekam die Frage mit einem Mal einen anderen Sinn.
Hat Marlene das Recht dazu? Hatte irgendwer auf der Welt das Recht, einen anderen Menschen zu zwingen, auf das zu verzichten, was ihm wichtiger als alles andere war?
»Bis Montagmittag haben Sie alles auf dem Tisch«, sagte Abel.

☠ ☠ ☠

9

**Col du Sauvage, nahe Marseille,
ehemaliges Wasserrückhaltebecken, fünf Jahre zuvor**

Das halb zerfallene Gemäuer hatte er rein zufällig entdeckt, bei einem seiner end- und ziellosen Märsche durch den Wald. Wie üblich hatte er sich vorgestellt, dass seine Gegner eine Treibjagd auf ihn veranstalteten. Er musste ein Versteck finden, in dem sie ihn nicht aufspüren konnten. Wieder einmal war er vollständig in seinen Phantasien aufgegangen, und so hatte er gar nicht gleich kapiert, dass es sich um ein reales Gemäuer handelte. Doch es war das perfekte Versteck. Die Mauern waren schwarz vor Feuchtigkeit, aber so solide, wie man sie sich nur wünschen konnte. Der größte Teil des Komplexes lag unter der Erde, und das einzige Geschoss, das flach aus dem Boden herausragte, war teilweise eingestürzt und mit Dornengestrüpp überwuchert.

Ein unterirdisches Dornröschenschloss. Nur mit dem Unterschied, dass die Bewohner nicht im Tiefschlaf lagen, sondern fiepend und knurrend in den finsteren Sälen herumwuselten. Hunderte, Tausende Ratten, einige von ihnen so groß wie ausgewachsene Terrier. Überall in den Wänden und unter dem Boden gluckste und gurgelte Wasser, und es stank nach Moder und Fäulnis.

Mit dem Kastenwagen seines Bruders fuhr er so nah wie möglich an das Gemäuer heran. Als der Forstweg vor einem Geröllhaufen endete, ließ er den Peugeot so ausrollen, dass er halbwegs vom Unterholz verdeckt war.

Er warf sich die kleine Schlampe über die Schulter und brachte den Rest des Weges zu Fuß hinter sich. Das war für ihn überhaupt kein Problem. Er war so stark, dass es sogar ihn selbst immer wieder erstaunte, und er hatte die Ausdauer von zehn Pferden. Bei jedem Schritt klirrten die Klingen der Messer gegeneinander, die er in den Seitentaschen seiner Air-Combat-Jeans verstaut hatte. Drei links, rechts zwei und die Taschenlampe.

Als er bei der Ruine ankam, war er nicht einmal außer Atem. Natürlich hatte er längst mitbekommen, dass sie nicht mehr bewusstlos war. Aber er tat weiterhin so, als würde er eine leblose Last auf seiner Schulter tragen. Einen Sack voller Lumpen oder eine Leiche.

Er war schließlich nicht hier, um zu reden. *Quatsch mich nur nicht blöd an, sonst kann ich für nichts garantieren.*

Er warf sie ins Gras neben der rostigen Stahltür, die er mit einem Vorhängeschloss gesichert hatte. Vorsichtshalber stellte er ihr einen Fuß auf den Hals, bevor er den Schlüssel herauskramte und aufschloss.

Sie fing tatsächlich wieder an zu winseln, und in ihm kochte erneut die Wut hoch. *Wenn sie nicht ihr Maul hält, mach ich sie doch erst kalt und dann das mit den Messern.* Aber der Plan war, es diesmal andersherum anzugehen.

Er trat fester zu, aber nur wenig, damit sie das Maul hielt. Schlagartig hörte sie auf zu wimmern. *Na, geht doch.* Erst als er sie auf die Füße zerren wollte, fiel ihm auf, dass sie schon wieder ohnmächtig war. *Meinetwegen schleppe ich sie auch noch bis nach unten.*

Er ging in die Knie, warf sich die Last erneut über die Schulter und verschwand mit ihr im Innern des Gemäuers. Drinnen schaltete er seine Stablampe ein, und der starke Lichtkegel huschte über schimmlige Wände, den Boden voller Pfützen und Rattenknochen. Von allen Seiten ertönte Glucksen und Fiepen. Begierig atmete er den Modergeruch ein.

Er würde die Schlampe ausziehen und dann mit dem Gemüsemesser anfangen, auf ihrem Rücken oder an sonst einer der weniger interessanten Stellen. Das war eine Art Aufwärmphase, in der sie beide sich daran gewöhnen konnten.

Jetzt erst fing er an, sich so richtig zu freuen. *Hey, ich hab's geschafft!*, dachte er. *Welcher Idiot hat eigentlich behauptet, dass ich nichts zustande bringe?*

☠ ☠ ☠

10

**Berlin-Grünau, Wohnhaus von Dr. Fred Abel,
Samstag, 4. Juli, 19:30 Uhr**

Abel war eben dabei, den Esszimmertisch freizuräumen, als es an der Tür klingelte. *Typisch Marlene, eine halbe Stunde zu früh.*
Er legte den Stapel mit Sektionsberichten zurück auf den Tisch und ging zur Haustür. Lisa und er hatten den ganzen Tag zu Hause herumgetrödelt. Abel hatte übers Wochenende zwar Bereitschaftsdienst, aber wie durch ein Wunder war sein BlackBerry mucksmäuschenstill geblieben. Einmal hatte er sogar nachgesehen, ob der Akku leer war oder er keinen Empfang hatte. Doch es schien einfach so, als ob heute selbst manischen Psychopathen die nötige Energie für Mord und Totschlag fehlte. Das Thermometer war schon um elf Uhr vormittags auf 33 Grad gestiegen. Außerdem war es unerträglich schwül.
Niemand machte bei so einem Wetter mehr als die allernötigsten Bewegungen. Nur seine Schwester war natürlich wie immer auf Hochtouren.
Marlene schaffte es tatsächlich, noch zweimal zu klingeln, bevor er bei der Tür war. Als sie gestern Abend ihren Besuch angekündigt hatte, war er versucht gewesen, ihr unter einem Vorwand abzusagen. Aber auf die Schnelle war ihm kein glaubwürdiger Grund eingefallen. Normalerweise hielt er auch nichts davon, Auseinandersetzungen vor sich herzuschieben, doch in diesem Fall hätte er gerne noch ein wenig Aufschub gehabt. Bis er mit sich selbst ins Reine gekommen wäre.
Doch Marlene war nicht die Frau, die sich vertrösten oder an der Nase herumführen ließ, schon gar nicht von ihm. Sie

war schließlich seine große Schwester, drei Jahre älter als er. Wenige Monate nach Abels neuntem Geburtstag hatte der lange Kampf ihrer Mutter Elisabeth begonnen, die von ihrer Krankheit erst in den Rollstuhl und danach mehr und mehr in die Bettlägerigkeit gezwungen worden war. Ihr Vater Gustav Abel war fünf Jahre vor der Diagnose bei einem Autounfall tödlich verunglückt. Und so hatte Marlene ihrem kleinen Bruder gegenüber notgedrungen einen Teil der Elternrolle übernommen, als sie selbst fast noch ein Kind gewesen war.

Mit einem Lächeln, das sich für ihn schuldbewusst anfühlte, öffnete er die Tür. »Marlene, schön, dich zu sehen!«

Sie trug ein schwarzes, sackartiges Kleid, das ihr bis zu den Knien reichte. Sie war noch hagerer geworden, und die bitteren Falten, die sich von den Mundwinkeln abwärtszogen, noch tiefer. Aber vielleicht bildete er sich das auch nur ein. Obwohl sie einen halben Kopf kleiner war als er, hatte er für einen Moment das unbehagliche Gefühl, zu ihr aufsehen zu müssen.

Er breitete die Arme aus, doch Marlene blieb stocksteif vor der Schwelle stehen. »Ich hatte schon ganz vergessen, wie nobel du wohnst.« Es klang eindeutig vorwurfsvoll.

Abel zwang sich, sie weiter anzulächeln. »Von nobel kann keine Rede sein. Komm rein, Marlene.«

Sie sah ihn so tadelnd an wie in ihrer Kindheit, wenn er ihrer Ansicht nach wieder mal seine schulischen Pflichten vernachlässigt hatte. »Du interessierst dich für alles außer der Schule!«, hatte sie ihm oftmals vorgehalten. Das war stark übertrieben, auch wenn den Schulbüchern wirklich nicht seine größte Leidenschaft gegolten hatte. So wenig wie später den Lehrbüchern im Medizinstudium. Ohne sich sonderlich anzustrengen, hatte er in allen Schulfächern überdurchschnittliche Noten erzielt. Doch Marlene und seine Lehrer waren sich von seinem ersten bis zum letzten

Schultag darin einig gewesen, dass er seine Begabung vergeudete, weil er sich für die Abenteuer des wirklichen Lebens sehr viel mehr interessierte als für geistige Expeditionen.

Er manövrierte seine Schwester durch die Diele in das kombinierte Wohn-Esszimmer, das sie erst vor ein paar Monaten komplett umgebaut und neu möbliert hatten. Marlene sog mit einem scharfen Laut die Luft zwischen den Zähnen ein und blieb erneut stehen. Der großzügig dimensionierte Raum auf zwei Ebenen war das Herzstück des Hauses. Durch die puristische Möblierung wirkte er noch größer – und durch die neuen, bodentiefen Panoramafenster, die den Blick auf ihren Garten freigaben.

Es war eigentlich nur ein schmaler Rasenstreifen, aber er zog sich bis zum Ufer der Dahme. Am Bootssteg lag das Motorboot, das Lisa und er von den Vorbesitzern ihres Townhouses übernommen hatten. Sie benutzten es so gut wie nie, weil sie beide in ihrer Arbeit aufgingen. Lisa Suttner war Staatsanwältin und hatte einen Topjob bei der Bundesanwaltschaft.

»Von nobel kann keine Rede sein«, wiederholte Marlene in anklagendem Tonfall. »Habe ich das gerade richtig verstanden?«

Abel nickte und versuchte sein besänftigendes Lächeln wiederzubeleben, aber seine Gesichtsmuskulatur war vollkommen verkrampft. Andere Paare in vergleichbaren Positionen lebten in Villen im reichen Berliner Südwesten – dagegen war ihr Reihenhaus am südöstlichen Stadtrand ein eher bescheidenes Domizil. Doch er verkniff sich jede Bemerkung, die Marlene ohnehin nur als durchsichtigen Rechtfertigungsversuch abgetan hätte.

»Setz dich doch«, sagte er und deutete auf die Sessel vor dem Kamin.

Doch Marlene hatte mit sicherem Blick bereits weitere Dinge

entdeckt, über die sie sich empören konnte. Mit raschen Schritten ging sie zum Esstisch vor der Terrassentür und nahm eine der Fallakten auf, die Abel gerade hatte wegräumen wollen. »Dafür hast du also Zeit!«, stieß sie hervor.
»Was soll das denn«, sagte er in beruhigendem Tonfall.
»Wann immer du mich in den letzten drei Monaten angerufen hast, bin ich sofort zu Mutter und dir gefahren, oder etwa nicht?«
Jedenfalls fast immer, fügte er in Gedanken hinzu.
Sie presste den blassroten Pappordner an ihren Oberkörper. Abel überlegte fieberhaft, wie er sie davon abhalten konnte, die Fallakte zu öffnen. Oder irgendeinen anderen der zirka zehn Schnellhefter, die verstreut auf dem Tisch herumlagen. Die Fotos darin – erschossene, erdrosselte, zersägte oder verweste Mord- und Totschlagsopfer – würden weder Marlenes Nerven noch ihrer Stimmung sonderlich guttun.
»Gib mir das«, sagte er und streckte die Hand nach dem Ordner aus.
Marlene sah wie gehetzt von Abel zu dem Ordner vor ihrer Brust. »Dafür hast du Zeit!«, wiederholte sie. »Für deine Toten! Aber nicht für deine Familie, wenn sie dich braucht!«
Sie warf den Schnellhefter zurück auf den Tisch. Unglücklicherweise klappte er auf, und zahlreiche großformatige Farbfotografien quollen heraus. Sie zeigten Irina Petrowa – im Mantel und mit Würgemalen in ihrer Wohnung; bekleidet auf dem Sektionstisch, der knallrote Schriftzug »Respectez Asia« auf ihren Beinen gut erkennbar; entkleidet und mit Totenflecken unmittelbar vor der Obduktion; schließlich mit aufgeschnittenem Oberkörper und aufgesägtem Schädel.
»Das ist grauenhaft«, murmelte Marlene. Mit zusammengekniffenen Augen starrte sie auf die Fotografien. »Du warst auf dem besten Weg, ein bedeutender Wissenschaftler zu

werden, Fred. Du hättest Leben retten können. Und was machst du stattdessen? Du fledderst Leichen!«
Mehr oder weniger wortwörtlich den gleichen Vorwurf hatte sie ihm erst vor kurzem wieder am Telefon gemacht.
»Lass uns erst mal einen Schluck trinken«, schlug er vor. »Möchtest du ein Glas Grünen Veltliner? Wir haben auch frischen Eistee oder …«
Er unterbrach sich, als ihm klarwurde, dass Marlene gar nicht zuhörte. Ihre Augen schwammen in Tränen. Rasch schob er die Fotografien zusammen, legte sie in den Ordner zurück und stapelte die Akten zu einem kleinen Turm. Bevor er sie in sein Arbeitszimmer hinüberbringen konnte, stolperte ihm Marlene regelrecht in die Arme. Sie presste ihr Gesicht an seine Brust und begann zu weinen.
Abel legte ihr die Arme sanft um die Schultern und hielt sie fest. Ihr Körper fühlte sich knochig an, als wäre Marlene aus innerer Verbundenheit zusammen mit ihrer sterbenden Mutter abgemagert. Ihm war plötzlich auch zum Heulen zumute, aber er war entschlossen, sich zusammenzureißen. Es war nie seine Art gewesen, seinen Gefühlen freien Lauf zu lassen, und er würde nicht ausgerechnet heute damit anfangen.
Später saßen sie zu dritt auf der Terrasse, und Marlene redete erregt auf Abel ein. Ihr sonst so blasses Gesicht war mit roten Flecken übersät, ihre Stirn glänzte vor Schweiß. Dabei hatte es hier draußen nach einem Wolkenbruch kräftig abgekühlt.
Fred habe ihr geschworen, so hielt sie ihm zum wiederholten Mal vor, dass er in die medizinische Forschung gehen und ein Medikament entwickeln würde, um ihre Mutter vor dem qualvollen und viel zu frühen Tod zu retten. Sie selbst habe ihren Teil der Abmachung eingehalten. Sie sei nach der zehnten Klasse von der Schule abgegangen, um ihre Mutter zu pflegen. Sie habe alles geopfert, ihre beruflichen Träume,

ihr persönliches Glück, ihr ganzes Leben – und was habe er getan? »Du hast unsere Abmachung vergessen. Du hast deine Ideale mit Füßen getreten und Mutter und mich verraten! Anstatt als Forscher Leben zu retten, bist du Rechtsmediziner geworden und schlägst dich mit deinen Toten herum! Dabei scheinst du dich auch noch bestens zu amüsieren. Und ärmer bist du durch die Leichenfledderei auch nicht gerade geworden!«, rief sie aus und deutete anklagend in Richtung Bootssteg.

Abel sah hilfesuchend zu seiner Lebensgefährtin hinüber. Mit ihren fuchsroten Haaren und dem dünnen Sommerkleid im gleichen Grünton wie ihre Augen sah Lisa hinreißend aus.

Sie hob leicht die Schultern, als wollte sie sagen: »Ich weiß auch nicht, wie wir sie beruhigen können.« Doch sie ließ ihn nicht hängen.

Lisa Suttner war in Abels Augen nicht nur die intelligenteste und kultivierteste, reizvollste und leidenschaftlichste Frau, in die er sich jemals verliebt hatte, sondern überdies die Verlässlichkeit in Person. Seit mittlerweile elf Jahren waren sie ein Paar, und Abel wünschte sich nichts mehr, als mit ihr zusammen alt zu werden.

Sie lächelte Marlene warmherzig an. »Ich verstehe natürlich sehr gut, dass du damals alle Hoffnungen auf Fred gesetzt hast. Aber wie viele junge Leute ändern ihre Studienrichtung, nachdem sie festgestellt haben, dass ihr vermeintliches Traumfach ihnen dann doch nicht gefällt?« Lisa strich sich eine widerspenstige Strähne aus der Stirn. »Nach einem Mittel gegen multiple Sklerose suchen Forscher auf der ganzen Welt seit vielen Jahrzehnten – ohne Erfolg«, fuhr sie fort. »Selbst wenn Fred sein Leben dieser Forschung gewidmet hätte, wäre seine Chance auf einen Durchbruch minimal gewesen.«

»Sie wäre gleich null gewesen«, bekräftigte Abel. »Ich mag

eine Reihe von Talenten haben, aber zum Forscher, der sein Leben im Labor verbringt, tauge ich nun einmal nicht. Ich hätte nicht einmal ein innovatives Schnupfenspray entwickelt, ganz zu schweigen von etwas so Hochkomplexem wie einem Wirkstoff gegen neurodegenerative Erkrankungen.«

Er unterbrach sich, um Marlene Gelegenheit zu einer Antwort zu geben. Aber seine Schwester sah nur mit leerem Blick an ihm vorbei.

Erneut wurde Abel von Schuldgefühlen übermannt, wie so häufig in den letzten Tagen. *Sie hat ja recht, jedenfalls aus ihrer Sicht,* dachte er, *sie kann es gar nicht anders sehen.*

Marlene hatte alles geopfert. Sogar ihre Ehe mit dem Architekten Thomas Jakob war nach nur einem Jahr in die Brüche gegangen. In ihrem Leben musste sich eben alles dem Wohl ihrer Mutter unterordnen, und dazu war Jakob nicht bereit gewesen. Obwohl ihre Ehe auf dem Papier noch immer bestand, lebte Marlene seit zwanzig Jahren allein. Oder eben nicht allein, sondern in ihrem Elternhaus in Lenthe, einem Dorf bei Hannover, wo sie sich aufopfernd um ihre Mutter gekümmert hatte. Tag und Nacht, Woche für Woche, mehr oder weniger ihr Leben lang.

»Rechtsmediziner schlagen sich nicht nur mit Toten herum«, sagte Abel. »Und schon gar nicht, wenn sie wie ich beim BKA arbeiten. Wir helfen dabei, Täter zu überführen, damit sie keine weiteren Verbrechen verüben können. Durch meinen Beruf mache ich also genau das, was ich immer tun wollte: Ich helfe, Leben zu retten!«

Er rieb sich mit der Hand übers Gesicht, dass die Bartstoppeln raschelten. An einigen Stellen wurde sein schwarzes Haar bereits silbergrau. Und Marlene versuchte ihn auf Versprechen festzunageln, die er praktisch noch als Kind gegeben hatte! Es war auf traurige Weise absurd. Ein Teil von ihr lebte immer noch in der weit zurückliegenden Zeit ihrer gemeinsamen Kindheit. Dabei war sie durch Einsam-

keit und Verbitterung sogar vorzeitig gealtert und sah mit ihren gerade mal neunundvierzig Jahren aus wie eine alte Frau.
»Jetzt tu nicht auch noch so, als würdest du dich in deinem Beruf aufopfern!«, stieß sie hervor. »Hast du mir nicht neulich erst erzählt, wie köstlich du dich bei deinem kirgisischen Oligarchen amüsiert hast? Sie haben dich mit dem Range Rover vom Flughafen abgeholt und ›durch das tollste Abenteuer deines bisherigen Berufslebens chauffiert‹, das waren doch deine Worte, oder nicht?«
Abel unterdrückte den Impuls, seinen Kopf unter den Armen zu verbergen. Am liebsten wäre er unsichtbar geworden, damit Marlene endlich aufhörte, ihn zu beschimpfen.
»Transnistrisch, nicht kirgisisch. Und ›amüsiert‹ trifft es auch nicht so richtig – die ganze Angelegenheit war ziemlich haarsträubend«, sagte er. »Aber der Rest stimmt so ungefähr. Ich habe die Leichen seiner beiden Neffen identifiziert und ihm so die Möglichkeit gegeben, die Spur zu dem Mann zu verfolgen, der sie ermordet hat. Wenn der Täter verurteilt wird, verbringt er den Rest seines Lebens im Gefängnis. Gut für Transnistrien, gut für uns alle, nicht nur für den reichen Mann, der mich mit der Untersuchung beauftragt hat. Und ja, es war ein bizarres Abenteuer, wie man sie nicht sehr häufig erlebt. Aber was daran ist deiner Meinung nach verwerflich, Marlene?«
Jetzt begann er sich doch zu ereifern, obwohl er sich so fest vorgenommen hatte, ruhig zu bleiben. Er beugte sich nach vorn. »Wer hat eigentlich behauptet«, fuhr er fort, »dass man bei seiner Arbeit keinen Spaß haben darf? Ich genieße eben das Privileg, einen Beruf ausüben zu dürfen, der mir nicht nur Freude macht, sondern auch noch für die Allgemeinheit nützlich ist. Durch meine Arbeit konnte ich schon viele Menschen vor dem Tod bewahren, und dafür brauche ich mich nicht zu schämen.«

Marlene nickte. Für einen Moment glaubte Abel, sie wäre doch noch auf seine Seite umgeschwenkt.
»Viele Menschen«, wiederholte sie mit leiser Stimme. »Nur unsere Mutter war leider nicht dabei.«
Sie begann wieder zu weinen. Diesmal konnte auch Abel nicht verhindern, dass seine Augen zu brennen begannen.

☠ ☠ ☠

11

Berlin-Wedding, Kinderklinik der Charité, Sonntag, 5. Juli, 10:45 Uhr

Lilly Lindweg hielt sich die Sauerstoffmaske vor den Mund und nahm ein paar Züge köstlich frische Luft. Auf ihrer Bettkante saß ihre Mutter Marie, wie eigentlich immer, wenn Lilly die Augen aufmachte. »Geh nach Hause, Mama«, hatte Lilly erst vorhin wieder zu ihr gesagt. »Du musst dich doch auch mal ausruhen.«
Aber ihre Mutter hatte sie nur unendlich müde angelächelt und war geblieben. Darüber war Lilly insgeheim froh, auch wenn ihre Mutter ihr leidtat. Sie sah grau und erschöpft aus. Und seit sie vorhin draußen im Flur mit der Ärztin gesprochen hatte, liefen ihr die Tränen nur so über das Gesicht.
Bald habe ich's hinter mir, dachte Lilly. Bald würde ihre Mutter nicht mehr gezwungen sein, Tag und Nacht am Bett ihrer zwölfjährigen Tochter auf der Intensivstation auszuharren. Denn älter als zwölf würde Lilly nicht werden, das wusste sie. Auch wenn ihre Mutter immer noch so tat, als könnte sie wieder gesund werden.
Sie nahm die Atemmaske herunter und tastete nach der

Hand ihrer Mutter. »Sie hat gesagt, ich muss sterben, stimmt's?«, flüsterte sie mühsam.

Ihre Mutter schüttelte krampfhaft den Kopf, dass ihre blonden Locken flogen.

Gold-Marie und Pech-Lilly, dachte Lilly, während sie die Maske wieder vor ihren Mund presste. Die hellhäutige Gold-Marie und die Pech-Lilly mit der kakaobraunen Haut und den schwarzen Kraushaaren, die ihr allerdings durch die Chemotherapie alle ausgefallen waren.

Beinahe hätte sie jetzt auch das Heulen angefangen, aber sie riss sich zusammen. Sie hatte Leukämie, und sie würde daran sterben. Sie wussten es erst seit zwei Monaten. Es gab Arten von Leukämie, von denen man geheilt werden konnte, aber ihre Art gehörte nicht dazu.

Erneut nahm sie die Maske von ihrem Mund weg. »Ich wusste es schon«, flüsterte sie, »ich hab's ja gespürt. Und weißt du, Mama, es ist gar nicht so schlimm!«

Nach so vielen Wörtern war sie außer Atem. Keuchend sog sie Luft durch die Sauerstoffmaske ein, die sie eigentlich mit dem Gummiband um ihren Kopf befestigen sollte. Aber mit der Maske vor Mund und Nase konnte sie überhaupt nichts mehr sagen. Und wenn sie einfach nur stumm dalag und keuchend Luft holte, bekam sie Angst. Vor dem Sterben, vor dem Für-immer-Alleinsein.

In den letzten Tagen war sie ständig schwächer geworden. Sie bekam kaum noch Luft. Sie schlief andauernd ein und hatte unheimliche Träume. Aber schlimmer als alles andere war, dass ihre Mutter so schrecklich litt.

Oder nein, dachte Lilly dann. *Noch schlimmer wäre es, wenn ich sterben müsste, ohne vorher noch einmal Papa zu sehen. Ihn zu umarmen, von ihm Abschied zu nehmen.*

»Muss ich wirklich bald sterben?«, fragte sie, als sie sich stark genug fühlte, wieder ein paar Sekunden ohne Maske auszukommen. »Sag mir die Wahrheit, Mama.«

Marie Lindweg wischte sich mit ihrem völlig durchnässten Taschentuch über die Augen.

Lilly ist kein Kind mehr, ging es ihr durch den Kopf. *Durch ihre Krankheit ist sie innerhalb weniger Wochen erwachsen geworden. Ein Leben im Zeitraffer – und schon wieder vorbei.*

Lillys dunkle Augen schienen im Halbdunkel des Krankenhauszimmers zu glühen. Sie suchten Maries Blick und hielten ihn fest. Jeden Tag fiel Lilly mehr in sich zusammen. Das Bett kam Marie schon viel zu groß für ihre Tochter vor. Überdimensional türmten sich die Apparate hinter dem Kopfende. Außer dem Surren und Piepen der Geräte und Lillys keuchendem Atmen schien es auf der ganzen Welt keine Geräusche mehr zu geben.

Sie ist so schön, dachte Marie. *Es ist so ungerecht! Wenn ich die Wahl hätte, ich würde sofort mein Leben dafür geben, damit Lilly weiterleben kann!*

Aber es gab keinen grausamen Drachen, dem sie sich opfern konnte, damit er ihre Tochter verschone. Oder wenn es ihn gab, dann saß er in dem Körper ihrer lieben kleinen Lilly und fraß sie von innen her auf.

»Du hast noch etwa zwei Wochen, sagen die Ärzte«, antwortete sie und fing erneut an zu weinen.

Lilly streichelte ihre Hand. *Wie absurd,* dachte Marie, *ich sollte sie trösten und nicht umgekehrt!* Aber in ihr war weit und breit kein Trost. Nur Schmerz und Wut und Trauer.

»Das macht nichts«, flüsterte Lilly. »Ich habe keine Angst, Mama. Nicht vor dem Tod. Ich will nur nicht allein sein, wenn ich sterbe.« Sie presste sich die Maske vor Mund und Nase und sprach immerzu weiter. Marie hörte nur Keuchen und Gemurmel, aber Lilly wirkte mit einem Mal so aufgeregt, dass Marie heftig nickte.

»Beruhige dich bitte, Lilly«, sagte sie. »Du weißt doch, du brauchst den Sauerstoff für dein Blut.«

Wenn der Sauerstoffgehalt im Blut unter einen kritischen Punkt sank, konnte es passieren, dass Lilly ins Koma fiel, hatte die Ärztin gesagt. Lillys Immunsystem hatte bereits begonnen, ihre eigene Lunge abzustoßen, und das Mädchen war so geschwächt, dass es keine Chance hätte, eine Lungentransplantation zu überleben. Ganz zu schweigen davon, dass es für geeignete Ersatzorgane monate- oder sogar jahrelange Wartefristen gab.
»Versprichst du es mir?«, flüsterte Lilly, nachdem sie die Maske wieder weggenommen hatte.
Marie zögerte. Sie hatte nicht verstanden, was Lilly hinter der Maske hervorgestoßen hatte. Was sollte sie ihr versprechen?
»Dass du Papa hierherbringst«, stieß Lilly keuchend hervor. »Versprich es mir! Ich will, dass ihr beide bei mir seid, wenn ich sterben muss.«
Marie nahm ihr die Maske aus der Hand und drückte sie ihrer Tochter sanft vor Mund und Nase.
»Ja, Lilly, das verspreche ich dir«, sagte sie feierlich. »Gleich nachher rufe ich Papa an. Er wird ganz bestimmt kommen.«
Sie hoffte sehr, dass ihre Worte überzeugter klangen, als sie sich fühlte.
Lars Moewig, Lillys Vater, war ein Einzelgänger und Abenteurer, der oft für Monate in den exotischsten Ländern untertauchte – bevorzugt in Kriegsgebieten und Krisenregionen, denn Lars war mit Leib und Seele Soldat. Er war als Fremdenlegionär in Südfrankreich und Nordafrika gewesen und als Bundeswehrsoldat in Somalia und Afghanistan. In seiner Familie gab es afroamerikanische Vorfahren, deshalb hatte er schwarze Haut, obwohl er in Berlin geboren war und seine beiden Elternteile blond und hellhäutig waren. Maries Beziehung mit Lars hatte nur wenige Monate gedauert und war schon vor Lillys Geburt in die Brüche gegangen. Im Grunde war Lars ein guter Kerl, aber unbere-

chenbar. Das war sogar noch ärger geworden, seit er aus Afghanistan zurückgekommen war.

Jahrelang hatten sie nur noch sporadisch Kontakt gehabt, aber seit er von Lillys lebensgefährlicher Krankheit wusste, waren sie alle drei enger zusammengerückt. Lars liebte seine kleine Tochter abgöttisch, und in den letzten Wochen hatte er sie häufig hier in der Klinik besucht. Doch seit ein paar Tagen hatten sie nichts mehr von ihm gehört. Marie wusste nicht einmal, wo er sich gerade aufhielt.

Lilly war unterdessen wieder eingeschlafen. Ihre Lider hatten sich geschlossen, ihr Atem ging regelmäßig und nicht mehr ganz so qualvoll keuchend. Behutsam befestigte Marie die Sauerstoffmaske vor Mund und Nase ihrer Tochter. Dann schlich sie sich aus dem Zimmer, um zum wiederholten Mal zu versuchen, Lars anzurufen.

Seit einiger Zeit verwendete er nur noch Prepaid-Handys, so dass seine Telefonnummer ständig wechselte. Sein aktuelles Prepaid-Handy war ausgeschaltet – wie so oft in letzter Zeit. »Manchmal kann ich einfach nicht reden«, hatte Lars ihr erst vor kurzem erklärt. »Dann sitze ich nur stundenlang da, reglos wie ein Stein. Oder ich renne bis zur Erschöpfung durch die Gegend. Aber ich halte Kontakt zu dir und Lilly – versprochen!«

Marie hatte zusätzlich vier ältere Nummern von Lars gespeichert und probierte sie nacheinander durch. »Diese Rufnummer ist nicht vergeben«, teilten ihr vier verschiedene synthetische Frauenstimmen mit. Zwei auf Deutsch und zwei auf Englisch.

☠ ☠ ☠

12

**Berlin, Treptowers, BKA-Einheit »Extremdelikte«,
Montag, 6. Juli, 11:05 Uhr**

Hauptkommissar Markwitz klopfte an die offene Tür, und Abel schreckte hinter seinem Schreibtisch zusammen. In Gedanken war er schon wieder bei Marlene und ihren Vorwürfen gewesen. Sie verfolgten ihn bis in seine Träume. Entsprechend hatte er auch letzte Nacht wieder unruhig geschlafen und fühlte sich zerschlagen und bedrückt.
»Bin ich zu früh?«, fragte Markwitz.
Abel schüttelte den Kopf und machte eine einladende Handbewegung. Heute früh hatte er Markwitz den Obduktionsbericht zum Fall Irina Petrowa mitsamt dem Ergebnis der DNA-Analyse geschickt. Ein Sexualdelikt konnte sicher ausgeschlossen werden. Nun wollten sie gemeinsam eine Zwischenbilanz im Fall Petrowa ziehen.
Hinter dem bulligen Kriminalbeamten schob sich eine kaum weniger stämmige zweite Gestalt in Abels Büro. Tekin Okyar deutete eine Verbeugung an und blieb in bescheidener Haltung hinter Markwitz stehen. Offenbar hatte der Praktikant beschlossen, seinen Übermut heute zu zügeln.
In Abels geräumigem Eckbüro gab es einen Tisch mit vier Sesseln für Besprechungen, allerdings war dieser genauso wie die Sitzgelegenheiten mit Fallakten, kriminalistischen Nachschlagewerken und rechtsmedizinischen Fachzeitschriften überhäuft. Markwitz und Okyar blieb nichts anderes übrig, als auf den beiden schlichten Holzstühlen vor Abels Schreibtisch Platz zu nehmen.
Sein Büro lag wie die gesamte rechtsmedizinische Abteilung im zweiten Untergeschoss. Da es logischerweise keine

Fenster gab, hatte Abel gegenüber von seinem Schreibtisch einen XXL-Wandmonitor installieren lassen, der mit getöntem Glas und silberfarbenem Rahmen wie ein Fenster designt war. Schon häufig hatte er Besucher mit einem schwindelerregenden Ausblick über den gesamten Berliner Südosten verblüfft, der von einer Kamera auf der Dachterrasse im zweiunddreißigsten Stock übertragen wurde. Doch im Moment hatte er wenig Sinn für solche Spiegelfechtereien, der Monitor war schwarz.

»Also, wir stehen mit leeren Händen da«, begann Horst Markwitz, nachdem er Platz genommen und ein paar höfliche Floskeln mit Abel ausgetauscht hatte. »Jedenfalls, wenn ich Ihren Bericht und das Ergebnis der DNA-Analyse richtig verstanden habe. Und auch wir bei der Mordkommission können im Moment nichts vorweisen. Wir haben die Bewohner der Senioreneinrichtung befragt, außerdem alle Mitarbeiter, die am Donnerstag Dienst hatten, die Nachbarn in der Umgebung und die Angestellten des Supermarkts. Niemand hat etwas Ungewöhnliches bemerkt. Natürlich haben wir auch die üblichen Verdächtigen aus den einschlägigen Kreisen unter die Lupe genommen – gleichfalls ohne Resultat. Und bei Ihnen sieht es offenbar nicht besser aus, Doktor.«

Er tippte mit einem außerordentlich dicken Zeigefinger auf den blassroten Pappordner, den Abel ihm geschickt hatte. »Oder habe ich da etwas übersehen, das uns Hoffnung machen könnte?«

»Kommt darauf an«, sagte Abel. »Sie haben völlig recht, unter den Fingernägeln der Toten haben wir nur sehr wenig Fremd-DNA gefunden, die außerdem mit der DNA des Opfers vermischt ist. Wie ich es schon im Sektionssaal befürchtet hatte – für einen genetischen Fingerabdruck, den man mit der Datenbank abgleichen könnte, reicht das bei weitem nicht aus.«

Markwitz sank noch etwas mehr in sich zusammen. »Also nichts zu machen …. Sie können sich gar nicht vorstellen, was für eine Scheißwut ich bei dem Gedanken kriege, dass dieser feige Mörder vielleicht ungeschoren davonkommt.« Er zerrte so heftig an seinem Schnauzbart, dass es Abel schon beim Zusehen weh tat.
Der Praktikant war währenddessen immer zappliger geworden. »*Worauf* kommt es an, Dr. Abel, wenn ich fragen darf?«, platzte er heraus.
Markwitz warf ihm einen tadelnden Blick zu. »Was haben wir vereinbart, Junge? Du hast heute Sendepause, außer wenn dir das Wort erteilt worden ist.«
Okyar nickte reuig.
»Aber die Frage ist berechtigt«, sagte Abel. »Einen Trumpf haben wir vielleicht doch noch im Ärmel. Ob er sticht, kann ich allerdings nicht voraussagen.«
Jetzt sahen ihn beide Männer mit großen Augen an.
»Spannen Sie mich nicht auf die Folter!«, sagte Markwitz. »Meine Nerven waren schon mal stabiler, wenn Sie verstehen, was ich meine.«
Das verstand Abel besser, als ihm lieb war. Doch gerade als er ansetzen wollte, die Vorzüge und Grenzen der sogenannten Haplotyp-Analyse zu erläutern, klopfte es erneut an die Tür. »Entschuldigen Sie die Störung, Herr Kriminaldirektor«, sagte Renate Hübner in der ihr eigenen, gleichsam knochenlosen Stimmlage, nachdem Abel sie hereingebeten hatte. »Hauptkommissar Hindrich vom LKA 123 hat angerufen. Sie möchten bitte umgehend nach Alt-Reinickendorf kommen. Ein Wohnungseinbruch mit …«
»Einbruch?«, fiel ihr Abel ins Wort. »Herrgott noch mal, soll ich jetzt auch noch Diebe fangen?«
»… mit Tötung einer Geisel«, fuhr die Hübner ungerührt fort. »Der Täter hat noch eine zweite Geisel in seiner Gewalt, eine siebenundsechzigjährige Frau. Den Ehemann hat

er vor einer halben Stunde umgebracht und anschließend aus dem Fenster im ersten Stock geworfen. Hauptkommissar Hindrich glaubt, den Täter anhand seiner Vorgehensweise identifizieren zu können. Aber er ist sich nicht ganz sicher, deshalb bittet er um Ihre Mithilfe. Der Geiselnehmer hat seinem Opfer das Herz aus der Brust gehackt und durch einen Stein ersetzt.«

»Oh Gott«, murmelte Tekin Okyar. Er fasste sich an die linke Brustseite. »Wie jetzt, ›gehackt‹?« Sein Gesicht sah plötzlich ganz grün aus.

Weder Abel noch Markwitz achteten auf ihn.

»Der *Herzhacker*«, sagte Abel. »Den Namen hat ihm die Boulevardpresse damals verpasst. Wenn Hindrichs Vermutung zutreffen sollte ... Grundgütiger!«

Er sprang von seinem Schreibtischsessel auf. Adrenalin strömte durch seine Blutgefäße und schwemmte alle Müdigkeit, alle düsteren Gedanken fort. »Ich bin schon unterwegs, sagen Sie ihm das. Und schicken Sie mir alle verfügbaren Fotografien mit den Verletzungsmustern bei den Herzhacker-Opfern auf mein Handy«, wies er die Sekretärin an, während er sein Jackett nahm und BlackBerry, Brieftasche und Schlüssel darin verstaute. »Was halten Sie davon, wenn Sie mich nach Reinickendorf bringen?«, wandte er sich an Markwitz. »Dann kann ich Ihnen unterwegs erklären, wie wir Ihren Nachläufer mit Hilfe der Haplotyp-Analyse vielleicht doch noch schnappen können.«

Markwitz nickte zustimmend und stürmte schon aus der Tür. Der Praktikant wollte ihm folgen, erstarrte jedoch in der Bewegung. Mit offenem Mund glotzte er das Fenster neben der Tür an, das einen überwältigenden Ausblick bot. Einem Impuls folgend hatte Abel den Wandmonitor mit einem Mausklick eingeschaltet. Fadendünne Wolken zogen über den Sommerhimmel, der geradezu unwirklich blau war. In schwindelerregender Tiefe tuckerten winzige Aus-

flugsschiffe auf der Spree, die wie von einem Kindergartenkind gekritzelt aussah.
»Ich hoffe, Sie haben keine Höhenangst«, sagte Abel zu Tekin Okyar und war noch vor dem verdatterten Praktikanten aus der Tür.

☠ ☠ ☠

13

**Berlin, LKA-Dienstwagen KHK Markwitz,
Montag, 6. Juli, 12:05 Uhr**

Mit Blaulicht und Sirene rasten sie in Markwitz' Dienst-BMW quer durch die City in den Berliner Norden.
»*Herzhacker*, das war doch der Irre, der Ehepaare im Schlaf überfällt und dem Mann das Herz aus der Brust hackt?«, fragte Markwitz.
»Genau der«, sagte Abel. »Ein klassischer Psychopath. Der Kerl wurde nie gefasst. Aber vielleicht geht seine Glückssträhne gerade jetzt zu Ende.«
Abel saß auf dem Beifahrersitz und redete mit erhobener Stimme gegen das Jaulen der Sirene an. Um nur ja nichts zu verpassen, hatte sich der Praktikant auf der Rückbank so weit vorgebeugt, dass seine Nase fast schon den Schaltknüppel berührte.
Vor drei Jahren hatte der Herzhacker die halbe BKA-Einheit »Extremdelikte« in Atem gehalten, fasste Abel die Vorgeschichte kurz zusammen. Im Dreimonatstakt hatte er in Berlin insgesamt vier Ehepaare zwischen vierzig und siebzig Jahren überfallen. In einigen Medien bekam er daher auch den Beinamen »Vier-Jahreszeiten-Killer«. Laut Zeu-

genaussagen handelte es sich um einen schmächtigen Mann unbestimmten Alters, der immer mit schwarzer Gesichtsmaske und schwarzem Kapuzenmantel auftrat. An einem Band um seine Stirn trug er eine Lampe.

Auch das Tatmuster des Herzhackers war jedes Mal das gleiche: Er drang zwischen drei und vier Uhr nachts in die Wohnung ein und legte die Stromversorgung lahm, so dass es außer seiner Stirnlampe keine Lichtquelle mehr gab. Dann suchte er das Schlafzimmer auf und tötete den Ehemann. Mit einer kurzstieligen Pflanzhacke durchschlug er den Brustkorb des Opfers und hackte ihm buchstäblich das Herz heraus. In die Brusthöhle setzte er stattdessen einen tennisballgroßen Flusskiesel ein.

Die zu Tode verängstigten Frauen der Opfer mussten das alles im geisterhaften Licht der Grubenlampe mit ansehen. Der Herzhacker blieb stets bis zur Morgendämmerung, und das Einzige, was er zu den Ehefrauen sagte, klang wie ein unbeholfener Kinderreim: »*Sieh ihn dir an, sonst bist du als Nächste dran!*« Er hatte eine helle, fast quäkende Stimme und war von schlanker, eher kleinwüchsiger Gestalt; das war alles, was die Ehefrauen über den Mörder ihrer Männer aussagen konnten. In der Morgendämmerung öffnete er das Fenster und warf den Toten auf die Straße hinunter, dann verschwand er wie ein Spuk.

»Timo Jankowski, einer unserer besten BKA-Profiler, hat damals das Täterprofil erstellt«, sagte Abel. »Wir hatten keinen Fingerabdruck, keine Täter-DNA, keine brauchbare Personenbeschreibung. Trotzdem waren wir dem Herzhacker schließlich so dicht auf den Fersen, dass er sich wohl in die Enge getrieben gefühlt hat. Wir haben eine Schwester von ihm aufgetrieben, und dadurch kennen wir auch seinen Namen: Fritz Löwitsch. Er hat zuletzt in einem Fabrikanlagen-Abbruchunternehmen als Handlanger gearbeitet und müsste mittlerweile zirka Mitte dreißig sein.«

So ganz genau hatte er die Daten nach drei Jahren nicht mehr parat. Dafür bekam er im Lauf eines Jahres einfach zu viele Fälle auf den Tisch. Besser gesagt, auf beide Tische: in seinem Büro und im Sektionssaal.

Renate Hübner hatte ihm nicht nur die Fotografien von Löwitschs Opfern auf sein Smartphone geschickt, sondern auch die Akte zum Herzhacker-Fall herausgesucht. Abel hatte sie gebeten, den prall gefüllten Ordner auf seinen Schreibtisch zu legen. Die Akte war jetzt schon so schwer wie ein Ziegelstein. Sie enthielt das von Jankowski erstellte Täterprofil sowie alle vier Obduktionsberichte. Und höchstwahrscheinlich würde in Kürze ein weiteres Sektionsprotokoll dazukommen.

»Es gab da irgendwelche finsteren Vorfälle in Löwitschs Kindheit«, fuhr er fort, »mit einem Pflegevater oder Heimerzieher, der ihn unmenschlich hart behandelt hat. Das muss ich noch mal nachlesen. Jedenfalls erklärt das laut Jankowski diesen symbolischen Austausch: Stein statt Herz. Löwitsch hat in seinen Opfern wohl immer nur die verhasste herzlose Vaterfigur gesehen. Und praktisch im gleichen Moment, in dem wir ihn identifiziert hatten, ist er abgetaucht. Womöglich ist der innere Druck aber mittlerweile wieder zu stark geworden. Seine Phantasien lassen ihm keine Ruhe, also hat er erneut zugeschlagen – jedenfalls dem ersten Anschein nach.«

Markwitz fuhr bei Rotlicht zügig über eine sechsspurige Kreuzung. »Und von Ihnen will Kollege Hindrich jetzt wissen, ob das hier tatsächlich wieder Löwitsch war? Oder ein Nachahmungstäter.«

Abel nickte. »Über den Herzhacker haben die Medien damals ja breit berichtet. Aber natürlich wurden wichtige Details des Tatmusters wie üblich geheim gehalten. Zum Beispiel, dass er sich jedes Mal in der Morgendämmerung aus dem Staub gemacht hat. Unser heutiger Geiselnehmer sitzt aber mit der Ehefrau immer noch in der Wohnung, obwohl längst helllichter Tag ist. Diese Abweichung könnte auf einen Trittbrettfahrer deuten, und deshalb will Hindrich wohl, dass ich den Toten an Ort und Stelle untersuche. Durch einen Vergleich der Verletzungsspuren müsste sich recht schnell klären lassen, ob wir es mit dem echten Herzhacker zu tun haben. Aber jetzt noch mal zu unserem Fall.« Er schloss kurz die Augen, um sich die Einzelheiten im Fall Petrowa in Erinnerung zu rufen. »Es gibt da ein neuartiges Genanalyseverfahren«, setzte er an, wurde jedoch von Tekin Okyar unterbrochen.

»Sorry, ich weiß schon, eigentlich habe ich Sendepause«, sagte der Praktikant. »Aber wenn ich vor Neugier platze, haben Sie auch nur wieder Ärger. Also, bitte, Doktor, haben Sie ein Herz für Praktikanten: Was hat der Kommissar davon, wenn er weiß, ob der Herzklopfer das Ehepaar überfallen hat?«

Abel nickte ihm anerkennend zu. »Herzhacker«, sagte er. »Aber die Frage trifft einen wichtigen Punkt. Wenn sich herausstellt, dass tatsächlich Löwitsch der Täter ist, haben wir einen Hebel, mit dem wir ihn möglicherweise zur Aufgabe bewegen können. Wenn es aber nur ein Nachahmungstäter ist, wäre der Hebel wirkungslos oder könnte sogar das Leben der Geisel gefährden, die er noch in seiner Gewalt hat.«

Okyar nickte hektisch und riss die Augen auf. »Süper, danke. Ich verstehe kein Wort. Liegt an mir, ganz klar. Was für ein Hebel?«

»Seine Schwester. Sie ist ein paar Jahre älter als er. Und sie scheint der einzige Mensch zu sein, vor dem er Respekt hat.« Abel stockte kurz, als ihm auffiel, dass es da eine vage Parallele gab. Marlene war zwar bestimmt nicht der einzige Mensch, vor dem er selbst Respekt hatte, aber eine ältere Schwester, die ihnen ins Gewissen reden konnte, hatten Löwitsch und er auf jeden Fall gemeinsam.

Er schüttelte den Kopf, um den unangenehmen Gedanken wieder loszuwerden. »Sie hat strenge Moralvorstellungen und gehört einer ultraorthodoxen Glaubensgemeinschaft an. Bei ihrer Vernehmung hat sie keinen Zweifel daran gelassen, dass sie die Verbrechen ihres Bruders verurteilt. Sie hat behauptet, dass sie imstande wäre, ihn auf den Weg der Vernunft zurückzuführen, wenn sie nur die Gelegenheit bekäme, ihm ins Gewissen zu reden. Und wie es aussieht, könnte heute ihr großer Tag gekommen sein.«
Okyar nickte erneut, und diesmal passte sein Gesichtsausdruck zu seiner Kopfbewegung. »*Falls* Sie feststellen, dass der Geiselnehmer derselbe Herzklopfer wie damals ist.«
»Herz*hacker*«, sagte Abel genervt. »Ansonsten richtig.«
Während Markwitz eine Gruppe ausgelassener Touristen auf Tandemrädern von ihrer Fahrspur verscheuchte, kam Abel endlich auf den Fall Irina Petrowa zu sprechen. »Es gibt da also dieses neuartige Genanalyseverfahren«, wiederholte er, »das Sie auf die Spur des Täters bringen könnte, obwohl für ein klassisches DNA-Profil nicht genügend Fremd-DNA vorhanden ist.«
Unter den Fingernägeln von Irina Petrowa, fuhr Abel fort, hatten sie Mischspuren gefunden, also DNA, die zum Teil vom Opfer selbst stammte, zum Teil aber von einer fremden männlichen Person. Aller Wahrscheinlichkeit nach handelte es sich bei diesem Mann um den Täter, gegen den sich die alte Frau vergeblich zur Wehr gesetzt hatte. Da nur männliche Erbsubstanz Y-Chromosomen aufwies, konnte man die Täter-DNA eindeutig von der des Opfers trennen. Diese Täter-DNA nun ließ sich neuerdings für eine Y-Analyse des sogenannten Haplotyps verwenden.
»Dolles Ding«, kommentierte Markwitz. In seinem Tonfall mischte sich Skepsis mit aufkeimender Hoffnung.
»Dabei macht man sich die Tatsache zunutze«, dozierte Abel mit erhobener Stimme, »dass eine kleine Gruppe von

DNA-Markern immer en bloc auf die männlichen Nachkommen vererbt wird. Auf diese Weise können wir zwar keinen einzelnen Täter identifizieren, aber wir können eine Gruppe männlicher Individuen eingrenzen, die in einer Linie miteinander verwandt sind. Außerdem verrät uns die Y-Analyse, welcher Population der Betreffende angehört, also beispielsweise ob er von afrikanischen, asiatischen oder nordeuropäischen Vorfahren abstammt.«

Markwitz bog mit quietschenden Reifen in eine Seitenstraße ein, ohne nennenswert auf die Bremse zu gehen. Während er erneut beschleunigte, warf er Abel einen raschen Blick zu. In seinem Gesicht überwog nun wieder eindeutig die Skepsis. »Das heißt also, bestenfalls können wir feststellen, wo die Familie herkommt, der unser Täter angehört?«, fasste er zusammen. »Genauer gesagt, die männlichen Familienmitglieder, also Väter, Söhne, Brüder, Cousins – habe ich das richtig verstanden?«

»Nicht ganz«, sagte Abel. »Der Haplotyp der männlichen Familienmitglieder kann über viele Generationen hinweg identisch weitergegeben werden. Deshalb können auch männliche Individuen, die weit voneinander entfernt leben und nie voneinander gehört haben, dieses identische Muster aufweisen. Ihr direkter gemeinsamer Vorfahre, der ihnen dieses DNA-Muster weitervererbt hat, kann genauso gut im neunzehnten Jahrhundert oder sogar noch früher gelebt haben.«

»Na großartig.« Markwitz gab einen Schnaufer von sich wie eine alte Dampflok. »Das ist ungefähr so hilfreich, wie wenn wir von einem Zeugen hören: Der Täter trägt eine Armbanduhr.«

»Nicht ganz. Die Aussage wäre eher: Der Täter trägt eine Uhr mit einer Reihe von Merkmalen, die es in dieser Kombination höchstens ein paar hundert Mal gibt. Allerdings über Zeit und Raum verstreut.«

Sehr viel glücklicher sah Markwitz nach dieser Einschränkung nicht aus. Er kaute auf seinem Schnauzbart herum, während sie an einem überfüllten Freibad vorbeifuhren. Für wenige Sekunden mischte sich Gelächter und fröhliches Kindergekreische in das Heulen der Polizeisirene, dann waren sie wieder in ihrer Blase eingeschlossen.

»Okay, Doktor«, sagte Markwitz. »Vielleicht stehen unsere Chancen doch nicht ganz so schlecht. Nachläufer sind häufig Erst- oder Gelegenheitstäter, deren genetischer Fingerabdruck in unseren Datenbanken noch nicht hinterlegt ist. Aber Nachläufer rekrutieren sich auch überwiegend aus den Problemvierteln in der näheren Umgebung des Tatorts. Wenn wir also alle einschlägig Verdächtigen zur Reihenuntersuchung vorladen und ihre Speichelproben mit dem Resultat dieser Haplotyp-Sache abgleichen, könnten wir einen Treffer landen. Allerdings dauert das Wochen und bindet so ziemlich alle Kräfte, die wir aufbieten können.«

»Das heißt also, wir versuchen es mit dem Haplotyp-Test?«, vergewisserte sich Abel.

Markwitz nickte.

»Dann gebe ich unserem Labor grünes Licht – und Sie machen bitte der Staatsanwaltschaft Dampf. Sonst kriegen wir wieder jede Menge Stress wegen eigenmächtiger Ermittlungen und so weiter.«

Markwitz verzog das Gesicht, als hätte er in eine Qualle gebissen. »Datenschutz, Kostenkontrolle, das ganze Programm, ich weiß schon. Aber noch besteht Hoffnung: Für den Fall Petrowa ist Staatsanwalt Siebener zuständig, ein ganz verständiger Mann.«

Kurz darauf tauchte vor ihnen eine Straßensperre aus blau-weißen Polizeitransportern auf. *Das SEK ist auch schon aufmarschiert,* dachte Abel.

☠ ☠ ☠

14

**Berlin-Reinickendorf, Tatort der Geiselnahme,
Montag, 6. Juli, 12:25 Uhr**

Eine junge LKA-Kommissarin in Zivil erwartete ihn hinter dem rot-weißen Flatterband. Sie hieß Linda Morten und sah in ihrem grauen Kostüm sehr geschäftsmäßig aus. Während Abel ihr durch ein Labyrinth aus Einsatzfahrzeugen folgte, rief er noch rasch in seiner Abteilung an und gab den Auftrag für das DNA-Labor durch. »Sie sollen umgehend die Y-Analyse durchführen«, ordnete er an. »Der Fall Petrowa hat oberste Priorität. Ich will das Ergebnis noch heute auf meinem Schreibtisch haben.«
Linda Morten brachte ihn zu einem grauen Mercedes Kleinbus, der von außen nicht als Polizeifahrzeug zu erkennen war. Abel sah sich aufmerksam um. Er mochte diese meist abrupten Wechsel von der Abgeschiedenheit des Sektionssaals in die freie Wildbahn kriminalistischer Spurensuche und Täterjagd. Aber das bedeutete noch lange nicht, dass er grundlos Kopf und Kragen riskieren wollte.
In Fenstern, auf Balkonen und Dächern der umliegenden Häuser lagen Scharfschützen auf der Lauer. Der abgesperrte Teil der Straße war menschenleer, abgesehen von den zahlreichen Polizisten, die in oder neben ihren Streifenwagen und Mannschaftsbussen auf Einsatzbefehle warteten.
»Der Geiselnehmer hat sich da drüben im ersten Stock verschanzt.« Die Kommissarin zeigte auf einen mausgrauen Fünfziger-Jahre-Mietblock ein Stück die Straße hinunter.
In jedem der vier Stockwerke gab es sechs Fenster, je drei zur Linken und zur Rechten eines Blocks aus bläulichen Glassteinen, der das Gebäude vertikal teilte. Die Vorhänge an den rechten drei Fenstern im ersten Stock waren zuge-

zogen bis auf einen Spalt am mittleren Fenster, hinter dem schattenhafte Gestalten zu erahnen waren. Auf dem Bürgersteig unter dem mittleren Fenster stand eines der hellgrauen kastenförmigen Zelte, mit denen die Spurensicherung Tatorte im Freien sicherte.

Abel konnte sich mühelos vorstellen, was ihn im stickigen Innern des Zeltes erwarten würde. Der Anblick von Löwitschs Opfern, mit ihrem zertrümmerten Brustkorb und dem bleichen Kieselstein anstelle des Herzens, war ihm damals nähergegangen, als er selbst es erwartet hatte.

In dem Mercedes-Bus saßen Hauptkommissar Jürgen Hindrich und der Profiler Timo Jankowski dem SEK-Zugführer Karsten Holzberg gegenüber. Der schmale Tisch zwischen ihnen war mit Akten, Laptops und Tablets, Kaffeetassen und Getränkeflaschen vollgestellt. Die Aircondition lief auf Hochtouren, trotzdem war es in dem Wagen schwülwarm.

Abel begrüßte Hindrich und Holzberg mit einem Nicken, Jankowski außerdem mit einem freundschaftlichen Lächeln. Sie alle kannten einander von diversen Einsätzen. Jankowski rückte ein Stück zur Seite, und Abel setzte sich neben ihn, während Linda Morten wieder ihren Platz neben Holzberg einnahm.

Mit Timo Jankowski verband Abel mehr als nur kollegiale Wertschätzung. Er war auch der Einzige hier, mit dem Abel sich duzte. Trotz seiner neununddreißig Jahre wirkte der schlaksige, weißblonde Profiler immer noch jungenhaft. Abel und er hatten sich damals, als sie der Herzhacker ein Jahr lang in Atem hielt, öfter mal abends auf ein Glas Rotwein getroffen. Meist war es nicht bei dem einen Glas geblieben, und im Verlauf des Abends waren sie von den Details des Herzhacker-Falls zu grundsätzlicheren Fragen ihrer Arbeit und des Lebens übergegangen.

Durch seine Gespräche mit dem sieben Jahre jüngeren Jankowski hatte Abel viel über die Kunst des Täter-Profilings

gelernt. Mit ausgefeilter Technik und geschultem Einfühlungsvermögen konnten Profis wie Jankowski aus einer Handvoll unscheinbarer Indizien ein vielschichtiges Persönlichkeitsprofil entwickeln, das verblüffend oft mit den Charaktermerkmalen des realen Täters übereinstimmte.
Jankowski hatte ihn auch seinerseits nach seiner Arbeitsweise als Rechtsmediziner ausgefragt. Ihnen beiden war klar, dass Löwitsch ohne ihre enge Zusammenarbeit niemals identifiziert worden wäre. Und natürlich hatte es Jankowski genauso wie Abel gewurmt, dass ihnen der Herzhacker so kurz vor dem Ziel entkommen war. »Keine Sorge, wir kriegen noch eine Chance«, hatte der Profiler damals orakelt. Möglicherweise war es heute so weit.
»Da wir nun komplett sind, ein paar Infos zur aktuellen Lage«, sagte Hindrich, nachdem er Abel begrüßt hatte. »Die weibliche Geisel heißt Heide Pausewang. Alle anderen Bewohner sind aus dem Gebäude evakuiert. Der Geiselnehmer fordert drei Millionen Euro und einen Fluchtwagen. Wenn der nicht bis spätestens sechzehn Uhr vor der Tür steht, will er auch die Ehefrau töten. Außerdem hat er angedroht, auf jeden zu schießen, der sich dem Haus auf weniger als zwanzig Meter nähert. Daraufhin hat sich die Spurensicherung vom Tatort zurückgezogen. Der Tote liegt noch im Zelt, sonst ist dort im Moment niemand.«
Die Ränder unter Hindrichs Augen waren so schwarz wie Pirellireifen. Sein gewaltiger Kugelkopf war nur noch spärlich behaart, dafür wuchsen ihm graue Büschel aus Ohren und Nase. Er war Mitte fünfzig und sah aus wie Ende sechzig. Aber der Eindruck täuschte, das wusste Abel aus eigener Erfahrung. Hindrich verlor nie den Überblick und war auch nach nächtelangen Nervenkriegen mit Geiselnehmern hellwach und die Ruhe selbst.
»Was ist mit Löwitschs Schwester?«, fragte Jankowski. »Haben Sie mit der schon gesprochen?«

»Charlotte Löwitsch ist auf dem Weg hierher«, sagte Hindrich. »Sie behauptet, ihren Bruder seit Jahren nicht mehr gesehen zu haben. Ihre Haltung zu seinen Verbrechen ist unverändert: Mord betrachtet sie als schwere Sünde. Sie brennt darauf, ihm ins Gewissen zu reden, um seine Seele vor der ewigen Höllenstrafe zu retten.«

»Sünde, Hölle, sonst noch was?« SEK-Kommandant Karsten Holzberg trommelte mit den Fingern auf den Tisch. »Bevor wir die Frau auf den Irren da drüben loslassen, müssen wir hundertprozentig sicher sein, dass es sich tatsächlich um Löwitsch handelt«, sagte er in scharfem Tonfall.

Abel kannte auch ihn von einem Einsatz vor ein paar Jahren. Holzberg galt als Topspezialist für Geiselbefreiungen. Doch Abel hegte keine besonderen Sympathien für den hageren Mittvierziger, der eine Kette aus Raubvogel-Tattoos um den Hals trug. Abel hielt ihn für einen Scharfmacher, dem es im Zweifelsfall wichtiger war, einen Geiselnehmer unschädlich zu machen, als das Leben der Geiseln zu retten.

»Um das herauszufinden, sind Jankowski und Dr. Abel hier«, sagte Hindrich.

»Dann lassen Sie uns anfangen«, warf Abel ein. »Hat die KTU Fotos von dem Opfer gemacht, bevor sie von dem Geiselnehmer vertrieben wurde?«

»Ein paar schon, aber Sie werden nicht begeistert sein.« Hindrich nickte Linda Morten zu. Die junge Kommissarin klappte den Laptop auf, der vor ihr auf dem Tisch stand, tippte darauf herum und schob ihn dann zu Abel herüber.

Der ältere Herr, der auf dem Bildschirm zu sehen war, war offenkundig tot. Er lag mit dem Rücken auf dem Bürgersteig, Hals und Gliedmaßen unnatürlich verrenkt. Seine Augen waren hervorgequollen, das Oberteil des blauen Pyjamas war blutverkrustet und zerfetzt. Zwischen zertrümmerten Rippen und blutigen Fleischfetzen konnte man mit viel gutem Willen so etwas wie einen faustgroßen grauen

Stein in der Brust erahnen. Aber ohne genauere Untersuchung ließ sich nicht einmal darüber spekulieren, ob das Verletzungsmuster und der Stein zur Handschrift des Herzhackers passten.
Das steinerne Herz. Ein Symbol, das praktisch bei jedem Menschen eine Art Urangst aktiviert, hatte Jankowski ihm erklärt. *Angst vor der Bestie in Menschengestalt, die keine Empathie, kein Mitleid kennt.*
»Es gibt noch ein paar weitere Bilder«, sagte Linda Morten. Abel klickte sich durch den Ordner, aber auf den anderen Fotos war auch nicht mehr zu erkennen.
»Ich muss ihn mir ansehen«, sagte er.
»Sie brauchen das nicht zu machen, Dr. Abel«, antwortete Hindrich prompt. »Nicht, solange der Tote da drüben im Zelt liegt. Niemand hier wird Ihnen einen Vorwurf machen, wenn Sie sich dieser Gefahr nicht aussetzen wollen«, fügte er hinzu und sah Abel erwartungsvoll an.
»Das ist nun mal der Job«, sagte Abel.

☠ ☠ ☠

15

**Berlin-Reinickendorf, Tatort der Geiselnahme,
Montag, 6. Juli, 12:38 Uhr**

Abel war nicht beunruhigt oder nervös, aber er spürte, dass etwas Ungewöhnliches passieren würde. Sein Bauchgefühl führte ihn selten in die Irre, allerdings ließ es manchmal an Klarheit zu wünschen übrig.
Etwas Ungewöhnliches, dachte er. *Das kann allerlei bedeuten.* »Wie ist das Szenario?«, fragte er Hindrich.

»Ganz einfach«, mischte sich wieder Holzberg ein. »Sie gehen zum Zelt und stochern in der Leiche rum. Meine Männer sorgen dafür, dass Ihnen kein Härchen gekrümmt wird. Sowie sich der Geiselnehmer hinter dem Vorhang blicken lässt, kriegt er eine Kugel sauber zwischen die Augen.«

Abel zuckte mit den Schultern. »Mir würde es genügen, wenn Sie ihm die Pistole aus der Hand schießen«, sagte er. »Vorausgesetzt, er hat überhaupt eine andere Waffe als seine berühmte Pflanzhacke.«

Timo Jankowski legte Abel eine Hand auf den Arm. »Wenn es Löwitsch ist, hat er keine Schusswaffe«, sagte er. »Gehen wir, Fred. Ich komme mit.«

Abel schüttelte den Kopf. »Dieses Angebot weiß ich zu schätzen, aber ich lehne es ab. Du hast zwei kleine Kinder, Timo. Und der Täter wird nur nervöser, wenn wir zu zweit anmarschiert kommen.«

Er beugte sich zur Seite und schob die Tür des Mercedes-Busses auf. Jankowskis Griff um sein Handgelenk löste sich, und Abel stieg aus.

Jankowski ist ein wahrer Freund, dachte er. Es passierte nicht oft, dass er einem Kollegen das Du anbot, aber bei Jankowski hatte er gleich ein vertrautes Gefühl gehabt.

Draußen empfing ihn die brütende Hitze. Es war halb eins, die Sonne stand senkrecht am wolkenlosen Himmel. Bei diesen Temperaturen setzte der Fäulnisprozess schon nach wenigen Stunden ein. Und für den Geiselnehmer und die Geisel wurde es auch nicht gerade leichter, die Nerven zu bewahren, wenn sie bei sengender Hitze in dem Nachkriegs-Betonbau festsaßen.

Ein junger SEK-Mann brachte ihm eine kugelsichere Weste. Ungerührt sah er zu, wie sich Abel in das störrische Teil hineinquälte und die Klettverschlüsse befestigte. Dann führte ihn der Schwarzuniformierte hinter einer Wand aus Mannschaftsbussen bis auf zwanzig Meter Entfernung an das Gebäude heran, in dem sich der Geiselnehmer verschanzt hatte.

Am Ende der Deckung blieb er stehen und zeigte auf das graue Zelt der Spurensicherung. »Gehen Sie dorthin weiter, möglichst leise«, sagte er. »Und lassen Sie Ihr Telefon eingeschaltet.«

»Besten Dank«, sagte Abel trocken.

Paramilitärs wie dieser SEK-Mann oder sein Chef Holzberg hielten den Rest der Menschheit für hilflose Trottel, die ohne ihren Beistand nicht mal geradeaus gehen konnten. Dabei hatte Abel als junger Mann zwei Jahre bei den Fernspähern der Bundeswehr gedient. Ihre kleine Spezialeinheit hatte unter anderem Guerillaeinsätze für den damals nicht ganz unwahrscheinlichen Fall trainiert, dass Westdeutschland von Ostblocktruppen besetzt werden würde. Abel hatte seine Armeeuniform zwar schon vor mehr als einem Vierteljahrhundert an den Nagel gehängt, aber wie man sich in feindlichem Gelände bewegte, brauchte er sich von keinem SEK-Bubi erklären zu lassen. Schließlich war es noch kein Jahr her, dass er auf sich allein gestellt ein schier unendliches Waldgebiet im Südwesten Transnistriens durchqueren musste, um sich zur moldawischen Grenze durchzuschlagen. Sein transnistrisches »Abenteuer« war tatsächlich gründlich aus dem Ruder gelaufen und zuletzt sehr viel gefährlicher gewesen, als er es bisher nach außen dargestellt hatte.

Das Fenster mit dem einen Spaltbreit geöffneten Vorhang schien ihn wie ein monströses Auge zu beobachten, während er mit seinem Einsatzkoffer zügig auf das Zelt zuging. *Wenn der Mann da oben Löwitsch ist,* ging es ihm durch den Kopf, *erkennt er mich vielleicht sogar wieder.*

Er war keineswegs versessen darauf, sein Konterfei in den Medien zu sehen, aber es ließ sich nicht immer vermeiden. Vor drei Jahren waren Jankowski und er praktisch von allen großen Zeitungen wegen der Herzhacker-Morde interviewt worden. Eine Hannoveraner Zeitung hatte sogar ein halbseitiges Porträtbild von ihm hinter dem Obduktionstisch gebracht und Abel als »großen Sohn unserer Stadt« bezeichnet. Dabei war er genau betrachtet gar nicht in Hannover geboren und aufgewachsen, sondern in dem nahe gelegenen Bauerndorf Lenthe.

Hinter dem Vorhang meinte er eine schmale, schwarz vermummte Gestalt zu erkennen, aber ganz sicher war er sich nicht. In der Öffentlichkeit hatten Jankowski und er natürlich niemals preisgegeben, wie viel sie tatsächlich über den Herzhacker herausgefunden hatten. Seinen Namen, seinen ganzen Hintergrund, seine letzte Arbeitsstelle und Wohnadresse, bevor er untergetaucht war. Also hatte Löwitsch eigentlich keinen Grund, sich ausgerechnet an ihm rächen zu wollen. *Aber das heißt noch lange nicht, dass der Typ hier das genauso sieht.*

Abels Puls ging nur wenig schneller, als er das Zelt erreichte und die Eingangsplane beiseiteschlug. Drinnen empfingen ihn die erwartete Gluthitze und beißender Leichengeruch. Schmeißfliegen flogen von der zerfetzten Brust des Toten auf und kehrten gleich darauf zu ihrer vorherigen Beschäftigung zurück.

Im Zelt gab es keine Beleuchtung, aber durch die offene Eingangsplane kam genügend Tageslicht herein. Es hatte eine Grundfläche von zwei mal zwei Metern und war so hoch, dass er mit seinen knapp eins neunzig Metern Scheitelhöhe gerade so darin stehen konnte. Doch bei diesem Job würde er sowieso überwiegend am Boden kauern. In einer Haltung, in der ihn die ballistische Schutzweste maximal behinderte.

Er kniete sich neben den Toten und klappte seinen Koffer auf. Mit Schere und Pinzette entfernte er vorsichtig das zerfetzte Pyjamaoberteil, bis die Vorderseite des Oberkörpers

weitgehend freigelegt war. Zumindest das, was von Georg Pausewangs Oberkörper noch übrig war. Seine linke Brustseite war ein Krater inmitten zersplitterter Knochen und Fleischfetzen. In diesen Krater hatte der Täter einen Flusskieselstein von der Größe eines Tennisballs gepresst.
Das ist die Handschrift des Herzhackers, sagte sich Abel. *Eindeutig.*
Auch bei den vier anderen Morden hatte er mit der Pflanzhacke so brutal und gleichzeitig kontrolliert zugeschlagen, dass die rechte Brusthöhle und die gesamte Rückseite des Brustkorbs seiner Opfer intakt geblieben waren. Das »steinerne Herz« lag wie in einer Gitterschale, deren Deckel weggerissen und deren ursprünglicher Inhalt entfernt worden war.
Aber irgendetwas stimmt nicht.
Aus der Brusttasche fischte Abel seinen BlackBerry heraus, der drahtlos mit seinem Headset verbunden war. Er rief die Fotos von den vorherigen Herzhacker-Morden auf, die ihm Renate Hübner geschickt hatte, und verglich die charakteristischen Details. Die Wundränder bei den früheren Morden glichen denen der Verletzung vor ihm wie ein Ei dem anderen. Auch hatte der Täter mit identischer Präzision ein Loch in die Brustwand gehackt, das nicht mehr als zehn Zentimeter durchmaß und zudem annähernd kreisrund war.
Ein und derselbe Täter, Zweifel ausgeschlossen, sagte sich Abel wieder.
Aber warum hatte er mit einem Mal so ein ungutes Gefühl? Als wäre irgendwo tief in ihm drinnen ein Alarm ausgelöst worden – genau wie damals, als sie bei den Fernspähern in den stockdunklen Kellerräumen ihrer Bundeswehrkaserne das Anbringen von Sprengfallen trainiert hatten. *Keine falsche Bewegung. Das kleinste Zittern deiner Finger kann tödlich sein.*

Er drückte auf die Anruftaste und ließ das Telefon in seine Brusttasche zurückgleiten.

»Hindrich?«, sagte er so leise, dass der Hauptkommissar ihn eben noch verstehen konnte. »Zwei Punkte. Erstens: Das ist Löwitschs Handschrift. Zweitens: Irgendwas ist hier nicht ... Ach du Scheiße, warten Sie mal.«

Während er mit Hindrich sprach, hatte er mit der Spitze der Schere vorsichtig auf dem Stein in der Brust des Toten herumgeschabt, um die Oberfläche freizulegen. Dabei war er mehr seiner Intuition als einem rationalen Plan gefolgt, und was er nun zu sehen bekam, verschlug ihm die Sprache.

Sein Bauchgefühl hatte ihn nicht getrogen. Das hier war in höchstem Maße ungewöhnlich.

»Doktor?«, fragte Hindrich. »Alles okay? Sind Sie noch dran?«

»Ich nehme ihm das Herz raus«, flüsterte Abel. »Anscheinend ist es hohl und ...«

»Hohl?«, wiederholte Hindrich. »Was meinen Sie mit ›Sein Herz ist hohl‹?«

»Der Stein. Sein Herz ist ein ausgehöhlter Stein. Kapieren Sie?«

Hindrich atmete tief durch. Anscheinend kapierte er immer noch nichts. Abel konnte es ihm nicht verdenken.

Eine feine Linie, mit dem bloßen Auge kaum sichtbar, verlief waagrecht um die Mitte des kugelrunden Steins herum. *Wie die Kette aus Raubvogel-Tattoos um Holzbergs Hals*, dachte Abel.

Erst vor kurzem waren Lisa und er auf dem Empfang eines reichen Kunstsammlers in einer Villa in Dahlem gewesen. In einer Vitrine in der Eingangshalle waren Fabergé-Eier ausgestellt gewesen, mit Gold und Juwelen überreich geschmückte Kunstgegenstände in der Form hohler Eier, die sich in der Mitte öffnen ließen und im Innern weitere Miniaturkunstwerke enthielten.

Und dieses Ei hier enthält ein ganz besonderes Kunstwerk, sagte sich Abel. *Jede Wette.*
Mit der Geschicklichkeit eines Mikado-Meisters griff er mit seiner behandschuhten rechten Hand in Georg Pausewangs Brustkorb hinein und nahm das steinerne Herz heraus. Jetzt sah er es deutlich. Die haarfeine Linie, die sich wie ein Gürtel um die Mitte der Steinkugel herumzog, war ein schmaler Spalt.
Wie bei den Fabergé-Eiern. Oder wie, viel banaler, bei den Schokolade-Überraschungseiern, auf die kleine Kinder so versessen waren. Was Abel allerdings mehr vom Hörensagen wusste, denn Lisa und er waren sich von Anfang an einig gewesen: Für Kinder war in ihrem Leben kein Platz. Sie beide wollten Karriere machen und ihr Leben genießen. Manchmal fragte sich Abel, ob sie die richtige Entscheidung getroffen hatten.
Während ihm diese Gedanken durch den Kopf gingen, hielt er die hohle Steinkugel so vorsichtig in Händen, als wäre es tatsächlich ein kostbares Kunstwerk, das bei einer etwas gröberen Berührung zerbrechen würde.
»Doktor, reden Sie mit mir!«, ließ sich Hindrich in seinen Ohrhörern vernehmen. »Was treiben Sie da? Was haben Sie entdeckt?«
»Moment noch«, flüsterte Abel.
Er atmete tief ein und hielt dann die Luft an. Mit einer Hand fixierte er die untere Kugelhälfte, während er mit der anderen die obere Hälfte zu lösen versuchte.
Noch einen Herzschlag vorher hätte er nicht sagen können, was er im Innern der Kugel zu sehen erwartete. Natürlich, als Erstes hatte er an Sprengfallen wie jene gedacht, deren Entschärfung sie in seiner Spezialeinheit bei der Bundeswehr trainiert hatten. Aber im Grunde rechnete er eher mit einer weiteren – schriftlichen oder symbolischen – Botschaft, wie sie geistesgestörte Täter nun einmal bevorzug-

ten. Markwitz' Nachläufer hatte »*Respectez Asia*« auf sein Opfer gekritzelt. Vielleicht hatte Löwitsch einen Zettel mit der Aufschrift »*Rache für Pflegekinder*« in dem hohlen Stein deponiert?
Doch als sich die obere Hälfte unerwartet leicht von der unteren löste und den Inhalt der Steinkugel preisgab, war Abel nicht wirklich überrascht.
Trotzdem erstarrte er und hockte für einen Moment so reglos neben dem Toten, als wäre er selbst von Kopf bis Fuß zu Stein geworden.
Erst als er die Luft nicht länger anhalten konnte, begann er sich wieder zu bewegen. Unendlich behutsam legte er die untere Hälfte der Steinkugel neben sich auf den gepflasterten Boden.
Sie enthielt eine elektronische Fernzündung, die in seinen Augen äußerst professionell aussah. *00:02:58*. Der digitale Timer zählte schwindelerregend schnell rückwärts.

☠ ☠ ☠

16

**Berlin-Reinickendorf, Tatort der Geiselnahme,
Montag, 6. Juli, 12:52 Uhr**

»Wir haben eine Bombe«, sagte Abel in das Mikrofon seines Headsets. »Das Herz – der Stein – ist der Zünder für eine Sprengladung. Haben Sie verstanden, Hindrich?«
»Verstanden«, sagte Hindrich. Seine Stimme klang nach wie vor gelassen, aber mit einem Mal hatte sie einen metallischen Unterton. »Ganz sicher?«

»Todsicher«, sagte Abel. »Uns bleiben zwei Minuten und siebzehn Sekunden, um das Ding zu entschärfen.«
»Grundgütiger! Und die Bombe, wo ist die? Hat er die vielleicht auch in die Leiche reingestopft?«
Auf die Idee war Abel noch gar nicht gekommen. Rasch zog er dem Toten die Pyjamahose herunter, untersuchte die Körperrückseite und den Schädel. Aber er konnte keine Anzeichen dafür entdecken, dass Löwitsch auch die Bombe im Körper des Toten deponiert hatte.
»Negativ«, sagte er.
00:01:53.
»Dann kommen Sie jetzt zurück«, antwortete Hindrich. »Sofort!«
Danach waren in Abels Ohrhörern nur noch Satzfetzen und tumultartige Geräusche zu hören. »Holzberg ... Zugriff! ... die Frau raus ... nicht mal zwei Minuten ... alles in die Luft!«
Das wird nie was. Keine zwei Minuten! Abels Gedanken rasten. *Wo ist die Bombe überhaupt?*
Er spähte nach draußen. Natürlich konnte der Fernzünder ein Fake sein, ein Timer, der bis 00:00:00 zählte, ohne dass irgendetwas passierte. Aber Abel war sich sicher, dass Löwitsch nicht bluffte. Schließlich hatte er bei einem Unternehmen für den Abbruch von Fabrikgebäuden gearbeitet, und da waren Sprengungen an der Tagesordnung.
Ihm war bewusst, dass die Zeltplanen keinerlei Schutz boten, trotzdem zögerte er, diese illusionäre Deckung zu verlassen. Gerade als er sich in Bewegung setzen wollte, krachten fast gleichzeitig mehrere Schüsse.
Jemand schrie auf. *Eine Frau*, dachte Abel. Dann gab es über ihm ein Geräusch wie von berstendem Glas. Scherben prasselten auf das Zelt herunter, weitere Schüsse knallten. Im nächsten Moment schlug ein schwerer Gegenstand durch das Zeltdach.

Die Bombe, war Abel erster Gedanke. *Löwitsch hat die Bombe auf mich geschmissen!*

Aber es war der Herzhacker selbst. Er krachte durch den Lüftungsschlitz im Zeltdach, der unter seinem Gewicht weit einriss, schlug neben dem Toten auf dem Boden auf und war sofort wieder auf den Beinen. Tatsächlich trug er den schwarzen Kapuzenmantel, den die Ehefrauen der Opfer übereinstimmend geschildert hatten, dazu eine schwarze Gesichtsmaske mit Schlitzen für Augen, Nase und ein wulstiges Lippenpaar. Er sah aus wie eine alberne Superman-Karikatur. Keines dieser Details hatte ihre Abteilung nach draußen dringen lassen, geschweige denn an die Presse gegeben.

Löwitsch, kein Zweifel, dachte Abel. *Er muss es sein!*

Der Countdown in der Steinkugel war bei 00:01:02 Sekunden angelangt, als sich der Maskierte mit dem Fauchen einer wütenden Katze auf Abel stürzte.

☠ ☠ ☠

17

Berlin-Reinickendorf, Tatort der Geiselnahme, Montag, 6. Juli, 12:53 Uhr

Abel schlang die Arme um den schmächtigen Oberkörper des Angreifers. Löwitsch war einen Kopf kleiner als er und brachte bestimmt zwanzig Kilo weniger auf die Waage. In seiner Jugend und als Student hatte Abel mehr als zehn Jahre lang Ju-Jutsu und Taekwondo trainiert. Obwohl seine Hochzeiten im Kampfsport schon einige Jahre zurücklagen, hätte es eigentlich für ihn kein großes Problem sein sollen, den Herzhacker mit einem Ju-Jutsu-Wurf kampfunfähig zu machen.

Doch dann erstarrte Abel zum zweiten Mal an diesem Tag so vollständig, als wäre er selbst zu Stein geworden. Um die Hüften trug der Herzhacker einen Sprengstoffgürtel.

Er selbst ist die Bombe! Noch zwölf Sekunden, dann geht er hoch!

Abel stieß ihn mit aller Kraft von sich. Löwitsch stolperte über den Toten und krachte mit dem Gesicht voran auf den Boden. Das war das Letzte, was Abel von ihm sah: Er rannte aus dem Zelt und quer über den abgesperrten Platz auf den grauen Mercedes-Bus zu.

»Weg! Weg!«, schrie er. »Alles wegrennen! Der Typ ist selbst die Bombe!«

Der letzte Teil seiner Warnung wurde bereits von einem ohrenbetäubenden Krachen übertönt. Die Luftwelle der Detonation warf Abel zu Boden. Er robbte noch wenige Meter weiter, bis er hinter einem Mannschaftsbus vor umherfliegenden Trümmerteilen in Sicherheit war.

In seinen Ohren klingelte es wie in einer Telefonzentrale.

Etwas Ungewöhnliches wird heute passieren, dachte er, *mein Bauchgefühl hatte wieder einmal recht. Aber ein bisschen deutlicher könnte es bei seinen Prophezeiungen ruhig mal werden.*

Als kurz darauf mehrere Notarztwagen eintrafen, hatten sie zwei Frauen am Rande des Nervenzusammenbruchs zu betreuen. Heide Pausewang und Charlotte Löwitsch. Beide waren in Tränen aufgelöst.

Die ältere Frau weinte vor Trauer um ihren brutal ermordeten Mann und wohl auch vor Erleichterung, weil sie selbst mit ein paar Kratzern durch umherfliegende Glassplitter davongekommen war.

Die jüngere Frau weinte, weil ihr Bruder für immer in der Hölle schmoren würde.

»Gute Arbeit, Doktor«, sagte Hindrich.
Abel fühlte sich etwas wacklig auf den Beinen. Aber als der Notarzt ihm den Puls fühlen wollte, winkte er ab. Auch das Klingeln in seinen Ohren ließ allmählich nach.
»Ich bringe dich nach Hause«, sagte Jankowski. »Wage es nicht, mir schon wieder einen Korb zu geben.«
Abel stützte sich mit dem Arm auf die Schulter seines Freundes. »Bring mich zu meiner Dienststelle, Timo«, sagte er, »dann nehme ich dein Angebot dankend an.«

☠ ☠ ☠

18

**Berlin, Treptowers, BKA-Einheit »Extremdelikte«,
Montag, 6. Juli, 14:03 Uhr**

Die nächste Bombe platzte in den Vierzehn-Uhr-Nachrichten des lokalen Radiosenders *RTL 104.6*. Glücklicherweise bestand sie nur aus explosiven Informationen, aber auch die hatten es in sich. Irgendjemand hatte der Redaktion haarklein erzählt, was am Tatort in Reinickendorf vor gerade mal einer Stunde passiert war.
Fred Abel saß um diese Zeit im siebzehnten Stock der Treptowers und verzehrte geistesabwesend das Tagesmenü. Mit seinen Gedanken war er so weit weg, dass er weder vom nagelneuen Ikea-Schick der frisch renovierten BKA-Kantine noch von den munteren Gesprächen am Nachbartisch etwas mitbekam.
»Hey, habt ihr gehört, was der Nachrichtensprecher vorhin im Radio erzählt hat?«
»Was für ein Sender?«

»RTL, glaube ich.«
»RTL? Ganz große Geschichtenerzähler. Neulich haben die gemeldet, dass der Flughafen noch vor 2020 eröffnet werden soll.«
»Und die S-Bahn ab sofort pünktlich ist.«
Bäriges Gelächter. Währenddessen stocherte Abel so zerstreut auf seinem Teller herum, dass er schon eine Viertelstunde später nicht hätte sagen können, was er eigentlich gegessen hatte. Das lag bestimmt auch an der bescheidenen Qualität der BKA-eigenen Betriebsküche. Aber selbst ein Zwei-Sterne-Koch hätte sich heute schwergetan, Abels Aufmerksamkeit auf kulinarische Geniestreiche zu lenken. Vor Abels Augen spulte sich wieder und wieder die Szene im Zelt ab. Der Herzhacker krachte durch den aufreißenden Lüftungsschlitz in der Dachplane, sprang auf und stürzte sich auf Abel, der ihn mit aller Kraft auf den Toten stieß. Dann schon die Explosion, während Abel noch rannte, die Druckwelle, die ihn von den Füßen riss, seine Erleichterung, als er im letzten Moment hinter den Mannschaftsbus gerobbt war.

Verdammt noch mal, da hat nicht viel gefehlt. Fast hätte Marlene mich zusammen mit unserer Mutter begraben können. Auch dieser Gedanke kehrte immer wieder, wie eine Filmstimme aus dem Off. *Verdammt noch mal, da hat nicht viel gefehlt ...*

Um 14:30 Uhr saß Abel in seinem Büro hinter dem Schreibtisch. Das Klingeln in seinen Ohren war einem dumpfen Pfeifen gewichen, aber der Showdown in Endlosschleife vor seinem geistigen Auge lief unaufhörlich weiter. Wenn auch glücklicherweise ohne Ton.
Als es an seiner Tür klopfte, riss sich Abel mit Mühe von dem Nonstop-Trailer in seinem Kopfkino los.
»Entschuldigen Sie die Störung, Herr Kriminaldirektor.«
Mit der Unbeirrbarkeit eines Roboters näherte sich Renate

Hübner seinem Schreibtisch. Sie hatte einen erbsengrünen Pappschnellhefter dabei, zweifellos den Laborbericht zum Fall Petrowa. Abel hatte sie gebeten, ihm den Bericht schnellstmöglich vorzulegen.
Er nahm die Akte dankend entgegen und wollte sich sofort in das Zahlenwerk vertiefen, aber die Sekretärin blieb vor seinem Schreibtisch stehen. Sie wirkte beunruhigt, was Abel allerdings nur aus ihren ruckartigen Bewegungen schließen konnte. Ihre Gesichtszüge blieben so reglos wie bei einem Gipsabdruck.
»Im Radio haben sie eben gemeldet, dass der Herzhacker bei einer Polizeiaktion getötet worden ist.« Wie immer sprach sie so monoton wie ein veraltetes Navigationsgerät.
»Wer hat da mal wieder nicht dichtgehalten? Diese Verbaldiarrhö im Dienst wird auch immer mehr zur Seuche«, kommentierte Abel.
Die letzten drei Wörter murmelte er nur noch halblaut vor sich hin, dabei starrte er die Sekretärin an wie eine Fata Morgana.
Warum fällt mir heute erst auf, wie ähnlich Frau Hübner dieser wirklich komischen Wie-heißt-sie-noch-gleich sieht? Der Partnerin von Loriot ... Evelyn ... Genau, die.
»Evelyn Hamann«, sagte er laut, oder jedenfalls laut genug, dass Renate Hübner es hören konnte.
»Entschuldigung, Herr Kriminal...?«
Die gleiche dauerwellenartige Frisur, dachte er, *die gleiche Bestatter-Tonlage, das Pferdegesicht und sogar das Kostüm mit dem Karomuster passt haargenau. Warum ist mir das in fünf Jahren noch niemals aufgefallen?*
Er schüttelte den Kopf. Vielleicht litt er ja an schockbedingten Halluzinationen.
»Herr Dr. Abel?« Die Hübner kam ruckartig um seinen Schreibtisch herum und beugte sich über ihn. »Ist alles in Ordnung mit Ihnen?«

Abels Mundwinkel begannen zu zucken. »Ach, Hildegard«, hätte er am liebsten gesagt, wie Loriot in dem unsterblichen Nudelsketch zu Evelyn Hamann. Aber das sagte er natürlich nicht, und im nächsten Moment verging ihm jeder Anflug von Heiterkeit.
»Im Radio hieß es, dass SEK-Einsatzleiter Holzberg und Sie, Herr Kriminaldirektor, den Serienkiller zur Strecke gebracht hätten«, sagte die Sekretärin.
Sie unterbrach sich, und ihre Augen traten noch etwas weiter hervor. »Dreißig Reporter sind oben in der Eingangshalle«, fuhr sie fort. »Vier Ü-Wagen stehen vor dem Haupteingang. Tendenz steigend. Oberstaatsanwalt Dr. Rubin hat für sechzehn Uhr eine Pressekonferenz angesetzt. Er lässt Ihnen ausrichten, er würde es sehr begrüßen, wenn Sie zur Aufklärung der Öffentlichkeit beitragen könnten.«
Abel erhob sich abrupt, und Renate Hübner kehrte ebenso eilig auf die andere Schreibtischseite zurück.
»Die Aufklärung der Öffentlichkeit überlasse ich gerne Dr. Rubin«, sagte er. »Mit der Aufklärung von Verbrechen habe ich schon genug zu tun. Bitte teilen Sie ihm mit, dass ich einen dringenden Außer-Haus-Termin habe und erst morgen früh wieder ins Büro komme.«
Er griff sich den Schnellhefter mit der Aufschrift *Mordfall Irina Petrowa – DNA-Analyse*, nahm sein Jackett vom Garderobenhaken und verließ sein Büro, ohne die Antwort der Sekretärin abzuwarten.
In seinem Hinterkopf lief nach wie vor die finale Szene in Endlosschleife ab. Sprung, Kampf, Flucht, Explosion. Und jedes Mal, wenn seine Aufmerksamkeit wieder davon gefangen genommen wurde, begann aufs Neue der Hexentanz der Stresshormone. Sprung, Kampf … Noradrenalin, Adrenalin, Kortisol … Doch nun hatte er ein Gegenmittel, um sich von der Schockszene abzulenken. »*Sagen Sie jetzt nichts, Hildegard …*«

Fünf Minuten später fuhr er mit seinem Audi A5 an der Reportermeute vorbei, die sich vor dem Haupteingang der Treptowers drängelte.

Jede Wette, dass Holzberg die undichte Stelle ist, dachte Abel. Wie allgemein bekannt, war der SEK-Einsatzleiter versessen darauf, in den Medien zu erscheinen. Er hatte schon mehrfach Mails mit YouTube-Filmchen herumgeschickt, die ihn im Interview mit einem drittrangigen Berliner Lokalsender oder als dauerschwafelnden Gast einer regionalen Talkrunde zeigten.

Abel hatte nichts dagegen, die Öffentlichkeit auf Pressekonferenzen zu informieren. Aber nach seiner Ansicht war es besser, zuerst Ermittlungsergebnisse zu produzieren, über die zu informieren sich lohnte.

Beim jetzigen Erkenntnisstand gab es zu der Geiselnahme kaum mehr als Spekulationen zu vermelden. Täter und Opfer waren zusammen mit einem Pfund Plastiksprengstoff in die Luft geflogen. Ihre Körper waren in Hunderte kleiner und kleinster Partikel zerfetzt worden, die auf einer Fläche von mehreren Quadratmetern an der Hauswand, auf dem Bürgersteig und der Straße davor verteilt waren. Überdies hatte der Herzhacker auf dem Toten gelegen, als sie zusammen explodiert waren. Folglich waren Textilien – und damit die Faserspuren und auch das Gewebe und dessen DNA – von Täter und Opfer miteinander vermischt worden und mussten im Labor erst wieder getrennt werden, soweit das überhaupt möglich war.

Fürs Erste konnte der Oberstaatsanwalt also nicht einmal die Frage beantworten, ob es sich bei dem Geiselnehmer um Fritz Löwitsch, den Original-Herzhacker, oder um einem Trittbrettfahrer handelte.

Das Gesicht hinter der schwarzen Maske hatte schließlich niemand gesehen, folglich stand die zweifelsfreie Identifizierung des Getöteten noch aus. Und der Fernzünder im

Innern des Steins bedeutete eine massive Abweichung vom bisherigen Tatmuster.

Laut Jankowski passte sie allerdings perfekt zur gestörten Persönlichkeit des Herzhackers. Vorhin in seinem Auto hatte der Profiler ihm noch seine Einschätzung der aktuellen Geschehnisse erläutert: »Nach Löwitschs Überzeugung hat sein Pflegevater ihn durch sein ›steinernes Herz‹ zerbrochen, und genau dieses Szenario hat er heute umgesetzt. Durch die Fernzündung im ›steinernen Herzen‹ des Mannes, der in seinem Wahnsystem den Pflegevater repräsentiert, ist er selbst in tausend Fetzen zerrissen worden.«

Aber solange sie Löwitsch nicht anhand seiner DNA am Tatort identifiziert hatten, war auch das nur Spekulation.

In der Medienmeute vor dem Haupteingang drehte sich ein grauhaariger Reporter zu Abel um. Im Rückspiegel sah er, wie der Mann mit den Armen fuchtelte und herumschrie, um seine Kollegen auf den schwarzen Audi an der Parkplatzschranke aufmerksam zu machen.

Offenbar war seine Darbietung überzeugend gewesen – ein rundes Dutzend Reporter mit Kameras und Mikrofonen setzte sich in Bewegung und trabte hinter Abel her. Doch in diesem Moment ging die Schranke hoch, Abel gab Gas und sah gerade noch, wie seine Verfolger wieder in Richtung Büroturm abdrehten.

Als Trostpreis winkte ihnen die Pressekonferenz mit Oberstaatsanwalt Oliver Rubin, der für seine Gabe berühmt war, sinnbefreite Bandwurmsätze in beliebiger Stückzahl druckreif zu produzieren.

☠ ☠ ☠

19

**Berlin, Keithstraße, Mordkommission des LKA,
Montag, 6. Juli, 15:45 Uhr**

Das Büro von Horst Markwitz im LKA 1 – »Delikte am Menschen« – war verwinkelt und düster. Die Jalousien vor den Fenstern sperrten mit der Hitze auch das Tageslicht weitgehend aus, und die Energiesparlampen an der Decke boten nur dürftigen Ersatz.

Zwischen Regalen, die mit Akten vollgestopft waren, saß der Hauptkommissar hinter einem Schreibtisch, der für seine bullige Gestalt viel zu klein wirkte. An einem Seitentisch zu seiner Linken saß Tekin Okyar hinter einem altmodischen Laptop.

»Der Bezwinger des Herzhackers!« Markwitz wuchtete sich aus seinem Schreibtischsessel und bahnte sich einen Weg hinter dem Schreibtisch hervor. »Meine Gratulation, Doktor!«

Abel ließ sich die Hand schütteln, winkte aber mit der anderen Hand ab. »Kommen wir lieber gleich zur Sache«, bat er.

Markwitz sah ihn prüfend an und nickte. Er hatte selbst ein paar lebensgefährliche Einsätze erlebt und konnte nachfühlen, was in Abel vorging.

»Ein Glück, dass unser Fall bei Ihnen schon durch ist«, sagte er nur. »Sonst könnten wir uns mit unserer Nachläufer-Suche schön hinten anstellen.« Er lud Abel mit einer Handbewegung ein, in der Besprechungsnische Platz zu nehmen. Kaum hatte sich Abel auf einen der altersschwachen Holzstühle gesetzt, da meldete sich wieder sein BlackBerry. Während der Fahrt durch die Stadt hatte sein Smartphone praktisch ununterbrochen geläutet, und der Anrufer war jedes Mal derselbe gewesen: Oberstaatsanwalt Rubin. Irgendwann hatte Abel die Audi-Telefonanlage auf stumm gestellt.

Auch diesmal war es das Sekretariat des Oberstaatsanwalts, das ihn zu erreichen versuchte. Abel schaltete sein Smartphone kurz entschlossen aus und schob es zurück in seine Brusttasche.

Markwitz zog eine Grimasse. »Demnächst berichten die Medienfritzen von Delikten, bevor sie begangen worden sind.«

Anscheinend konnte er Gedanken lesen, was in diesem Fall allerdings nicht allzu schwer war.

Abel zuckte mit den Schultern. Der Schocktrailer in seinem Hinterkopf lief unverändert weiter, und die Wirkung von Renate Hübner alias Evelyn Hamann als Gegenmittel ließ bereits rapide nach. Er wollte eigentlich nur noch nach Hause. Seine neuen Bose-Kopfhörer aufsetzen und die »*Who's Next*«-CD von *The Who* so laut aufdrehen, dass ihm jeder unerfreuliche Gedanke und jede noch so hartnäckige Showdown-Szene aus dem Kopf geblasen würde.

Seine Intuition blieb diesmal stumm. Vielleicht wurde sie auch durch die unaufhörlich repetierende Off-Stimme überlagert: *Verdammt noch mal, da hat nicht viel gefehlt.* Jedenfalls hatte Abel nicht den leisesten Anflug einer Vorahnung, als er Markwitz die Laborergebnisse erläuterte.

»Der Täter ist männlich und hat afrikanische Wurzeln mit Vorfahren aus dem Gebiet der Subsahara-Region. Er ist also vermutlich dunkelhäutig oder hat zumindest eine dunkler pigmentierte Haut als der Durchschnittseuropäer. Genauer können wir den Täter und damit die Gruppe der potenziell verdächtigen Personen mit diesem Verfahren leider nicht eingrenzen. Ob im Fall Petrowa jemand aus dem lokalen Umfeld in Frage kommt, lässt sich wohl nur durch eine Reihenuntersuchung feststellen.«

Er schob Markwitz den Schnellhefter über den Tisch. Der

Hauptkommissar klappte ihn auf und fuhr mit seinem enormen Zeigefinger die Zeilen entlang.

»Vielleicht haben wir ja ausnahmsweise mal Glück«, sagte er. »Tekin? Bring mir die Gehirnprothese.«

Aus dem Hintergrund kam der Praktikant herbeigeeilt. Er baute den klobigen Laptop vor Markwitz auf und stöpselte ihn in das Netzwerk ein. Dabei sah er Abel stumm und geradezu flehend an, so als wollte er ihm geheime Zeichen machen.

»Wollen doch mal sehen«, murmelte der Hauptkommissar. Er rief über den LKA-Server die BKA-Datenbank auf, gab Benutzernamen und Passwort ein und klickte den Menüpunkt »Suche nach DNA-Profil« an.

»Ist schon klar«, sagte Markwitz, »was wir von unserem Täter haben, ist kein individuelles DNA-Profil, sondern quasi das genetische Familienwappen eines männlichen Teils seiner Herkunftssippe. Das habe ich doch richtig verstanden, oder?«

Abel nickte. »Korrekt.«

»Aber wenn sich einer unserer einschlägigen Verdächtigen mit genau diesem Haplotyp in der Datenbank verewigt hätte …« Markwitz blätterte den Schnellhefter auf und gab eine lange Zeichenfolge in die Suchmaske ein.

Geistesabwesend sah ihm Abel dabei zu. *Sobald Herzfeld zurück ist, nehme ich mir eine Woche frei. Vielleicht kann sich auch Lisa kurzfristig loseisen, dann fahren wir einfach mal für ein paar Tage weg.*

Nach einigen Minuten angespannten Wartens rief Markwitz: »Treffer! Da laus mich doch der Affe! Wir haben einen Treffer in unserer DNA-Datenbank!« Er ließ die Faust auf den Tisch krachen. Der Laptop machte einen Luftsprung.

»Schau sich das mal einer an!«, fuhr der Hauptkommissar in enthusiastischem Tonfall fort. »Schwarz, männlich, Mitte vierzig, ledig. Lebt allein in einem Apartment am Heckerdamm – das ist in Fußnähe zur Wohnung des Opfers! Was meinen Sie, Doktor, könnte das unser Mann sein?«

Abel hatte weiterhin Mühe, sich auf seine Umgebung zu konzentrieren. Der Notarzt vorhin am Tatort hatte ihm geraten, sich psychologisch betreuen zu lassen. »Sie sind gerade eben dem Tod von der Schippe gesprungen«, hatte er in mahnendem Tonfall gesagt. »Der Schock steckt Ihnen in den Knochen, und wenn Sie das jetzt einfach wegdrücken, kommt es irgendwann hoch.«

Doch Abel hielt wenig davon, an seinem Innenleben herumdoktern zu lassen. Ausreichend Schlaf und für ein paar Tage Tapetenwechsel – mehr hatte er noch nie gebraucht, um unangenehme Erlebnisse aus den Kleidern zu schütteln.

»Der Mann ist ehemaliger Berufssoldat«, sagte Markwitz. »Ex-Fremdenlegionär. Afghanistanveteran. Unehrenhaft aus der Bundeswehr entlassen. Wegen Körperverletzungsdelikten vorbestraft. Na, wie hört sich das an?«

»Süper hört sich das an«, sagte Tekin Okyar. »Oder sehen Sie das anders, Dr. Abel?« Er musterte Abel besorgt. »Ist Ihnen nicht gut? Soll ich Ihnen vielleicht einen Kaffee …«

»Wie heißt der Mann?«, fiel ihm Abel ins Wort.

Gespannt beugte er sich vor. Seine Benommenheit war mit einem Mal wie weggeblasen.

»Lars Moewig«, sagte der Hauptkommissar.

»Ach du Scheiße«, sagte Abel. »Moewig kenne ich seit einer halben Ewigkeit.«

☠ ☠ ☠

20

**Berlin, Keithstraße, Mordkommission des LKA,
Montag, 6. Juli, 16:10 Uhr**

The Who konnte er vergessen, den Kurztrip mit Lisa höchstwahrscheinlich auch. Das war Abel sofort klar gewesen, als Markwitz den Namen seines alten Kumpels Lars Moewig ausgesprochen hatte. Oder eigentlich schon ein paar Augenblicke vorher, als der Hauptkommissar die Stichwörter zum biographischen Hintergrund des Verdächtigen vorgelesen hatte.
Dunkelhäutig. Mitte vierzig. Fremdenlegion. Berufssoldat. Afghanistan. Unehrenhaft entlassen. Seit zwei Jahren sogar vorbestraft und deshalb mit seinem DNA-Profil in der DNA-Analysedatei registriert.
Aber Mord? Würde er so etwas machen – eine Seniorin heimtückisch strangulieren? Mein alter Freund Lars bestimmt nicht. Aber Moewig hat sich verändert.
Als der Praktikant noch einmal Kaffee anbot, nahm Abel dankend an. Beflissen schob Okyar ihm Zuckerdose und Kaffeekännchen über den Tisch, aber Abel trank seinen Kaffee wie immer schwarz. Er nahm einen kräftigen Schluck und spürte, wie das Koffein seine verbliebenen Energien mobilisierte.
»Moewig und ich waren zusammen bei der Bundeswehr«, begann er, »bei den Fernspähern.«
Er schüttelte den Kopf, erstaunt über die Erinnerungen, die dieser Begriff jedes Mal in ihm auslöste. Es war, als würde in seinem Innern ein Schalter umgelegt. »Kalter Krieg«, fügte er hinzu. »Die Fernspäher waren eine geheime Elite-Einheit der Bundeswehr, aber das alles ist mehr als fünfundzwanzig Jahre her. Unsere Einheit gibt es längst nicht mehr.«

Ohne die Bundeswehr wären sich Fred Abel und Lars Moewig mit Sicherheit niemals begegnet. Abel war in einem gutbürgerlichen Elternhaus nahe Hannover aufgewachsen, Moewig in einem Brennpunktviertel im damaligen Westberlin. Die gemeinsame Armeezeit ließ junge Männer wie sie beide zusammen Erfahrungen machen, die sie nie mehr vergaßen. Abel hatte kurz vorher sein Abitur bestanden und wollte nach der Bundeswehrzeit Medizin studieren. Moewig dagegen hatte die Schule nach der neunten Klasse verlassen, erst eine Schlosserlehre abgebrochen, dann zwei Jahre bei der Fremdenlegion gedient und wollte es nun als Berufssoldat bei der Bundeswehr probieren. Mit seiner dunklen Haut, seinem Hintergrund und seinem Hauptschulabschluss rechnete er sich Mitte der 1980er Jahre in der freien Wirtschaft Westdeutschlands kaum Chancen aus. Aber er war sportlich und abenteuerlustig und hoffte, sich in der Dienstgradhierarchie der Bundeswehr hochdienen zu können.

Als Fernspäher trainierten sie damals den sogenannten Ernstfall: Guerillaeinsätze im sowjetisch besetzten Deutschland. In Vier-Mann-Trupps verbargen sie sich an der innerdeutschen Grenze tief unter der Erde, um dann, wenn der Feind aus dem Osten über sie hinweggerollt wäre, die Front von hinten aufzurollen. Offiziell sollten sie nur als Aufklärer hinter den feindlichen Linien agieren, aber in Wirklichkeit waren ihre Aufgaben weit umfassender: Sabotage gehörte ebenso dazu wie die gezielte Tötung von Offizieren und das Schüren von Chaos in den Reihen des Feindes.

Durch einige abenteuerliche Erlebnisse, teilweise jenseits der Legalität, wurden Moewig und Abel damals enge Freunde. Bei einer viertägigen Durchschlageübung während ihres Einzelkämpferlehrgangs im Allgäu hielten sie beide zwei ganze Fallschirmjägerkompanien zum Narren und wurden als einzige Fernspäher nicht gefangen genommen. Sie hatten sich, kurz nachdem der »Feind« sie eingekreist hatte, jedes Mal »unsichtbar« gemacht und waren so als Sieger aus dieser Übung hervorgegangen.

Allerdings befolgten sie dabei nicht immer die Manöverregeln der Bundeswehr. Erfindungsreich passierten sie zum Beispiel im Kofferraum eines wildfremden Zivilfahrzeugs die militärischen Straßensperren und ersparten es sich so, Dutzende Kilometer kriechend und Deckung suchend im Wald zurückzulegen.

Aus ihrem Triumph war jedoch am letzten Abend ihres Einzelkämpferlehrgangs ein Desaster geworden. Auf dem Kasernenhof jagten Moewig und Abel das Privatfahrzeug des Kompaniechefs der Fallschirmjäger in die Luft.

Der Kompaniechef war ein älterer Major, der bereits im Zweiten Weltkrieg als Wehrmachtsoldat mit dem Fallschirm über Kreta abgesprungen war. Wie so viele Bundeswehroffiziere jener Jahre hatte er seine großdeutschen Allüren und rassistischen Ressentiments aus der Nazizeit nicht abgelegt. Der Major hatte Moewig wegen seiner Hautfarbe wiederholt wüst beschimpft und mit Strafexerzieren und Strafstehen über viele Stunden schikaniert.

Für sein Herrenmenschengehabe ließen die beiden Kameraden ihn mit der Sprengung seines erst wenige Wochen alten Autos büßen. Von Moewig und Abel unbemerkt, lag der Schäferhund des Majors zu diesem Zeitpunkt schlafend auf der Rückbank des Fahrzeugs und wurde mit in die Luft gejagt, was ihnen beiden sehr leidtat. Glücklicherweise konnte ihnen der Anschlag nicht nachgewiesen werden, da es bei der Bundeswehr zu jener Zeit praktisch keine Spurensicherung gab. Derartige Vorfälle wurden damals weder publik gemacht noch den zivilen Strafverfolgungsbehörden gemeldet.

Erfahrungen wie diese hatten Moewig und Abel als junge Männer zusammengeschweißt. Und obwohl sich ihre Lebenswege nach der Bundeswehrzeit wieder trennten, riss die Verbindung zwischen ihnen niemals ganz ab.

»Enge Freunde sind wir seit zwanzig Jahren nicht mehr, aber immer noch gute Kumpel«, sagte Abel, »Seit ich vor fünf Jahren nach Berlin gezogen bin, haben wir uns drei- oder viermal getroffen. Lars hat eine kleine Tochter, Lilly, sein Ein und Alles. Allerdings ist es auch schon wieder eine Weile her, dass ich ihn zuletzt gesehen habe.«

»Wann genau war das?«, wollte Markwitz wissen.

Abel versuchte sich zu erinnern. In Berlin verging die Zeit schneller als an jedem anderen Ort im Land. Man glaubte, dass ein Ereignis erst vor kurzem passiert war, aber wenn man nachrechnete, lag es schon Monate oder sogar Jahre zurück.

»Das war im vorletzten Herbst«, sagte er. »Wir waren zusammen auf dem Teufelsberg. Lars hat mit Lilly einen selbstgebauten Drachen steigen lassen. Dafür wäre sie mittlerweile wohl zu groß – Lilly muss jetzt zwölf oder dreizehn sein. Jedenfalls habe ich wie immer, wenn ich die beiden zusammen sehe, über Lars gestaunt. Er ist ein ruppiger Kämpfertyp und verschlossener Einzelgänger, und durch seine Erlebnisse in Afghanistan ist er nicht gerade zugänglicher geworden. Aber wenn er mit Lilly zusammen ist, dann ist er der liebevollste, fürsorglichste Vater, den man sich nur vorstellen kann.«

Abel hatte Moewig und seine quirlige kleine Tochter nur zweimal zusammen erlebt, aber danach war in ihm jedes Mal der Gedanke aufgestiegen, ob er nicht doch gerne selbst Vater geworden wäre. Lisa schien den verpassten Mutterfreuden keine Träne nachzuweinen. Abel dagegen verspürte immer einen leisen Stich, wenn er Lars und Lilly in ihrer innigen Vertrautheit beobachtete. Er fühlte sich dann wie ein Baum, der kräftige, grün belaubte Äste trug; nur ein Ast war verkümmert.

Doch jetzt gab es Wichtigeres zu klären.
»Liebevoller Vater, aber lebt allein.« Markwitz sah Abel nachdenklich an. »Die Beziehung mit der Kindsmutter kaputt, nehme ich an?«
Abel nickte. »Die beiden waren schon wieder getrennt, bevor Lilly auf der Welt war. Lars ist ein absoluter Einzelgänger. Es macht ihm nicht das Geringste aus, sich monatelang allein auf feindlichem Territorium zu bewegen. Aber mit einer Frau kann er nie länger als ein paar Wochen zusammenleben.«
Der Hauptkommissar zerrte an einer Schnauzbartspitze. »Trotzdem war Moewig sozial integriert, solange er bei der Bundeswehr war«, sagte er. »Aber dann Afghanistan, wahrscheinlich irgendwelche belastenden Erlebnisse, und nach seiner Rückkehr der Absturz.« Er klappte mit einer energischen Handbewegung den Laptop zu und beugte sich vor. »Was meinen Sie, Doktor – könnte Ihr alter Kumpel einen Mord begehen?«
Abel zögerte mit der Antwort. Unter bestimmten Umständen konnte fast jeder Mensch zum Mörder werden, das hatte er in seiner langjährigen Tätigkeit als Gutachter bei Mordprozessen gelernt.
Doch auch diesen Gedanken sprach er nicht aus.
»Moewig hat sich verändert«, sagte er. »Das ist mir bei einem unserer letzten Treffen aufgefallen. Damals war er gerade aus Kunduz im Norden Afghanistans zurückgekommen. Er wollte nicht darüber sprechen, aber ich habe herausgehört, dass er dort ein paar üble Dinge erlebt hat. Jedenfalls hat er seitdem seine Nerven nicht mehr richtig unter Kontrolle. Und seine Fäuste. Die Folgen haben Sie ja gerade vorgelesen: Körperverletzungsdelikte, Vorstrafen, unehrenhafte Entlassung aus der Armee.«
Markwitz hörte endlich auf, seinen Bart zu misshandeln. Er lehnte sich zurück und verschränkte die Arme vor der

Brust. »Und diese Sache hier, den Raubmord an Irina Petrowa?«, hakte er nach. »Trauen Sie das Ihrem alten Kumpel zu?«
Diesmal zögerte Abel keine Sekunde. »Nein«, sagte er in entschiedenem Tonfall. »Eine alte Frau heimtückisch überfallen und erwürgen, um ihren Schmuck und ihr Bargeld zu klauen – das passt absolut nicht zu ihm. An Schwächeren hat er sich nie vergriffen, im Gegenteil: Er hat so etwas wie einen Beschützerinstinkt für alle, die sich nicht selbst wehren können.«
Weitere Erinnerungen aus ihrer gemeinsamen Bundeswehrzeit stiegen in ihm auf. Aber er war nicht bereit, jetzt noch tiefer in die Vergangenheit einzutauchen. Für heute war es genug. »Also kurzum, ich halte es für ausgeschlossen«, sagte er, »dass Moewig mit dem Tod von Irina Petrowa irgendetwas zu tun hat.«
Er hoffte, dass seine Worte überzeugter klangen, als er sich fühlte. *Lars hat schon vor zwei Jahren angefangen, sich zu verändern. Wohin ihn das mittlerweile geführt hat, weiß vielleicht nur er selbst.*
Allem Anschein nach hatte Moewig eine gespaltene Persönlichkeit. Und in seinen fast zwanzig Jahren als Rechtsmediziner hatte Abel gelernt, dass selbst die scheinbar harmlosesten Mitmenschen unter Umständen zu ungeheuren Verbrechen imstande waren.
Aber auch diese Anmerkung behielt er für sich.
»Wir fühlen Moewig gleich morgen auf den Zahn«, sagte Markwitz. »Entweder er hat ein Alibi – oder ein gewaltiges Problem. Und Sie nehmen bitte keinen Kontakt zu ihm auf, bis wir mit ihm gesprochen haben.«
Abel nickte. Er verabschiedete sich von Markwitz und von Okyar, der ihm erneut flehende Blicke zuwarf. Abel runzelte die Stirn. Mit seinen Gedanken war er noch bei Lars Moewig, als er durch den verwinkelten Flur zum Lift ging.

Jemand kam hinter ihm hergerannt und rief seinen Namen. Abel drehte sich um – schon wieder der Praktikant.
»Was ist denn noch?«, fragte Abel unwirsch. Der Junge fing an, ihm auf die Nerven zu gehen.
Atemlos blieb Okyar vor ihm stehen. »Entschuldigung ... Es ist nur, weil ich ... so großen Respekt vor Ihnen habe, Herr Dr. Abel«, brachte er stockend hervor. »Und da wollte ich Sie fragen ... ob ich vielleicht bei Ihnen als Praktikant ...«
Der Rest war unverständliches Gemurmel. Schließlich verstummte Okyar vollends und sah Abel nur noch aus großen Augen an.
Abel musste unwillkürlich grinsen, gleichzeitig schüttelte er den Kopf. »Jetzt sehen Sie erst mal zu, dass Sie hier alles richtig mitbekommen, junger Freund. Hauptkommissar Markwitz ist einer der besten Männer beim LKA. Wenn Sie von ihm am Ende ein Spitzenzeugnis erhalten, können wir meinetwegen auch über einen Praktikumsplatz bei den ›Extremdelikten‹ reden.«
Okyar stieß kleine Freudenschreie aus. Abel hätte sich nicht gewundert, wenn der Praktikant auch noch vor ihm auf die Knie gefallen wäre. Aber glücklicherweise kam in diesem Moment der Lift.
Er fuhr auf direktem Weg nach Hause. In seinem Kopf liefen mittlerweile zwei Nonstop-Trailer ab.
Der Herzhacker, wie er sich auf ihn stürzte, wie Abel ihn von sich wegstieß und rannte, bis ihn die Druckwelle von den Füßen riss ...
Und Lars Moewig, wie er neben Irina Petrowa in ihrem Apartment kauerte, wie er ihr die Hände um den Hals legte und zudrückte, wie er ihr die Strumpfhose herunterzog und ...
Nein, dachte Abel, *das passt einfach nicht zu ihm. So etwas würde er niemals machen!*

Aber würde er seine Hand für Lars ins Feuer legen? Wenn der dunkle Teil von Moewigs Persönlichkeit mittlerweile die Oberhand gewonnen hatte, war mehr oder weniger alles möglich.

☠ ☠ ☠

21

**West Drayton, nahe London Heathrow,
Montag, 6. Juli, 17:15 Uhr Ortszeit**

Keine zehn Meilen nördlich von Heathrow Airport gruppierten sich schmucke Reihenhäuser und vierstöckige Wohnblocks aus den 1990er Jahren um eine kleine Grünanlage. West Drayton war nicht gerade ein Villenvorort von London, aber wer hier lebte, gehörte auch nicht zum sozialen Bodensatz. Seit neuestem gab es sogar eine Shoppingmall.
Auch der Golfplatz östlich des Ortszentrums war ein klarer Hinweis auf die Einkommensklasse der Bewohner von West Drayton. Und auf den Altersdurchschnitt.
In den kleinen Läden im Zentrum dominierten Serviceangebote für Senioren. Mobile Altenpfleger und barrierefreie Physiotherapiepraxen wetteiferten um die Gunst der Silver Ager. Einer der vierstöckigen Blocks am Rand des Parks beherbergte vierzig Seniorinnen und Senioren, die in ihren Apartments je nach Bedarf von Haushaltshilfen und Pflegekräften betreut wurden.
Auf diese Wohnanlage mit der hellgelb gestrichenen Fassade strebten am späten Nachmittag zwei sehr unterschiedliche Personen zu.

Die neunundsiebzigjährige Emily Goldsmith bewohnte eines der komfortablen Penthouse-Apartments im vierten Stock, dessen Dachterrasse einen exklusiven Blick auf im Landeanflug befindliche Flieger bot.
Der dunkelhäutige, kräftig gebaute Mann dagegen war niemals vorher in West Dayton gewesen. Er war nicht sehr groß gewachsen und mit Jeans und T-Shirt unauffällig gekleidet. Eine schwarze Baseballkappe, deren Schirm er tief in die Stirn gezogen hatte, verbarg einen Teil seines Gesichts. Er schlenderte durch den Park, als hätte er kein besonderes Ziel und wollte sich nur ein wenig die Zeit vertreiben. Aber die alte Frau, die sich langsam auf den Ausgang der Grünanlage zubewegte, ließ er nicht aus den Augen.
Erst vor einer guten Stunde hatte sich Emily Goldsmith auf den Weg in den Park gemacht, um ein wenig frische Luft zu schnappen. Doch an diesem Montag Anfang Juli war es so stickig heiß, dass sie sich wacklig auf den Beinen fühlte. In ganz Europa litten die Menschen seit Wochen unter einer der heftigsten Hitzewellen der letzten Jahrzehnte.
Jetzt war Emily Goldsmith auf dem Nachhauseweg. Die cremefarbene Seidenbluse klebte ihr schweißnass am Rücken. Ihre Handtasche schien heute mehrere Kilo zu wiegen. Sie verwünschte sich selbst, weil sie ihr klimatisiertes Apartment bei diesen Temperaturen verlassen hatte.
Als Emily Goldsmith die Straße überquerte, wurde sie beinahe von einem Ford Pick-up überfahren. Mit quietschenden Reifen kam der Blechkoloss einen Meter neben ihr zum Stehen. Der Fahrer schob den hochroten Kopf aus dem Seitenfenster und stieß Verwünschungen aus, aber auch das bekam Emily Goldsmith kaum mit. Sie hatte genug damit zu tun, nicht über die eigenen Füße zu stolpern. Schritt für Schritt arbeitete sie sich voran, den Blick auf ihre Haustür auf der anderen Straßenseite gerichtet.
Die ideale Beute, dachte der Mann mit der schwarzen Base-

ballkappe. *Alt und tattrig und vollauf damit beschäftigt, nicht auf der Stelle tot umzufallen. Und wenn hundert Mann ihr mit Trommeln und Vuvuzelas folgen würden, die alte Krähe würde sich nicht mal zu ihnen umdrehen.*
Nach einer wie ihr hatte er den halben Tag lang Ausschau gehalten, während er in den Siedlungen nördlich von Heathrow Airport umhergestreift war. *Reich und hilflos,* dachte er. *Was will man mehr?*
Ihre Handtasche sah nach Geld aus, genauso wie ihr grauer Rock und die Bluse, die offenbar aus teurem Stoff waren. Die Schweißflecke auf ihrem Rücken machten ihm nichts aus. Ganz im Gegenteil. Er liebte es, den Geruch seiner Opfer einzusaugen. An ihrer Haut zu schnüffeln, sie auszuziehen, damit er sie noch besser riechen konnte. Und, natürlich, sie zu beschriften.
Er konnte es kaum mehr erwarten, sie endlich unter sich zu spüren. Er würde sich auf sie legen, die Hände um ihren Hals schließen und die Angst in ihren Augen sehen. Er würde zudrücken, den Todeskampf in ihrem Gesicht beobachten und spüren, wie sich ihr Körper unter ihm aufbäumte.
Aber noch musste er sich in Geduld üben. In Zeitlupe schloss sie die Haustür auf und schleppte sich in die Eingangshalle. Er wartete auf der anderen Straßenseite, bis die Tür halb zugefallen war, dann rannte er nach drüben und bekam eben noch den Fuß zwischen Tür und Rahmen.
Die alte Frau hatte sich mittlerweile in die Liftkabine geschleppt und drückte auf den obersten Knopf. Mehr brauchte er nicht zu wissen. Er stürmte die Treppen hoch, nahm immer zwei Stufen auf einmal und stand im vierten Stock schon in eine Wandnische gepresst, als die Lifttür zischend aufglitt und sein Opfer hervortaumelte kam.
Er folgte ihr so dichtauf, dass er ihr beinahe in die Hacken trat. Es war fast schon lächerlich, wie leicht diese Art von

Beute zu erlegen war. Mit den jüngeren Frauen war es viel mühsamer gewesen. Sie bekamen mehr mit und schrien und zappelten herum, wenn man sie in die Zange nahm. Die Alten dagegen starben einem praktisch von selbst zwischen den Fingern, und danach konnte er mit ihnen anstellen, was er wollte. *Einfach perfekt.*

Er blieb hinter ihr stehen, als sie ihre Wohnungstür aufschloss und über die Schwelle schlurfte. Dann schubste er sie kräftig an, wobei er seine Hände flach gegen ihren patschnassen Rücken drückte.

Das fühlt sich richtig gut an, dachte er. Allmählich kam er in Stimmung. Rasch trat er in die Diele und machte hinter sich die Tür zu.

Sie lag mit dem Bauch auf dem Boden. Den Kopf hatte sie über die Schulter zu ihm gedreht und sah ihn ängstlich an. Im nächsten Moment kniete er neben ihr und wälzte sie auf den Rücken. Er musste ihr Gesicht sehen, sonst hatte das Ganze keinen Sinn.

Er roch ihre Angst, als er ihr die Hände um den Hals legte. Sie versuchte zu schreien, aber das wurde natürlich nichts. Durch ihre Kehle kam nichts mehr durch, weder Luft noch Schreie. Sie kämpfte noch ein bisschen um ihr Leben, aber es war kaum der Rede wert.

Als er sich auf sie legte, schaffte sie es gerade noch, sich ihm entgegenzubäumen. Dann wurde sie schon schlaff, ihr Kopf kippte zur Seite, ihre Hände, die auf seinen Armen herumgekratzt hatten, fielen herunter und blieben reglos auf dem Parkettboden liegen.

Parkett war ein gutes Zeichen, genauso wie ihre Handtasche mit dem goldfarbenen Schnappverschluss. Die Tasche durchsuchte er als Erstes, noch während er auf der Toten lag. *Hundertzwanzig Pfund in Banknoten, nicht schlecht.* Den Lippenstift nahm er auch heraus und legte ihn neben ihren Beinen auf den Boden. Am liebsten hätte er sie auf der

Stelle beschriftet, aber das kam nicht infrage. Er musste sich an die Reihenfolge halten.

Er nahm ihr das Perlenarmband und den Ring mit Diamantsplittern ab, der fast von selbst von ihrem knochigen Finger rutschte. Aber natürlich besaß die alte Schachtel noch viel mehr Schmuck, und den musste er als Nächstes finden.

Er rappelte sich auf und fing an, ihre Wohnung zu durchsuchen. Wie jedes Mal hatte er sich vorgenommen, systematisch vorzugehen, und wie so oft hatte er diesen Plan schon nach ein paar Augenblicken vergessen. Er ließ sich von Impulsen, Gerüchen, Neugier und Eingebungen leiten, zog hier eine Schranktür auf, kippte dort den Inhalt einer Schublade auf den Teppich und brachte in kürzester Zeit alles durcheinander.

Am Ende fand er doch immer das Versteck, in dem die alten Elstern ihren Schmuck gehortet hatten. Säuberlich reihte er Ketten, Broschen, Ringe und Armbänder nebeneinander auf dem Bett auf und sah sich den ganzen Glitzerschatz an. Was kostbar aussah, stopfte er zu dem Bargeld in seine Hosentasche, den Plunder ließ er auf dem Bett zurück.

Dann kam es zum schönsten Teil. Er ging zurück in die Diele und kauerte sich neben die alte Frau, die mittlerweile ganz friedlich aussah. Ihre Bluse hatte keine Knöpfe, sondern kleine Schlaufen, die in silberfarbene Haken eingehängt waren. Er öffnete sie sorgfältig eine nach der anderen und zog ihr die Bluse aus. Das war nicht ganz einfach, weil die Frau wie ein Wäschesack dalag, aber für ihn war das kein Problem. Er hatte geschickte Hände.

Er zog ihr auch den BH aus und schnüffelte eine Weile an ihrer nackten Haut. Dadurch kam er noch mehr in Stimmung.

Schließlich war der richtige Moment gekommen. *Der Augenblick der Beschriftung.*

Er drehte sie wieder auf den Bauch, nahm den Lippenstift und begann, ihr seine Botschaft auf den Rücken zu schreiben.
Er fing zwischen den Schultern an und schrieb die Wirbelsäule entlang. Wie jedes Mal ärgerte er sich, weil die Buchstaben verwackelt aussahen. Aber mit dem Lippenstift konnte er zumindest leserlicher schreiben als mit einem Messer. Trotzdem zitterte seine Hand beim Beschriften immer wie verrückt. Er konnte es nicht ändern. Er zitterte von Kopf bis Fuß, sein Herz klopfte zum Zerspringen, und so war es jedes Mal.
Respectez Asia.
Er zog sie wieder an, hakte sorgsam alles zu und machte sich auf den Weg zum Flughafen.

☠ ☠ ☠

22

**Berlin, Tegel Airport,
Dienstag, 7. Juli, 08:35 Uhr**

Wie ein x-beliebiges junges Paar, das in der Ankunftshalle auf Familienangehörige wartete, standen Marina Klöckner und Julian Engelhardt im Gedränge vor der Absperrung. Sie waren beide Mitte dreißig und trugen Zivilkleidung. Hauptkommissar Markwitz hatte sie für diese Aktion ausgewählt, weil sie zu den Besten in seinem Team gehörten. Und weil er selbst heute Vormittag in einer anderen Mordsache vor Gericht aussagen musste.
Auf die Oberkommissare Engelhardt und Klöckner konnte er sich hundertprozentig verlassen. Und schließlich ging es

hier nur um die vorläufige Festnahme eines Tatverdächtigen in einem nicht gerade spektakulären Nachläufer-Fall.

Trotzdem hatte Markwitz angeordnet, dass vier weitere zivile Ermittler vom Kriminalpolizeilichen Dauerdienst die Aktion absichern sollten. Immerhin war Moewig ein ehemaliger Elitesoldat und notorisch gewaltbereit. Bei einem derartigen Szenario war man besser auf alle möglichen Komplikationen vorbereitet – Fluchtversuch, Handgemenge, Geiselnahme, die ganze Palette. Entsprechend hatte Markwitz seine beiden Oberkommissare gebrieft. »Gehen Sie auf Nummer sicher. Und bleiben Sie ruhig und höflich. Wie es aussieht, hat unser Mann ein psychisches Problem.«

Außerdem ist er ein Kumpel von Dr. Abel. Das hatte Markwitz zwar nicht ausdrücklich erwähnt, aber die beiden Oberkommissare hatten ihn auch so verstanden. Ihr Chef wollte sich nicht nachher von dem Rechtsmediziner vorwerfen lassen müssen, dass sie Moewig übertrieben hart in die Zange genommen hätten.

Nachdem sie Moewig gestern nicht in seiner Wohnung angetroffen hatten, war Markwitz zusammen mit Oberkommissarin Klöckner zu Marie Lindweg gefahren. Auf die Frage, ob sie wisse, wo sich der Vater ihrer gemeinsamen Tochter derzeit aufhalte, hatte sie ausgesprochen wortkarg reagiert. »Irgendwo im Ausland, glaube ich«, hatte Marie Lindweg gesagt. Als Markwitz dann noch von ihr wissen wollte, wann Moewig wieder in Berlin eintreffen werde, hatte sie nur mit den Schultern gezuckt und »Keine Ahnung« gemurmelt.

Markwitz und Klöckner hatten nicht nachgehakt, da sie nicht riskieren wollten, dass Moewig gewarnt wurde. Außerdem hatten sie genug erfahren. Lars Moewig auf den Passagierlisten der Flieger aufzustöbern, die in den nächsten Tagen in Berlin landen würden, war im Zeitalter von Big Data ein Kinderspiel.

Der Flieger aus London war pünktlich um 08:25 Uhr gelandet. Da Moewig nur einen kompakten Militärrucksack bei sich hatte, kam er schon zehn Minuten später als einer der ersten Passagiere des Lufthansa-Flugs aus London durch die Automatiktür.
Julian Engelhardt berührte seine Kollegin an der Schulter. »Da ist er«, sagte er leise.
Marina Klöckner warf einen Blick auf ihr iPhone und nickte zustimmend. Das Foto auf dem Display war vor drei Jahren gemacht worden, bei Moewigs letzter Verhaftung. Damals wie heute trug er sein schwarzes Kraushaar militärisch kurz geschnitten, eine olivenfarbene Uniformhose und ein Sweatshirt im Camouflage-Look. Vor drei Jahren hatte er allerdings noch deutlich jünger ausgesehen, nicht nur, weil sein Gesicht auf dem Polizeifoto glattrasiert war. Der untersetzte, dunkelhäutige Mann mit dem Fünf-Tage-Bart, der jetzt mit schnellen Schritten auf sie zukam, hatte immer noch die muskulöse Figur eines durchtrainierten Kampfsportlers. Aber die scharfen Falten, die sich von seiner Nase abwärts zogen, ließen ihn kränklich und vorzeitig gealtert aussehen.
»Lars Moewig?« Julian Engelhardt trat ihm in den Weg. »Ich bin Kriminaloberkommissar Engelhardt, das ist meine Kollegin Klöckner.« Sie zeigten ihm ihre Ausweise. »Im Zusammenhang mit einer laufenden Ermittlung haben wir einige dringende Fragen an Sie«, fügte er hinzu. »Bitte begleiten Sie uns zum LKA.«
Moewig kniff die Augen zusammen und sah sich nach allen Seiten um. Offenbar checkte er blitzschnell die Lage und wog seine Chancen ab.
»Was für eine Ermittlung?«, fragte er. Seine Stimme klang müde, doch seine Augen blieben wachsam. Das unkontrollierte Zucken im rechten Mundwinkel verriet, wie schlecht es um seine Nerven stand.
»Lassen Sie uns das hier ohne Aufsehen hinter uns brin-

gen«, schlug Marina Klöckner mit ihrem friedfertigsten Lächeln vor. »Hauptkommissar Markwitz leitet die Ermittlungen. Von ihm werden Sie alles Nötige erfahren.«
»Wen ihr Typen einmal auf dem Schirm habt, den lasst ihr wohl nie mehr los.« Moewigs Atem ging schneller, das Zucken um seinen Mund verstärkte sich.
»Bleiben Sie ganz ruhig, Herr Moewig«, sagte Marina Klöckner. »Die Befragung ist eine reine Routineangelegenheit.«
»Und begleiten Sie uns jetzt zum LKA«, wiederholte Engelhardt mit mehr Nachdruck.
»Und wenn ich nicht will?« Moewigs Stimme war auf einmal eine halbe Oktave höher. Wieder sah er sich blitzschnell nach allen Seiten um.
Marina Klöckner griff sich demonstrativ in die Innentasche ihrer ausgebleichten Jeansjacke. Es war das Zeichen, das sie mit den Beamten vom Dauerdienst verabredet hatten. Zwei von ihnen standen bei dem Schalter der *Hertz*-Autovermietung, direkt neben dem Ausgang. Die beiden anderen hatten sich ein paar Schritte links und rechts von Moewig postiert.
»Sie wollen aber, Herr Moewig«, sagte Engelhardt entschieden.
Der Mann mit der rußfarbenen Haut und dem Bizeps eines Gewichthebers spannte sich wie zum Sprung.
In diesem Moment traten die vier Einsatzkräfte heran und bildeten einen Kreis um ihn. Einer von ihnen, fast so muskulös wie Moewig und einen Kopf größer, hatte die Handschellen schon von seinem Gürtel gelöst. »Nehmen Sie die Arme aneinander und strecken Sie sie vor«, sagte er in einem Tonfall, der keinen Widerspruch duldete.
Moewig starrte einen Moment lang auf die Handschellen, dann sackte er regelrecht in sich zusammen. Folgsam streckte er dem Kriminalbeamten die Arme entgegen, und die Stahlringe schlossen sich klickend um seine Handgelenke.
»Herr Moewig, Sie sind vorläufig festgenommen«, sagte

Marina Klöckner. »Sie haben das Recht, zu schweigen und einen Anwalt zu nehmen. Alles, was Sie aussagen, kann vor Gericht gegen Sie verwendet werden.«

Moewig starrte sie an, und seine Augen wurden zu Schlitzen. »Warum schweigst *du* nicht einfach, verfluchte Fotze!«, stieß er hervor. »Warum lasst ihr mich nicht endlich alle in Ruhe?«

☠ ☠ ☠

23

**Berlin-Moabit, Untersuchungsgefängnis,
Dienstag, 7. Juli, 16:30 Uhr**

Die Justizvollzugsanstalt Moabit lag mitten in einem der quirligsten Viertel im Zentrum Berlins. Der monumentale Backsteinbau stammte aus dem neunzehnten Jahrhundert und sah aus wie eine Kreuzung aus Zwingburg und Gründerzeitfabrik. Er bestand aus vier Teilanstalten, in denen tausenddreihundert Untersuchungs- und Strafgefangene inhaftiert waren, ausschließlich Männer.

Seit Abel beim BKA arbeitete, war er schon häufig hier gewesen, um Untersuchungshäftlinge auf tatrelevante Spuren zu untersuchen oder im räumlich angeschlossenen Kriminalgericht als Sachverständiger auszusagen. Doch die düstere Trutzburg aus Kaisers Zeiten flößte auch ihm nach wie vor Respekt ein. Ein eben noch scheinbar unbescholtener Bürger konnte sich im Handumdrehen hinter Gittern wiederfinden, das hatte er oft genug miterlebt.

An der Wachpforte zeigte er seinen Dienstausweis vor. »Zu Lars Moewig, bitte. Heute in U-Haft eingeliefert.«

Ein vollbärtiger JVA-Beamter brachte ihn zur Teilanstalt I im rückwärtigen Bereich des Komplexes, wo sich die Zugangsstation für neu inhaftierte Gefangene befand. Abel folgte dem Uniformierten durch ein Labyrinth aus Gängen, Toren und Höfen. Dabei wurde ihm bewusst, dass er zum ersten Mal nicht aus rein beruflichen Gründen hier war.
Hauptkommissar Markwitz hatte ihn vor einer Stunde angerufen: Moewig sei am Flughafen geschnappt und anschließend im LKA-Präsidium mehrere Stunden lang vernommen worden. »Er beteuert seine Unschuld, aber für den Abend des 2. Juli hat er kein Alibi. Angeblich war er den ganzen Donnerstag in seiner Wohnung am Heckerdamm, um seine London-Reise vorzubereiten. Meiner Meinung nach lügt er.«
Abel war aufgewühlt, wenn auch nicht wirklich überrascht. Natürlich hatte er gehofft, dass Moewig ein hieb- und stichfestes Alibi vorweisen könnte. Aber sein Instinkt hatte ihm etwas anderes gesagt: Sein alter Kumpel steckte bis zum Hals in Schwierigkeiten.
Der bärtige Wachbeamte schloss einen Besuchsraum im zweiten Stock auf. »Warten Sie hier. Ich sage den Kollegen Bescheid.«
Abel trat in den schmalen Raum, dessen Wände mit ockergelber Ölfarbe gestrichen waren. Drei Holzstühle standen um einen kleinen Tisch. Das einzige Fenster war unter der Decke angebracht und vergittert.
Er setzte sich und trommelte mit den Fingern auf die von dicken Furchen zerpflügte Tischplatte. Die Showdown-Szene mit dem Herzhacker im KTU-Zelt lief aufs Neue in seinem Hinterkopf ab, aber die gestern noch grellen Bilder begannen zu verblassen. Erleichtert hatte er am Morgen auch zur Kenntnis genommen, dass Renate Hübner wieder einfach wie sie selbst aussah. Keinerlei Ähnlichkeit mehr mit Evelyn Hamann. Was er als Zeichen dafür nahm, dass er

den gestrigen Schock verarbeitet hatte. Letzte Nacht hatte er wie ein Stein geschlafen und fühlte sich so ausgeruht wie seit langem nicht mehr.
Lars Moewig dagegen sah fix und fertig aus. Ein hünenhafter Beamter mit Glatze führte ihn in den Besuchsraum. Moewig ließ sich auf einen Stuhl fallen, ohne Abel anzusehen.
»Ich bin direkt vor der Tür«, sagte der Beamte in warnendem Tonfall, der zweifellos dem Untersuchungshäftling galt.
Moewig schien es kaum wahrzunehmen. Als der Uniformierte die Tür hinter sich geschlossen hatte, hob er den Kopf, sah Abel aber nur kurz an und wandte den Blick gleich wieder ab. Er wirkte bedrückt und apathisch.
Bedrückt, weil er sich schuldig fühlt?, fragte sich Abel.
»Mann, Lars«, sagte er, »was ist hier eigentlich los? Hast du mit der Sache in Tegel irgendetwas zu tun?«
Die unverblümte Frage schien Moewig aufzurütteln. Wieder warf er Abel einen raschen Blick zu. »Natürlich nicht. Du glaubst doch nicht im Ernst, dass ich so was machen würde!«
Abel sah ihn nachdenklich an. *Der alte Lars Moewig, wie ich ihn kannte, würde ganz bestimmt keine wehrlose Rentnerin ermorden.*
Aber der Mann, der heute im blauen Anstaltsanzug vor ihm saß, war mit seinen Nerven offensichtlich am Ende. Seine Gesichtsfarbe war dunkelgrau mit einem Stich ins Gelbliche. Tiefe Falten zogen sich von seinen Nasenflügeln bis zum Kinn. Sein linkes Auge und sein rechter Mundwinkel zuckten unkontrolliert und asynchron.
Zögernd schüttelte Abel den Kopf. »Nein, das glaube ich nicht«, sagte er. »Das wird sich alles aufklären, Lars. In ein paar Tagen bist du hier wieder raus.«
Moewig griff über den Tisch und packte Abels Hände. »Du

glaubst mir, Fred? Wirklich? Mir fällt ein Stein vom Herzen!«
Abel zuckte zusammen, von Stein und Herz wollte er im Moment lieber nichts hören. Aber er erwiderte Lars' Händedruck, erleichtert, dass Moewig aus seiner Lähmung zu erwachen schien.
»Ich war den ganzen Donnerstag über in meiner Bude«, sagte Moewig. »Das habe ich den Polizisten hundertmal erklärt, aber sie glauben mir nicht. Kein Alibi, dafür mehrfach vorbestraft – voilà, da haben wir unseren Mörder. Der Nächste, bitte.«
Er machte eine Bewegung, als würde er Papier zusammenknüllen und über seine Schulter werfen.
»Für diesen fetten Kommissar mit dem Schnauzbart war die Sache von Anfang an klar«, fuhr er fort. »Das hat er mir auch auf den Kopf zugesagt. ›Alle Indizien sprechen gegen Sie, Herr Moewig. Also machen Sie reinen Tisch.‹ Aber mein Tisch ist rein, so rein wie mein Herz!«, ereiferte sich Moewig. »Ich bin Soldat, kein Raubmörder, verdammt noch mal! Bei Kampfeinsätzen in Somalia und im Kunduz habe ich Menschen getötet, das stimmt – aber das waren bewaffnete Feinde! Terroristen, die mich und meine Kameraden umgebracht hätten, wenn wir ihnen nicht zuvorgekommen wären! Ich habe einen Ehrenkodex, nach dem ich lebe!«
Er redete sich mehr und mehr in Rage und schlug dazu mit der Faust auf den Tisch. Es dröhnte wie Hammerschläge, und nach dem dritten Schlag erschien der hünenhafte Vollzugsbeamte in der Tür.
»Alles in Ordnung, Herr Kriminaldirektor?«, fragte er.
Moewig drehte sich mit einem Ruck zu ihm herum. »Wenn ihr mich hier rauslasst, dann ist wieder alles in Ordnung!«, schrie er ihn an. »Vorher nicht, ist das klar?«
Abel nickte dem Beamten beruhigend zu.

»Aber so was von klar«, sagte der glatzköpfige Riese und schloss die Tür.
Als Abel seine Aufmerksamkeit wieder Moewig zuwandte, hatte der das Gesicht in den Händen verborgen.
»Nichts ist in Ordnung, gar nichts«, presste er hervor. Sein ganzer Körper zuckte krampfhaft. »Weißt du, warum ich in London war?«
Er nahm die Hände herunter. Abel sah, dass Moewigs Augen voller Tränen waren.
»Nein. Warum denn?«
Moewig wischte sich mit dem Ärmel über die Augen. »Rekrutenwettbewerb bei Intersec, einer privaten Sicherheitsfirma. Sie heuern Security-Kräfte zur Sicherung von Industrieanlagen und Gated-Home-Siedlungen im Nahen Osten an. Neunzig Prozent der Bewerber wurden ausgesiebt – aber ich habe den Job gekriegt! Da kann ich endlich mal richtig Geld verdienen: tausendfünfhundert Dollar am Tag!«
Er schüttelte den Kopf und sank erneut in sich zusammen.
»Als ich mich bei Intersec beworben habe«, sagte er, »da sah es noch so aus, als ob Lilly gerettet werden könnte. Die Privatklinik in Kalifornien kostet siebzigtausend Dollar. Mein Bruder Arne behauptet ja, dass es Scharlatane wären, die einem nur das Geld aus der Tasche ziehen wollen – aber es war Lillys letzte Chance! Und wenn ich für den Rest meiner Tage Millionärsviertel in der Wüste bewacht hätte – ich hätte die Kohle aufgetrieben!«
Wieder versetzte er dem Tisch wilde Faustschläge.
»Um Gottes willen, was ist denn mit deiner Tochter?«, fragte Abel. Er legte seine Hand auf Moewigs Arm.
Moewig riss seinen Arm weg und warf sich so heftig nach hinten, dass er mitsamt seinem Stuhl beinahe umkippte.
»Was mit ihr ist?«, schrie er. »Das kann ich dir sagen, Fred! Sie hat Leukämie!« Seine Stimme brach.

»Wir wissen es erst seit zwei Monaten«, fuhr er etwas gefasster fort. »Zuerst haben die Ärzte gesagt, dass sie bei bestmöglicher Versorgung noch eine Chance haben könnte. Aber mittlerweile haben sie meine Lilly aufgegeben. *Finales Stadium*, so heißt das bei ihnen – sie geben ihr höchstens noch zwei Wochen! Verstehst du jetzt, Fred?«
Er begann erneut zu schreien.
»Mein kleines Mädchen, mein Ein und Alles liegt im Sterben! Es fühlt sich an, als würden sie mir das Herz bei lebendigem Leib herausreißen – und gleichzeitig sitze ich in diesem Scheißknast fest und kann in unseren schwersten Stunden nicht bei ihr sein!«
Abel sah ihn tief erschüttert an. Er hatte Lilly als fröhliches Mädchen gekannt, sprühend vor Lebensfreude. Sich vorzustellen, dass sie sterbend in einem Klinikbett lag, war grauenvoll, obwohl der Tod in allen Schattierungen zu seinem Alltag gehörte.
»Hör mir zu, Lars«, sagte er. »Ich werde alle Hebel in Bewegung setzen, damit du so schnell wie möglich auf freien Fuß kommst. Das verspreche ich dir.«
»Das reicht nicht, Fred.« Moewig sah ihn beschwörend an. Sein Mundwinkel zuckte. »Du musst mir versprechen, dass du mich hier rausholst, solange Lilly noch am Leben ist!«, fuhr er fort. »Ich will bei ihr sein, wenn sie stirbt – wenigstens das!« Er starrte Abel aus blutunterlaufenen Augen an. »Schwörst du mir das?«
Abel hatte kein gutes Gefühl dabei, aber der flehende Gesichtsausdruck seines alten Kumpels ließ ihm kaum eine Wahl.
Er nickte Moewig zu. »Das kriegen wir hin, versprochen.«

24

**Berlin, Treptowers, BKA-Abteilung »Extremdelikte«,
Mittwoch, 8. Juli, 06:55 Uhr**

Am nächsten Tag war Professor Paul Herzfeld aus dem Urlaub zurück.
Abel fuhr eine halbe Stunde früher als gewöhnlich zur Arbeit, um seinem Chef noch vor der Teambesprechung Bericht zu erstatten. Vor allem aber wollte er mit Herzfeld über den Mordfall Irina Petrowa sprechen.
»Komm rein, Fred, und mach bitte die Tür zu. Wenn es der Teufel will und Rubin gerade um die Ecke kommt, ist hier die Hölle los.«
Paul Herzfeld war braun gebrannt und offenbar in blendender Laune. Er bat Abel, in seinem geräumigen Eckbüro in einem der Besuchersessel Platz zu nehmen, und drängte ihm eine Tasse arabischen Kaffee auf.
»Frisch aus Kairo eingeflogen«, sagte er. »Mit den ägyptischen Rechtsmedizinern, die letzte Nacht angekommen sind. Fünf weitere Nachwuchstalente, die darauf brennen, von uns ausgebildet zu werden. Aber jetzt erst einmal meine Gratulation, Fred: Den Herzhacker hast du ja mit Bravour zur Strecke gebracht.«
Er erhob sich von seinem Sessel, und Abel folgte seinem Beispiel.
Wie jedes Mal erstaunte es ihn, dass Herzfeld noch ein paar Zentimeter höher gewachsen war als er selbst. Mit seiner frischen Urlaubsbräune sah Herzfeld dem Hollywoodstar, mit dem er schon öfter verwechselt worden war, noch ähnlicher als sonst.
Herzfeld schüttelte ihm feierlich die Hand und klopfte ihm auf die Schulter. »Wir beide sind vom gleichen Schrot und

Korn, Fred. Du glaubst gar nicht, wie froh ich bin, dich hier mit an Bord zu haben.«
»Das sieht der Oberstaatsanwalt vermutlich anders«, warf Abel ein.
»Rubin ist stinksauer auf dich, aber das gibt sich wieder.« Herzfeld winkte mit einer lässigen Bewegung ab. »Er hat mich gestern noch am späten Abend angerufen und gehörig Dampf abgelassen, weil du entgegen seiner Anordnung nicht zur Pressekonferenz gekommen seist. Aber wir wissen beide, dass das nicht der Punkt ist ...«
Abel nickte. Oliver Rubin hatte vor drei Jahren die bundesweite Großfahndung nach dem Herzhacker geleitet und dabei die Arbeit von Jankowski und Abel nicht nur indirekt behindert, sondern auch ihre Erkenntnisse zur Persönlichkeit des Herzhackers völlig außen vor gelassen. Er hielt Profiling für eine »überschätzte Pseudowissenschaft« und war überdies der Ansicht, dass Rechtsmediziner wie Abel außerhalb des Sektionssaals nichts zu suchen hätten. Als Jankowski und Abel dann aber Löwitsch als Herzhacker identifiziert hatten, hatte sich der Oberstaatsanwalt geschmeidig an die Spitze der Bewegung gesetzt und vor jeder Kamera und jedem Mikrofon verkündet, das von ihm eingesetzte Spezialteam Abel/Jankowski habe seine Vorgaben »kongenial umgesetzt«.
»Schnee von gestern«, sagte Abel, als sie wieder in ihren Sesseln saßen. »Heute Nachmittag bekommen wir die Laborergebnisse zu der DNA vom Tatort. Jede Wette, dass die Hirnmasse, die sie von der Hauswand neben dem KTU-Zelt gekratzt haben, von Fritz Löwitsch stammt.«
Herzfeld stieß sein charakteristisches Lachen aus, das in Abels Ohren immer wie eine Siegesfanfare klang. »Tu mir – und dir selbst – den Gefallen und stell Rubin zumindest nicht öffentlich bloß. Wie es aussieht, müssen wir noch eine Weile mit ihm leben.«

»Das fürchte ich auch«, sagte Abel und nippte von dem Gebräu in seiner Tasse, das die Farbe und Konsistenz von Tinte aufwies. »Da ist noch etwas, Paul.«
Herzfeld hob die Brauen und sah ihn aufmerksam an. »Das habe ich mir gleich gedacht. Dafür kenne ich dich gut genug. Also raus mit der Sprache: Wo brennt es?«
Abel massierte sich mit Daumen und Zeigefinger die Schläfen. Vor kurzem noch hatte er vorgehabt, seinen Chef um ein paar Tage Urlaub zu bitten, damit er nach dem wochenlangen familiären Stress seinen Akku wieder aufladen konnte. Aber von einem Erholungstrip mit Lisa konnte er nach wie vor nur träumen.
»Ich muss einen Mörder finden«, sagte er, »und zwar möglichst umgehend, damit der Mann, der als Tatverdächtiger in U-Haft sitzt, rechtzeitig freikommt.«
Herzfeld kniff die Augen zusammen. »Rechtzeitig wofür?«
»Um sich von seiner Tochter Lilly zu verabschieden. Sie liegt im Sterben«, sagte Abel. »Ihr Vater heißt Lars Moewig. Wir waren einmal eng befreundet.«
In kurzen Worten schilderte er Herzfeld den Mordfall Irina Petrowa und wie Moewig in die Sache hineingeraten war.
»Er ist unschuldig, davon bin ich überzeugt«, sagte er abschließend. »Deshalb meine Bitte: Lass mir freie Hand, den wahren Mörder zu finden, solange Lilly noch lebt. Die Ärzte geben ihr nur noch gut eine Woche.«
Herzfeld hatte gerade seine Tasse gehoben, jetzt sah er Abel über den Rand hinweg prüfend an.
»Einverstanden. Du weißt, ich vertraue auf deinen Instinkt und dein Urteilsvermögen. Bisher hast du ja auch immer richtiggelegen, wenn es um die ganz großen Fälle ging.«
Er leerte seine Tasse und stellte sie auf den Tisch zurück.
»Aber bitte denk an mich und den Ruf unserer Abteilung und verzichte auf allzu unkonventionelle Maßnahmen«, fügte er hinzu. »Du weißt, was ich meine, und du weißt

auch, dass ich aus eigener, durchaus schmerzlicher Erfahrung spreche.«

Wieder nickte Abel. Sein Vorgesetzter hatte schon das eine oder andere Mal bewiesen, dass er es mit den Buchstaben von Gesetzen und Dienstvorschriften nicht allzu genau nahm, wenn es darum ging, ein Gewaltdelikt aufzuklären, in dessen Untersuchung er in irgendeiner Form involviert war. Und Herzfeld wusste so gut wie er selbst, dass sie beide auch in dieser Hinsicht aus dem gleichen Holz geschnitzt waren.

»Keine unkonventionellen Maßnahmen, einverstanden«, sagte Abel. »Jedenfalls, wenn es sich vermeiden lässt«, fügte er hinzu.

Aber da hatte er Herzfelds Büro schon verlassen.

☠ ☠ ☠

25

**Col du Sauvage, nahe Marseille,
ehemaliges Wasserrückhaltebecken, fünf Jahre zuvor**

Er hatte ganz ruhig angefangen, wie er es sich vorgenommen hatte. Aber irgendwie war es dann doch aus dem Ruder gelaufen. Jedenfalls lag sie jetzt so reglos da wie ein Steak tatare. Und ihr Rücken sah auch so aus, blutig und zerfleischt.

Er erinnerte sich, wie er ihr die Kleider vom Leib geschnitten hatte. Die brauchte sie sowieso nicht mehr, und er musste auf diese Weise ihre Fesseln nicht umständlich aufknoten, nur um sie erneut zu fesseln, sobald sie nackt war. Anschließend hatte er sie auf den Bauch gedreht und mit dem Gemüsemesser an ihrem Rücken herumprobiert. Als er einigermaßen in Schwung gekommen war, hatte er *Respectez Asia* in ihre Haut geschnitten, auch da war er sich sicher. Sein höchstpersönliches Autogramm.

Aber jetzt konnte er die Worte nirgendwo auf ihrem Rücken entdecken. Schlimmer noch, er konnte keinen einzigen Buchstaben ausmachen, nur wildes Gekritzel und Gemetzel.

Der Zorn kochte wieder in ihm hoch. *Verdammte kleine Schlampe! Das ist alles deine Schuld!*

Was musste sie sich auch aufbäumen, herumzappeln und hinter ihrem Knebel stöhnen wie ein Gespenst? Unter solchen Umständen konnte niemand auch nur halbwegs leserlich schreiben. Ihre Haut war aufgeplatzt wie bei einem überreifen Pfirsich. Ein paarmal hatte er absichtlich tief eingeschnitten, um sie für ihr Gezappel zu bestrafen, aber es hatte nichts genützt. Sie hatte umso wilder herumgezuckt und sich hin und her geworfen wie ein tollwütiges Fohlen.

Der Rücken ist vermasselt, dachte er. *Aber halb so schlimm, sie hat ja auch noch eine Vorderseite.*

Er packte sie bei den Schultern und drehte sie auf den Rücken. Sie stöhnte auf, aber ihre Augen blieben geschlossen. *Hoffentlich bleibt sie ohnmächtig, dann kann ich sie in Ruhe beschriften.*

Doch kaum hatte er das Messer angesetzt, da ging der Schlamassel wieder los. Sie riss die Augen auf und starrte ihn an. Sie warf den Kopf hin und her und bäumte sich mit dem Oberkörper auf. Fast hätte sie sich selbst das Messer ins Herz gestochen.

»Hey, das war Absicht!«, schrie er sie an. »Das hättest du wohl gerne!«

Glücklicherweise war die Messerspitze nur ein paar Millimeter tief zwischen ihre Rippen eingedrungen, direkt unter der linken Brust. Er zog die Wunde mit den Fingerspitzen auseinander. Sie stöhnte lauter und drängte ihm die Brüste entgegen.

»Das gefällt dir wohl, du beschissene Fotze!«, schrie er. »Das macht dich heiß, du versaute Schlampe, was?«

Das Messer glitt ihm aus der Hand. Das alles entwickelte sich anders, als er es geplant hatte. *Macht nichts,* dachte er, *mit dem Messer beschriften kann ich sie immer noch.*

Er öffnete seinen Gürtel und zerrte sich die Jeans samt Boxershorts bis zu den Kniekehlen herunter.

☠ ☠ ☠

26

Berlin, Keithstraße, Mordkommission des LKA, Mittwoch, 8. Juli, 08:45 Uhr

Noch vom Flur vor Herzfelds Büro aus rief Abel im LKA an. Hauptkommissar Markwitz saß bereits hinter seinem Schreibtisch. »Es geht um den Fall Petrowa«, sagte er. »Könnte ich vorbeikommen?«

»Haben Sie neue Erkenntnisse, Doktor?«, wollte er wissen.

»Ich bin in einer halben Stunde bei Ihnen«, wich Abel aus.

Er hatte noch keine genaue Vorstellung, wie er vorgehen sollte. Als Erstes würde er versuchen, Markwitz davon zu überzeugen, dass sie mit Lars Moewig den Falschen geschnappt hatten. Aber Abel machte sich keine Illusionen. Solange er dem Hauptkommissar nicht Moewigs Unschuld beweisen oder zumindest einen besseren Verdächtigen präsentieren konnte, würden sich die Gefängnistore für Moewig nicht öffnen.

Natürlich konnte Moewig beantragen, aus der U-Haft in

die Kinderklinik ausgeführt zu werden, um sich von seiner Tochter zu verabschieden. Jedoch lag es laut Untersuchungshaftvollzugsordnung im Ermessen von Richter und Staatsanwaltschaft, eine solche Vergünstigung zu gewähren oder zu verweigern, und ein unter Mordverdacht einsitzender Häftling, der notorisch gewaltbereit war und ein erhebliches Fluchtrisiko aufwies, hatte generell keine guten Chancen, aus humanitärem Anlass an einen Ort außerhalb der Gefängnismauern ausgeführt zu werden. Und selbst wenn Moewigs Antrag genehmigt würde, hieße das nur, dass er unter Bewachung ein paar Stunden im Krankenzimmer seiner Tochter verbringen dürfte und danach in die Haftanstalt zurückgebracht würde – und anschließend wäre Lilly während ihrer letzten Tage und Stunden so allein wie zuvor.

Das ist auch keine Lösung, sagte sich Abel. *Lars muss ohne Wenn und Aber entlassen werden, damit er bis zum bitteren Ende an Lillys Seite bleiben kann.* Schließlich konnte niemand voraussehen, wann genau Lillys letzte Stunde gekommen war. Und wenn Moewig erst auf einen entsprechenden Anruf hin seine Ausführung in die Kinderklinik beantragen würde, wäre Lilly längst tot und begraben, ehe ein Richter über den Antrag entschieden hätte.

Wie also dann? Was konnte Abel unternehmen, um Moewig rechtzeitig freizubekommen? In der morgendlichen Rushhour hatte er Zeit, sich die nächsten Schritte zu überlegen.

Auf jeden Fall würde er mit Marie Lindweg sprechen, Lillys Mutter. Er musste wissen, wie sie die Veränderung von Lars' Persönlichkeit sah. Ihm selbst war vor ungefähr zwei Jahren zum ersten Mal aufgefallen, dass Moewig seine Aggressionen nicht mehr unter Kontrolle hatte, die er früher zumindest mühsam beherrscht hatte. Außerdem schien er so etwas wie paranoide Gewaltphantasien zu entwickeln. Aber eine solche Persönlichkeitsveränderung begann nicht

über Nacht, sondern zeichnete sich schon geraume Zeit vorher ab. Wie ein baufälliges Gebäude, das nicht aus heiterem Himmel einstürzte, sondern Monate vorher Risse im Gemäuer aufwies und langsam in Schieflage geriet.
Er würde Marie Lindweg fragen, wann sie erstmals Sprünge und Risse im Verhalten, in der Gedanken- und Gefühlswelt ihres ehemaligen Lebensgefährten bemerkt hatte. Im Grunde hoffte er, dass Marie seine unterschwelligen Zweifel an Moewigs Unschuld zerstreuen würde.
Hauptkommissar Markwitz empfing ihn in der Tür seines Büros. Er wirkte wachsam und eine Spur distanziert.
»Für mich ist der Fall abgeschlossen«, sagte er. »Aber nehmen Sie ruhig einen Moment Platz, Doktor. Möchten Sie einen Kaffee? Tekin, wo treibst du dich wieder herum?«
Aus dem düsteren hinteren Bereich des Büros eilte der Praktikant herbei. Abel versicherte dreimal, dass er nichts trinken wolle, dann kam Markwitz endlich zur Sache.
»Ich verstehe ja, dass Sie Ihrem Freund aus alten Zeiten beistehen möchten, aber die Fakten sprechen eine eindeutige Sprache. Moewig ist unser Täter. Er wohnt in Fußnähe zum Tatort, er hat den passenden Haplotyp und kein Alibi für die Tatzeit. Mittlerweile haben wir auch einen Augenzeugen. Ein Bewohner der Seniorenanlage hat am frühen Donnerstagabend von seinem Balkon aus einen dunkelhäutigen Mann gesehen, der auf der anderen Straßenseite herumgelungert und anscheinend den Hauseingang beobachtet hat.«
»Konnte Ihr Zeuge den Mann beschreiben?«, fragte Abel.
»Sogar ziemlich gut.«
Der Hauptkommissar machte Okyar ein Zeichen. Der Praktikant stürzte davon und kam gleich darauf mit einem Schnellhefter zurück.
»Zwischen Mitte dreißig und Mitte vierzig, dunkle Haut, schwarze Baseballkappe, Jeans und dunkles T-Shirt, Body-

builderfigur«, rasselte er herunter. »Passt alles süper auf Moewig!«

Abel zuckte mit den Schultern. »Und auf ein paar hundert weitere Männer allein hier in Berlin. Wir dürfen nicht vergessen«, fuhr er an Markwitz gewandt fort, »dass man durch die Haplotyp-Analyse keine einzelne Person identifizieren kann. Lars hat einen älteren Bruder – Arne. Auch sein Vater oder etwaige Onkel väterlicherseits kommen theoretisch als Täter in Frage, da alle den gleichen Haplotyp haben.«

Markwitz stützte die Ellbogen auf den Tisch und sein Doppelkinn auf die ineinander verschränkten Hände. »Bei allem Respekt, Dr. Abel«, sagte er, »Sie wollen mir doch keine Nachhilfe im kriminalistischen Einmaleins geben?«

»Sorry, nein.« Abel hob entschuldigend eine Hand. »Natürlich nicht.« *Da bin ich zu weit gegangen,* dachte er.

»Schon vergessen«, sagte Markwitz. »Mir ist klar, dass Sie hier emotional engagiert sind. Aber Moewigs männliche Verwandtschaft haben wir natürlich unter die Lupe genommen.«

Wieder nickte er in Okyars Richtung. Der Praktikant blätterte hektisch und referierte im Stakkato-Stil: »Professor Dr. Arne Moewig, Hochschullehrer am Fachbereich Soziologie an der Humboldt-Universität.«

Markwitz stoppte mit einer Handbewegung seinen Redefluss. »Universitätsprofessoren mit Villenbesitz in Dahlem treten ausgesprochen selten als Nachläufer in Erscheinung. Trotzdem haben wir auch sein Alibi diskret überprüft. Professor Moewig lebt und lehrt zurzeit als Gastdozent in Harvard.«

»Okay, das ist der Bruder«, sagte Abel. »Was ist mit den anderen – mit Lars' Vater, Onkel, Cousins?«

Arne Moewig hatte er vor vielen Jahren einmal flüchtig kennengelernt. Er sah fast genauso aus wie Lars, nur ohne Muskeln, ein Salonrevolutionär mit Platin Card und Che-

Guevara-Bart, der Abel mit seinem pseudomarxistischen Gefasel grässlich auf die Nerven gegangen war. Aber Arne war der Einzige in seiner Familie, mit dem Lars Moewig einigermaßen zurechtkam.

Markwitz lehnte sich in seinem Sessel zurück und schüttelte den Kopf. »Lassen Sie es gut sein, Doktor. Das haben wir alles überprüft. Moewigs Vater ist über siebzig und geht nach einem Schlaganfall am Stock. Von den beiden Onkeln väterlicherseits ist der eine Versicherungsmakler mit einer Ein-Mann-Agentur in Charlottenburg. Am Donnerstag hatte er von 14:00 bis 21:30 Uhr ununterbrochen Klienten in seinem Büro.«

»Und der andere Onkel?«, beharrte Abel.

»Ein Säufer und Kleinkrimineller«, entgegnete Markwitz. »Eigentlich der ideale Kandidat für so eine Nachläufer-Tat, aber der Mann ist schon seit fünf Jahren tot. Mit zwei Komma acht Promille gegen einen Brückenpfeiler gekracht. Er war ledig und kinderlos, und der Versicherungsonkel hat nur eine Tochter. Also gibt es auch keine Cousins, die den gleichen Haplotyp aufweisen könnten.«

Markwitz verstummte und sah Abel an. Offenbar erwartete er, dass sein Gegenüber nun klein beigab. Aber das kam für Abel nicht in Frage.

»Wie schon gesagt, die Haplotyp-Analyse liefert nur ein grobes Raster«, setzte er neu an. »Eine Seitenlinie der Vorfahren der Moewigs stammt aus Afrika – deshalb gibt es bei ihnen bis heute dunkelhäutige Nachkommen, obwohl die Familie seit vielen Generationen in Deutschland lebt.« Er massierte sich mit den Fäusten die Schläfen. »Theoretisch kann unser Täter auch irgendein anderer Mann aus Schwarzafrika sein, der sich zur Zeit des Raubmords in Berlin aufhielt.«

»Theoretisch ist das sicher möglich«, gab Markwitz zurück. »Aber wie wahrscheinlich ist das in der Praxis?«

Er zerrte an seinem Schnauzbart, und sein Tonfall klang nun eindeutig genervt. »Erstens kommen Nachläufer fast immer aus dem regionalen Umfeld des Opfers. Zweitens stammt die große Mehrzahl von ihnen aus einer einschlägigen Problemfamilie oder ist bereits selbst durch Gewaltdelikte auffällig geworden. Das eine wie das andere trifft auf Lars Moewig zu. Drittens haben wir die Augenzeugenbeschreibung, und viertens hat Ihr alter Kumpel kein Alibi.« Er stemmte sich aus seinem Sessel hoch. »Bringen Sie mir einen weiteren Verdächtigen, auf den all das zutrifft«, sagte der Hauptkommissar, »dann nehme ich den selbstverständlich auch unter die Lupe.«

»Genau das werde ich tun.« Auch Abel erhob sich. »Ich halte Sie auf dem Laufenden. Und Sie mich bitte auch.«

Er war kaum aus der Tür, als er hinter sich seinen Namen rufen hörte. Er drehte sich um – natürlich wieder der Praktikant. »Ich habe gerade Frühstückspause«, sagte Okyar und sah Abel treuherzig an. »Da dachte ich, ich fahre mit Ihnen runter.«

Sein Übereifer ging Abel auf die Nerven. *Genauso, wie ich Markwitz auf die Nerven gehe,* dachte er und riss sich zusammen.

»Wie läuft das Praktikum?«, fragte er, während sie im Lift nach unten fuhren.

»So weit ganz gut.« Tekin Okyar rollte mit den Augen. »Und Sie, Herr Dr. Abel, was haben Sie jetzt vor, wenn ich fragen darf? Werden Sie auf eigene Faust ermitteln, um zu beweisen, dass Ihr Freund unschuldig ist?«

»Nicht ganz«, sagte Abel. »Ich will den wahren Mörder finden. Wer immer es am Ende ist.«

»Finde ich süper«, sagte Okyar. »Aber Sie sind allein, Herr Doktor. Sie brauchen einen Assistenten – einen wie mich!« Er stellte sich in Positur. »Ich kann Auto fahren wie Nico Rosberg und mit Pistolen umgehen wie James Bond.«

Ein übereifriger Assistent mit Schusswaffe hat mir gerade noch gefehlt, sagte sich Abel.
Er selbst besaß zwar einen Waffenschein, trug aber niemals eine Schusswaffe bei sich. Er hatte schon zu viele Opfer auf dem Sektionstisch gehabt, die nie unbewaffnet aus dem Haus gegangen waren, weil eine Pistole im Schulterhalfter angeblich »das Sicherheitsgefühl erhöht«. Erfahrungsgemäß erhöhte sie vor allem die Eskalationsstufe, auf der Auseinandersetzungen ausgetragen wurden, und Gewalttäter setzten ihre Waffen deutlich effizienter ein als verängstigte Opfer. Der Unterschied zwischen bewaffneten und unbewaffneten Opfern von Raubüberfällen bestand daher in der Regel darin, dass beide ihre Besitztümer einbüßten, die bewaffneten Opfer aber zusätzlich ihr Leben.
Die Lifttür glitt auf.
»Gut zu wissen«, sagte Abel.
Er klopfte Okyar auf die Schulter und machte, dass er hinaus in die Berliner Wüstenhitze kam.

☠ ☠ ☠

27

**Berlin, Treptowers, BKA-Abteilung »Extremdelikte«,
Mittwoch, 8. Juli, 10:25 Uhr**

Zurück in seinem Büro, wies Abel als Erstes die Sekretärin an, keinerlei Anrufe zu ihm durchzustellen.
»Auch nicht von Ihrer Schwester?«, fragte Renate Hübner.
»Sie hat es schon ein paarmal probiert.«
»Ich bin für niemanden zu sprechen.« Abel wühlte in den Zeitschriftenstapeln auf seinem Besuchertisch, bis er das

gesuchte Magazin gefunden hatte. In der jüngsten Ausgabe der Fachzeitschrift *Kriminalistik* hatte Dr. Jörg Holster, ein erfahrener Kriminalbeamter und Hochschuldozent, unter der Überschrift »*Nachläufer – die Raubmörder von nebenan*« den aktuellen Forschungsstand zu diesem Tätertypus zusammengefasst.

Hinter seinem Schreibtisch verschanzt, vertiefte sich Abel in die Lektüre. Holster hatte insgesamt siebenundsiebzig Nachläufer-Fälle untersucht, die sich in den letzten fünf Jahren in Deutschland zugetragen hatten. Durch seine Studie wurden Markwitz' Ausführungen in jedem Punkt bestätigt. Nachläufer wohnten fast ausnahmslos im näheren räumlichen Umfeld ihrer Opfer. Die Täter folgten den alten oder behinderten Menschen unbemerkt bis zur Haustür und drangen unmittelbar hinter ihnen in die Wohnung ein, wo sie ihre Opfer niederschlugen, fesselten und knebelten, oftmals auch auf der Stelle töteten. Dann durchsuchten sie die Wohnung und machten sich mit ihrer – meist eher bescheidenen Beute – aus dem Staub.

So weit stimmte alles mit dem Tatmuster im Fall Petrowa überein. Doch in keinem einzigen der siebenundsiebzig Fälle, die Holster erfasst und analysiert hatte, war der Körper des Opfers mit einer Parole oder Botschaft beschriftet worden. Weder auf Deutsch noch auf Französisch oder in irgendeiner anderen Sprache.

Für seine Untersuchung hatte Holster die einschlägigen Fälle bis Ende des zurückliegenden Jahres berücksichtigt. Abel fuhr seinen Laptop hoch und startete das Intranet des BKA. Er rief die Berichte und bisherigen Ermittlungsergebnisse zu allen Raubmorden auf, die sich seit Jahresbeginn in Deutschland ereignet hatten. Die Täter hatten die Wohnungen durchwühlt, Schmuck und Bargeld an sich genommen und waren auf dem schnellsten Weg wieder verschwunden. Doch kein einziger Nachläufer hatte sich mit einem Schriftzug verewigt – weder auf seinem Opfer noch an den Zimmerwänden oder auf dem Badezimmerspiegel.

Abel ging noch weiter zurück und forstete auch die Nachläufer-Taten der drei vorherigen Jahre durch. Wiederum war das Ergebnis negativ. Einzig und allein der Mörder von Irina Petrowa hatte sich die Mühe gemacht, den Körper seines Opfers mit einer bizarren Botschaft zu versehen. Dafür hatte er die Tote teilweise entkleidet und nach Abschluss des Rituals wieder angezogen, was bei einem leblosen Körper ziemlich mühsam war.

»Warum hat er das getan?«, murmelte Abel vor sich hin.
»Würdest du so etwas tun, Lars?«

Er starrte auf den Bildschirm seines Laptops, ohne Einzelheiten wahrzunehmen. Nachdem er eine Weile vor sich hin gegrübelt hatte, schloss er das BKA-Programm und rief das Europol-Intranet auf.

Vorhin hatte er zu Markwitz gesagt, dass auch beispielsweise ein afrikanischer Asylbewerber Irina Petrowa ermordet haben könnte. Das galt natürlich genauso für jeden Europäer, der die Kriterien erfüllte: schwarz, männlich und der passende Haplotyp. Vorausgesetzt, er hatte sich am vergangenen Donnerstag in Berlin aufgehalten und besaß für die Tatzeit kein Alibi.

Ohne allzu großen Optimismus gab Abel die entsprechenden Suchbefehle in die Europol-Maske ein: Raubmord; Opfer im Rentenalter; Beschriftung der Leiche.

Die Suchmaschine brauchte nur wenige Sekunden, um die gewaltigen Datenbestände von Europol zu durchforsten. Dann erklang ein Glockenton, und auf dem Bildschirm blinkte der Schriftzug *Matched!* auf.

Abel wollte seinen Augen nicht trauen. Vorsichtshalber druckte er sofort die gesamte Fallakte aus, da er fürchtete, sie könnte wie ein Spuk wieder im digitalen Nirwana verschwinden.

Quälend langsam spuckte der Drucker die Blätter aus. Aber schließlich hatte Abel eine Kopie der Akte schwarz auf weiß vor sich. *Raubmord zum Nachteil von Ms. Emily Goldsmith* stand dort auf Englisch in der Spalte »Deliktart«. Abel mochte es noch immer kaum glauben.

Die Tatumstände waren mit denjenigen im Fall Irina Petrowa praktisch identisch. Die alte Dame war von ihrem Mörder bis zu ihrer Wohnung verfolgt und dort getötet und ausgeraubt worden. Der Täter hatte eine Botschaft auf den Körper der Toten geschrieben. Und das Protokoll vermerkte ausdrücklich, dass er sein Opfer entkleidet hatte, um die nackte Haut zu beschriften.

Fieberhaft überflog Abel das in umständlichem Beamtenjargon formulierte Protokoll.

Der Fall Emily Goldsmith hatte sich in West Drayton bei London ereignet, in unmittelbarer Nähe des Flughafens Heathrow. Als Tatzeit wurde der späte Nachmittag des 6. Juli angegeben.

Vorgestern, am Montag, dachte Abel und stöhnte auf. *Da war Moewig noch in London. Dienstagfrüh ist er von Heathrow nach Tegel zurückgeflogen. Er hatte alle Zeit der Welt, um die alte Mrs. Goldsmith zu ermorden.*

Und zu beschriften.

Wie die Parole lautete, mit der sich der dortige Täter auf seinem Opfer verewigt hatte, war in dem Bericht allerdings nicht aufgeführt.

Vielleicht haben die beiden Fälle also gar nichts miteinander zu tun. Aber wie wahrscheinlich ist das?

Abel schüttelte den Kopf. Seit Jahr und Tag war kein einziger Nachläufer auf den Gedanken gekommen, den Leichnam seines getöteten Opfers mit einem Schriftzug zu signieren – und nun verfielen innerhalb von fünf Tagen gleich zwei Täter unabhängig voneinander auf diese bizarre Idee? Er sah in der Londoner Fallakte nach, welcher Rechtsmedi-

ziner dort in den Fall involviert war. Es war Charles Milroy, der stellvertretende Leiter des *London Institute of Forensic Sciences,* das eng mit Scotland Yard zusammenarbeitete.
»Dann wollen wir dir mal auf den Zahn fühlen, Kollege«, murmelte Abel.
Milroy und er kannten sich seit vielen Jahren. Sie waren ungefähr gleich alt und hatten sehr ähnliche wissenschaftliche Schwerpunkte. Bei Fachtagungen liefen sie sich zwangsläufig immer wieder über den Weg und saßen oftmals in denselben wissenschaftlichen Beiräten und auf denselben Kongresspodien. Obwohl sie beide von einem gesunden Konkurrenzgeist beseelt waren, respektierten sie einander als Wissenschaftler und waren sich während mancher Abende an der Hotelbar auch persönlich nähergekommen.
Abel zog sein Smartphone heraus und rief Milroys eingespeicherten Anschluss im Institut an. Schon nach dem ersten Läuten ging ein Assistent ans Telefon, aber er hatte keine guten Nachrichten für ihn.
»Dr. Milroy ist zu einem Einsatz außer Haus.«
»Wann erwarten Sie ihn zurück?«
Der Assistent zögerte. »Eine größere Sache«, sagte er. »Er wird wohl erst morgen im Lauf des Nachmittags wieder in der City sein.«
»Aber er hat doch bestimmt sein Mobiltelefon dabei?«
»Sie können es gerne versuchen«, sagte der Assistent. »Der Einsatzort ist in den walisischen Bergen. Manchmal haben sie dort Empfang, meistens aber eher nicht.«

☠ ☠ ☠

28

**Berlin-Moabit, Kriminalgericht,
Mittwoch, 8. Juli, 11:45 Uhr**

Das Kriminalgericht in Berlin-Moabit befand sich in demselben kolossalen Gebäudekomplex wie die Justizvollzugsanstalt, in der Lars Moewig als Untersuchungshäftling einsaß. Mit seinen unzähligen Höfen, Treppenaufgängen, Fluren und Verhandlungssälen erschien es Abel wie ein Sinnbild der oft verschlungenen Wege, die Justitia nahm. Am Ende des Weges setzte sich fast immer die Gerechtigkeit durch, davon war er überzeugt. Auch Abel selbst leistete dazu regelmäßig seinen Beitrag, indem er als Sachverständiger in Strafprozessen aussagte.

Das Schwurgerichtsverfahren gegen Christian Lauer fand in Saal 488 statt. Auf dem Flur vor der monumentalen Flügeltür versuchte Abel ein weiteres Mal, Charles Milroy in den walisischen Bergen zu erreichen. Wieder teilte ihm die synthetische Frauenstimme mit, der Anschluss sei vorübergehend nicht verfügbar.

Also musste sich Abel wohl oder übel weiter in Geduld üben. Außer Milroy gab es in London niemanden, den er auf kurzem Dienstweg beziehungsweise unter der Hand um Auskunft in einem laufenden Ermittlungsverfahren bitten konnte, in das seine Abteilung »Extremdelikte« offiziell nicht involviert war. Jedenfalls nicht zum jetzigen Zeitpunkt. Und an Markwitz konnte er sich erst recht nicht wenden. Für im Ausland verübte Tötungsdelikte war das LKA sowieso nicht zuständig – außer wenn ein deutscher Staatsbürger verdächtigt wurde, diese Verbrechen verübt zu haben. Wenn Abel ihn zum jetzigen Zeitpunkt über den Mord an Emily Goldsmith informierte, würde sich Markwitz zweifellos in seiner Überzeugung bestätigt sehen, mit Moewig den Richtigen hinter Gitter gebracht zu haben. Aus seiner Sicht musste alles dafür sprechen, dass Abels alter Kumpel nicht nur Irina Petrowa, sondern kurz darauf auch Emily Goldsmith getötet hatte.

Abel schaltete sein Smartphone stumm und verbannte für den Moment jeden Gedanken an Lars Moewig und Charles Milroy. Herzfeld hatte ihn vom regulären Dienst freigestellt, damit er den Mörder von Irina Petrowa aufspüren konnte. Aber diesen seit Wochen anberaumten Gerichtstermin musste er wohl oder übel wahrnehmen. Und zwar mit voller Konzentration und allem Sachverstand, über den er verfügte.

Eine Boulevardzeitung hatte Lauer als *»Fetischkiller mit dem Babyface«* bezeichnet. In einem Wochenmagazin war der Angeklagte als der *»unscheinbare Psychopath von nebenan«* porträtiert worden, was Abel gleichfalls zutreffend fand.

Die Mitbewohner des Zehnfamilienhauses, in dem Lauer seit vielen Jahren lebte, hatten ihn als sympathischen und hilfsbereiten jungen Mann beschrieben. Auch Claudia Siebert, die dreiundvierzigjährige Mieterin der Dachwohnung über ihm, hatte im Treppenhaus öfter einen kleinen Schwatz mit Lauer gehalten. Als sie dann aus ihrer Wohnung verschleppt worden war, kam niemand auf die Idee, ausgerechnet im Schlafzimmer des freundlichen Nachbarn nach ihr zu suchen. Nach ihrer Leiche, die postmortal missbraucht worden war, genauer gesagt.

Claudia Siebert war Anfang des Jahres spurlos verschwunden. Ihr Ehemann Torsten hatte nach der Rückkehr von einer zweitägigen Dienstreise die leere Wohnung vorgefunden und seine Frau als vermisst gemeldet. Blutspuren im Treppenhaus deuteten auf ein Gewaltverbrechen hin. Bei der kriminaltechnischen Untersuchung stellte sich heraus, dass das Blut tatsächlich von der Vermissten stammte. Allem Anschein nach war sie entführt worden.

Doch der Fall blieb rätselhaft. Kein Entführer meldete sich, um Lösegeld zu fordern. Niemand hatte beobachtet, wie Claudia Siebert vor der Haustür in ein Auto gezerrt worden war. Da sich die Entführung in einer belebten Straße abgespielt hatte, schien es kaum vorstellbar, dass niemand etwas bemerkt hatte.

Gleichwohl fanden die zuständige Hauptkommissarin Heide Danisch und ihr Team keine Augenzeugen und keine Spur des Entführers. Sechs Monate vorher war in der Wohnung der Sieberts eingebrochen worden, doch dieses Delikt schien in keinem Zusammenhang mit der Entführung zu stehen. Der Dieb war anscheinend durch ein offen stehendes Dachfenster in die Wohnung eingedrungen und hatte große Mengen an Kleidungsstücken und Schuhen von Claudia Siebert entwendet. Auch er war von niemandem beobachtet worden, was die zuständigen Ermittler vom Einbruchdezernat damit erklärten, dass er seine Beute durch ein Dachfenster fortgeschafft habe. Die polizeilichen Ermittlungen waren damals ohne Ergebnis eingestellt worden.

Das Dachfenster war tatsächlich aufgebrochen worden, trotzdem kamen Hauptkommissarin Danisch Zweifel. Sie ordnete an, den vermeintlichen Ablauf des Einbruchdiebstahls vor Ort nachzustellen.

Immerhin hatte Claudia Siebert damals zu Protokoll gegeben, dass ihr zwei Mäntel, fünf Kleider, schubladenweise Wäsche sowie sieben Paar Schuhe entwendet worden seien. Wie sollte es möglich sein, in einer dicht bewohnten Straße eine so umfangreiche Beute unbemerkt übers Dach abzutransportieren?

Zwei junge Kommissare aus Heide Danischs Team stellten den angeblichen Fluchtweg des Einbrechers nach. Rasch zeigte sich, dass die Kollegen vom Einbruchsdezernat ein halbes Jahr zuvor schlampig gearbeitet hatten. Durch das enge Dachfenster hätte ein schmächtiger Einbrecher zwar in die Wohnung eindringen können, doch auf dem steilen Dach brauchte man beide Hände, um nicht abzustürzen. Das Diebesgut hätte der Täter also allenfalls in einem kleinen Rucksack portionsweise davonschaffen können, und angesichts des Umfangs der Beute hätte er mindestens zehn Mal über das Dach und an einer Feuerleiter am anderen Ende des Hauses fünf Stockwerke tief in den Hinterhof klettern müssen.

So konnte es sich also nicht abgespielt haben. Die Spur war offenbar inszeniert worden. Der Verdacht lag nahe, dass der Einbrecher im selben Haus wie das Opfer wohnte.

Hauptkommissarin Danisch war klar, was das bedeutete. Vor dem Hintergrund der Entführung bekam der vermeintlich banale Einbruchdiebstahl eine ganz andere Dimension. Plötzlich sprach alles dafür, dass beide Delikte von ein und demselben Täter verübt worden waren. Und das hieß: Möglicherweise wurde Claudia Siebert in ihrem eigenen Wohnhaus von einem fetischistischen Psychopathen gefangen gehalten.

Heide Danisch ließ die Bewohner des Hauses nochmals befragen. Die Beamten gingen von Tür zu Tür, und überall gaben ihnen die Nachbarn bereitwillig Auskunft. Nur eine Tür im vierten Stock blieb auch diesmal verschlossen. »Den Herrn Lauer habe ich schon seit Tagen nicht mehr gesehen«, erklärte der Nachbar aus der Wohnung vis-à-vis. »Seit vier Tagen«, präzisierte er, als die Ermittler nachhakten.

Vor vier Tagen war Claudia Siebert verschwunden. Ein Zufall? Wohl kaum, sagte sich Hauptkommissarin Danisch. Sie besorgte kurzfristig einen richterlichen Durchsuchungsbeschluss und ließ die Wohnungstür gewaltsam öffnen.

Mit gezückten Pistolen durchsuchten die Kriminalbeamten Lauers Zweizimmerwohnung. In der Küche war niemand, ebenso im Bad und im Wohnzimmer. Dort lagen allerdings große Mengen an Kleidern und Blusen, Damenwäsche und Frauenschuhen verstreut. In der Luft hing der typische Leichengeruch, der offenbar durch die Tür gegenüber dem Wohnzimmer drang.

Es war das Schlafzimmer, und dort machten die Polizisten eine schreckliche Entdeckung. Auf einem Sessel neben dem Bett saß die tote Claudia Siebert. Sie trug einen kurzen, engen Rock, Seidenbluse und schwarze Nylonstrümpfe. Ihre Füße steckten in roten High Heels, die wie die Kleidungsstücke bei dem Einbruchdiebstahl entwendet worden waren.

Christian Lauer lag auf seinem Bett, nur mit einer Pyjamahose bekleidet. Seine linke Brustseite war blutüberströmt. In der Hand hielt er ein Küchenmesser mit zehn Zentimeter langer Klinge. Als Heide Danisch mit gezogener Pistole auf ihn zuging, stieß er sich das Messer erneut in die Brust.

Sein Blick war glasig, doch er war bei Bewusstsein, als der sofort herbeigerufene Notarzt ihn erstversorgte. Lauer hatte sich insgesamt sechs Messerstiche in die Herzgegend zugefügt. Doch er hatte nur halbherzig zugestochen und verfügte außerdem über reichlich Unterhautfettgewebe. Daher hatte keine dieser Verletzungen seinen Brustkorb perforiert, und Herz und Lunge waren unverletzt geblieben. Er wurde gerettet und nach seiner Genesung in das Untersuchungsgefängnis in Moabit verlegt.

Bei der Durchsuchung seiner Wohnung entdeckten die Kriminalbeamten große Mengen an Frauenkleidung und hochhackigen Damenschuhen, die nur zum Teil von Claudia Siebert stammten. Außerdem besaß Lauer eine umfangreiche Videothek. Er hatte sich selbst unzählige Male in Frauenkleidung und mit High Heels gefilmt. Auf den Videos war die Kamera so positioniert, dass sein Gesicht nicht zu sehen war. Mit einem Messer brachte er seinem als Frau verkleideten Körper fingierte Messerstiche bei. Vor allem aber hatte er immer wieder seine Füße in High Heels gefilmt, wie sie im vorgetäuschten Todeskampf auf den Boden stampften, bis die Schuhe völlig zerstört waren.

Lauer war ein aggressiv-sexueller Schuhfetischist wie aus einem Lehrbuch der Psychopathologie. Irgendwann genügte es diesem Tätertyp nicht mehr, nur in seinen Tagträumen zu schwelgen. Dann ging er dazu über, seine Phantasien an realen Opfern auszuleben. Psychopathen dieses Kalibers waren für die Öffentlichkeit im Grunde nichts Neues. Als tief verstörend wurde jedoch allgemein empfunden, dass Lauer das Gesicht eines »unschuldigen Kindes« besaß. Was allerdings in der Natur der Sache begründet lag. Ein forensischer Psychiater hatte Lauer gründlich untersucht und war zu dem Schluss gekommen, dass der Angeklagte in seiner emotionalen und psychosexuellen Entwicklung auf der Stufe eines zehn- bis elfjährigen Jungen stehengeblieben war. In diesem Alter hatte sich seine Mutter von dem gewalttätigen und alkoholabhängigen Vater getrennt.

Fortan hatte sie allein mit ihrem kleinen Sohn gelebt und war abends häufig mit Verehrern ausgegangen. Der Junge hatte eine immense Verlustangst entwickelt; die Furcht, nach dem Vater auch noch seine Mutter einzubüßen, hatte mehr und mehr Macht über ihn erlangt. In seinen Phantasien begann er, die hochhackigen Schuhe zu zerstören, die seine Mutter anzog, wenn sie abends mit ihren ständig wechselnden Verehrern ausging. Diese Phantasien ließen ihn nicht mehr los, und als er ein paar Jahre später heimlich die High Heels seiner Mutter angezogen und vor dem Spiegel so getan hatte, als würde er sie zerstören, hatte er seinen ersten Samenerguss erlebt.

Ein Gerichtsdiener nahm Abels schriftliche Ladung als Sachverständiger in Empfang, überflog sie kurz und führte ihn in den Gerichtssaal. Es war der dritte Verhandlungstag, und der Zuschauerraum war bis auf den letzten Platz gefüllt.

Der Angeklagte in seinem Glaskasten sah mit abwesendem Lächeln zu, als sich Abel auf den Platz des Sachverständigen setzte. Christian Lauer war dreiunddreißig Jahre alt, doch mit seinen weichen Gesichtszügen wirkte er in der Tat sehr viel jünger. Er trug das blonde Haar gescheitelt und hatte seinen übergewichtigen Körper in einen blauen Anzug gezwängt, in dem er wie die Karikatur eines Konfirmanden aussah.

Die vorsitzende Richterin befragte Abel zu seiner Person, wie es die Prozessordnung vorschrieb. Dann forderte sie ihn auf, das Ergebnis der Obduktion zu erläutern.

Abel hatte den blassroten Schnellhefter mit seinem Gutachten vor sich auf den Tisch gelegt, doch er brauchte kaum einmal nachzusehen. Er hatte die wichtigsten Fakten noch im Kopf.

»Claudia Siebert wurde erwürgt«, sagte er. »Der Todeszeitpunkt lag mindestens sechsundneunzig Stunden zurück, als die Leiche aufgefunden wurde. Das bedeutet, dass der Täter sie getötet haben muss, unmittelbar nachdem er sie in seine Gewalt gebracht hatte. Alle Manipulationen, die an ihrem Körper durchgeführt wurden, fanden postmortal statt.«

Die Vorsitzende stellte ihm weitere Fragen, und Abel antwortete ruhig und konzentriert. Er fühlte den Blick des Angeklagten auf seiner Seite und spürte, dass die Erregung in Christian Lauer wuchs. Sorgsam achtete Abel darauf, sich nicht einmal andeutungsweise zu ihm hinzuwenden. Vor Lauers innerem Auge lief zweifellos ein Film ab, die authentische Bebilderung der Fakten, die Abel betont sachlich referierte.

Nachdem er Claudia Siebert in seine Wohnung verschleppt hatte, war Lauer über sie hergefallen und hatte sie mit bloßen Händen getötet. Die Würgemale an ihrem Hals und ihr zerdrückter Kehlkopf sprachen eine unmissverständliche Sprache. Anschließend musste er sie in sein Schlafzimmer getragen haben, wo er sie vollständig entkleidete. Er zog der Toten knapp geschnittene Kleidungsstücke an, wie sie seine Mutter bei den abendlichen Stelldicheins mit ihren Geliebten getragen hatte, und setzte sie in den Sessel neben seinem Bett. Dann stach er mit dem Küchenmesser auf sie ein.

»Die Tote wies siebzehn Messerstiche im Brustbereich auf«, referierte Abel. »Ihre Füße wurden mit einem Messer regelrecht entbeint. Die Knochen lagen größtenteils blank. In Lauers Schlafzimmer wurden insgesamt dreizehn Blusen beziehungsweise Tops und zweiundzwanzig Paar Damenschuhe gefunden, die allesamt mit einem Messer zerfetzt worden sind. Auf der Leiche und auf praktisch allen Kleidungsstücken und Schuhen des Opfers haben wir Ejakulat nachgewiesen, das vom Angeklagten stammt.«

Der Staatsanwalt erhielt das Wort und stellte weitere Fragen. Abschließend bat er Abel, dem Gericht die Fotografien des Leichnams vorzulegen.

Abel erhob sich und ging, die Fotografien in der Hand, auf den Richtertisch zu. Fotografien von Mordopfern zählten zu den stärksten Trümpfen der Staatsanwaltschaft. Die Bilder würden sich wie Säure in das Gedächtnis der Richter und ihrer Beisitzer ätzen. Ein Täter, der die Leiche seines Opfers derart zurichtete, konnte nur selten auf Milde hoffen.

»Ich hab abgespritzt«, sagte Lauer, gerade als Abel an seinem Glaskasten vorbeiging. »Zugestochen und abgespritzt. Immer wieder zugestochen und abgespritzt. In ihr Gesicht, auf ihre Füße.«

Er starrte mit glasigen Augen auf die Fotografie, die Abel so hielt, dass Lauer sie gut erkennen konnte. Dazu lächelte er versonnen wie ein Kind, das sich an seine schönsten Geburtstagsgeschenke erinnert.
»Es war das Geilste, was ich je erlebt habe!«, rief Lauer. »So lange hatte ich davon geträumt. Es mir wieder und wieder ausgemalt. Wie ich ihr die Hurensachen anziehe. Wie ich mit dem Messer ihre Brüste und Füße zerfleische und zermetzele und zerfetze ...«
Er unterbrach sich, und sein Gesichtsausdruck wurde noch entrückter. »Dann kriege ich mit, dass ihr Mann für ein paar Tage wegfährt«, fuhr er wie in Trance fort, »und da hol ich sie mir! Meine Chance! Und ich hab was draus gemacht. Mein Gott, wie hab ich sie zerschunden, und wie hab ich auf sie abgespritzt! Und mit jedem Mal ist mir leichter geworden. Dieser Druck, der mich immer zusammengepresst hat – er ist mit jedem Mal weniger geworden! So was von geil!«
Nach diesem Verbalerguss sank Lauer in sich zusammen wie ein kaputter Heißluftballon. Verstört sahen die Laienrichter ihn an. Sein konturloses Kindergesicht war mit roten Flecken übersät und glänzte vor Schweiß.
Allen Anwesenden war klar, dass der Prozess damit gelaufen war. Lauer würde »lebenslänglich« mit anschließender Sicherungsverwahrung bekommen, darauf hätte Abel sein Motorboot verwettet, das er sowie nie benutzte.
Nur wäre wohl niemand bereit gewesen, auch nur fünf Cent dagegen zu setzen.

☠ ☠ ☠

29

**Berlin-Moabit, Kriminalgericht,
Mittwoch, 8. Juli, 12:35 Uhr**

Sowie sich die monumentale Flügeltür des Schwurgerichtssaals hinter ihm geschlossen hatte, zog Abel erneut sein Smartphone hervor. Wieder rief er Charles Milroy auf dessen Mobilanschluss an, und diesmal nahm der britische Kollege den Anruf entgegen.
Sie begrüßten sich freundschaftlich. Abel hörte sich geduldig an, was der sichtlich aufgekratzte forensische Anthropologe über sein »Abenteuer jenseits von Cardiff« zu berichten hatte.
Auf einem selbst für walisische Verhältnisse entlegenen Hügel hatten Pfadfinder zwei unbekannte Tote in einer Erdhöhle entdeckt. Beide Leichen waren fast vollständig skelettiert. Zusammen mit einer örtlichen Kriminalbeamtin hatte Milroy die Überreste in mühseliger Kleinarbeit geborgen. Allem Anschein nach handelte es sich um einen Mann und eine Frau, beide höchstens dreißig Jahre alt.
»Vor fünf Jahren wurde in Cardiff ein Junkie-Pärchen vermisst gemeldet – möglicherweise sind das unsere beiden Turteltäubchen«, räsonierte Milroy. »Aber es gibt auch Kandidaten aus dem näheren lokalen Umfeld – ein Schafhirte aus den Bergen und eine Stallgehilfin von einem Bauernhof im nächsten Tal, beide seit vier Jahren abgängig. Esther und ich halten es für wahrscheinlich, dass es sich bei den Toten um den Schäfer und sein Schäferstündchen handelt.«
»Esther?«, wiederholte Abel.
Allmählich dämmerte ihm, warum der sonst so nüchterne Charles Milroy derart beschwingt war. Abel hatte mit ihm schon manche Stunde auf Kongresspodien und etliche

Abende an Hotelbars verbracht, aber bisher war ihm der hagere Junggeselle mit der ständig zerzausten Paul-McCartney-Frisur nicht als Womanizer aufgefallen.

»Oh, Esther Swansea, Chief Inspector aus Cardiff.« Milroy ließ ein glucksendes Lachen ertönen. Die walisische Polizistin musste seine romantische Ader geweckt haben. »Bisher war niemand auf die Idee gekommen, die beiden Fälle miteinander in Verbindung zu bringen. Aber Esther und ich haben starke Indizien dafür gefunden, dass der Schafhirte und die Kleine in der Höhle gemeinschaftlichen Suizid begangen haben könnten. Gewissermaßen Romeo und Julia auf dem Lande.«

Er unterbrach sich und wechselte abrupt Thema und Tonlage. »Was verschafft mir die Ehre deines Anrufs, Fred?«

»Zwei Fälle, die möglicherweise miteinander in Verbindung stehen«, sagte Abel trocken. »Offenbar dein Spezialgebiet, wie ich gerade gelernt habe.«

»Kommt darauf an.« Milroy hüstelte.

»Du hast doch die getötete Emily Goldsmith obduziert«, kam Abel zur Sache. »Der Raubmord in West Drayton.«

Milroy bejahte. »Bedauernswerte alte Lady. So etwas ist leider fast schon Alltag im Großraum London. Aber seit wann interessierst du dich für banale Raubmorde? So was gibt es bei euch in Berlin doch auch zuhauf.«

»Das erkläre ich dir gleich.« Abel spürte eine kribbelnde Nervosität im Magen. Am liebsten hätte er die entscheidende Frage noch etwas aufgeschoben, aber das war natürlich keine Option. »Aus der Europol-Online-Akte weiß ich, dass sich der Täter auf dem Körper seines Opfers mit einer Botschaft verewigt hat«, sagte er. »Was genau hat er auf Mrs. Goldsmith' Rücken geschrieben?«

»Irgendeine krude Parole.« Milroy brummelte vor sich hin. »Lass mich überlegen. Halb Französisch, halb Englisch … Jetzt hab ich's: *Respectez Asia*.«

In Abels Magen explodierte die Nervosität.
»Und der Todeszeitpunkt?«
»Montagnachmittag zwischen vier und sechs Uhr. Sonst noch Fragen?«, fügte Milroy, mittlerweile hörbar befremdet, hinzu.
»Eine noch. Habt ihr schon eine Täterbeschreibung?«
»Schwarz, mittleres Alter, kräftig gebaut. Würdest du mir jetzt bitte mal verraten, Fred, warum dich das alles so brennend interessiert?«
Weil mein alter Kumpel Moewig möglicherweise ein reisender Serienmörder ist. Ein durchgeknallter Kriegsveteran, der seine Gewaltphantasien nicht mehr unter Kontrolle hat.
»Gegenfrage«, konterte Abel. »Ist dein Gästezimmer gerade frei, Charles? Ich muss hier noch ein paar offene Punkte klären. Aber geh schon mal davon aus, dass ich morgen bei dir auf der Matte stehe. Und dann erkläre ich dir alles.«

☠ ☠ ☠

30

**Berlin, Treptowers, BKA-Abteilung »Extremdelikte«,
Mittwoch, 8. Juli, 14:35 Uhr**

Im ersten Impuls wollte Abel direkt in das benachbarte Untersuchungsgefängnis stürmen, um Moewig zur Rede zu stellen. *Was zum Teufel ist mit dir los, Lars?* Vor seinem geistigen Auge sah er sich schon selbst, wie er Moewig bei den Aufschlägen seiner Häftlingsjacke packte und gegen die Wand drückte. *Warum bringst du wehrlose alte Frauen um, du verdammter Idiot?*
Doch dann siegte die Vernunft über seine Wut, und Abel

fuhr auf schnellstem Weg zurück in sein Büro. Zunächst einmal musste er die Fakten überprüfen.

Sein Auto hatte stundenlang in der Sonne gestanden, und das im mit Abstand heißesten Sommer, seit er nach Berlin gezogen war. Die Ledersitze waren fast so heiß wie eine eingeschaltete Herdplatte.

Die Täterbeschreibung passt in beiden Fällen auf Moewig, und Lars war hier wie dort zur Tatzeit vor Ort, überlegte Abel, während er in die Turmstraße einbog. *Aber das heißt noch lange nicht, dass er Irina Petrowa und Emily Goldsmith wirklich ermordet haben muss.*

Die Aircondition des A5 kühlte das Wageninnere mit verblüffender Effizienz herunter. Auf den Bürgersteigen schleppten sich die Passanten wie Zombies durch die Mittagsglut.

Wenn Lars für Montagnachmittag zwischen vier und sechs ein Alibi hat, ist er nicht nur wegen London, sondern auch bei dem hiesigen Nachläufer-Fall raus aus der Nummer, überlegte Abel weiter. *Denn wir haben es hier ganz offensichtlich mit ein und demselben Täter zu tun. Einem reisenden Raubmörder mit einer rätselhaften Botschaft.*

Er schüttelte den Kopf. Auf der Kreuzung vor ihm standen vier Autos ineinander verkeilt. Die Fahrer hatten ihre Köpfe aus den Seitenfenstern geschoben, ihre Gesichter schienen zu Fäusten geballt zu sein, und sie schrien einander aus voller Kehle an.

Nicht nur bei Menschen mit einer Persönlichkeitsstörung kann die Aggressionskontrolle aus scheinbar nichtigem Anlass aussetzen, sinnierte Abel.

Die krakeelenden Verkehrsteilnehmer vor seiner Windschutzscheibe illustrierten eindrucksvoll, wie wenig es brauchte, um vernunftgesteuerten Individuen die Hasskappe aufzusetzen und sie in explosionsbereite Kampfhähne zu verwandeln.

Aber die Morde in Tegel und West Drayton sind ein anderes Kaliber, sagte er sich. *Falls Lars für London kein Alibi hat, muss ich dringend mit Jankowski sprechen.*
Aufatmend ließ er sich eine Dreiviertelstunde später hinter seinem Schreibtisch nieder und fuhr seinen Laptop hoch. Doch er hatte kaum damit begonnen, Moewigs Abflugdaten in London zu recherchieren, als Renate Hübner an seine Tür klopfte.
»Ihre Schwester hat dreimal angerufen«, teilte sie mit Grabesstimme mit. »Oberstaatsanwalt Rubin fünfmal.«
Abel hörte nur mit einem Ohr hin. Auf dem zweiten Bildschirm, mit dem sein Laptop verkabelt war, hatte er das LKA-Intranet aufgerufen, um das Protokoll von Moewigs Vernehmung durch Hauptkommissar Marwitz einzusehen.
»Danke, Frau Hübner, meine Schwester rufe ich nachher zurück. Und teilen Sie dem Büro des Oberstaatsanwalts bitte mit, dass ich auf einer mehrtägigen Dienstreise bin. Nach meiner Rückkehr stehe ich Dr. Rubin gerne Rede und Antwort.«
»Wie Sie wünschen, Herr Kriminaldirektor.«
Dass sich die Sekretärin mit den ihr eigenen ruckartigen Bewegungen umdrehte und die Tür hinter sich schloss, bekam Abel kaum mit. Er starrte so beschwörend auf den Bildschirm, als könnte er die Fakten zwingen, sich zu Moewigs Entlastung zusammenzufügen.
Doch je mehr Daten er zusammentrug, desto übler sah es für seinen alten Freund aus Bundeswehrzeiten aus.
Am Freitag um 7:25 Uhr Ortszeit war Moewig in London Heathrow gelandet. Er hatte im Ibis-Hotel Heathrow eingecheckt und war wenig später mit dem Bus in die City nach Kings Cross gefahren. Dort fand von zehn bis sechzehn Uhr die erste Bewerberrunde der Securityfirma Intersec statt, bei der Einsatzkräfte für die Bewachung von Industrie- und Wohnanlagen im Irak rekrutiert wurden.

Als hätte er vorausgesehen, dass er auch für London ein Alibi brauchen würde, war Moewig bei seiner Vernehmung wiederholt auf seinen Englandaufenthalt zu sprechen gekommen. Dabei hatte ihn Markwitz nach dieser Episode nur ganz am Rande befragt. Moewig jedenfalls hatte die erste Runde bei Intersec überstanden. Am nächsten Tag trat er um zehn Uhr zum »Halbfinale« an, das bis vierzehn Uhr dauerte und bei dem er gleichfalls erfolgreich war.

Auf eine Rückfrage von Markwitz hin erläuterte er bereitwillig, welche Aufgaben die Bewerber lösen mussten. Unter anderem mussten sie verschiedene Handfeuerwaffen, automatische Gewehre und Maschinenpistolen innerhalb einer vorgegebenen Zeitspanne auseinandernehmen, wieder zusammensetzen und diese Übung danach mit einem Stoffsack über dem Kopf wiederholen. Außerdem mussten sie einen Hindernisparcours bewältigen, Selbstverteidigungspraktiken zur Entwaffnung von mit Messern und Schlagstöcken bewaffneten Gegnern demonstrieren und mehrere psychologische Tests durchlaufen. Schließlich mussten sie in einer simulierten Verhörphase unter Beweis stellen, dass sie auch unter massivem Druck und trotz Androhung heftiger Gewalt keinerlei Informationen preisgaben.

Abel konnte sich gut vorstellen, dass Moewig hier ganz in seinem Element gewesen war. Sie beide waren während ihrer Ausbildung zum Fernspäher in diesen Fertigkeiten bis zur Perfektion unterrichtet und gedrillt worden.

Der folgende Tag war ein Sonntag, daher für Bewerber und Prüfer frei. Nach eigenen Angaben verbrachte Moewig diesen Tag, indem er »ziellos durch die Gegend lief«. Da er keine Lust hatte, erneut die langwierige Busfahrt in die City auf sich zu nehmen, marschierte er »stundenlang durch die Vorortsiedlungen nördlich des Motorway 4«.

Dort lag auch West Drayton, der Wohnort von Emily Goldsmith, keine dreieinhalb Kilometer von Moewigs Hotel entfernt. Aber von Emily Goldsmith war bei Moewigs Vernehmung durch Markwitz natürlich nicht die Rede gewesen.

Am Montag nahm Moewig ab zehn Uhr an der Finalrunde bei Intersec teil und unterschrieb gegen vierzehn Uhr einen der begehrten Arbeitsverträge. Für einen Sold von fünfzehnhundert Dollar pro Tag verpflichtete er sich, als Kommandeur einer Security-Einheit ab 1. September ein Jahr lang Wohn- und Industrieanlagen in einem noch ungenannten Land im Nahen Osten zu bewachen.

Von seinem künftigen Wohlstand ermutigt, gönnte er sich anschließend ein Taxi für die Rückfahrt zum Hotel. Ungefragt wies er Markwitz sogar die elektronische Taxiquittung vor, laut der er um 15:43 Uhr vor dem Ibis-Hotel Heathrow eingetroffen war.

Von seinem Zimmer aus versuchte er dann, seinen Rückflug nach Berlin umzubuchen. Sein Lufthansa-Ticket war auf den nächsten Morgen ausgestellt, Abflug um 5:45 Uhr, und Moewig telefonierte eine Weile herum, um einen früheren Rückflug zu bekommen. Aber alles sei ausgebucht gewesen, gab er zu Protokoll. Daher habe er den restlichen Tag im Hotel verbracht, am nächsten Morgen in aller Frühe ausgecheckt und sei gegen halb fünf Uhr morgens zu Fuß zu seinem Abflugterminal gegangen.

Diese Angaben zu Moewigs London-Aufenthalt hatten Markwitz und sein Team nicht überprüft, da sie für die Aufklärung des Mordes an Irina Petrowa scheinbar keine Rolle spielten. Doch mit der Software und den Zugriffsrechten von Europol brauchte Abel nur wenige Minuten, um zu checken, wie belastbar Moewigs Londoner Alibi war. Und um festzustellen, dass es schneller als englisches Teegebäck zerbröselte.

Mit ein paar Mausklicks loggte er sich in das visuelle Überwachungssystem vor dem Eingangsbereich des Ibis-Hotels

Heathrow ein. Die Kameras hatten gefilmt, wie Moewig um 15:43 Uhr Ortszeit mit dem Taxi vorfuhr und die Eingangshalle betrat. Doch entgegen seiner Aussage verließ er bereits um 16:07 Uhr erneut das Hotel. Offenbar war er nur kurz auf sein Zimmer gegangen, um bequemere Kleidung anzuziehen. Keine halbe Stunde, nachdem er aus der City angekommen war, trat er wieder auf die Straße und marschierte in Richtung Westen davon.

Abel musste eine ganze Weile nach vorne spulen, bis Moewig erneut im Sichtfeld der Kamera auftauchte. Erst um exakt 19:23 Uhr kehrte er zu Fuß ins Hotel zurück.

Was hast du die ganze Zeit da draußen gemacht, Lars? Abel fror das Kamerabild ein, dann saß er minutenlang einfach da und kämpfte gegen ein Gefühl der Lähmung an. Auch wenn die Überwachungskamera nur ein leicht verschwommenes Schwarzweißbild lieferte, sah Moewig fix und fertig aus. Nassgeschwitzt, das Gesicht regelrecht eingefallen.

Bist du dreieinhalb Stunden bei glühender Hitze durch die Gegend gerannt – oder hast du gerade eine alte Frau ermordet?

Irgendwann zwischen vier und sechs Uhr nachmittags war Emily Goldsmith jedenfalls getötet worden.

Und das Alibi, das sich Moewig ungefragt selbst gegeben hatte, war falsch.

☠ ☠ ☠

31

**Berlin, Treptowers, BKA-Abteilung »Extremdelikte«,
Mittwoch, 8. Juli, 15:10 Uhr**

Ohne sich anzumelden, fuhr Abel mit dem Lift in den siebten Stock hoch, wo die Fallanalytiker des BKA, neudeutsch auch Profiler genannt, ihre Büros hatten. Er klopfte bei Jankowski an und zog die Tür einen Spalt weit auf. »Hast du eine Minute für mich, Timo?«
Jankowski stand vor dem plakatwandgroßen Magnetboard, auf dem er seine Täterprofile wie ein hochkomplexes Puzzle so lange arrangierte und vervollständigte, bis er mit dem Ergebnis zufrieden war.
»Komm rein, Fred. Ich wollte sowieso gerade eine Pause einlegen.« Er machte eine schlenkernde Handbewegung zu der Magnetwand, die mit Fotografien brennender Bauernhöfe und verkohlter Tierkadaver bedeckt war. »Immer noch unser Rinder- und Hühnerhasser, du weißt schon. Der Irre, der im Brandenburger Umland von Berlin seit einem halben Jahr abwechselnd Kuhställe und Hühnerfarmen in Brand setzt.«
Abel nickte. »Kann es sein, dass es in diesem Land immer mehr Verrückte gibt?«, fragte er, während er eintrat und die Tür hinter sich schloss. »Oder ist das eine berufsbedingte Wahrnehmungsstörung?«
»Zumindest der Selbstverwirklichungdrang der Psychopathen wird immer gnadenloser«, sagte Jankowski. »Unser Feuerteufel hier hat bisher sechs Dutzend Rinder und ein paar hundert Hühner abgefackelt. Drei Menschen sind in den Flammen umgekommen, zwölf haben mit schweren Brandverletzungen überlebt. Und wie es aussieht, ist sein Tötungsdrang noch lange nicht befriedigt.«

»Gutes Stichwort.«

Abel hatte die Akte zum Mordfall Irina Petrowa mitgebracht. Er legte sie auf Jankowskis Besprechungstisch und zog einige der großformatigen Farbfotografien aus dem Schnellhefter heraus.

»Was hältst du hiervon?«, fragte er den Profiler. »Der Täter ist hinter einer alten Frau in deren Wohnung eingedrungen, hat sie erdrosselt und beraubt. So weit sieht alles nach einem gewöhnlichen Nachläufer-Mord aus.«

Er schilderte kurz den Tathergang und fächerte die Fotos auf dem Tisch auf.

»Was ist das für ein Tätertyp, Timo?«, fragte er. »Was treibt ihn an?«

Jankowski beugte sich über die Aufnahmen und sah sie aufmerksam an.

»Diese Frage kann ich dir nicht aus dem Handgelenk beantworten«, sagte er dann. »Aber das hier ist eindeutig ein ungewöhnlicher Fall. Dass ein Mörder seinem Opfer die Kleidung auszieht, es beschriftet und danach wieder anzieht – so etwas habe ich noch nicht erlebt. Das ist auf jeden Fall ein Teil seiner Phantasie. Bei einem Serientäter würden wir sagen: Es gehört zu seiner Signatur.«

»Allem Anschein nach hat er noch ein zweites Mal zugeschlagen«, sagte Abel. »Das Muster ist mehr oder weniger dasselbe. Nachläufer-Raubmord, das Opfer eine alte Frau. Nur hat er in diesem Fall den nackten Rücken seines Opfers beschriftet.«

Jankowski sah ihn nachdenklich an. »Und sie anschließend wieder angezogen?«

»Ganz genau. Warum macht jemand so etwas? Was soll dieses halb französische, halb englische *Respectez Asia* überhaupt bedeuten?«

Jankowski zuckte mit den Schultern. »Das kann ich dir nicht sagen. Aber eines steht fest: Jeder von uns ist ein Pro-

dukt seiner Vergangenheit. Das gilt für dich, für mich – und für den Täter, der die alten Frauen umgebracht hat.« Jankowski tippte mit dem Zeigefinger auf eine der Fotografien, die Irina Petrowas beschriftete Beine zeigten.
Er hatte schmale Hände mit langen, dünnen Fingern, die unablässig in Bewegung waren. »Pianistenhände«, hatte Lisa gesagt, als Jankowski ihn einmal zu Hause besucht hatte.
»He, Fred!«, riss ihn Jankowski aus seinen Grübeleien. »Ist irgendwas mit meiner Hand?«
Er wedelte mit seinen fast schon surreal beweglichen Fingern vor Abels Gesicht hin und her.
»Sorry, mir kam gerade nur ein seltsamer Gedanke«, murmelte Abel. Er fuhr sich mit der Hand übers Gesicht. »Viele Frauen beurteilen Männer ja nach dem Aussehen ihrer Hände, wie du wahrscheinlich weißt«, fuhr er fort. »Aber hast du jemals von einer Handfetischistin gehört? Ich gehe jede Wette ein, dass die allermeisten Psychopathen, die sich in krankhafter Übersteigerung auf den Körper oder ein Körperteil ihrer Opfer fixieren, Männer sind. So wie der Herzhacker Fritz Löwitsch, der Fußfetischist Christian Lauer oder eben unser Totenbeschrifter hier.«
Der hoffentlich nicht Lars Moewig heißt, fügte er in Gedanken hinzu. Um Jankowskis Meinungsbildung nicht zu beeinflussen, hatte er nicht erwähnt, dass es bereits einen offiziellen Mordverdächtigen gab.
»Die Wette gewinnst du locker«, sagte Jankowski. »Männer sind Raubtiere, Frauen können unter bestimmten Umständen zu welchen werden. Und manchmal dreht so ein Raubtier eben total durch. Aber wenn du genauer wissen willst, um was für einen Tätertyp es sich bei deinem Totenbeschrifter handelt, brauche ich die Sektionsbefunde und viel mehr Informationen über die Tatorte. Je mehr Details du mir lieferst, desto eher bekommst du von mir eine Einschätzung.«

Abel dankte ihm, sammelte die Fotografien wieder ein und schob sie in den Schnellhefter zurück.

»Du hörst von mir, Timo«, sagte er und schüttelte die Hand seines Freundes, die tatsächlich so wohlgeformt war, als hätte Michelangelo persönlich sie modelliert.

Abel selbst hatte laut Lisa »sehr ansehnliche Hände«, was nach seiner Vermutung ungefähr einer Zwei minus entsprach.

»Eines kann ich dir jetzt schon sagen«, fügte Jankowski hinzu, als Abels Hand bereits auf der Türklinke lag. »Wenn man es mit den Gewaltexzessen anderer Täter vergleicht, scheint dieses Beschriften auf den ersten Blick ein fast schon harmloser Spleen zu sein. Aber das Böse hat bekanntlich viele Gesichter, und irgendwie habe ich das Gefühl, dass deinen Totenbeschrifter etwas außerordentlich Böses antreibt.«

Abel sah ihn verwundert an. Normalerweise hielt sich Jankowski mit solchen Spekulationen zurück, solange er die Persönlichkeitsstruktur eines Täters nicht wenigstens ansatzweise entschlüsselt hatte.

»Wie kommst du darauf?«, fragte er.

»Ich kann es dir noch nicht erklären«, sagte der Profiler. »Aber es würde mich nicht wundern, wenn das Beschriften für etwas anderes stünde, für ein sehr viel grausameres Verbrechen, das er mit dieser seltsamen Parole sozusagen zitiert. Und dadurch vielleicht auch in Schach hält.«

Während Abel aufmerksam zuhörte, glich er in Gedanken jedes Wort von Jankowski mit seinem Bild von Moewig ab. *Lars ist ein ruppiger Einzelkämpfer*, überlegte er, *aber unter seiner rauhen Schale ist er ein guter Kerl und liebevoller Vater. Wenn er »etwas abgrundtief Böses« in sich hätte, dann wäre mir das doch irgendwann einmal aufgefallen!*

Doch gleich darauf meldeten sich auch seine Zweifel wieder. *An Erlebnissen, wie Lars sie in Afghanistan und schon in jungen Jahren als Fremdenlegionär hatte, kann die stärkste Persönlichkeit zerbrechen. Er wäre nicht der Erste, in dem nach solchen traumatischen Erfahrungen die dunkle Seite an Macht gewinnt.*

»Da tun sich ja Abgründe auf«, sagte er schließlich. »Was meinst du denn konkret damit – dass er mit diesem Geschreibsel etwas zitiert oder in Schach hält?«

Jankowski zuckte erneut mit den Schultern. »Wie gesagt, das ist alles spekulativ. Dir ist doch bestimmt auch aufgefallen, dass seine Schrift seltsam verwackelt ist. Seine Hand muss beim Schreiben wie im Krampf gezittert haben. Falls er nicht zufällig an Parkinson leidet, gibt es für diesen Tremor eigentlich nur eine plausible Erklärung: eine gigantische Dröhnung Adrenalin. Und warum erregt ihn das Beschriften wohl so sehr, dass er dermaßen das Zittern kriegt?« Er machte eine Pause und sah Abel erwartungsvoll an.

»Sag du es mir«, spielte Abel den Ball zurück.

»Na ja, das ist jetzt wirklich nur ins Blaue gesprochen«, fuhr der Profiler fort. »Aber wenn ich mich mal versuchsweise in ihn hineinversetze ...« Jankowskis Augen schlossen sich zu schmalen Schlitzen, und sein Gesicht nahm einen harten, angespannten Ausdruck an. Abel hatte schon ein paarmal miterlebt, wie sich der Profiler in einen geistig gestörten Täter hineinversetzte und sich dabei regelrecht verwandelte.

»Ich ziehe die Tote aus. Ich habe unbeschränkte Macht über sie«, murmelte Jankowski mit einer Stimme wie im Halbschlaf. »Ich könnte alles mit ihrem Körper machen, ihn auch zerstückeln, wenn ich wollte. Die Vorstellung erregt mich so wahnsinnig, dass ich unkontrollierbar zittere.«

Seine Hände begannen tatsächlich zu zittern. Und wie jedes Mal, wenn er eine solche Verwandlung seines Freundes miterlebte, überlief Abel eine Gänsehaut.

»Ich könnte sie vergewaltigen und mit einem Messer auf sie

einstechen«, fuhr Jankowski mit dieser hohlen Schlafwandlerstimme fort. »Aber ich kann es nicht tun, nicht in Wirklichkeit. Weil ich weiß, dass ich sonst total ausrasten würde. Und dann würde auch mit mir selbst etwas Furchtbares passieren.«

Er brach plötzlich ab und verwandelte sich in Timo Jankowski zurück.

»Vielleicht ist er schon einmal geschnappt worden, nachdem er die Kontrolle verloren und – nagele mich nicht fest – eine Art Schlachtfest angerichtet hatte«, fuhr er in seiner gewöhnlichen Stimmlage fort. »Aber vielleicht verhält es sich auch ganz anders, und die Parole ›Respectez Asia‹ stellt in seiner Wahnwelt eine Drohung dar. Nach dem Motto ›Respektiert mich endlich, sonst lege ich beim nächsten Mal erst richtig los‹.«

☠ ☠ ☠

32

**Berlin-Moabit, Untersuchungsgefängnis,
Mittwoch, 8. Juli, 16:55 Uhr**

Derselbe glatzköpfige Wächter wie am Tag zuvor brachte Moewig zum Besucherraum. Abel lehnte an der Wand unter dem vergitterten Fenster und beobachtete, wie sein alter Kumpel hereingeschlurft kam und sich auf einen Stuhl fallen ließ.

Neben dem hünenhaften JVA-Beamten sah Moewig beinahe kleinwüchsig aus, und doch strahlte er eine raubkatzenartige Gefährlichkeit aus. Jeder Muskel in seinem Gesicht war so angespannt, dass es fast wie geschnitzt aussah. Nur

im rechten Mundwinkel und am linken Auge zuckte es unkontrolliert.
Unkontrolliert wie seine Aggressionen?, grübelte Abel. *Wie sein Tötungsdrang, wenn er alte Frauen überfällt?*
Der Wachbeamte trat zurück auf den Flur. »Ich bin vor der Tür«, sagte er wieder, »nur drei Meter entfernt.« Er sah Moewig warnend an, und der bleckte die Zähne, die vom Nikotin gelb verfärbt waren.
Ich hätte ihm Zigaretten mitbringen können, zumindest das, ging es Abel durch den Kopf, während der Schließer die Tür hinter sich zuzog. Er fühlte sich schuldbewusst und durcheinander. Ein Teil von ihm wollte an Moewigs Unschuld glauben, ein anderer Teil beobachtete ihn voller Argwohn und Unbehagen.
»Ich halte es nicht mehr aus, Fred!«, stieß Moewig hervor, ohne sich mit der Begrüßung aufzuhalten. »Du musst mich hier rausholen! Ich muss zu Lilly, bevor meine Kleine …«
Er unterbrach sich und starrte Abel fast drohend an. »Du hast es versprochen!«, rief er.
Seine Stimme klang heiser, als ob er stundenlang geschrien oder geheult hätte. Oder beides zugleich. Er tat Abel leid, aber er kam ihm auch fremd vor. Fremder noch als gestern.
»Das ist nicht so einfach«, sagte er langsam. »Es hat noch einen zweiten Mordfall nach dem gleichen Muster gegeben. Vorgestern Abend in der Nähe von Heathrow – und du warst wieder ganz in der Nähe!«
Er stieß sich mit der Schulter von der Wand ab und setzte sich auf den Stuhl gegenüber von Moewig.
»Was denn für ein beschissener zweiter Mordfall?«, schrie Moewig. »Heißt das etwa, dass du mich jetzt auch verdächtigst? Na los, antworte, Fred!«
Er stützte die Ellbogen auf den narbigen Tisch und starrte Abel über seine geballten Fäuste hinweg an.
Wie ein Boxer in Grundstellung, dachte Abel.

»Ich kann mir nach wie vor nicht vorstellen, dass du so etwas tun würdest, Lars. Alte Frauen erwürgen und ausrauben. Das bringe ich einfach nicht mit dem Lars Moewig in Verbindung, mit dem ich einmal gut befreundet war.« Er beugte sich über den Tisch und packte Moewig bei den Handgelenken. »Aber du musst mir helfen, verdammt noch mal!«, fuhr er mit erhobener Stimme fort. »Und was machst du stattdessen? Du erzählst der Mordkommission Märchen über deinen London-Trip, die an den entscheidenden Stellen einfach nicht stimmen!«

Moewig riss sich mit einem Ruck los. »Warum sollen das plötzlich Märchen sein?«, schrie er. Die Nerven in seinem Gesicht zuckten so wild, dass Abel kaum hinsehen konnte. »Alles, was ich deinem fetten Kommissar erzählt habe, ist hundertprozentig wahr!«

Der Wachbeamte zog die Tür auf und schob seinen gewaltigen Glatzkopf zu ihnen herein. »Wenn Sie randalieren, Herr Moewig, sind Sie in null Komma nichts wieder in Ihrer Zelle«, sagte er scharf. »Haben wir uns verstanden?«

Moewig sprang so abrupt auf, dass Abel zusammenfuhr. »Jawohl, Herr Major! Schütze Arsch meldet gehorsamst, Randale ist abgeblasen!« Er salutierte und schlug die Hacken zusammen.

Der Schließer schüttelte den Kopf, enthielt sich aber jedes weiteren Kommentars. Er sah Abel nur fragend an, und nachdem der ihm zugenickt hatte, schloss der Wachbeamte wieder die Tür.

»Also jetzt mal Klartext«, sagte Moewig. Er setzte sich wieder auf seinen Stuhl und legte die Hände vor sich auf den Tisch. »Was von dem, was ich deinem Oberbullen erzählt habe, soll gelogen sein?«

Abel musste sich zwingen, nicht unentwegt auf Moewigs Hände zu starren. Es waren kräftige Hände mit kurzen, plumpen Fingern. Er fragte sich, wie Lisa diese Hände wohl nennen würde. Bestimmt nicht Pianistenhände. Eher schon Schlachterpranken.

»Du hast ausgesagt, dass du am Montagnachmittag mit dem Taxi aus der Londoner City zu deinem Hotel gefahren bist und das Hotel danach nicht mehr verlassen hättest«, sagte Abel. »Markwitz hatte dich das gar nicht gefragt, aber du hast trotzdem zu Protokoll gegeben, dass du den ganzen restlichen Tag im Hotel geblieben wärest. Und das war gelogen, Lars.«

Er unterbrach sich und wartete darauf, dass sich Moewig verteidigte. Aber der saß einfach nur da und klammerte sich mit beiden Händen an den Tischrand.

»Ich habe die Videos der Überwachungskameras gesehen«, fuhr Abel fort. »Du hast um kurz nach vier das Hotel wieder verlassen und bist in Richtung Nordwesten marschiert. Genau in die Richtung, in der West Drayton liegt, der Wohnort des zweiten Mordopfers: Emily Goldsmith, siebenundsiebzig Jahre alt. Erst weit nach sieben Uhr abends bist du ins Hotel zurückgekommen. Was hast du in der ganzen Zeit da draußen gemacht? Fast dreieinhalb Stunden lang – bei dieser Affenhitze, Lars?«

Moewig starrte ihn an. Sein gewaltiger Brustkorb pumpte. Er presste die Kiefer aufeinander und atmete laut schnaufend ein und aus.

»Erkläre es mir«, versuchte es Abel aufs Neue. »Ich will dir ja glauben, aber du musst mir helfen! Wo warst du am Montag zwischen siebzehn und neunzehn Uhr?«

Moewig bleckte seine kräftigen gelben Zähne. Er sah geradezu unheimlich aus.

Wie ein Raubtier, dachte Abel. *Oder wie ein Geistesgestörter.*

»Warum fragst du mich das?«, gab Moewig in wütendem Tonfall zurück. »Du meinst ja sowieso schon zu wissen, was ich da gemacht habe! Wie hieß das beschissene Nest hinter

dem Motorway noch mal? West Drayton? Na meinetwegen. Und dort habe ich also schon wieder eine alte Oma abgemurkst? Scheint ja geradezu mein Hobby zu sein!« Er lachte heiser auf, wurde aber sofort wieder ernst. »Glaubst du wirklich, dass ich ein durchgedrehter Killer bin, der alte Frauen kaltmacht – in Berlin, in London, wo sich gerade eine Gelegenheit bietet?« Er starrte Abel drohend an.
Abel zwang sich, seinen Blick zu erwidern. Eine halbe Minute lang sagten beide kein Wort. Außer Moewigs heftigem Schnaufen war kein Laut zu hören.
»Es geht nicht darum, was ich glaube«, sagte Abel schließlich. »Es geht darum, was sich beweisen lässt und was nicht. Und deshalb frage ich dich noch einmal: Wo warst du am Montag zwischen siebzehn und neunzehn Uhr?«
Wieder unterbrach er sich und wartete. Wieder starrte ihn Moewig nur zornig an.
»Fakt ist, dass du für die Tatzeit in London genauso wenig wie hier in Berlin ein Alibi hast«, fuhr Abel fort. »Und Fakt ist auch, dass du Hauptkommissar Markwitz angelogen hast, obwohl er dich gar nicht gefragt hat, wo du am Montagnachmittag gewesen bist. Weil er von dem Mordfall in West Drayton noch gar nichts wusste.«
Er zögerte kurz. »Und er weiß auch jetzt noch nichts davon«, fügte er hinzu. »So wenig wie von dem Video. Das habe ich auf eigene Faust recherchiert.«
Nach dieser Eröffnung wirkte Moewig eine Spur entspannter. Sogar der Anflug eines Lächelns huschte über sein Gesicht. »Ich renne oft ziellos in der Gegend herum«, sagte er und zuckte mit den Schultern. »Das hilft mir runterzukommen, verstehst du?« Er ahmte mit der Hand einen Vogel im Sturzflug nach. »Manchmal kann ich mich hinterher kaum erinnern, wo ich war und was ich gemacht habe«, fuhr Moewig fort. »Aber das liegt eben daran, dass ich nur stundenlang herumgerannt bin, um meinen Kopf leer zu

kriegen. Verstehst du, Fred?« Er beugte sich ruckartig vor und wollte Abels Hand ergreifen.
Diesmal war es Abel, der seinen Arm zurückzog. Mit einer reflexhaften Bewegung, die ihm schon im nächsten Moment leidtat.
»Sag mir endlich, was du denkst!«, rief Moewig aus. »Glaubst du, dass ich unschuldig bin – oder hältst du mich jetzt auch für einen feigen Frauenmörder? Nur weil ich vergessen habe zu erwähnen, dass ich in Heathrow noch joggen war?«
Abel wusste immer weniger, was er glauben sollte. Ratlos schüttelte er den Kopf. »Ich weiß es nicht, Lars. Ich weiß es wirklich nicht.«
Vielleicht hat er gar nicht gelogen, überlegte er. *Vielleicht kann er sich wirklich nicht erinnern – und in diesen Stunden, in denen die dunkle Seite seiner Persönlichkeit am Ruder ist, wird er zum Mörder?*
»Und was wirst du jetzt machen?«, fuhr ihn Moewig an.
»Dem fetten Oberbullen helfen, damit er mich für den Rest meines Lebens hinter Gitter bringt? Für Verbrechen, die ich nicht begangen habe und niemals begehen könnte?«
Seine Stimme wurde wieder laut und schrill. Sein Mundwinkel und sein Auge zuckten. »Ich bin kein feiger Frauenmörder! Auf wessen Seite stehst du, verdammt noch mal?«
Diesmal musste Abel keine Sekunde lang nachdenken.
»Ganz einfach: auf der Seite der Wahrheit. Mein Versprechen gilt nach wie vor: Ich werde mit allen meinen Kräften dazu beitragen, dass der Mörder von Irina Petrowa und Emily Goldsmith überführt wird, und zwar so schnell wie möglich. Wenn du unschuldig bist, brauchst du von mir nicht das Geringste zu befürchten. Ganz im Gegenteil.«
Er stand auf und hielt Moewig zum Abschied die Hand hin. Moewig packte sie und ließ sich von ihm in die Senkrechte ziehen. Seine Hand fühlte sich hart wie Stein an. »Erzähl

Markwitz wenigstens nichts von dem Video«, sagte er. »Sonst steht für ihn doch endgültig fest, dass ich der gesuchte Killer bin!«

»Das geht nicht so ohne weiteres«, wehrte Abel ab. »Schließlich handelt es sich um ermittlungsrelevante Informationen.«

Er versuchte, seine Hand zu befreien, aber Moewig hielt sie eisern fest.

»Dann rede zumindest erst mit Marie. Hör dir an, ob sie mir so etwas zutraut – und dann entscheide, ob du mich wirklich bei Markwitz anschwärzen willst.« Er sah Abel bittend an. »Versprichst du mir das?«

Für einen kurzen Moment schien er wieder der alte Lars Moewig zu sein. Ein verschlossener Eigenbrötler, aber in guten Augenblicken imstande, sich einem Freund zu öffnen.

»Okay, versprochen«, sagte Abel.

»Gib Lilly einen Kuss von mir«, sagte Moewig, und seine Stimme brach.

☠ ☠ ☠

33

**Col du Sauvage, nahe Marseille,
ehemaliges Wasserrückhaltebecken, fünf Jahre zuvor**

Die Kälte weckte ihn auf. Im ersten Moment glaubte er, dass er in seinem Bett liegen würde. Im Haus seines Bruders in Marseille, wo er ein Zimmer ganz für sich hatte, zum ersten Mal in seinem Leben.

Dann hörte er Wasserglucksen und schrilles Fiepen. *Die Ratten!* Schlagartig war ihm klar, wo er sich befand.

Er riss die Augen auf und sah sich hektisch um. Neben ihm lag seine Taschenlampe auf dem Boden. Sie brannte nur noch ziemlich schwach, anscheinend hatte er vergessen, sie auszuschalten. Aber das war das geringste seiner Probleme. Offenbar hatte er auch alles andere vergessen.
Seine Vorsätze. Die Regeln, die er diesmal unbedingt einhalten wollte. Ruhig bleiben. Sich nicht wieder mitreißen lassen. Die Kontrolle bewahren.
Er rappelte sich auf, schnappte sich die Taschenlampe und ließ den matten Lichtstrahl durch das Gewölbe zucken.
»Verfluchte Scheiße!«, schrie er. »Was zur Hölle ist hier passiert?«
Er war vollkommen nackt. Zitternd vor Kälte und mittlerweile auch vor Angst stand er in einem Sumpf aus halb getrocknetem Blut. Seine Kleidung lag neben ihm auf dem Boden, ein blutiges Knäuel.
Und wo ist die gottverfluchte kleine Schlampe? Hat die sich aus dem Staub gemacht, das verfickte Miststück?
Stöhnend setzte er sich in Bewegung. Seine Hand zitterte, als stünde er unter Strom. Der Lichtstrahl zuckte über Rattenkadaver, Knochen, undefinierbaren Unrat und traf endlich auf einen reglosen Körper.
»Da bist du ja, Fotze!«
Sie lag direkt vor der hinteren Wand und hatte ihm ihre Rückseite zugedreht.
Ihr Rücken sah aus wie rohes Dönerfleisch. Blutige Fetzen hingen lose herunter.
»Oh, Scheiße, Scheiße, Scheiße«, murmelte er.
Er trat ihr mit seinem nackten Fuß in den Hintern, aber sie reagierte nicht. Trotzdem hatte er irgendwie das Gefühl, dass sie noch lebte.
»Hey, Schätzchen, es ist noch nicht vorbei!«
Er kauerte sich neben sie, fasste sie bei der Schulter und drehte sie auf den Rücken.

Ihre Augen waren zu, und ihre Vorderseite sah nicht viel besser aus als die Rückseite. Eher im Gegenteil.
Total zerschunden, dachte er.
Wieder kroch die Angst in ihm hoch.
»Das sollte nicht passieren, verdammte Scheiße!« Er schlug ihr ins Gesicht. »Das ist alles nur deine Schuld, du beschissenes Flittchen!«

☠ ☠ ☠

34

**Berlin-Wedding, Kinderklinik der Charité,
Mittwoch, 8. Juli, 18:45**

»Im Gefängnis ist er also. Es geht doch immer noch weiter bergab mit Lars. Und warum wundert mich das jetzt nicht?«
Marie Lindweg schien keineswegs überrascht. Eher schon kam sie Abel resigniert, ja fast apathisch vor, als hätte sie so etwas seit längerem befürchtet. Aber vielleicht war sie auch einfach zu erschöpft, um emotionaler zu reagieren.
Abel hätte sie beinahe nicht wiedererkannt. Er hatte sich mit ihr in der Charité-Kinderklinik verabredet, wo Lilly auf der Intensivstation lag. Gleich im Eingangsbereich der Cafeteria hatte er eine Frau mit schulterlangem blondem Haar bemerkt, die allein an einem Tisch saß. Aber erst als sie die Hand gehoben und ihm müde zugelächelt hatte, war er auf den Gedanken gekommen, dass diese abgezehrte Frau mit den entzündeten, eingesunkenen Augen Marie Lindweg sein könnte. Lars Moewigs Ex, die Mutter ihrer gemeinsamen Tochter Lilly.

Er hatte Marie Lindweg vor Jahren ein einziges Mal getroffen, als er Lilly mit Moewig zusammen bei ihrer Mutter abgeliefert hatte. Das Mädchen war bei Lars zu Besuch gewesen, und Abel hatte die beiden auf den Teufelsberg begleitet, wo Vater und Tochter mit Begeisterung einen Drachen hatten steigen lassen.

In seiner Erinnerung war Marie Lindweg eine gutaussehende, lebenslustige Frau mit einem schelmischen Lächeln, das ihre Attraktivität noch weiter steigerte. Doch die Frau, mit der er nun an einem der grauen Plastiktische im viel zu grellen Licht der Klinik-Cafeteria saß, hatte mit der Marie von damals nur wenig Ähnlichkeit. Sie war ungesund dünn geworden. Tiefe Falten hatten sich in ihr früher fast puppenhaftes Gesicht gegraben, und die Haare, deren Goldschimmer Abel damals beeindruckt hatte, sahen stumpf aus. Ihre Augen waren blutunterlaufen und blickten ihn unendlich müde an.

Nach der Begrüßung hatte er sie als Erstes gefragt, wie es Lilly gehe. Doch Marie Lindweg hatte nur kaum merklich den Kopf geschüttelt. Mit wenigen Worten berichtete er ihr nun, was Lars Moewig vorgeworfen wurde: der Raubmord an der alten Frau in Tegel und die Beschriftung ihres toten Körpers.

»Ich habe ihn im Gefängnis besucht«, fügte er hinzu. »Lars hat mich gebeten, ihm zu helfen, damit er so schnell wie möglich wieder auf freien Fuß kommt. Wegen Lilly – er will sie unbedingt noch einmal sehen. Um von ihr Abschied zu nehmen.«

Marie wühlte in ihrer Handtasche und zog ein Papiertaschentuch hervor. Abel war darauf gefasst, dass sie in Tränen ausbrechen würde, aber sie zerknüllte das Taschentuch nur in der linken Hand.

Mit der rechten fasste sie nach seinem Arm. »Wenigstens einen Freund hat er noch, Fred!«, stieß sie hervor.

Abel nickte.

»Im Lauf der Jahre hat er sich mit allen und jedem zerstritten«, sagte Marie. »Er selbst hat noch vor kurzem zu mir gesagt: ›Das ist offenbar mein größtes Talent – mir alle zu Feinden zu machen. Sogar die, die es irgendwann mal gut mit mir gemeint haben.‹ Aber zum Glück bist du noch auf seiner Seite.«

Sie sah ihn auf eine Weise an, die Abel nicht gefiel. Viel zu erwartungsvoll. Dankbar, obwohl er noch nichts für Lars getan hatte. Und vielleicht auch gar nichts für ihn tun konnte.

»Ganz so einfach ist es nicht«, wiegelte er ab. »Ich habe Lars versprochen, den wirklichen Mörder zu finden – wer immer es sein mag. Lars hat kein Alibi, und dass er in den letzten Jahren mehrfach wegen Gewaltdelikten straffällig geworden ist, macht ihn in den Augen der Mordkommission nicht gerade weniger verdächtig.«

Maries Finger krampften sich in seinen Arm. Als sie es bemerkte, zog sie die Hand hastig zurück und zerknüllte das Taschentuch nun mit beiden Händen.

»Und du? Was denkst du, Fred?«, fragte sie. »Verdächtigst du ihn etwa auch?«

Abel zögerte mit der Antwort. Wie offen konnte er mit ihr sprechen? Den Mordfall in West Drayton durfte er nicht erwähnen, solange nicht einmal das LKA davon wusste. Aber ansonsten würde er ehrlich sein.

»Ich weiß es nicht. So gut kenne ich ihn nicht mehr. Ich kenne ihn, glaube ich, überhaupt nicht mehr. Der Lars, mit dem ich vor vielen Jahren befreundet war, hätte ganz bestimmt keine alten Frauen umgebracht. Aber er hätte sich auch nicht sinnlos betrunken und zufällig Anwesende krankenhausreif geschlagen.«

Laut seinem Vorstrafenregister hatte sich Moewig mehrere Kneipenschlägereien mit Wildfremden geliefert. Nicht nur durch seine Ausbildung in diversen Nahkampftechniken,

auch wegen seiner Erfahrung in realen Kriegseinsätzen hatten seine Gegner jedes Mal den Kürzeren gezogen. Eines seiner Prügelopfer war mit mehrfachem Schädelbruch und inneren Blutungen in einer Notaufnahme eingeliefert worden. Ein anderer Mann hatte sich mit gebrochenem Kinn und zertrümmerter Nase im Krankenhaus wiedergefunden.
»Wie gut kennst du ihn noch, Marie?«, fragte er. »Dass ihr beide ein Paar wart, ist ja auch schon eine halbe Ewigkeit her.«
Marie strich sich eine Haarsträhne aus der Stirn. »Wir haben uns über viele Jahre kaum gesehen. Aber durch Lillys Krankheit ist unser Kontakt in den letzten Monaten wieder enger geworden. Wir sind tatsächlich wieder ein Stück weit wie eine Familie zusammengerückt. Zumindest zeitweise. Auch emotional, soweit das bei Lars noch möglich ist.«
Weiter hinten in der Cafeteria klingelte ein Mobiltelefon. Stühle scharrten über den Boden, und im nächsten Moment eilten zwei Ärzte mit wehenden weißen Kitteln an ihrem Tisch vorbei. »Wir sind unterwegs«, sagte der ältere der beiden in das Mikrofon seines Headsets. »Wenn er stabil ist, soll die Anästhesie schon mal einleiten. Schnitt, sobald wir eingeschleust sind.«
Seine Stimme klang gelassen. Obwohl er und sein Kollege sich fast rennend voranbewegten, strahlten sie Ruhe und Sicherheit aus.
Routine, dachte Abel. *Wie bei uns. Reine Routine. Das ist alles, was ein menschliches Schicksal für uns noch darstellt. Tausendfach der gleiche Ablauf. Man macht immer und immer wieder dieselben Handgriffe.*
Marie Lindweg dagegen war zusammengefahren und starrte ihnen erschrocken hinterher. »Ich denke jedes Mal, dass etwas mit Lilly ist!«
Erneut schob sie die störrische Strähne hinter ihr Ohr.
»Lars hat sich sehr verändert, das sehe ich auch so«, fuhr sie

fort, nachdem sie sich einen Moment lang gesammelt hatte. »Von dem jungen Draufgänger, in den ich damals so verliebt war, ist nicht viel übrig geblieben.«

Abel musterte sie verstohlen. *Wie viel kann ich ihr zumuten?*, überlegte er. Marie hatte offensichtlich eine eiserne Selbstdisziplin, aber genauso offenkundig war sie mit ihren Kräften am Ende.

Trotzdem kann ich ihr diese Frage nicht ersparen.

Er gab sich einen Ruck. »Hat Lars sich so sehr verändert, dass er einen Mord begehen könnte? Hältst du das für möglich?«

Sie runzelte die Stirn. »Natürlich nicht!«, antwortete sie prompt. »Warum fragst du mich das? Ich denke, du bist sein Freund!«

Abel zögerte erneut. *Vielleicht liebt sie ihn immer noch,* dachte er. Wenn er nicht den richtigen Ton traf, wenn er die falschen Worte wählte, würde sich Marie vor ihm verschließen. Aber er brauchte ihre Einschätzung.

»Ich will ihm helfen, sonst wäre ich nicht hier«, setzte er neu an. »Aber ich bin auch überzeugt davon, dass jeder Mensch unter bestimmten Umständen zum Mörder werden kann. Auch du oder ich. Und Lars hat bei seinen Kriegseinsätzen offenbar Dinge erlebt, die selbst der stärkste Mann ohne professionelle Hilfe nur schwer bewältigen kann.«

Marie nickte und sah an Abel vorbei. »Ich weiß, er ist ein paarmal gewalttätig geworden. Ich selbst habe ihn nie so erlebt, und für Lilly kann es auf der ganzen Welt keinen liebevolleren und fürsorglicheren Vater geben. Aber einmal hat er davon gesprochen, was in ihm vorgeht, bevor er auf diese Weise ausrastet. ›Ein schwarzer Abgrund bricht dann in mir auf‹, so hat er es umschrieben. ›Meine innere Hölle, in der ich sonst immer meine Dämonen gefangen halte, aber manchmal gelingt es ihnen, sich zu befreien: Angst und Verzweiflung und vor allem ein kochender Zorn! Und dann wird alles um mich herum rot. Wie Blut. Und dann muss ich zuschlagen‹, hat er zu mir gesagt. ›Das bin dann gar nicht mehr ich, da ist nur noch diese maßlose Wut, die vollkommen außer Kontrolle gerät. Es ist schrecklich, die reine Raserei. Und wenn es dann endlich vorbei ist und ich wieder ich selbst bin, könnte ich im Boden versinken vor Scham- und Schuldgefühlen.‹ Er hatte Tränen in den Augen, als er mir das gebeichtet hat«, fügte Marie hinzu. »Du kennst ihn. Du kannst dir vorstellen, wie schwer es ihm gefallen ist, überhaupt so viel von sich selbst preiszugeben. Und dann auch noch so eine Schwäche einzuräumen, das finde ich schon sehr bemerkenswert für Lars.«

Das sah Abel genauso. *Aber es zeigt auch, wie sehr es Lars verunsichert haben muss, dass er seine Aggressionen nicht mehr unter Kontrolle hat.*

Doch diesen Gedanken behielt er für sich.

»Lars hat immer alles mit sich allein ausgemacht«, sagte sie. »Du weißt so gut wie ich, dass er verschlossener als eine Auster ist. So viel, wie sein Bruder Arne in einer Stunde redet, kriegt man aus Lars in einem ganzen Jahr nicht heraus.«

Ein Lächeln flog über ihr Gesicht und ließ für eine Sekunde die frühere, fröhliche Marie wieder aufleben. Doch schon im nächsten Moment wurde sie wieder ernst.

»Was er in Afghanistan erlebt hat«, fuhr sie fort, »war wohl mehr, als einer allein verarbeiten kann. Selbst wenn er so stark wie Lars ist und so sehr daran gewöhnt, mit allem selbst zurechtzukommen.«

Unvermittelt musste sie gähnen. Sie schnappte nach Luft, und ihre Augen füllten sich mit Tränen. »Entschuldigung«, brachte sie schließlich hervor. »Ich weiß gar nicht, wann ich das letzte Mal geschlafen habe.«

Abel winkte eine Kellnerin herbei. »Möchtest du einen Kaffee?«, fragte er Marie.

»Mit viel Milch«, sagte sie.
Abel bestellte Milchkaffee und einen doppelten Espresso. Doch die schrecklichen Bilder, die Marie dann heraufbeschwor, brachten sein Herz schneller zum Klopfen, als es zehn doppelte Espresso vermocht hätten.

☠ ☠ ☠

35

**Col du Sauvage, nahe Marseille,
ehemaliges Wasserrückhaltebecken, fünf Jahre zuvor**

Er schlug der kleinen Schlampe mit aller Kraft ins Gesicht, links, rechts, ihr Kopf flog hin und her. Allmählich dämmerte ihm, was hier passiert war. Sie war ganz wild geworden, als er mit dem Gemüsemesser an ihrer Brust herumgeschnitten hatte. Sie hatte sich stöhnend an ihn geklammert, und er hatte sie gefickt, weil sie das unbedingt so wollte. Vielleicht hatte sie geglaubt, dass er sie am Leben lassen würde, wenn sie ihn ranließ. Aber da hatte sie sich geschnitten. Besser gesagt, er sie.
»Das kannst du haben, Schlampe!« Er war gleichzeitig mit seinem Schwanz und mit dem Messer in sie eingedrungen. Er hatte sie gestoßen und geschnitten, immer wieder, und sie hatte vor Geilheit geschrien und gestöhnt.
Aber verdammte Scheiße, dachte er, *genau das sollte nicht passieren! Ich wollte sie doch nur beschriften, ihr meine Botschaft in die Haut schneiden, und fertig!*
Als er das letzte Mal in dieser Weise die Kontrolle verloren hatte, war er geschnappt und eingesperrt worden. Plötzlich waren sie da gewesen, vier Mann oder noch ein paar mehr,

in der Uniform der Fremdenlegion. Genauso nackt und blutbeschmiert wie diesmal hatte er neben der anderen kleinen Schlampe gelegen, in einer gottverlassenen Holzfällerhütte irgendwo im Wald bei Ifrane.
»Ich bin einer von euch, verflucht!«, hatte er geschrien, aber sie hatten ihm nicht geglaubt. Sie hatten ihn gefesselt, in eine Zeltplane gewickelt und in ihre Kaserne gebracht. »Ich gehöre zu euch!«, hatte er diesen beschissenen Major angebrüllt, doch der hatte nur eine Grimasse gezogen. »Schlitzaugen und sonstiges Gesindel haben bei uns nichts verloren!«, hatte er gesagt. »Sperrt den Kerl ein und ruft die Polizei.«
Er krümmte sich, so sehr setzten ihm die Erinnerungen zu. Aber dann wurde ihm klar, dass sie ihn diesmal nicht so leicht finden konnten. Jedenfalls nicht, solange er hier unten im Dornröschenschloss war. Bei den Ratten.
Er lachte auf, es klang mehr wie ein Krächzen, das von den Wänden zurückgeworfen wurde. Unzählige Ratten antworteten mit diesen irren Pfeiftönen, die für sie wahrscheinlich das darstellten, was bei den Menschen Wörter waren. Jedenfalls nahm er das an. Warum sonst würden sie von früh bis spät fiepen und pfeifen?
Erneut versetzte er der kleinen Schlampe eine kräftige Ohrfeige, und endlich kam sie zu sich.
Ihr Gesicht glühte wie im Fieber. Ihr Atem ging rasselnd, zitternd hoben sich ihre Lider. Im trüben Licht der Taschenlampe sah sie ihn glasig an.
»Das ist alles deine Schuld!«, schrie er sie an. »Warum hast du mich auch heißgemacht, verdammt noch mal?«
Ihr Mund ging auf und zu. Anscheinend wollte sie ihm eine Antwort geben, aber er verstand kein Wort.
»Lauter!«, fuhr er sie an.
Dann fiel sein Blick auf ihren Oberkörper, und ihm wurde klar, dass sie nicht lauter reden konnte. Er hatte sie gründ-

lich mit dem Messer bearbeitet. Ihre Brüste waren nicht mehr da, oder jedenfalls nur teilweise. An mehreren Stellen sahen ihre Rippen unter Hautfetzen und Fleischstücken hervor. Ihr Nabel war ein Trichter, gefüllt mit blutigem Schaum, der bei jedem ihrer mühsamen Atemzüge blubberte und feine Blasen schlug.
Wieder bewegte sie die Lippen.
»Was willst du mir sagen, Nutte?«
Er beugte sich über sie und hielt sein Ohr dicht vor ihren Mund. Sie roch nach getrocknetem Schweiß und fast schon nach Sterben.
Aber nur fast.
»Na rede schon, du kleines Aas!«, sagte er beinahe sanft. »Was willst du noch loswerden?«
»*Tue ... moi*«, brachte sie stockend hervor, »tö...te ... mich.« Nach jeder Silbe legte sie eine Pause ein, und wenn sie Atem holte, rasselte es in ihr.
»Tö...te ... mich«, wiederholte sie.
Er sah sie tadelnd an. »Warum so eilig?«, sagte er. »Mir ist scheißkalt! Wegen dir habe ich es wieder vermasselt. Also kannst du mich wenigstens wärmen, solange du noch lebst!«
Er legte sich neben sie, drängte sich so eng wie nur möglich an ihren zerschundenen, glühend heißen Körper und schlief zitternd wieder ein.

☠ ☠ ☠

36

**Berlin-Wedding, Kinderklinik der Charité,
Mittwoch, 8. Juli, 19:20 Uhr**

»Was ist in Kunduz eigentlich vorgefallen?«, fragte Abel, als die Kaffeetassen vor ihnen standen. »Ich habe Lars wegen seiner Erlebnisse in Afghanistan einmal auf den Zahn fühlen wollen, aber er hat sofort das Thema gewechselt.«

Sie tranken ihren Kaffee. Der Milchschaum in Maries Tasse war so weiß wie ihre Haut, Abels Espresso war bitter und stark.

»Er hat es mir auch erst vor ein paar Wochen erzählt«, sagte sie. »Dabei ist diese grässliche Sache schon bei seinem ersten Afghanistan-Einsatz passiert, vor über drei Jahren. Er ist bis heute nicht darüber hinweggekommen. Später hat er noch ein paar Dinge erlebt, die von außen betrachtet noch viel übler waren. Aber diese Geschichte mit den zerfetzten Mädchen verfolgt ihn.«

Zerfetzte Mädchen, hallte es in Abel nach. *Mädchen wie Lilly…*

Er hütete sich, Marie auch nur durch ein Räuspern zu unterbrechen.

»Lars' Kompanie hat damals eine Mädchenschule in einem Bergdorf gesichert«, fuhr Marie Lindweg fort. »Jeden Tag haben sie dafür gesorgt, dass die Mädchen die Schule besuchen konnten, obwohl die Taliban sie am liebsten alle über den Haufen geknallt hätten. Und irgendwann hat sich eine dieser zehn- oder elfjährigen Schülerinnen auf dem Pausenhof in die Luft gesprengt. Sie hatte die Stiefel voller Sprengstoff und den Zünder in ihrer Unterwäsche, und in der großen Pause hat sie auf den Knopf gedrückt. Peng!«

Marie Lindweg riss beide Arme hoch und starrte Abel an. Eine alte Frau, die am Nebentisch vor sich hin gedämmert hatte, fuhr zusammen und sah entgeistert zu ihnen herüber. Aber Marie bekam nichts davon mit.
»Lars hatte an diesem Tag Wache am Schultor«, fuhr sie fort. »Deshalb hat er aus nächster Nähe gesehen, wie die Selbstmordattentäterin und ungefähr zwanzig ihrer Mitschülerinnen in die Luft geflogen sind. Es hat nur so Körperteile geregnet. Arme und Beine und verschleierte Mädchenköpfe. Das verfolgt ihn bis heute in seinen Träumen. Weil er damals versagt hat, seiner Meinung nach.«
Sie unterbrach sich und starrte auf ihre Hände, die wie zum Gebet gefaltet vor ihr auf dem Tisch lagen.
»Das Mädchen, das sich in die Luft gesprengt hat, hieß Yasemin«, sprach sie schließlich weiter. »Lars hatte öfter mit ihr herumgealbert, wenn er sie und ihre Mitschülerinnen morgens zur Schule begleitete. Mit ihrer dunklen Haut, dem krausen Haar und ihrer quirligen, fröhlichen Art hat sie ihn an Lilly erinnert. Deshalb ist ihm auch aufgefallen, dass sich Yasemin plötzlich anders verhalten hat. Sie hat nicht mehr gelacht, sich abseits von ihren Kameradinnen gehalten und kam ihm bedrückt vor. Lars machte sich seine Gedanken, aber er sagte sich, das wird schon vorbeigehen. Schließlich haben auch Kinder ihre Launen und Sorgen. Und wie hätte er ahnen sollen, dass sie deshalb so traurig war, weil die Taliban sie als ›Märtyrerin‹ ausgewählt hatten?«
Marie schüttelte wieder den Kopf und sah einen Moment lang vor sich hin.
»Niemand dort hat so etwas vorausgesehen, und trotzdem fühlt sich Lars seit damals schuldig: Er glaubt, er hätte das Attentat verhindern können, wenn er seine Beobachtungen gemeldet hätte. In seinen Träumen versucht er die Mädchen wohl immer noch zu retten. Und jede Nacht fliegen sie vor seinen Augen aufs Neue in die Luft.«

Abel griff nach seiner Espressotasse, aber sie war leer. *Armer Kerl*, dachte er. Schon die wenigen Andeutungen, die er eben gehört hatte, setzten ihm zu.

Vor seinem geistigen Auge sah er einen umzäunten kleinen Schulhof, im Hintergrund die malerische Landschaft der afghanischen Berge. Die zehnjährigen Mädchen, die in ihren bodenlangen Gewändern, mit Schleier oder Kopftuch zur Pause auf den Hof hinauskamen. Und dann das Krachen der Detonation und der apokalyptische Regen aus Körperteilen.

Afghanistan ist ein Teil von Asien, ging es ihm durch den Kopf. *Ist das die Erklärung für den Schriftzug ›Respectez Asia‹? War es also doch Lars, der die alten Frauen getötet und ihre Leichen mit dieser Parole beschriftet hat – weil er aus dem Alptraum, den er in Asien erlebt hat, nicht mehr aufwachen kann?*

Aber er verwarf diesen Gedanken wieder. Wehrlose alte Frauen zu töten passte nicht zu Lars – ganz egal, wie sehr er sich durch seine düsteren Erlebnisse in Kriegsgebieten verändert hatte.

Abel fuhr sich mit der Hand übers Gesicht. »Heute Mittag hat Lars erwähnt, dass er manchmal so etwas wie Gedächtnislücken hat. Er rennt stundenlang durch die Gegend und kann sich nachher nicht erinnern, wo er überhaupt war. Hast du so etwas bei ihm schon einmal bemerkt?«

Sie nickte zögernd. »Manchmal bekommt er so einen leeren Blick. Dann kann man seinen Namen rufen oder ihn sogar am Arm packen und schütteln – er kriegt nichts davon mit. Als würde er mit offenen Augen schlafen. Das geht manchmal über Stunden so.«

Sie beugte sich über den Tisch und sah Abel beschwörend an. Ihre Müdigkeit und Apathie schienen wie fortgeblasen. »Ich kann mir schon denken, worauf du hinauswillst«, fuhr sie fort. »Du fragst dich, ob er so etwas wie eine gespaltene

Persönlichkeit ist, à la Jekyll und Hyde. Aber das ist Lars nicht. Es gibt keinen bösen Mr. Hyde, der manchmal die Herrschaft über ihn übernimmt. Der einzige Mensch, auf den Lars richtig zornig ist und den er wohl manchmal am liebsten umbringen würde, ist er selbst. Weil er immer ein Beschützer der Schwachen und Hilflosen sein wollte und sich vorwirft, dabei immer wieder versagt zu haben. Und jetzt, seit klar ist, dass Lilly sterben wird, scheint dieses Gefühl in ihm völlig die Oberhand gewonnen zu haben. Aber nie und nimmer würde er eine alte Frau überfallen oder gar töten.«

Maries Augen funkelten ihn an. Ihre Worte waren so eindrücklich, dass Abel spürte, dass es die Wahrheit über Lars Moewig war.

»Er wäre niemals fähig, eine hilflose alte Frau zu überfallen und umzubringen«, wiederholte sie. »Eher würde er sein Leben aufs Spiel setzen, um sie zu retten! Und dann dieses kranke Geschmiere, diese durchgeknallte Parole auf dem Körper des Opfers – so etwas würde er niemals machen! Hundertprozentig nicht. Egal, wie sehr er sich verändert hat.«

Abel atmete tief durch. *Sie hat recht*, dachte er. *Lars ist kein Mörder. Und auch kein Psychopath.*

Er fühlte sich wie von einem Zentnergewicht befreit.

»Vielen Dank, dass du so offen mit mir gesprochen hast. Das war wirklich hilfreich. Ich werde alles in meiner Macht Stehende tun, damit er Lilly noch einmal sieht und die beiden sich voneinander verabschieden können.«

Marie zuckte zusammen. »Oh Gott, Lilly«, flüsterte sie. »Ich müsste längst wieder bei ihr sein.«

Sie sprang auf und sah Abel an. »Kommst du kurz mit nach oben, Fred? Lilly freut sich bestimmt, wenn ein Freund von ihrem Papa sie besucht. Und vor allem, wenn du ihr sagst, dass er selbst schon bald hier sein wird.«

»Das mache ich gerne«, sagte Abel. Er winkte der Kellnerin und ließ ein paar Münzen auf dem Tisch zurück.
Sie fuhren mit dem Lift hoch zur pädiatrischen Intensivstation. Auf den Bänken im Flur saßen übernächtigte junge Väter und Mütter, einige von ihnen mit verweinten Augen. Niemand sagte etwas. Die einen schliefen im Sitzen, andere starrten stumm vor sich hin.
»Sag ihr nicht, wo Lars jetzt ist«, flüsterte Marie.
Abel nickte. Behutsam öffnete sie die Tür zum Sterbezimmer ihrer Tochter.
Drinnen herrschte diffuses Dämmerlicht. In dem viel zu großen Klinikbett lag das zwölfjährige Mädchen mit Glatze und einem unnatürlich runden Gesicht, das von Infusionen aufgeschwemmt war. Nase und Mund waren durch die Sauerstoffmaske verdeckt. Lillys Augen waren geschlossen, mühsam atmete sie aus und ein. Auf dem weißen Kissen sah ihr Gesicht pechschwarz aus. Hinter ihrem Bett standen hoch aufgetürmt die blinkenden Apparate, die Lillys Leben nur noch wenige Tage lang erhalten konnten.
»Mein Liebling.« Marie näherte sich leise Lillys Bett. »Schau mal, ich habe dir jemanden mitgebracht «
Abel war in der Tür stehen geblieben. Als Lilly die Augen öffnete, sah sie nur eine dunkle Silhouette vor dem viel helleren Hintergrund des Flurs.
»Papa!«, flüsterte sie und zerrte sich mit einer hektischen Bewegung die Sauerstoffmaske herunter. »Papa, da bist du ja!«
Sie streckte die Arme nach ihm aus und wiederholte atemlos immer wieder: »Papa! Papa! Ich wusste es! Da bist du! Papa!«
Sie geriet außer Atem, hustete und keuchte.
»Beruhige dich, Lilly«, flüsterte Marie. »Ganz ruhig, Liebling, bald ist Papa bei dir.«
Sanft drückte sie dem keuchenden Mädchen die Sauerstoff-

maske vor Mund und Nase. Mit der anderen Hand gab sie Abel zu verstehen, dass er sich zurückziehen sollte.

Tief erschüttert trat Abel in den Flur und zog so leise, wie er nur konnte, die Tür hinter sich zu.

Ich habe es dir versprochen, Lars, dachte er, *und ich werde Himmel und Hölle in Bewegung setzen, damit du Lilly noch einmal sehen kannst, solange sie am Leben und bei Bewusstsein ist.*

Es würde ein Rennen gegen die Uhr werden, ein gnadenloser Wettlauf mit dem Tod.

☠ ☠ ☠

37

**London, Taxi nach Newington,
Donnerstag, 9. Juli, 09:25 Uhr Ortszeit**

Selbst in London war es so heiß wie in einem Treibhaus für Tropenpflanzen, und das schon um halb zehn Uhr vormittags.

Der Shuttlebus, der Abel von seiner Lufthansa-Maschine zum Ankunftsterminal 5 brachte, war überfüllt und die Luft darin zum Schneiden. Es roch nach menschlichen Ausdünstungen und siebzig Sorten überforderter Deodorants. Der allgemeinen Hysterie wegen einer angeblich drohenden Klimakatastrophe stand Abel skeptisch gegenüber, aber das hier war eindeutig ein Rekordsommer, der ganz Europa mit nie zuvor erreichten Höchsttemperaturen grillte.

Im Bordmagazin hatte er gelesen, dass die klassischen Londoner Taxis durch gesichtslose asiatische Vans ersetzt werden sollten. Umso erfreuter war er, vor der Ankunftshalle die Schlange altmodischer schwarzer Kolosse zu sehen, die nach wie vor als Taxis eingesetzt wurden. Er war ein großer Freund technischen Fortschritts, aber manchmal zählten Authentizität und Charakter mehr als technische Perfektion. Und wenn japanische oder koreanische Autos im Allgemeinen irgendetwas nicht besaßen, dann war das ein eigenes, unverwechselbares Gesicht.

Was würde wohl unser reisender Serienkiller dazu sagen?, ging es ihm durch den Kopf. ›*Respectez Asia*‹?

Um kurz nach halb zehn saß Abel im Taxi nach Newington in der Londoner City, wo Charles Milroys Institut für Forensische Anthropologie residierte. Der Fahrer trug kurze Hosen in den Farben des Union Jack und ein T-Shirt, auf dem das Antlitz von Queen Elizabeth prangte. In gönnerhaftem Ton rühmte er die Sehenswürdigkeiten von London, als hätte er persönlich Big Ben und Buckingham Palace hochgezogen.

Abel war erleichtert, als sich sein Smartphone meldete und ihn vom Smalltalk mit dem patriotischen Fahrer erlöste. Auf dem Display erschien die Durchwahlnummer seines Sekretariats.

»Was gibt's denn, Frau Hübner?«, meldete er sich.

»Entschuldigen Sie die Störung, Herr Kriminaldirektor. Eben ist eine Eilmitteilung aus dem Untersuchungsgefängnis Moabit hereingekommen, und ich dachte mir, dass das für Sie vielleicht wichtig ist.«

»Schießen Sie los«, sagte Abel mit einem unguten Vorgefühl.

»Herr Lars Moewig«, referierte die Hübner so emotionslos wie immer, »hat heute Vormittag beim Hofgang einen Mithäftling, der ihn rassistisch beleidigt haben soll, zu Boden geschlagen. Anschließend hat er einen Vollzugsbeamten, der die Streithähne trennen wollte, mit einem üblen Tritt außer Gefecht gesetzt.«

»Oh mein Gott«, murmelte Abel.

»Auf Antrag der Staatsanwaltschaft«, sprach die Sekretärin gleichmäßig weiter, »wurde gegen Herrn Moewig wegen schwerwiegenden Verstoßes gegen die Anstaltsordnung eine dreiwöchige Arreststrafe verhängt. Er wurde bereits in die Arrestzelle verbracht. Auf die Frage, mit welcher Person außerhalb der Haftanstalt er während der Arrestzeit in Kontakt bleiben wollte, hat er Sie, Herr Kriminaldirektor, genannt.«

»So eine verda… Danke, Frau Hübner«, fiel sich Abel selbst ins Wort.

Abrupt beendete er das Gespräch.

Lars, du elender Idiot!, dachte er. *Wie soll ich dich da rauspauken, wenn du dich selbst immer tiefer in die Nesseln reitest?* Wenn Markwitz oder Staatsanwalt Siebener noch irgendwelche Zweifel gehegt hatten, ob Moewig wirklich das Zeug zum wahllos tötenden Gewalttäter hatte, dann hatte Moewig diese Zweifel mit seinem neuesten Aggressionsausbruch definitiv erstickt.

Vor allem aber hatte er sich der allerletzten Chance beraubt, aus der U-Haft heraus seine Tochter in der Charité besuchen zu dürfen. Während ein Untersuchungsgefangener in der Arrestzelle saß, ruhten sämtliche Befugnisse, die ihm im normalen Vollzug üblicherweise gewährt werden konnten. Er durfte nicht einmal seine Nahrung selbst zubereiten oder seine persönliche Armbanduhr tragen, geschweige denn, Angehörige außerhalb der Haftanstalt besuchen.

Während Abel noch über die selbstzerstörerische Unvernunft seines alten Bundeswehrkumpels nachdachte, meldete sich erneut sein Smartphone. Zuerst fürchtete er, dass ihn Frau Hübner mit einer weiteren Hiobsbotschaft beglücken wollte, doch dieser Anrufer hatte seine Rufnummer unterdrückt.

»Ja?«, meldete sich Abel entsprechend zugeknöpft.

»Du glaubst wohl, du kannst deine Nase einfach so da reinstecken!«, dröhnte ihm eine Bassstimme entgegen. »Aber da hast du dich getäuscht. Wir wissen ganz genau, wo du dich herumtreibst. Du wirst dich da raushalten, Arschloch! Bleib in Deckung, sonst bist du tot!«
»Hallo?«, sagte Abel. »Wer sind Sie eigentlich?«
Einige Sekunden war noch erregtes Atmen zu hören, dann wurde ohne ein weiteres Wort aufgelegt.
»Auch gut«, brummte Abel und schob das Telefon in seine Tasche zurück.
Er hatte schon öfter Drohanrufe erhalten, und normalerweise nahm er derlei Einschüchterungsversuche nicht allzu ernst. Von Berufs wegen hatte er es nun einmal mit Schwerkriminellen zu tun. Da lag es in der Natur der Sache, dass ihn die Täter, an deren Fersen er sich geheftet hatte, mit allen Mitteln abzuschütteln versuchten.
Abel war fast erleichtert, dass ihn der Drohanruf von Lars Moewigs jüngstem Gewaltausbruch ablenkte. Hatte der anonyme Anruf womöglich mit seinen Nachforschungen im Zusammenhang mit den Morden an Irina Petrowa und Emily Goldsmith zu tun? Natürlich gab es noch zahlreiche weitere Fälle, mit denen er in der BKA-Einheit »Extremdelikte« befasst war, und entsprechend viele Täter, die den Atem ihrer Verfolger im Nacken spürten. Aber zu welchem dieser anderen offenen Fälle würde ein solcher Anruf passen? Und warum wandte sich der ominöse Anrufer an ihn und nicht an die Ermittler oder den zuständigen Staatsanwalt?
Er überlegte hin und her und kam zu keinem Ergebnis. Der Taxifahrer nahm einen weiteren Anlauf, seinem Gast die Erhabenheit von Big Ben nahezubringen, doch Abel schenkte ihm kein Gehör. Er dachte noch immer über den anonymen Anrufer nach, als sie nach einer knappen Stunde auf der Westminster Bridge die Themse überquerten.

Gestern Abend hatte er noch einmal kurz mit Milroy telefoniert und sich für heute Vormittag mit ihm im Institut verabredet. Wer sonst konnte überhaupt wissen, dass er dem »reisenden Nachläufer« auf der Spur war?
Abel schüttelte den Kopf. *Das ergibt keinen Sinn*, dachte er. Er hatte nicht einmal seinen Chef Paul Herzfeld darüber informiert, welche konkreten Schritte er als Nächstes plante. Außer Renate Hübner und natürlich Lisa wusste niemand, dass er heute früh nach London geflogen war. Geschweige denn, dass er eine Verbindung zwischen den beiden Mordfällen entdeckt hatte.
Der Anrufer hatte fehlerfreies Deutsch gesprochen, allerdings mit einem leichten Akzent. Abel rief sich Wort für Wort ins Gedächtnis, was der Mann gesagt und, vor allem, wie er es ausgesprochen hatte. *Möglicherweise ein osteuropäischer Akzent,* dachte er. Die tiefe Stimme hatte irgendwie russisch geklungen. Aber sicher war er sich keineswegs.
»Versäumen Sie auf keinen Fall, die Royal Albert Hall zu besuchen«, ermahnte ihn der Taxifahrer, als er vor dem Eingang des Instituts für Forensische Anthropologie stoppte.
Abel nickte.
Eigentlich eine gute Idee, dachte er.
Nur würde ihm beim Wettlauf mit dem Tod wenig Zeit für Konzertbesuche bleiben.

☠ ☠ ☠

38

**London-Newington, Webber Street,
Institute of Forensic Anthropology,
Donnerstag, 9. Juli, 10:35 Uhr Ortszeit**

»Die empirische Bioarchäologie draußen auf dem Land ist der reinste Jungbrunnen!«, schwärmte Charles Milroy. »Das solltest du dir auch mal gönnen, Fred!«
Sie saßen sich in den Ledersesseln gegenüber, die Abel von früheren Treffen in Milroys Institutsbüro kannte. Mit seinen wuchtigen Schränken und Regalen aus dunklem Tropenholz und den tabakfarbenen Sitzmöbeln, in die man tief einsank, erinnerte es an die Kanzlei einer Kolonialbehörde in Britisch-Indien vor hundertfünfzig Jahren. Ein träger Deckenventilator verteilte die stickig heiße Luft gleichmäßig im Raum. An der Wand hing ein Tigerfell mit ausgestopftem Kopf, der drohend auf Abel herunterstarrte.
Das Institut für Forensische Anthropologie war in einem Backsteinbau untergebracht, dessen unscheinbare Fassade nichts vom Ruhm und Glanz dieser traditionsreichen Einrichtung verriet. Milroy war der Stellvertreter des Direktors und galt als Stern am Himmel der forensischen Anthropologie. Er war Anfang vierzig, und soweit Abel es mitbekommen hatte, war er bisher in seiner Arbeit vollkommen aufgegangen. Wenn in einem Institutsfenster hier spätabends noch Licht gebrannt hatte, dann handelte es sich garantiert um Dr. Milroys Büro.
Doch von diesem früheren Charles Milroy schien kaum etwas geblieben. Seine unförmigen Sakkos und ausgebeulten Anzughosen hatte der britische Kollege offenbar eingemottet und sich von Kopf bis Fuß neu eingekleidet. Allerdings nicht bei einem der Herrenschneider in der Savile Row,

sondern in einer Art ländlichem Gutsbesitzerstil. Abel vermutete stark, dass diese Mode in der Umgebung von Cardiff hoch angesehen war.
Obwohl er innerlich auf glühenden Kohlen saß, ließ er Milroys Frotzeleien und schwärmerische Schilderungen über sich ergehen. Er musste so schnell wie möglich herausfinden, ob es sich bei dem Mörder von Tegel und West Drayton tatsächlich um ein und dieselbe Person handelte. Doch das verlangte ein unkonventionelles Vorgehen, und dafür brauchte er Milroys Zustimmung und tatkräftige Hilfe.
Der Brite war immer noch aufgekratzt wie ein Teenager auf Klassenfahrt. »Nimm es mir nicht krumm, Fred«, sagte er, »aber du siehst aus, als könntest du eine kleine Anti-Aging-Kur gut vertragen.«
Er selbst schien der wandelnde Beweis für seine Behauptung zu sein, dass nichts erholsamer sei, als in den walisischen Bergen Leichen auszugraben. Nach Abels Theorie war Milroys Jungbrunnen allerdings quicklebendig und hörte auf den Namen Esther Swansea.
»Ein paar Tage ausspannen müsste ich wirklich mal«, gab Abel zu. »Aber im Moment kann ich daran nicht einmal denken.«
So unauffällig wie beharrlich lenkte er das Gespräch von den walisischen Hügeln und den Freuden der empirischen Feldarbeit zum Fall Emily Goldsmith. Er schilderte Milroy den Mord an Irina Petrowa, hob die Parallelen zwischen beiden Fällen hervor und kam schließlich auf sein unkonventionelles Anliegen zu sprechen.
»Ich muss herausfinden, ob es sich tatsächlich um denselben Täter handelt. Dafür brauche ich deine Hilfe, Charles. Genauer gesagt, ich benötige eine Probe von der DNA-Mischspur, die ihr unter den Fingernägeln von Emily Goldsmith gefunden habt.«
Milroy hob seine Augenbrauen, bis sie unter seinen Paul-

McCartney-Stirnfransen verschwanden. »Wo ist das Problem? Beantragt einfach Amtshilfe über Europol, dann bekommt ihr alles, was wir gefunden ...«
»Das dauert viel zu lang«, fiel ihm Abel ins Wort. »Charles, das hier ist ein Wettlauf gegen die Uhr. Wir dürfen keine Minute verlieren. Ich brauche die Probe sofort!«
Milroy machte noch größere Augen. »Was ist denn um Himmels willen los?«, rief er aus. »Warum machst du wegen diesem Nullachtfünfzehn-Raubmörder so einen Aufstand? Da steckt etwas Persönliches dahinter, habe ich recht? Raus mit der Sprache, Fred!«
»Etwas Persönliches?«, wiederholte er. »Ja und nein. Die Mordkommission in Berlin hat einen Verdächtigen ohne Alibi geschnappt: Lars Moewig, ein alter Kumpel von mir aus Bundeswehrtagen. Ich bin überzeugt davon, dass sie den Falschen eingebuchtet haben. Aber das heißt eben auch, dass der Täter weiter frei herumläuft. Ein Serienkiller, Charles«, fügte er hinzu und sah Milroy eindringlich an. »Er hat schon zwei Mal gemordet, und er wird wieder zuschlagen, wenn wir ihn nicht aufhalten!«
»Und jetzt willst du die DNA beider Täter vergleichen? Das funktioniert nicht, Fred. In meinem Gutachten zum Fall Emily Goldsmith habe ich doch klipp und klar vermerkt, dass wir nur sehr wenig Fremd-DNA unter den Fingernägeln der Toten sichern konnten. Und die ist außerdem mit der DNA des Opfers vermischt.«
»Das weiß ich«, sagte Abel. »Wir haben den Haplotyp des Mörders von Irina Petrowa analysiert, und jetzt will ich herausfinden, ob der Täter, der Emily Goldsmith ermordet hat, den gleichen Y-Chromosomensatz aufweist.«
Milroy nickte anerkennend. Aber ganz überzeugt schien er nicht. Abel hatte ihn als eigensinnigen Kopf kennengelernt, der mit seiner Meinung nicht hinterm Berg hielt, ob sie irgendwelchen Autoritäten in den Kram passte oder nicht.

Aber das hieß natürlich nicht, dass er leichtfertig seinen Ruf und seinen Posten riskieren würde. Asservate aus laufenden kriminalpolizeilichen Ermittlungen an unbefugte Dritte herauszugeben war ein ernsthafter Regelverstoß, auch wenn es sich bei diesem Dritten um einen Kollegen vom deutschen BKA handelte.
Unschlüssig kaute Milroy auf seiner Unterlippe herum. »Da steckt doch noch mehr dahinter. Warum lehnst du dich wegen dieser Sache so weit aus dem Fenster, Fred?«
Abel sah ein, dass er mit offenen Karten spielen musste.
»Also schön. Spätestens in ein paar Wochen würde sich sowieso herausstellen, dass Moewig unschuldig hinter Gittern sitzt. Aber es geht nicht nur darum, meinem alten Kumpel eine Unbequemlichkeit zu ersparen. Es geht auch um seine kleine Tochter. Sie hat nur noch wenige Tage zu leben.«
Er erzählte Milroy von seinem Besuch in der Kinderklinik. Von dem Gespräch mit Marie Lindweg, das ihn endgültig von Moewigs Unschuld überzeugt hatte, und von dem erschütternden Anblick des sterbenden Mädchens, das sich nur noch eines wünschte: dass sein Vater bei ihr wäre. Um in Milroy keine Zweifel an Moewigs Unschuld zu wecken, erwähnte Abel lieber nicht, dass sein alter Kumpel wegen Tätlichkeit gegen einen Vollzugsbeamten in der Arrestzelle schmorte.
Schließlich schien Milroy zu neunundneunzig Prozent überzeugt, dass Abels Ansinnen es wert war, einen Rüffel von seinen Vorgesetzten zu riskieren – falls es überhaupt auffallen würde, dass ein Teil der DNA-Probe im Fall Goldsmith nach Berlin ins BKA-Labor gegangen war. Er schien sogar ein wenig gerührt und schneuzte sich explosionsartig in sein Taschentuch, das in den Farben der walisischen Flagge gemustert war.
Um auch das letzte Prozent noch zu schaffen, hatte Abel einen Trumpf im Ärmel behalten. Bei seiner Ankunft vor-

hin hatte er sein Bordcase demonstrativ neben Milroys Schreibtisch plaziert. Seitdem hatte Milroy den Koffer mehrfach mit eindeutig gequältem Blick gestreift. Entgegen seiner bisherigen Gewohnheit hatte er Abel mit keinem Wort angeboten, in seinem Gästezimmer zu übernachten. Man musste kein Hellseher sein, um den Grund für diesen plötzlichen Mangel an Gastfreundschaft zu erraten.
»Besorg mir die Probe«, sagte Abel. »Und lass mich noch einen Blick auf die Fotos der Toten werfen. Dann bin ich euch heute Abend nicht im Weg.«
»Euch?« Milroy sah so verlegen aus, wie ein hartgesottener Forensiker von Mitte vierzig nur aussehen konnte.
Unter bestimmten Umständen können Menschen sich eben in jede Richtung verändern, ging es Abel durch den Kopf. *Sie können zu Gewalttätern werden, aber auch zu romantischen Liebhabern.*
»Dir und Chief Inspector Esther Swansea«, sagte er.
Es war kurz vor elf, als Charles Milroy zum Telefon griff und einige knappe Anweisungen erteilte. Um Viertel nach elf lag die gewünschte Mischprobe versandfertig verpackt auf seinem Tropenholztisch, daneben ein Stapel großformatiger Farbfotografien.
Während Abel sein Sekretariat in Berlin anrief, schaute er rasch die Fotos durch. Sie zeigten den entkleideten Leichnam von Emily Goldsmith auf Milroys Obduktionstisch. Auf dem ersten Foto lag die Tote auf dem Rücken, und die Würgemale am Hals waren deutlich zu erkennen. Auf weiteren Fotos war die Tote in Bauchlage zu sehen. In übergroßen, eigentümlich verwackelten Lettern hatte der Täter mit einem Lippenstift *Respectez Asia* auf ihren Rücken geschrieben.
Alles wie am Tatort in Tegel, dachte Abel. *Dieselbe Parole, dieselbe zittrige Schrift.*
Unvermittelt fiel ihm ein, was der Profiler Timo Jankowski

gesagt hatte. »Das Böse hat bekanntlich viele Gesichter, und irgendwie habe ich das Gefühl, dass deinen Totenbeschrifter etwas außerordentlich Böses antreibt.«
Und wenn es doch Moewig war? Abels Magen krampfte sich zusammen.
»Bundeskriminalamt, Sekretariat Extremdelikte, Renate Hübner am Apparat«, meldete sich die vertraute Stimme.
»Frau Hübner? Abel hier. Ich bin bei Dr. Milroy im Institut. Ich habe hier ein Asservat, das schnellstmöglich bei uns im Labor untersucht werden muss. Veranlassen Sie, dass es durch einen Boten umgehend abgeholt und mit der nächsten verfügbaren Maschine nach Berlin gebracht wird. Und sagen Sie Dr. Fuchs im Labor Bescheid: Ich brauche das Ergebnis noch heute Nachmittag.«
»Wie Sie wünschen, Herr Kriminaldirektor«, sagte Renate Hübner. Er hörte, wie sie auf ihrer Computertastatur tippte und dann mehrere Mausklicks. »Der Bote müsste in dreißig Minuten bei Ihnen sein. Der nächste erreichbare DHL-Flieger startet – einen Augenblick, bitte – um 13:17 Uhr Ortszeit in Heathrow. Ankunft in Tegel um 16:06 Uhr Mitteleuropäischer Zeit.«
»Bestens. Dann soll mir Dr. Fuchs bis siebzehn Uhr hiesiger Zeit die Laborergebnisse per E-Mail schicken. Also bis achtzehn Uhr bei Ihnen.«
»Wird erledigt, Herr Kriminaldirektor.«
Abel verabschiedete sich mit einigen Dankesworten und legte auf.
»Deutsche Gründlichkeit und Effizienz«, kommentierte Milroy. Sein spöttischer Tonfall konnte nicht verbergen, dass er beeindruckt war.
Abel kämpfte sich aus den Tiefen seines Sessels hervor.
»Und das ist erst der Anfang, Charles«, sagte er.

☠ ☠ ☠

39

**Berlin-Wedding, Kinderklinik der Charité,
Donnerstag, 9. Juli, 14:30 Uhr**

Die letzte Nacht war schlimm gewesen. Schlimm für Lilly, die keuchend und röchelnd um das lebensnotwendige Minimum an Atemluft gekämpft hatte, bis sie gegen vier Uhr früh endlich in Schlaf gefallen war. Und kaum weniger schlimm für Marie Lindweg, die Stunde um Stunde am Bett ihrer Tochter ausgeharrt hatte und mit ihrer Kraft und Hoffnung am Ende war.
Bei der Visite am Morgen hatten sich die Ärzte mit gedämpften Stimmen an Lillys Bett beraten. Anschließend hatten sie Marie mit schonenden Worten darauf vorbereitet, dass ihre Tochter wohl bald schon das Bewusstsein verlieren werde.
»Wie bald?«, hatte Marie gefragt.
Die Antwort des Oberarztes hallte in ihrem Innern immer noch nach. »In zwei, drei Tagen, vielleicht auch früher. Das ist nicht abzusehen, aber viel Zeit bleibt nicht mehr. Und dann wird es schnell zu Ende gehen.«
Sie hatte noch an Lillys Bett gesessen, als das Mädchen gegen zehn Uhr wieder aufgewacht war. Trotz ihrer dunklen Haut sah Lillys Gesicht fast durchsichtig aus.
»Ich sehe es dir an, Mama«, sagte sie mit Mühe. »Schlechte Neuigkeiten von den Ärzten, oder?«
Marie nickte nur und unterdrückte einen Weinkrampf.
Lilly streichelte ihr tröstend die Hand. »Nur noch ein paar Tage, dann ist alles vorbei«, brachte sie hervor, mit langen Pausen, in denen sie qualvoll um Atem rang. »Wenn nur Papa endlich kommt! Dann seid ihr beide bei mir, und ich kann sterben.«

Sie hustete und keuchte. Marie wusste, dass gleich wieder die Frage kommen würde, auf die sie keine Antwort hatte. Jedenfalls keine, die sie dem Mädchen zumuten konnte. In ihrem geschwächten Zustand wäre es für Lilly der Todesstoß.
»Wo ist Papa? Warum willst du mir das nicht sagen?«
Marie streichelte ihr über die Wange. »Sei ganz ruhig, meine Kleine, bald ist Papa bei dir.«
Wenig später schlief Lilly wieder ein. Marie fuhr mit dem Lift nach unten, seltsam gefasst, wie sie selbst fand, als sie sich im Toilettenraum im Spiegel ansah.
Ein Gesicht wie aus Gips, dachte sie, *so bleich und starr.*
Als wäre sie es, die in wenigen Tagen sterben würde. Und genauso fühlte es sich auch an. Sie hatte keine Tränen mehr, sie war wie verpanzert unter einer dicken, harten Schicht. Erschöpfung. Trauer, Angst, ihre Gefühle waren wie geronnen zu dieser Rüstung, die sie vor allem abschirmte. Vor allem vor sich selbst.
In der Cafeteria bestellte sie einen Milchkaffee und versuchte, Abel anzurufen, aber sein Telefon war ausgeschaltet. Was hätte sie ihm auch sagen sollen? »Beeil' Dich, sonst kommt Lars zu spät!«? Sie wusste ja, dass er alles in seiner Macht Stehende tun würde, um Lars noch rechtzeitig freizubekommen.
Nur hatte sie keine Kraft mehr zu hoffen, dass es ihm tatsächlich gelingen würde.

☠ ☠ ☠

40

**West Drayton bei London,
Donnerstag, 9. Juli, 16:43 Uhr Ortszeit**

Abel saß auf einer Parkbank und wartete. Die halb vertrocknete Weide hinter ihm warf nur einen dürftigen Schatten, aber er bewegte sich nicht von der Stelle.
Schwitzen und warten, mehr konnte er im Augenblick nicht tun. Auch wenn er vor Ungeduld beinahe platzte. Von hier aus konnte er zumindest die Apartmentanlage sehen, in der Emily Goldsmith gelebt hatte und getötet worden war. Vielleicht hatte auch die alte Frau hier öfter gesessen, wenn es ihr in ihrer Wohnung zu eng und einsam geworden war.
Vor wenigen Minuten hatte Abel mit Renate Hübner telefoniert. Dr. Fuchs und sein Team arbeiteten mit Hochdruck an der Analyse der DNA-Probe, die ihnen vor rund einer Stunde per Same-Day-Express zugestellt worden war.
Rein theoretisch konnte der Haplotyp-Vergleich natürlich auch negativ ausgehen, doch Abel rechnete nicht mit einer Überraschung. Mangelnde Übereinstimmung der an beiden Tatorten gefundenen Fremd-DNA wäre weniger wahrscheinlich, als dass ein Lottospieler an zwei Wochenenden nacheinander sechs Richtige tippte.
Sonst müssten zwei verschiedene Täter in zwei verschiedenen europäischen Hauptstädten innerhalb von fünf Tagen unabhängig voneinander auf die Idee gekommen sein, jeweils eine alte Frau zu überfallen, zu ermorden und ihren Leichnam mit ein und derselben Parole zu beschriften, wobei sie auch noch ein und denselben grammatischen Schnitzer eingebaut hätten. Nicht einmal ein Chaostheoretiker, sagte sich Abel, *würde diesem Szenario eine Chance geben.*
Doch die Annahme, dass ein Serienmörder durch Europa

reiste, jeweils in Flughafennähe seine Opfer auf die gleiche bizarre Weise tötete und postmortale Handlungen an ihnen vornahm, die man in ihrem Kontext nicht deuten konnte, hörte sich auch ziemlich schräg an. Zumal der Mörder seine Opfer zwar ausraubte, aber dabei nur ein paar mittelmäßige Schmuckstücke und einen bescheidenen Geldbetrag erbeutete – gerade genug, um das nächste Flugticket davon zu kaufen.

Genau das war aber die Arbeitshypothese, auf die Abel seine weiteren Überlegungen aufbauen musste, falls bei der Laboranalyse herauskam, dass der Haplotyp der beiden Täter übereinstimmte.

Auch wenn er es sich selbst gegenüber nicht eingestehen wollte, war er von Lars Moewigs Unschuld nach wie vor nicht restlos überzeugt. Die Bilder von der Hotelkamera, die Moewig vor und nach seinem Gewaltmarsch in Richtung West Drayton zeigten, ließen ihm keine Ruhe. Deshalb hatte er sich entschlossen, die Umgebung des Tatorts mit eigenen Augen anzusehen. Bei dieser Gluthitze war das eine schweißtreibende Tortur, zumal er die ganze Zeit über sein Bordcase auf rumpelnden Rollen hinter sich hergezogen hatte.

Vorher hatte er mit Milroy bei einem Italiener etwas zu Mittag gegessen, das laut Speisekarte *Penne arrabiata* sein sollte. Die vermeintliche Tomatensauce hatte allerdings stark nach Heinz-Ketchup geschmeckt.

Charles Milroy war während ihrer Mahlzeit nervös und zerstreut gewesen. Trotz der Mittagshitze hatte er darauf bestanden, dass sie im fadenscheinigen Schatten eines Sonnenschirms vor dem Ristorante Platz nahmen, und bald schon hatte Abel gedämmert, was er damit bezweckte. Unentwegt hatte Milroy die Straße hinauf und hinunter gespäht, bis schließlich ein verlegenes Grinsen sein Gesicht in die Breite zog.

Am Straßenrand hatte ein Taxi gestoppt, und eine stämmige junge Frau mit fuchsroten Haaren und einer Million Sommersprossen war ausgestiegen. Esther Swansea, wer sonst. Abel hatte die wechselseitige Vorstellung über sich ergehen lassen und dem Taxifahrer ein Zeichen gemacht, auf ihn zu warten. Er hatte sich ermahnt, nicht über den schwer verliebten Charles Milroy zu lachen, seinem Kollegen stattdessen herzlich gedankt und die beiden romantischen Totengräber sich selbst überlassen.

Mit dem Taxi war er hinaus nach Heathrow gefahren und vor dem Ibis-Hotel ausgestiegen, in dem Moewig am Wochenende gewohnt hatte. Er war die ganze Strecke bis West Drayton zu Fuß gegangen, seinen ratternden Koffer im Schlepptau, und hier saß er nun, auf einer Bank, auf der vielleicht auch Emily Goldsmiths Mörder gesessen und seinen nächsten Tatort ausgekundschaftet hatte.

Ein psychopathischer Serienkiller, dessen Haplotyp zufällig mit dem von Lars Moewig übereinstimmte? Oder doch Moewig selbst?

Der Schweiß lief Abel über Stirn und Rücken. Für die dreieinhalb Kilometer vom Hotel bis hierher hatte er knapp vierzig Minuten benötigt. Wenn er noch einmal so viel für den Rückweg veranschlagte, hatte Moewig tatsächlich mehr als anderthalb Stunden Zeit gehabt, um was auch immer hier in West Drayton oder in der Umgebung anzustellen. Emily Goldsmith zu töten, auszurauben, ihren Leichnam zu betexten – oder auch einfach in den umliegenden Wäldern herumzujoggen, »um den Kopf freizubekommen«, wie er es nach eigener Aussage gemacht haben wollte.

Doch das alles hatte Abel auch vorher schon gewusst. Schließlich hatte er noch die Seniorenwohnanlage besichtigt, und auch das hatte ihn keinen Schritt weitergebracht.

Er starrte auf das Smartphone in seiner Hand. Zweifellos würde Dr. Fuchs ihm innerhalb der nächsten Viertelstunde

die Ergebnisse der Haplotyp-Analyse mailen. Der Kollege aus dem Labor stammte aus einer alten preußischen Offiziersfamilie, und seine Zuverlässigkeit war legendär.
Doch solange der Killer nicht ein weiteres Mal zuschlug, hatte Abel auch dann kaum eine Chance, ihn zu schnappen. *Der Miles & More-Killer,* ging es ihm durch den Kopf. Vielleicht war der Täter ja ein frustrierter Konzernmanager, der von einer Unternehmensfiliale zur nächsten jettete und sich die Zeit vor dem Weiterflug mit bizarren Morden vertrieb. Wo würde er sich sein nächstes Opfer suchen? In Paris, Madrid, Amsterdam?

☠ ☠ ☠

41

**Berlin-Wedding, Kinderklinik der Charité,
Donnerstag, 9. Juli, 16:50 Uhr**

Die schlimmsten Krisen hatte Lilly tief in der Nacht, so war das schon seit Wochen. Irgendwie schien der Tod im Dunkeln näher und mächtiger zu sein als bei Tageslicht. Lilly kämpfte bis zum Morgengrauen gegen den Tod, und erst wenn die Sonne aufging, zog er sich hinter die Schattengrenze zurück. Dann sank das Mädchen endlich in den Schlaf, das schreckliche Röcheln wurde leiser und weniger krampfhaft, und sie fand für ein paar Stunden Ruhe.
Allerdings sah ihr Schlaf mehr und mehr nach Bewusstlosigkeit aus. Marie konnte immer weniger glauben, dass Lars noch rechtzeitig hier sein würde, um Lilly in den Arm zu nehmen, wenn der Tod sich nicht länger hinhalten ließ.
Die letzte Nacht war noch schlimmer als die davor gewe-

sen. *Fred meint es gut,* hatte Marie sich immer wieder gesagt, während sie auf den nächsten rasselnden Atemzug ihrer Tochter gewartet hatte. *Er gibt sein Bestes, aber er hat keine Chance. Er kann es nicht schnell genug schaffen.*
Vorhin hatte sie im Untersuchungsgefängnis Moabit angerufen und gefragt, wann sie Lars Moewig besuchen könne. Ihre gemeinsame Tochter liege im Sterben, und es sei Lillys letzter Wunsch, ihren Vater noch einmal zu sehen. Die Antwort des Beamten am anderen Ende der Leitung hatte Marie buchstäblich den Rest gegeben: »Herr Moewig ist im Arrest und kann frühestens in drei Wochen zu einem Ort außerhalb der Haftanstalt gebracht werden.«
»In drei Wochen ist Lilly tot«, hatte Marie gesagt, mit einer kraftlosen Stimme, die sie selbst erschreckte.
»Das tut mir aufrichtig leid.« Der Beamte hatte plötzlich so mitleidig geklungen, dass es Marie die Kehle zusammengezogen hatte. Ohne ein weiteres Wort hatte sie das Gespräch beendet.
Damit war es entschieden. Sie würde selbst etwas tun, das hatte sie sich geschworen, während sie zurück in Lillys Zimmer ging. Sie musste etwas Spektakuläres unternehmen, damit den Strafverfolgungsbehörden keine andere Wahl blieb, als Lars auf der Stelle aus dem Gefängnis zu entlassen. Aber was? Sie war keine Rebellin, sie hatte niemals groß gegen irgendetwas aufbegehrt. *Meine Spezialität war es immer, Dinge auszuhalten und still vor mich hin zu leiden.* Doch das hatte ihr bisher nur noch mehr Kummer eingetragen, und in der jetzigen Situation war es das untauglichste Mittel von allen.
Sie musste dafür sorgen, dass ihre Geschichte in den Medien groß herauskam. Sie musste die Menschen zu Proteststürmen hinreißen, damit die zuständigen Stellen gar nicht anders konnten, als Lars mit Sirene und Blaulicht hierherzubringen – ob er nun im Arrest saß oder nicht.

Aber wie soll ich das schaffen, um Himmels willen?
Den ganzen Tag über hatte sie fast ununterbrochen darüber nachgedacht.
»Was ist los, Mama?«, fragte Lilly mit schwacher Stimme. »Warum starrst du mich so an?«
Sie war aufgewacht, und Marie hatte es nicht einmal bemerkt, so sehr war sie in ihre Grübeleien versunken gewesen. Lillys Augen brannten wie im Fieber, dabei fühlte ihre Stirn sich unnatürlich kühl an.
»Ich habe nachgedacht, Liebes«, sagte Marie. Sie zwang sich zu einem Lächeln. »Und ich glaube, ich weiß jetzt, was ich tun muss.«

☠ ☠ ☠

42

**West Drayton bei London,
Donnerstag, 9. Juli, 16:57 Uhr Ortszeit**

Als der BlackBerry in Abels Hand vibrierte, war es drei Minuten vor fünf.

Absender: Henry.Fuchs@bka-extremdelikte.de
Betreff: *Haplotyp-Analyse im Fall E.G.*

Er klickte die verschlüsselte E-Mail auf und las:

»*Haplotyp-Übereinstimmung: 100 Prozent.*«

In seinem Magen begann die Nervosität zu zucken wie ein losgerissenes Starkstromkabel.

»Täter in beiden Mordfällen aufgrund der vorliegenden Daten offenbar identisch.«

Nach dieser Headline fächerte Dr. Fuchs die Resultate seiner Laboranalyse in einer langen Tabelle auf. Aber damit brauchte sich Abel im Moment nicht zu beschäftigen. Es war das Ergebnis, das er erwartet hatte. Die Handschrift des Täters war in beiden Fällen die gleiche, und logischerweise hatte er an beiden Tatorten die gleichen DNA-Spuren zurückgelassen. Doch auch Abels Zweifel waren immer noch dieselben wie zuvor. In Berlin und in London war Moewig in unmittelbarer Nähe des Tatorts gewesen, und hier wie dort hatte er für die Tatzeit kein Alibi.
Vielleicht hat Markwitz ja recht, und ich bin dabei, mich zu verrennen?, grübelte Abel.
Andererseits galt nach wie vor, dass man durch Bestimmung des Y-Haplotyps eben nicht den Täter identifizieren konnte, sondern nur »das genetische Familienwappen eines männlichen Teils seiner Herkunftssippe«, wie Markwitz es bildhaft umschrieben hatte. Der Mörder von Emily Goldsmith und Irina Petrowa war männlich, dunkelhäutig, mittleren Alters, und seine Vorfahren stammten aus Afrika – das alles traf auf Lars Moewig, aber genauso auf ein paar hundert oder sogar tausend weitere Männer mit demselben Chromosomenmuster zu.
Also musste es einen zweiten Mann mit demselben Haplotyp wie Moewig geben, der gleichfalls am Montag in West Drayton und am Donnerstag letzter Woche in Tegel gewesen war. Nur mit dem Unterschied, dass dieser andere die beiden Frauen ermordet hatte, während sich Moewig nur zufällig in der Nähe aufgehalten hatte.
Wie wahrscheinlich ist es, dass jemand so viel Pech hat?, sinnierte Abel. *Dass er innerhalb von fünf Tagen gleich zweimal zufällig zur falschen Zeit am falschen Ort ist?*

Und selbst wenn es diesen mysteriösen Dritten gab, wie sollte er ihm in kürzester Zeit auf die Spur kommen? Wie gewann man einen Wettlauf gegen die Uhr, wenn man weder Ziel noch Richtung kannte? Möglicherweise hatte sich der Miles & More-Killer, wie Abel ihn im Stillen nannte, fürs Erste sattgemordet, und bis er das nächste Mal zuschlug, war Lilly Lindweg längst nicht mehr am Leben.

Mitten in diese düsteren Überlegungen hinein meldete sich Abels Smartphone mit einem fröhlichen Fanfarenton. Er drückte auf das grüne Hörersymbol.

»Hallo, Freddy«, sagte Lisa, »du wirst deinen Ohren nicht trauen. Pass auf ... *krrr, krrr, krrr* ... wenig Zeit.«

Die Verbindung war miserabel. Zu allem Überfluss sprach Lisa so leise und hastig, dass Abel sich anstrengen musste, um die wichtigsten Punkte mitzubekommen.

»Ich habe gerade ein Meeting mit einer ... *krrr, krrr, krrr* ... Europäischen Staatsanwaltschaft. Per Zufall habe ich mitbekommen, wie ein Kollege eben in der Kaffeepause ... *krrr, krrr, krrr* ... erwähnt hat. Raubmord an Seniorin, Tatort in Flughafennähe, Beschriftung des Opfers mit ... *krrr, krrr, krrr* ... das Muster dürfte dir ... *krrr, krrr, krrr* ... vorgestern in Ba...i ... *krrr, krrr, krrr* ...«

Die Verbindung wurde immer schlechter, und Lisa sprach immer leiser und schneller.

»Hast du Bali gesagt?«, fragte Abel. »Hallo, Lisa, bist du noch dran? Was hat die EU-Staatsanwaltschaft mit Bali zu tun?«

Lisa sagte irgendetwas, das Abel nicht verstehen konnte. Aber er war offenbar sowieso nicht gemeint. Einige Augenblicke lang war nur Stimmengewirr zu hören. Stuhlbeine scharrten über den Boden, schließlich ertönte eine Glocke.

»Fred?«, meldete sich Lisa wieder. Die Verbindung war plötzlich kristallklar. »Ich muss Schluss machen, das Meeting geht weiter. Aber mehr weiß ich sowieso nicht. Irgend-

ein Kollege von dir in Bari kann dir doch bestimmt weiterhelfen.«
Bari also, in Italien, dachte Abel. *Nicht Bali in Südostasien.*
»Du sagst doch immer, dass ihr Rechtsmediziner eine verschworene Bruderschaft seid, oder?« Lisa ließ ihr helles Lachen ertönen, und in Abel wallte jähe Zärtlichkeit auf.
Doch bevor er sich bei ihr bedanken konnte, hatte Lisa aufgelegt.

☠ ☠ ☠

43

**London-Heathrow, Ibis-Hotel,
Donnerstag, 9. Juli, 18:33 Uhr Ortszeit**

In West Drayton ein Taxi zu ergattern hatte sich selbst am hellen Tag als schwierig erwiesen. Nach diversen vergeblichen Versuchen war es Abel gelungen, einen Wagen mit Taxischild auf dem Dach zu stoppen. Erst als er auf der Rückbank saß, wurde ihm klar, dass es ein Nissan Van war.
»Zum Ibis-Hotel Heathrow, bitte.«
Der Fahrer war Koreaner oder Vietnamese, da war sich Abel nicht sicher. Ein freundliches Gesicht mit Lachfalten um die schmal geschnittenen Augen herum musterte ihn im Rückspiegel.
»Tourist?«
»Nicht wirklich«, sagte Abel und zog erneut seinen BlackBerry hervor.
Die Rechtsmediziner bildeten tatsächlich so etwas wie eine weltweite Ordensgemeinschaft. Professor Faßbender, durch den Abels Begeisterung für die Rechtsmedizin geweckt

worden war, hatte ihre Zunft sogar mit einem Geheimbund verglichen, ähnlich den Freimaurern vor Hunderten von Jahren. Das war eine starke Übertreibung, aber sie hatte einen wahren Kern.

Bei aller wissenschaftlichen Konkurrenz hielten die Mitglieder der rechtsmedizinischen Bruderschaft eng zusammen. Sie tauschten sich untereinander aus und unterstützten sich über alle Grenzen hinweg. Auch Abel unterhielt zu vielen Kollegen in Europa, Amerika und Australien gute und teilweise sogar enge freundschaftliche Beziehungen. Und tatsächlich kannte er auch in Bari einen Rechtsmediziner, mit dem er erst letztes Jahr bei einem EU-Forschungsprojekt zusammengearbeitet hatte.

Der Kollege mit dem klangvollen Namen Dottore Biagio Solarino war nicht irgendein italienischer Rechtsmediziner, sondern südlich von Rom die Nummer eins auf ihrem Gebiet. Vor allem aber war er ein Sonderling mit rabenschwarzem Humor und so seltsamen Gewohnheiten, dass er sogar unter Rechtsmedizinern als verschroben galt. Und das wollte schon etwas heißen.

Abel rief zuerst in Solarinos Institut in der Altstadt von Bari an, aber dort ging erwartungsgemäß niemand mehr ans Telefon. Daraufhin versuchte er es mit Solarinos Mobiltelefonanschluss, und diesmal meldete sich zumindest die Mailbox.

»*Dies ist der Anschluss von Dottore Solarino*«, sagte der Kollege mit blecherner Stimme auf Italienisch und anschließend auf Englisch. »*Wenn Sie meine Dienste benötigen, sind Sie mit hoher Wahrscheinlichkeit entweder tot oder in Trauer. Was kann ich also für Sie tun?*«

Abel überlegte kurz, ob er ihm eine Nachricht hinterlassen sollte, entschied sich aber dagegen. Er würde es später noch einmal versuchen. Schließlich war seine Mission alles andere als offiziell.

Er checkte im Ibis-Hotel ein, duschte und zog sich um. Anschließend kämpfte er im hoffnungslos überfüllten Restaurant mit einem Steak, das vor kurzem noch eine Schuhsohle gewesen sein musste. Danach saß er eine Weile in der Hotellobby herum, zwischen aufgekratzten Touristen am Vorabend ihres Sommerurlaubs und einem trübsinnigen Handelsvertreter, dem die Umsatzflaute ins Gesicht geschrieben stand. Alle zehn Minuten versuchte er aufs Neue, Solarino zu erreichen, und gegen acht hatte er ihn endlich am Telefon.

»Alfredo!«, rief der Italiener aus, nachdem sich Abel gemeldet hatte. »Das ist Telepathie – gerade habe ich an dich gedacht!«

Er sprach ein elegantes Englisch, wenn auch mit starkem Akzent. Wie sich herausstellte, hatte Solarino erst vor kurzem in *Forensic Science, Medicine & Pathology* einen Fachaufsatz von Abel mit dem Titel *»Differenzierung von Lebend- und Totgeburten mittels postmortaler Mehrschichten-Computertomographie bei der Untersuchung von Neonatiziden«* gelesen. Dass er an Abel gedacht hatte, ließ sich also auch ohne Hinzuziehung übernatürlicher Mächte erklären. Aber Solarinos Steckenpferd war der Okkultismus in sämtlichen Spielarten, von der Geisterseherei bis hin zur leibhaftigen Totenbeschwörung.

»Was verschafft mir die Ehre deines Anrufs?«, fragte Solarino. »Nein, sag nichts, Alfredo! Schon seit heute Mittag habe ich das Gefühl, dass du nach Bari kommen willst, um mit mir zusammen zu den Toten zu reisen.«

Wie Abel aus früheren Gesprächen wusste, hielt es Solarino für möglich, dass der Geist eines lebendigen Menschen seinen Körper verlassen und in der Totenwelt herumreisen konnte. Dieses zweifelhafte Kunststück war Solarino zwar noch nie gelungen, aber er versuchte es unermüdlich weiter. Seiner Ansicht nach würde es »die Rechtsmedizin revolu-

tionieren«, wenn man von den Toten aus erster Hand erfahren könnte, wie sie gestorben waren.
Solarino konnte stundenlang über Ahnengeister und Dämonenglauben in vorchristlichen Überlieferungen sprechen. Da er das alles mit einem listigen Lächeln von sich gab, hatte Abel nie herausgefunden, wie ernst es ihm mit seinen okkulten Spekulationen war. Und Abel vermutete stark, dass der Italiener das selbst nicht so ganz genau wusste.
»Ein andermal«, wehrte er ab. »Stimmt es, dass bei euch vorgestern eine alte Frau ermordet worden ist? Erwürgt, nehme ich an. Und der Täter hat den Leichnam seines Opfers mit einer Parole beschmiert – sagt dir das etwas, Biagio?«
Solarino stieß einen Pfiff aus. »Ich wusste doch, dass du ein Talent zum Hellseher hast. Das Gutachten im Leichenfall Teresa Lamberti – Gott sei ihrer Seele gnädig – habe ich noch nicht mal fertig geschrieben, aber du kennst schon alle Einzelheiten! Respekt, mein Bruder im Geiste!«
»Im Geiste meinetwegen«, wiegelte Abel ab, »aber vor deinen Geistern verschone mich, bitte. Ich habe auf internen Kanälen rein zufällig von dem Fall gehört. Und im Moment habe ich nur eine Bitte an dich: Kannst du mir bestätigen, dass die alte Frau definitiv vorgestern, also am 7. Juli, in Bari ermordet worden ist?«
»Ermordet und danach mit ihrem eigenen Lippenstift beschriftet. Todeszeit am 7. Juli zwischen vierzehn und sechzehn Uhr. Plus/minus eine Stunde, du kennst das ja.«
Das ist großartig, dachte Abel.
Natürlich war es höchst beunruhigend, dass der Täter schon wieder zugeschlagen hatte – zum dritten Mal innerhalb von sechs Tagen, nur einen Tag nach dem Mord an Emily Goldsmith und am anderen Ende Europas. Abel hatte mittlerweile keinen Zweifel mehr, dass es sich um einen Serientäter handelte. Aber für Lars Moewig war es eine großartige Neuigkeit. Denn zu dem Zeitpunkt, als der Täter in Bari

getötet hatte, war Moewig hinter Gittern. Er kam also definitiv nicht als der Killer in Frage.

»Und der Täter?«, hakte Abel nach. »Den habt ihr doch hoffentlich geschnappt?«

»Leider nicht«, gab Solarino zurück. »Bis jetzt totale Fehlanzeige. Keine Fingerabdrücke, keine DNA. Der einzige Zeuge, wenn du ihn so nennen willst, ist ein dreiundachtzigjähriger Nachbar des Opfers. Er behauptet, einen ›schwarzen Gewichtheber‹, wie er sich ausdrückte, vor der Haustür gesehen zu haben.«

»Also kein Täter, nur eine vage Personenbeschreibung, keine wirklich brauchbare Spur«, fasste Abel zusammen.

Genau das hatte er befürchtet. Er würde Marie Lindweg noch heute anrufen, um sie über die jüngste Entwicklung zu informieren. Doch er hatte keineswegs nur gute Nachrichten für sie.

Wenn aufgrund der Indizien feststand, dass Moewig nicht der gesuchte Serienkiller sein konnte, würde er natürlich aus der U-Haft entlassen werden. Doch das konnte dauern, Abel hatte das schon in mehreren Fällen miterlebt, in denen länderübergreifend ermittelt worden war. Bevor sich die Gefängnistore für Moewig öffnen konnten, mussten die Strafverfolgungsbehörden in Deutschland, Großbritannien und Italien ihre Ermittlungsergebnisse via Europol austauschen. Dafür mussten vereidigte Übersetzer die Protokolle und Gutachten in die jeweilige Landessprache übersetzen. Wenn sich der zuständige Richter stur stellte, müsste Moewig sogar erst seine disziplinarische Arreststrafe bis zum Ende absitzen, ehe er auf freien Fuß gesetzt werden konnte. Bis alle eurokratischen Hürden überwunden waren, würden Wochen vergehen. Lilly wäre bis dahin längst nicht mehr am Leben.

Wir haben nur dann eine Chance, dachte Abel, *wenn ich den Täter umgehend aufspüre und ihm ein überzeugendes*

Geständnis abringen kann. Und selbst dann müsste ich alle meine Verbindungen spielen lassen, damit Moewig ohne bürokratische Verzögerung auf freien Fuß kommt.

Er sah Marie Lindweg vor sich, ihr Gesicht wie gefroren in Schmerz und Verzweiflung, und ein mulmiges Gefühl stieg in ihm auf.

»An der Parole beißt sich Commissario Umberto bisher die Zähne aus«, sagte Solarino. » Sie lautet, warte mal …«

»*Respectez Asia.*«

»Du bist eindeutig hellseherisch begabt, Alfredo.«

»Danke«, sagte Abel trocken. »Wenn meine Karriere als Rechtsmediziner ins Stocken geraten sollte, kann ich immer noch auf Wahrsager umschulen.«

»Absolut!«, bestätigte Solarino. »Die Schriftexperten waren übrigens ganz aus dem Häuschen, als sie dieses irre Gekritzel zu sehen bekamen. Professore Bonfini, unser Chef-Graphologe, ist der Ansicht, dass der Täter in einem ›maximalen Erregungszustand‹ gewesen sein muss, als er die Parole auf dem Körper der Toten angebracht hat. Er hat so sehr gezittert, dass der Schriftzug fast wie das EKG eines Hundert-Meter-Sprinters aussieht. Gleichzeitig hat er mit dem Lippenstift so fest aufgedrückt, als ob er den Bauch der Toten mit einem Messer bearbeiten würde.«

Abel holte tief Luft.

Genau das hat auch Jankowski gesagt, dachte er. *Der Täter hält sich durch das Beschriften von einer sehr viel zerstörerischeren Handlung ab. Deshalb auch dieses krampfhafte Zittern: Er ist so erregt, weil er kurz davor ist, das zu tun, was ihm den maximalen Kick geben würde. Den Leichnam zerfetzen oder wie auch immer dieses ultimative Erlebnis in seiner Wahnwelt aussehen mag. Aber warum hält er sich davon zurück? Weil er die Erfahrung gemacht hat, dass er dann total ausrastet und sich dadurch auch selbst gefährdet?*

»Wie sieht es am Tatort aus?«, fragte er Solarino. »Hat der Täter irgendetwas geraubt?«

»Er hat alles durchwühlt und verwüstet«, antwortete der Italiener. »Das musst du dir mit eigenen Augen ansehen. Die Wohnung der bedauernswerten Signora Lamberti – mögen die Geister ihrer Ahnen sie freundlich empfangen – sieht wie ein Schlachtfeld aus. Der Täter hat jede Menge Kleider und Bilder zerfetzt und am Ende nur ein paar eher wertlose Schmuckstücke und das Bargeld aus ihrer Handtasche mitgenommen. Ein Psychopath, wenn du mich fragst, der noch nach seinem Ableben im Reich der Toten jede Menge Ärger machen wird.«

»Das kann er von mir aus gerne machen«, sagte Abel. »Je eher, desto besser.«

»Das ist zu kurz gedacht, Alfredo«, tadelte Solarino. »Meiner Ansicht nach ist der Tod sowieso eine so traumatische Erfahrung, dass wir alle im nächsten Leben erst mal eine Therapie brauchen, um uns einigermaßen davon zu erholen.«

Abel schüttelte nur stumm den Kopf. Der Italiener schien zu spüren, dass sein Gesprächspartner an weiteren Abschweifungen in spirituelle Welten nicht interessiert war, und so riss er sich glücklicherweise zusammen.

»In einem Punkt liegst du allerdings daneben«, sagte er. »Das Opfer wurde nicht erwürgt, sondern mit einem stumpfen Gegenstand erschlagen.«

»Erschlagen?«, wiederholte Abel verblüfft. »Ist das dein Ernst, Biagio?«

»Ist Sizilien eine Insel?«

Abel war irritiert. Serientäter gingen fast immer nach dem Motto »Never change a running system« vor. Wenn sich ihr Modus Operandi bewährt hatte, blieben sie in aller Regel auch dabei. »Keine Würgemale am Hals des Opfers?«, vergewisserte er sich.

Solarino stieß ein heiseres Lachen aus. »Oh doch, sogar jede Menge. Aber das Opfer hat einen Hals wie eine Bulldogge. Sehr kurz und stämmig. Der Täter hat es einfach nicht geschafft, ihr die Luft abzudrücken. Also hat er sich einen schmiedeeisernen Kerzenständer gegriffen und die arme Signora Lamberti – möge ihre Seele bald im Paradies eintreffen – erschlagen. Mit einem einzigen Hieb, aber der war so heftig, dass ihr Schädel regelrecht zertrümmert worden ist.«
Auch das spricht dafür, dass er bei seinen Taten bisher nur einen Bruchteil seiner Aggressionen herausgelassen hat, dachte Abel. *Vielleicht weiß er aus Erfahrung, dass er eine Bombe ist, die alles zerstören würde – ihn selbst eingeschlossen –, wenn er auf den Zünder drückt.*
Für einen kurzen Augenblick kam ihm der Herzhacker in den Sinn. Er fuhr sich mit der Hand über das Gesicht, um die Erinnerung zu verscheuchen.
»Wenn ich es mir recht überlege«, sagte Solarino, »hat Signora Lamberti überhaupt viel von einer Bulldogge. Vielleicht ist sie in einem früheren Leben ja eine gewesen.«
Erneut atmete Abel tief durch. Solarino hatte beste Chancen, zum König der Käuze gekürt zu werden, falls bei einem internationalen Rechtsmediziner-Kongress einmal ein solcher Wettbewerb veranstaltet würde.
»Tausend Dank, Biagio. Du hast mir sehr geholfen«, sagte Abel. »Und mach dich schon mal darauf gefasst, dass ich morgen zu dir nach Bari komme.«
»Darauf war ich schon gefasst, bevor du angerufen hast«, gab Solarino würdevoll zurück.

☠ ☠ ☠

44

**London-Heathrow, Ibis-Hotel,
Donnerstag, 9. Juli, 20:27 Uhr Ortszeit**

Gegen Abend kühlte die Luft ein wenig ab, dafür wurde es mörderisch schwül. Dunkle Wolken ballten sich am Himmel über Heathrow, und auch Abels Stimmung wurde immer düsterer.

Die Klimaanlage in seinem Zimmer machte einen Höllenlärm, war ansonsten aber wirkungslos. Abel hatte sich bei der Rezeption beschwert und die Auskunft erhalten, dass sie morgen einen Techniker vorbeischicken würden.

»Dann hat zumindest der nächste Gast etwas davon«, hatte er erwidert. Sein Flieger nach Bari – mit einem Zwischenstopp in Mailand – startete um 07:25 Uhr.

Abel öffnete eine Miniflasche Grauburgunder aus der Zimmerbar und machte es sich auf einem Sessel am offenen Fenster bequem. Draußen war es auch nicht heißer als drinnen, und zumindest sorgten die in Sichtweite startenden und landenden Flieger für die Illusion von ein wenig Luftbewegung.

Auf seiner Telefonliste standen der Profiler Jankowski, seine Schwester Marlene und Marie Lindweg. Die Gespräche mit Marlene und mit Lillys Mutter würden aus unterschiedlichen Gründen unerfreulich werden, das sah Abel klar voraus, auch wenn er selbst sich keine hellseherischen Fähigkeiten zuschrieb. Aber nicht nur deshalb schob er sie beide noch vor sich her. Dringender als alles andere brauchte er jetzt Jankowskis Rat.

Ein professionell erstelltes Täterprofil erlaubte Prognosen nicht nur über Alter, Geschlecht und Aussehen, sondern auch über Intelligenz, Gefühlswelt und Sozialkompetenz eines Täters. Selbst über seine Lebenssituation, seinen Beruf und seine Freizeitaktivitäten ließen sich unter Umständen konkrete Aussagen ableiten.

Abel rief Jankowski auf seinem Mobilanschluss an und war erleichtert, als sich der Profiler beim zweiten Klingeln meldete.

»Hallo, Timo, Fred Abel hier. Hast du einen Moment Zeit?«

»Für dich jederzeit. Zumindest ein paar Minuten«, schränkte er ein. »Der Feuerteufel hält mich immer noch in Atem.«

»Danke dir. Ich fasse mich so kurz wie möglich«, sagte Abel mit einem Anflug von Schuldbewusstsein. »Es geht um den Nachläufer, der alte Frauen umbringt und ihre Körper mit dieser Parole beschriftet. Der Kerl hat zum dritten Mal zugeschlagen. Ich brauche so schnell wie möglich ein Täterprofil von dem Miles & More-Killer, wie ich ihn mittlerweile nenne. Er scheint der reinste Flug-Junkie zu sein: letzten Donnerstag Berlin, am Montag London, vorgestern Bari. Die Tatorte sind immer in unmittelbarer Nähe des Flughafens.«

»›Miles & More-Killer‹ ist gut«, sagte Jankowski. »Was weißt du noch über ihn?«

Nachdem Abel ihm alles berichtet hatte, was Markwitz und er selbst bisher herausgefunden hatten, blieb Jankowski ungefähr eine halbe Minute lang stumm.

Von seinem Sessel am offenen Fenster aus beobachtete Abel, wie ein Jumbojet im Landeanflug und ein startender Airbus scheinbar direkt aufeinander zuhielten, dann jedoch in weitem Abstand aneinander vorbeizogen. Er konnte nur hoffen, dass es ihm mit dem Killer nicht genauso ergehen würde.

»Dein Täter gerät außer Kontrolle«, sagte Jankowski schließlich. Er klang ernst und hochkonzentriert. »Er schlägt in immer kürzeren Abständen zu. Und er gehört allem Anschein nach zum chaotischen, desorganisierten Tätertyp.

Du musst höllisch aufpassen, Fred, wenn du ihm in die Quere kommst.«

»Das habe ich vor. *Falls* ich ihm in die Quere komme – bisher renne ich ihm nur hinterher. Ich muss unbedingt mehr darüber wissen, wie er tickt, was ihn antreibt, wie er Opfer und Tatort auswählt. Nur so kann ich nahe genug an ihn herankommen, um ihn zu schnappen.«

Jankowski verstummte erneut, und Abel hütete sich, ihn beim Nachdenken zu stören. Ein Klopfton in seinem Black-Berry machte ihn darauf aufmerksam, dass ein weiterer Anruf hereinkam. Doch als er auf dem Display nachsah, um wen es sich handelte, stand dort nur »Unbekannter Teilnehmer«, und so klickte er den Anrufer weg.

»Vielleicht hast du schon mal von *Geographical Profiling* gehört«, meldete sich Jankowski wieder zu Wort. »Das ist ein relativ neuer Zweig unserer Wissenschaft. Geographische Profile basieren auf der Auswertung von empirischen Daten zum Täterverhalten – übrigens nicht nur bei Menschen, sondern auch bei anderen Spezies, beispielsweise bei Futter suchenden Hummeln.«

Hummeln?, dachte Abel. Es kam ihm seltsam vor, dass das Verhalten eines psychopathischen Serienkillers mit der Futtersuche so harmloser Insekten vergleichbar sein sollte. Bei jedem anderen hätte er mit seiner Skepsis nicht hinterm Berg gehalten, aber da der Vergleich von Jankowski kam, nahm Abel ihn ernst.

»Hummeln machen sich immer in relativer Nähe zu ihrem Nest auf Futtersuche«, fuhr der Profiler fort. »Sie fliegen in konzentrischen Kreisen um ihr Zuhause herum und weiten diese Kreisbewegungen so lange aus, bis sie fündig geworden sind. Nur den direkten Umkreis ihres Nestes sparen sie aus, um keine Feinde auf ihre Fährte zu locken. Genauso machen es viele Serientäter, und im Prinzip verhält sich dein Killer genauso – nur mit dem Unterschied, dass er offenbar

eine Art Nomade ist. Deshalb sucht er sich seine Opfer im Umkreis des Flughafens, auf dem er gerade gelandet ist. Trotzdem folgt er damit quasi einem genetischen Programm, das wir alle in uns tragen.«
Abel ließ sich das durch den Kopf gehen. »Okay, leuchtet mir ein. Aber als Hummel sehe ich ihn trotzdem nicht. Eher als ein hochgefährliches Raubtier.«
Wieder erklang der Klopfton in seinem Mobiltelefon. Wieder war es ein anonymer Anrufer, und abermals klickte Abel ihn weg. *Vielleicht ist es Marie Lindweg*, dachte er, *die aus irgendeinem Grund die Anzeige ihrer Rufnummer unterdrückt.*
Ihm kam eine dunkle Ahnung. Wozu wäre Lillys Mutter fähig, wenn sie feststellen müsste, dass er sein Versprechen nicht einhalten konnte? Doch so weit durfte und würde es nicht kommen. Genau deshalb hatte er Jankowski jetzt ja um Hilfe gebeten.
»Wenn du dich an dem Vergleich mit Hummeln störst, dann denk eben an Haifische«, sagte Jankowski. »Aus der Sicht eines Geographie-Profilers verhalten sie sich nicht anders als Hummeln. Sie kreisen um einen Ausgangspunkt und erweitern diese Kreise immer mehr, bis sie auf die passende Beute stoßen.«
»Als Hai sehe ich ihn schon eher. Wie es scheint, hat das große Fressen für ihn gerade erst begonnen, bei drei Morden innerhalb weniger Tage. Aber lass uns jetzt mal konkreter werden: Wie kann ich herausfinden, wo er als Nächstes zuschlagen wird?«
»Auch wir Profiler können nur sehr begrenzt die Zukunft voraussehen«, wehrte Jankowski ab. »Und gerade bei dem desorganisierten Tätertyp ist es ausgesprochen schwierig, sein Verhalten zu prognostizieren. Er handelt oftmals impulsiv, also planlos oder indem er seinen eigenen Plan über den Haufen wirft. Auch seinen Modus Operandi kann er

verändern, wenn es die Situation erfordert – wie er es in Bari ja auch gemacht hat. Seine ersten beiden Opfer hat er erwürgt, und als er bei seinem dritten Mord mit dieser Tötungsart auf Schwierigkeiten gestoßen ist, hat er sein Opfer mit dem Kerzenständer erschlagen. Aber ganz anders sieht es mit seiner Signatur aus, mit der individuellen Täterhandschrift.«

Jankowski legte eine Pause ein, und Abel nahm einen Schluck von seinem Grauburgunder. Schon nach so kurzer Zeit war der Wein viel zu warm geworden und schmeckte ekelhaft.

»Wenn wir von der Täterhandschrift sprechen«, fuhr Jankowski fort, »ist das normalerweise im übertragenen Sinn gemeint. Aber in diesem Fall lässt sich der Begriff ja sogar wörtlich verstehen. Durch seine Handschrift verrät der Täter uns eine Menge über seine Persönlichkeit – ob er will oder nicht. Über den mächtigen Drang, der ihn dazu zwingt, seine Taten auf diese ganz spezielle Art und Weise zu begehen. Jeder Täter hat, wie alle anderen Menschen auch, sehr persönliche Bedürfnisse. Und deren Spuren findet man, wenn man entsprechend sensibilisiert ist, nicht nur am Tatort, sondern auch an der Leiche seines Opfers.«

»Und was verraten dir die Taten unseres Serienmörders über seine Persönlichkeit?«

»Diese Frage kann letztlich nur der Ermittler vor Ort beantworten«, gab Jankowski zurück. »In diesem Fall also du, Fred. Ich kann nur versuchen, dich von hier aus zu coachen. Einen Sinn ergibt die Signatur eines Täters erst durch die Ausdeutung des gesamten Spurenbilds. Sieh dir den Tatort in Bari ganz genau an. Rekonstruiere den Tathergang minutiös. Frage dich immer wieder, was der Täter im Einzelnen getan hat, was nicht für die Ausführung der Tat nötig gewesen wäre und auch nicht dafür, die Tat zu vertuschen. Diese Handlungskomponenten sind die Puzzleteile, aus denen

sich seine Signatur zusammensetzt – also der Schlüssel zu seiner Persönlichkeit. Dazu gehört im konkreten Fall ganz bestimmt die Parole, die er auf die nackte Haut seiner Opfer schreibt. Und natürlich dieses extreme Zittern und die aggressive Art, wie er den Stift handhabt. Zur Signatur kann es beispielsweise auch gehören, wenn ein Täter seine Opfer ›übertötet‹, also weiter auf sie einsticht oder -schlägt, obwohl sie offensichtlich nicht mehr am Leben sind.«
Den Schluss dieser Erklärungen konnte Abel nur noch mit Mühe verstehen. Der Himmel dröhnte unter gewaltigen Donnerschlägen. Blitze zerrissen die schwarze Wolkendecke, in weiter Ferne noch, doch die Donnerschläge klangen schon jetzt nach einem mittleren Weltuntergang.
Gleichzeitig klatschte etwas schwer gegen Abels Arm. In der ersten Verblüffung glaubte er, dass nun auch noch ein Wolkenbruch mit golfballgroßen Tropfen angefangen hätte. Aber als er seinen rechten Ärmel untersuchte, fand er nur einen schlammigen Fleck am Oberarm.
»Timo, ich muss Schluss machen!«, rief er gegen das Donnergetöse in sein Handy. »Erst mal vielen Dank – ich melde mich wieder!«
Ohne eine Antwort abzuwarten, beendete er das Gespräch und steckte sein Smartphone ein. Gleichzeitig sah er sich suchend um. Sein Blick fiel auf den Teppichboden neben seinem Sessel, und er wollte seinen Augen nicht trauen. Offenbar hatte jemand durch das offene Fenster einen Schlammklumpen zu ihm hereingeworfen, der unter dem Anprall in tausend Bröckchen zerbröselt war.
Blitzschnell glitt Abel von seinem Sessel und ging unter dem Fenster in Deckung. Weitere Brocken, mehr Stein als Schlamm, flogen herein und prallten hart gegen die Wand. *Vielleicht nur ein Dummer-Jungen-Streich,* fuhr es ihm durch den Kopf. Aber er würde es nicht darauf ankommen lassen.

Sein Zimmer befand sich im ersten Stock und wies auf die Rückseite des Hotels hinaus. Dort hinten gab es einen kleinen Wirtschaftshof und drum herum jede Menge Brachland.
Allem Anschein nach war die Schlammbombe durch ein Blatt Papier zusammengehalten worden, das jemand um den Klumpen herumgewickelt hatte. Abel nahm das pappartige, lackierte Blatt vom Boden auf und glättete es notdürftig.
Das Blatt war mit einer gestochen scharfen Farbaufnahme bedruckt, die ihn selbst auf der Parkbank in West Drayton zeigte. Am unteren Bildrand waren das heutige Datum und die sekundengenaue Uhrzeit der Aufnahme eingeblendet: *09.07., 16:43:13 h.*
Für einen Dummen-Jungen-Streich ist das deutlich zu viel Aufwand, sagte sich Abel. *Und der Killer, den ich jage, kann mich auch nicht mit diesem Schlammgeschoss bombardiert haben – es sei denn, er wäre nach dem Mord in Bari aus irgendeinem Grund umgehend nach London zurückgekehrt.*
Doch das klang alles andere als plausibel.
Während vor seinem Fenster nun tatsächlich ein Wolkenbruch niederging und sich mit Donner und Blitz zu einer archaischen Multimediashow vereinte, drehte Abel das zerknickte und schlammbeschmierte Foto um.
»*Halt dich raus, Arschloch!*«, stand auf der Rückseite in einer Computerschrift, die auf den ersten Blick wie ausgeschnittene Zeitungsbuchstaben aussah. »*Sonst bist du tot!*«

☠ ☠ ☠

45

**Rabat, Marokko, Geschlossene Abteilung
der Staatlichen Psychiatrischen Anstalt,
13 Jahre zuvor**

Der Irrenarzt hieß Dr. Stéphane Boulemain, und er ließ einfach nicht locker. »Franco, wenn du hier nicht bei lebendigem Leib verrotten willst, musst du mit mir reden.«
»Einen Scheißdreck muss ich«, gab Franco zurück.
Doch Boulemain bohrte immer weiter. Mit seiner kalkweißen Haut und dem Ziegenbart sah er so idiotisch aus, dass er sich am besten erst mal selbst behandelt hätte. Das fand jedenfalls Franco.
»Du und dein Bruder Nasir seid bei eurer Mutter und drei älteren Schwestern aufgewachsen«, hakte der Seelenklempner nach. »Euren Vater habt ihr nie kennengelernt. Deinem Bruder sind die vier Frauen ja einigermaßen respektvoll begegnet, weil er älter ist als du und im Familienbetrieb mitgearbeitet hat. Aber dich haben sie immer wie den letzten Dreck behandelt.«
»Woher willst du das wissen?«, knurrte Franco, obwohl es zufällig sogar stimmte.
Seine Mutter und seine Schwestern hatten ihn bei jeder Gelegenheit heruntergemacht. »Franco, du Schlappschwanz« hier und »Franco, du bescheuertes Arschloch« dort. Und natürlich hatten sie ihn auch verprügelt, jedenfalls solange er ein kleiner Junge gewesen war. Sie hatten ihn mit Stöcken und mit Lederriemen vertrimmt, mit der Pfanne und jedem anderen Gegenstand, der gerade zur Hand war. Sie hatten ihn eingesperrt und zur Sicherheit auch noch angekettet, damit er ihnen auf gar keinen Fall entkommen konnte.
Mit acht war er trotzdem zum ersten Mal abgehauen. In

dem Provinzkaff Ifrane in den marokkanischen Bergen kannte jeder jeden, und so war er bald darauf eingefangen und zurückgebracht worden. Aber er hatte es wieder und wieder probiert. Ringsum gab es nichts als Wälder, und mit der Zeit hatte er gelernt, sich allein in der Wildnis durchzuschlagen. Aber das alles ging den Irrenarzt einen Ziegenschiss an.

Franco hatte längst den Überblick verloren, wie lange er schon hier in der Klapse festsaß. Alle paar Wochen ließ ihn Boulemain von einem Wächter in sein Behandlungszimmer im obersten Stock des festungsartigen Bauwerks bringen. Von hier aus hatte man freien Blick auf den Hafen von Rabat und das Meer bis zum Horizont. Aber ansonsten hatte der Seelenklempner nur sein immer gleiches, dämliches Gerede zu bieten.

»Deshalb hast du so einen Hass auf Frauen«, faselte er weiter. »Weil sie dich zu Hause so schlecht behandelt haben. Und deshalb hast du diese wildfremde junge Frau bei Ifrane in den Wald verschleppt, tagelang immer wieder vergewaltigt und zu Tode gefoltert – um dich an deiner Mutter und deinen Schwestern zu rächen!«

Es war das Blödsinnigste, was Franco je zu hören bekommen hatte.

Er liebte seine Mutter, auch wenn sie in seinen Alpträumen manchmal üble Dinge mit ihm anstellte. Aber sie war schließlich seine Mutter, oder etwa nicht?

»Lass mich einfach in Ruhe, Arschloch«, knurrte er und verschränkte die muskulösen Arme vor der Brust. »Sonst passiert dir irgendwann dasselbe wie der kleinen Schlampe – nur ficken musst du dich vorher selbst.«

Der Irrenarzt wurde noch bleicher. Er rief den Wächter Jibran herbei und wies ihn an, Franco zurück in seine Zelle zu bringen.

Dein Glück, dass sie mir alle Messer weggenommen haben,

dachte Franco. *Sonst würde ich dir jetzt in deine Eier schnitzen, wofür ich dich halte, du Wichser.*
Er kochte vor Wut. Aber er versuchte, sich nichts anmerken zu lassen, während er in seiner zerlumpten Irrenhausmontur an Boulemain vorbei aus dem Zimmer marschierte.
Der Wächter Jibran, ein Muskelpaket wie Franco selbst, lauerte unentwegt auf einen Vorwand, um einen Gefangenen zu verprügeln und auf jede nur vorstellbare Weise fertigzumachen. Aber Franco würde ihm keinen Vorwand liefern. Er hatte seine Lektion da draußen im Wald gelernt. Er würde alles daransetzen, um nicht noch einmal völlig die Kontrolle über sich selbst zu verlieren wie in der Holzfällerhütte mit der kleinen Schlampe. Bei Boulemain kam es nicht darauf an, von dem Irrendoktor ging keine Gefahr aus. Aber von Jibran durfte er sich auf keinen Fall provozieren lassen, wenn er hier lebendig wieder herauskommen wollte.
Und genau das wollte Franco, und zwar so schnell wie möglich. Doch er würde es auf seine Weise durchziehen, nicht auf die schwachsinnige Art, die ihm Boulemain immer wieder schmackhaft machen wollte. Er musste nur abwarten, bis Jibran wieder mal blaumachte und sie stattdessen einen dieser schwächlichen Ersatzwächter ins Feuer schickten. Und wenn er erst wieder draußen wäre, würde er sich ruck, zuck nach Frankreich absetzen, wohin der größte Teil seiner Sippe in den letzten Jahren abgehauen war.
Zurück in seiner Zelle, tigerte er ruhelos auf dem abgewetzten Steinboden hin und her. Warum musste Boulemain nur jedes Mal auf der Sache draußen in der Waldhütte herumreiten? Danach war Franco immer total aufgewühlt. So genau konnte er sich nicht daran erinnern, was er mit dem kleinen Miststück alles angestellt hatte. Aber das bisschen, was er noch in Erinnerung hatte, reichte tausendmal, um sein Herz wie irre klopfen zu lassen.

Sein Mund war ausgedörrt, als er sich auf seine Pritsche fallen ließ. Egal, ob er die Augen aufmachte oder schloss, er sah die miese kleine Schlampe vor sich. Und hörte sie, ihre Schreie, ihr Winseln um Gnade. Und roch sie, ihre Angst, ihre Pisse, ihr Blut. Mit seinem Schwanz hätte er ein Loch in die Zellenwand hämmern können, so hart wurde das Teil jedes Mal, wenn er an das verfickte kleine Miststück in der Waldhütte dachte.

In dem Holzverschlag hinter dem Haus seiner Mutter angekettet, hatte er als kleiner Junge irgendwann angefangen, sich vorzustellen, dass er einen Schwanz mit messerscharfen Klingen hätte. Mit elf oder zwölf hatte er zum ersten Mal abgespritzt, während er in seiner Phantasie eine Schlampe mit seinem Messerschwanz so richtig durchgefickt hatte. Etwas auch nur annähernd so Hammerhartes hatte er weder vorher noch nachher jemals erlebt – abgesehen von der Sache in der Waldhütte, als er das Ganze in Wirklichkeit ausprobiert hatte.

Es war erwartungsgemäß noch viel schärfer gewesen. Aber es hatte ihn auch hierhergebracht, in diese Hölle voll sabbernder Irrer mit und ohne Doktortitel. Und deshalb würde er, wenn er erst wieder draußen wäre, alles in seiner Macht Stehende tun, damit er nicht noch einmal so total die Kontrolle über sich selbst verlor.

☠ ☠ ☠

46

**London-Heathrow, Ibis-Hotel,
Donnerstag, 9. Juli, 21:51 Uhr**

Abel hatte seine Telefongespräche mit Marie Lindweg und mit Marlene eigentlich auf morgen verschieben wollen. Nach der mysteriösen Attacke mit der Schlammbombe war er für heute restlos bedient. Aber kaum hatte er sein Hemd aufgeknöpft, um sich zum dritten Mal an diesem Tag unter die Dusche zu stellen, da meldete sich erneut sein Smartphone.
»Die Ärzte geben Lilly nur noch wenige Tage!«, stieß Marie Lindweg hervor, ohne sich mit einer Begrüßung aufzuhalten. »Bitte, Fred, sag mir, dass Lars morgen freikommt!«
»Das kann ich leider nicht versprechen«, sagte Abel. »Aber es gibt gute Neuigkeiten. Lars ist …«
»Er sitzt in der Arrestzelle, ich weiß!«, unterbrach ihn Marie. »Du kannst auch nichts daran ändern, also muss ich einen anderen Weg finden.«
Ihre Stimme klang so schrill wie splitterndes Glas.
»Verlier jetzt bitte nicht die Nerven«, sagte Abel.
»Ich hole ihn da raus!«, schrie Marie. »Und wenn sie mich anschließend auch noch einbuchten – das ist mir scheißegal! Ich sorge dafür, dass er bei Lilly ist, wenn unsere Kleine …«
Sie bekam einen Weinkrampf.
»Mach nichts Unüberlegtes«, sagte Abel in drängendem Tonfall. »Hör mir doch bitte erst einmal zu.«
Ohne ein weiteres Wort legte Marie Lindweg auf.
Kopfschüttelnd stand Abel da und starrte auf das Display seines Smartphones. Sein mulmiges Gefühl, was Marie Lindweg betraf, hatte ihn nicht getrogen. Er konnte nur hoffen, dass sie sich wieder beruhigen würde. Morgen wür-

de er sie von Bari aus anrufen und versuchen, ihr auszureden, was immer sie sich ausgedacht hatte, um Lars' Freilassung zu erzwingen.

Er klickte auf die Anruferliste und stellte fest, dass Marie Lindwegs Handynummer an oberster Stelle aufgeführt war. *Sie kann also nicht der anonyme Anrufer von vorhin gewesen sein,* überlegte er.

Sehr viel wahrscheinlicher war sowieso, dass es der Schlammbombenwerfer zuerst mit einem weiteren anonymen Drohanruf probiert hatte. Als Abel nicht ans Telefon gegangen war, hatte er zu handfesteren Mitteln gegriffen. Das aber hieß, dass sein Schatten – wer immer es war – ihn hier in London auf Schritt und Tritt überwachte. Er hatte Abel angerufen, sobald er im Taxi vom Flughafen gesessen hatte. Er hatte ihn in West Drayton fotografiert, er wusste, in welchem Hotel und sogar in welchem Zimmer Abel abgestiegen war, und vorhin musste er da unten im Hinterhof auf der Lauer gelegen haben.

Mittlerweile war er von dem Wolkenbruch bestimmt vertrieben worden. Abel hatte trotzdem das Fenster geschlossen und die blickdichten Vorhänge zugezogen. Mit dem Resultat, dass es in seinem Zimmer unerträglich heiß war und er sich nach wie vor beschattet fühlte.

Hoffentlich ruft nicht auch Marlene noch an, dachte Abel, als er endlich unter der Dusche stand. Für übermorgen war die Beerdigung ihrer Mutter angesetzt, und er musste seine Schwester schonend darauf vorbereiten, dass er an der Zeremonie höchstwahrscheinlich nicht teilnehmen konnte. Aber das musste bis morgen warten. Marlene würde ihm zweifellos wieder heftige Vorwürfe machen, und ein Teil von Abel würde ihr insgeheim recht geben, obwohl er gleichzeitig davon überzeugt war, dass er so und nicht anders handeln musste.

Er musste diesen Serienkiller aus dem Verkehr ziehen, bevor der mordgierige Psychopath weitere Frauen ermorden konnte. Und bevor Lilly starb, ohne dass Lars noch einmal bei ihr gewesen war. Abels Mutter dagegen würde nicht wieder lebendig werden, ob er nun am Samstag zu ihrer Beerdigung kam oder nicht. Und seiner Trauer konnte er ohnehin nicht entfliehen.

Das Wasser, das in dünnen Strahlen aus dem Brausekopf rann, war so warm wie der Grauburgunder, den er gerade ins Waschbecken gekippt hatte. Kaum hatte er die Dusche abgestellt, da hörte er schon wieder sein Telefon.

Also gut, Marlene, bringen wir es hinter uns, dachte er und wickelte sich ein Badetuch.

Sein BlackBerry auf dem Nachttisch vibrierte, klingelte und blinkte gleichzeitig. »Ja?«, meldete sich Abel.

»Hast du jetzt kapiert?«, fuhr ihn der Anrufer mit demselben vagen osteuropäischen Akzent an wie beim letzten Mal. »Du hältst dich da raus, Arschloch! Das nächste Geschoss ist garantiert härter als eine Handvoll Dreck!«

☠ ☠ ☠

47

**Rabat, Marokko, Geschlossene Abteilung
der Staatlichen Psychiatrischen Anstalt,
13 Jahre zuvor**

Franco konnte sein Glück kaum fassen. Nur ein paar Tage nachdem ihn Dr. Boulemain das letzte Mal gelöchert hatte, hörte er draußen vor seiner Zellentür diese dünne, heisere Stimme.

»Wo ist Jibran?«, fragte der Typ in der Zelle nebenan.

Der mit der dünnen Stimme kiekste zurück: »Hat sich einen Krankenschein geholt. Ich bin Takim. Wir werden uns auch gut verstehen.«
Gut verstehen? So wie mit Jibran? Ganz bestimmt nicht, du jämmerlicher Schlappschwanz, dachte Franco.
Gleich darauf erschien Takims Mondgesicht im Kontrollfenster seiner Tür. Franco lag auf der Pritsche, zusammengekrümmt, mit schmerzverzerrtem Gesicht.
»Hilf mir«, röchelte er. »Ich muss zur Krankenstation. Sofort!«
Der Idiot von Ersatzwächter riss die Augen auf. »Was ist los mit dir?«
»Das Herz«, murmelte Franco. »Mach schnell, sonst ...«
Takim zückte seinen Schlüssel und schloss die Tür auf. Er war groß und breit wie Jibran, aber sein Körper schien größtenteils aus Fett zu bestehen. Und anders als Jibran war er blöd genug, hereinzukommen, ohne seinen Schlagstock vom Gürtel zu lösen.
Franco schnellte hoch und sprang den wabbeligen Typen an, wie er es einmal in einem Tierfilm gesehen hatte. Ein Löwe hatte sich über eine dämliche Gazelle hergemacht, und ganz genauso machte es jetzt auch er. Nur mit dem Unterschied, dass er nicht seine Zähne in die Kehle des Wächters grub, sondern ihm bloß mit den Händen den Hals zudrückte. Er riss den Fettkloß einfach um und kam auf ihm zu liegen. Er hatte sich fest vorgenommen, ihn am Leben zu lassen, wenn es sich irgendwie machen ließ.
Takim gab einen Seufzer von sich, und sein Körper wurde noch schlaffer, als er ohnehin schon war. Seine Augen waren geschlossen, aber sein Brustkorb hob sich nach wie vor unter seinen schwächlichen Atemzügen.
Alles bestens, dachte Franco. Nur seine Hände zitterten schon wieder wie im Krampf, als er dem Wächter die Uniform auszog. Jacke, Schuhe, Hose, Hemd. *Das Zeug ist mir*

viel zu groß, aber scheiß drauf, ich will schließlich keinen Model-Contest gewinnen.

Sein Herz pumpte mit tausend Schlägen pro Minute, mindestens, und seine Hände zitterten wie bei Schüttelfrost, als er sich die Häftlingsklamotten vom Körper zerrte. Gerade als er damit fertig war, regte sich der dämliche Takim wieder. Seine Lider gingen flatternd auf. Er starrte den nackten Muskelberg an, der vor ihm emporragte, und dann riss er auch noch das Maul auf.

Wut schoss in Franco hoch. Wieder sah er den Löwen vor sich, wie er die Gazelle riss. Er selbst war der Löwe, er warf sich auf seine Beute und schlug ihr die Zähne in den Hals. Er schmeckte Blut, spürte etwas Knorpeliges zwischen den Zähnen und biss noch fester zu.

Was danach noch alles passierte, wurde Franco auch später nie richtig klar. Er musste in eine Art Blutrausch geraten sein, wie Wölfe oder Weiße Haie. Als er wieder zur Besinnung kam, war Takim jedenfalls kaum mehr wiederzuerkennen. Er hatte ein Loch im Hals, wo sein Adamsapfel gewesen war, und in der Gegend unter seinem Nabel sah es nicht besser aus.

Alles war voller Blut. Franco wischte sich, so gut es ging, mit seinem Häftlingshemd ab, dann zog er sich Takims Uniform über.

Die Hose war ihm zu lang, trotzdem hatte der Typ viel kleinere Füße als er. Franco musste die Zehen zusammenkrümmen, damit seine Füße halbwegs in die Wächterschuhe hineinpassten. Aber egal, auch wenn er sich ein paar gestauchte Zehen einfing, das war es auf jeden Fall wert.

Er vergewisserte sich, dass der Schlagstock nach wie vor im Gürtelhalfter steckte, fischte den Schlüsselbund aus der Blutlache und öffnete die Zellentür.

Draußen auf dem Gang war niemand zu sehen. Nur die anderen Häftlinge beobachteten ihn durch die Guckfenster in

ihren Türen, aber diese Versager spielten keine Rolle. Seine Zehen taten scheißweh, als er mit Jibrans breitarschigem Wächterschritt auf das Schild mit der Aufschrift »*Sortie – Exit*« zumarschierte.
Es gibt Leute, die dir schaden wollen, und es gibt die anderen, die ungefährlich sind. Er hatte schon als Teenager begriffen, dass es am Ende immer nur auf diese Unterscheidung ankam.
Und dass er sich nie sicher sein konnte, zu welcher von beiden Sorten er selbst gehörte.

☠ ☠ ☠

48

Bari, Freitag, 10. Juli, 11:35 Uhr

Die Wohnung des Opfers war noch versiegelt, und eine offizielle Genehmigung zu bekommen hätte Tage oder sogar Wochen gedauert. Aber in Italien gab es nicht nur eine monumentale Bürokratie, sondern auch die menschenfreundliche Übereinkunft, dass Vorschriften im Zweifelsfall als Vorschläge anzusehen seien.
Biagio Solarino wartete mit zwei Carabinieri vor dem Apartmenthaus, in dem Signora Lamberti – »möge ihre Seele von dem Schock des Mordanschlags bald genesen« – die letzten Jahre ihres Lebens verbracht hatte. Als Abel mit dem Taxi vorfuhr, machte Solarino ihm ein verstohlenes Zeichen und rollte mit den Augen. Am Telefon hatte er Abel vorhin eingeschärft, dass sie sich in der Öffentlichkeit nicht begrüßen dürften, sondern Abel ihm in einigem Abstand in das Apartmenthaus folgen sollte.

Abel nickte und behielt Solarino unauffällig im Auge, während er den Fahrer bezahlte. Sein italienischer Kollege stammte aus Südsizilien, »also eigentlich schon aus Afrika«, wie Solarino regelmäßig hinzufügte. Er war von dem ausgemergelten, hoch aufgeschossenen Typus, der in Nordafrika häufig anzutreffen war, und so dunkelhäutig, dass man ihn in der Tat für einen Marokkaner oder Algerier halten konnte. Doch mit dem zurückgegelten, bläulich schimmernden Haar und seinem Faible für elegante Anzüge, taillierte Hemden und Schlangenlederschuhe war er eindeutig ein Italiener.

Solarino schloss die Haustür auf und verschwand in dem Betonbau, der ungeachtet seiner klatschmohnroten Fassade einen trostlosen Eindruck machte. Der ganze Stadtteil Baris, der zwischen dem Flughafen und einem Industriegebiet eingezwängt lag, wirkte ärmlich und deprimierend. Ein Konglomerat billiger Mietskasernen für die Industriearbeiter, die hier zu Tausenden in Chemie- und Autofabriken schufteten. Und für Senioren mit schmaler Rente wie Teresa Lamberti, die sich auch im Ruhestand kein erfreulicheres Domizil leisten konnten.

In der Mittagssonne war es so heiß wie im Inneren eines Pizzaofens. Vom Meer wehte zwar ein leichter Wind herüber, aber der kam direkt aus der Sahara und fühlte sich auch so an. Einer der beiden Carabinieri hielt Abel die Haustür auf, der andere salutierte. Offenbar hatten sie ihre Freude an der kleinen Komödie. Mit ihren dunkelblauen Uniformen gaben sie der Aktion zwar einen offiziellen Anstrich, ihre Aufgabe bestand aber wohl eher darin, unten vor der Tür Schmiere zu stehen. Commissario Umberto, der die Ermittlungen im Mordfall Teresa Lamberti leitete, war nicht eingeweiht worden, und die beiden Carabinieri waren Solarinos Neffen oder irgendwelche Verwandten des Dottore, wenn Abel ihn richtig verstanden hatte.

Wie auch immer, dachte er. Hauptsache, er konnte den Tatort untersuchen und fand Hinweise, die ihn weiterbrachten. Bevor der Killer ihm wieder ein Stück voraus war und sich seine Spur in irgendeiner anderen europäischen Großstadt verlor.
Und bevor Lilly in Berlin gestorben ist oder ihre Mutter irgendeine Dummheit anstellen kann, fügte er in Gedanken hinzu.
Kurz entschlossen ließ er seinen Koffer in der Obhut der Carabinieri zurück und stieg auf der hallenden Betontreppe in den dritten Stock hinauf.
Solarino hatte es gerade geschafft, das Siegel von der Apartmenttür zu entfernen, als Abel den engen, düsteren Flur betrat. Wieder sah ihn der Italiener verschwörerisch an und rollte mit den Augen. Trotz seiner Anspannung musste Abel seinen alten Freund angrinsen.
Doch sein Grinsen verflog, als er hinter Solarino in das Apartment von Signora Lamberti trat.
»Die Wohnung sieht ziemlich chaotisch aus«, hatte der Italiener gestern Abend am Telefon gesagt.
Das war die Untertreibung des Jahres. Es sah aus, als wäre ein Rudel tollwütiger Wölfe in Teresa Lambertis bescheidene Unterkunft eingefallen.

☠ ☠ ☠

49

**Bari, Wohnung von Teresa Lamberti,
Freitag, 10. Juli, 12:25 Uhr**

Nachdem Abel rund eine Stunde lang den Tatort untersucht hatte, war er in Schweiß gebadet. In dem Betonbau ohne Klimaanlage war es stickig heiß, trotzdem fühlte sich der Schweiß auf seinem Körper unangenehm kalt an.
Wie Angstschweiß, dachte Abel.
Das Zerstörungswerk, das der Täter mit manischer Unermüdlichkeit angerichtet hatte, konnte selbst einem abgebrühten Profi eine Gänsehaut verursachen. Zumal klar zu erkennen war, dass der Täter nicht einfach blindwütig alles zerfetzt hatte, was ihm in die Hände geraten war. Vielmehr hatte er eine sehr spezielle Auswahl getroffen.
»Sieh dir seine Handschrift ganz genau an«, hatte Jankowski gesagt. »Frage dich, was der Täter im Einzelnen getan hat, was nicht für die Ausführung der Tat nötig gewesen wäre und auch nicht dafür, die Tat zu vertuschen. Diese Handlungskomponenten sind die Puzzleteile, aus denen sich seine Signatur zusammensetzt – also der Schlüssel zu seiner Persönlichkeit.«
Hier in Bari hatte der Killer jede Menge Puzzleteile am Tatort zurückgelassen.
Stumm sah sich Abel in der kleinen Wohnung um. Nachdem Solarino und er einander begrüßt hatten, hatte der Italiener ihn erst einmal in Ruhe gelassen, damit sich der deutsche Kollege sein eigenes Bild machen konnte. Abel wusste, wie schwer es Solarino fiel, auch nur eine Minute lang seinen Mund zu halten. Desto höher rechnete er ihm seine Zurückhaltung an.
Der Täter hatte jedes Kleid und jeden Rock von Teresa

Lamberti mit einem Messer zerfetzt. In der Fotogalerie an der Wohnzimmerwand, die drei Generationen des häupterreichen Familienclans umfasste, hatte er jedes Foto verschandelt, auf dem weibliche Personen abgebildet waren. Diese Bilder hatte er aus den Rahmen gelöst und die dargestellten Frauen und Mädchen mit dem Messer herausgeschnitten oder mit der Messerspitze weggekratzt.

Sein Hass auf alles, was auch nur im weitesten Sinn mit Weiblichkeit in Verbindung gebracht werden konnte, war offenbar grenzenlos. In einem wahren Zerstörungsrausch hatte er sich an Dutzenden Ersatzobjekten ausgetobt, nur nicht an dem Leichnam des Opfers selbst. Die Zurückhaltung, mit der er Teresa Lamberti »nur« erschlagen und ihren Leichnam beschriftet hatte, wirkte gerade im Kontrast zu dem symbolischen Tsunami ringsum auf verrückte Weise unangemessen.

Nachdem Abel seinen Tatort-Schnellcheck abgeschlossen hatte, traf er im Flur des Apartments wieder mit Solarino zusammen.

Der Italiener hatte sich auf ein Knie niedergelassen und war gerade dabei, ein makabres Mosaik auf dem Steinboden auszulegen: großformatige Farbfotografien, die er am Tatort und in seinem Institut von Teresa Lamberti angefertigt hatte.

»Hier hat Gino Lamberti seine Mutter gefunden.« Er deutete in die Mitte des schmalen Eingangsraums. »Sie lag auf dem Rücken, mit zertrümmertem Schädel. Neben ihr der Kerzenständer, die Mordwaffe.«

Er zeigte auf eine der Fotografien. Abel ging neben ihm in die Hocke, um die Details besser zu erkennen.

»Zuerst glaubte der bedauernswerte Gino, seine Mutter wäre einfach nur gestürzt und mit dem Kopf gegen den Kerzenständer geknallt«, fuhr Solarino fort. »Dann erst hat er die Verwüstung in der restlichen Wohnung bemerkt. Na-

türlich war er noch mehr schockiert, als ihm klarwurde, dass jemand seine Mutter überfallen und ermordet hat.«
Abel nickte. »Und ihr Leichnam war vollständig bekleidet, als sie aufgefunden wurde – so wie hier?«
Er zeigte auf ein weiteres Bild, auf dem der Oberkörper der Toten in Nahaufnahme zu sehen war. Signora Lamberti trug eine cremefarbene Bluse, deren Knöpfe sorgfältig geschlossen waren. Von der Schrift auf ihrem Bauch war nichts zu sehen.
»Genauso«, sagte Solarino. »Das war der nächste Schock für die Familie der Toten. Aber du kannst mir glauben, Alfredo, auch ich wollte meinen Augen nicht trauen, als der entkleidete Leichnam vor mir auf dem Seziertisch lag.«
Sie wandten sich einer weiteren Fotografie zu. Der erdbeerrote Schriftzug auf dem Bauch der alten Frau bot in der Tat einen schockierenden Anblick.
»Der Täter wählt mit jedem Mord ein intimeres Körperteil für die Beschriftung aus«, sagte Abel. »Erst die Beine, dann den Rücken, jetzt den Bauch – was kommt wohl als Nächstes?«
Solarino sah ihn nachdenklich an. »Vielleicht die Brüste.«
Abel hatte eine andere Hypothese, aber die behielt er für sich. In Solarinos Ohren würde es sich anhören, als hätte er jedes Maß verloren und würde den Täter grundlos dämonisieren. Doch die gespenstisch verwackelte Schrift und mehr noch der aggressive Druck, mit dem der Lippenstift tief in den Bauch des Opfers gebohrt worden war, sprachen eine unmissverständliche Sprache.
Bei diesem Mord, sagte sich Abel, *hat sich der Täter noch so weit zurückgehalten, dass er sein Opfer nur getötet und ihren Bauch beschriftet hat. Beim nächsten Mal wird er mit seinem Opfer möglicherweise all das anstellen, was er eigentlich seit jeher vorhatte.*
Was immer das im Einzelnen sein mochte. Sein Bauchge-

fühl sagte Abel, dass der Täter dann keinen Lippenstift mehr verwenden würde.
Sondern das Messer, mit dem er diesmal nur Unmengen an Ersatzobjekten zerfetzt hatte.

☠ ☠ ☠

50

**Bari, historische Altstadt,
Ristorante L'Angeletto,
Freitag, 10. Juli, 13:40 Uhr**

Im Alfa Romeo der Carabinieri fuhren sie nach Bari hinein. Mit ihren malerisch engen Gassen und der gewaltigen Kathedrale bot die Altstadt ein erfreuliches Kontrastprogramm zur Vorstadt-Tristesse von San Paolo.
Das beschauliche Ristorante, in dem sie zu Mittag aßen, hieß *L'Angeletto*, das Engelchen.
»Ich suche die Gesellschaft guter Geister, sooft ich kann«, versicherte ihm Solarino. »Und du solltest das genauso machen, Alfredo – gerade weil wir in unserem Beruf so häufig mit dunklen Kräften zu tun haben.«
»Da ist was dran«, stimmte Abel zu.
Der Padrone, der wie ein übergewichtiger Posaunenengel aussah, hieß seine Gäste überschwenglich willkommen. Nachdem Solarino und er in operettenreifer Wechselrede das Menü ausgehandelt hatten, kam Abel wieder auf den Killer zu sprechen, der schon eine Blutspur durch halb Europa gezogen hatte. Er konnte an nichts anderes denken.
»Ein Serienmörder, der jeden Mord in einer anderen Stadt begeht«, fragte er, »ist dir so etwas schon mal begegnet?«

Solarino schüttelte den Kopf. »Von Berufs wegen nicht. Aber wenn du dich mit Wiedergeburtserfahrungen beschäftigen würdest, wüsstest du, dass die meisten Mörder Serientäter sind. Auch wenn sie in jedem ihrer Leben vielleicht nur einen oder zwei Morde begehen.« Solarino betastete seine Gelfrisur, die im Schummerlicht der Taverne geradezu funkelte.

»Durch ihre Verbrechen«, fuhr er fort, »traumatisieren sie sich selbst so stark, dass sie oftmals dazu verdammt sind, fünf oder mehr Leben hintereinander mit Morden zu verbringen.«

»Schlechtes Karma«, merkte Abel trocken an.

»Ganz genau, Alfredo.«

Solarino grinste hinterlistig. Wieder einmal fragte sich Abel, wie ernst der Italiener diesen ganzen Hokuspokus eigentlich nahm.

»Manche von ihnen haben irgendwann so viel schlechtes Karma angehäuft, dass sie sogar in ein und demselben Leben zum Serienmörder werden«, fuhr Solarino fort. »Und unter ihnen wiederum gibt es ein paar wenige verdammte Seelen, die auch noch dazu gezwungen sind, ruhelos in der Welt umherzuirren. Ich vermute, das trifft nur diejenigen, die in früheren Leben unvorstellbar viel Böses begangen haben. Jedenfalls kommt es nur sehr selten vor, soweit ich weiß.«

Abel seufzte unhörbar auf. Glücklicherweise erschien nun der Padrone persönlich, um ihnen *Pasta con frutti di mare* zu servieren, dazu einen goldfarbenen Pinot grigio.

»Also kennst du immerhin ein paar weitere solcher Fälle?«, fragte Abel, nachdem sie einander zugeprostet hatten. »Serienmörder, die ihre Verbrechen wie blutige Fußabdrücke auf der Landkarte verstreut haben?«

Solarino schlang eine Gabel Spaghetti in sich hinein und nickte gleichzeitig, was ziemlich seltsam aussah. »Zwei, um

genau zu sein«, sagte er mit vollem Mund. »Der eine war ein Deutscher namens Peter Nirsch. Er ist mit seinem blutigen Handwerk auch schon ziemlich weit herumgekommen, obwohl es damals noch keine Flugzeuge gab.«
Er gönnte sich einen weiteren Schluck Pinot grigio und redete mit deutlicherer Aussprache weiter. »Nirsch hat Deutschland in Richtung Süden durchwandert und unterwegs so viele Menschen ermordet, wie er nur konnte. Mit Vorliebe hat er schwangeren Frauen die Kinder aus dem Bauch geschnitten. Als er schließlich in Nürnberg gefasst wurde, gestand er, mehr als fünfhundert Menschen mit seinem Messer getötet zu haben.«
»Fünfhundert?«, wiederholte Abel. »Geht da nicht die Phantasie mit dir durch, Biagio?«
Solarino machte ein betont würdevolles Gesicht. »Ich habe nur aus einer alten Chronik zitiert. Das Ganze hat sich vor einem halben Jahrtausend abgespielt. Nirsch hat 1575 mit seiner Mordserie begonnen und wurde 1581 verhaftet.«
»Im sechzehnten Jahrhundert!«, staunte Abel. »Da steht ja unser Killer geradezu in einer altehrwürdigen Tradition.«
Diesem Gedanken gingen sie nach, während der Padrone Kalbsfilet servierte, das Abel genauso vorzüglich schmeckte wie der dazu kredenzte Vermentino.
»An einen anderen reisenden Serienmörder müsstest du dich noch aus deiner Studienzeit erinnern«, sagte Solarino, als der Wirt zum Dessert Profiterols auftischte. »In den 1990er Jahren war Jack Unterweger ein Medienstar, zuerst in Österreich und Deutschland, später auch in den USA. Er war Mitte der Siebziger zu lebenslanger Haft verurteilt worden, weil er in Salzburg ein achtzehnjähriges Mädchen getötet hatte. Das arme Ding hatte ihn bei einem Einbruchsversuch ertappt. Um seine Spur zu verwischen, täuschte er nach ihrer Ermordung ein Sexualverbrechen vor.«
Abel nickte. »Na klar, ich erinnere mich gut, der Typ war ja

monatelang in allen Medien. Im Gefängnis hat Unterweger auch noch angefangen, Literatur zu schreiben. Die linke Kulturschickeria von Deutschland und Österreich hat ihn daraufhin zum ›Knastpoeten‹ geadelt und eine Petition verfasst, in der seine vorzeitige Haftentlassung verlangt wurde, weil er sich angeblich musterhaft resozialisiert hatte.«

»Immer dasselbe.« Solarino hob sein Glas und prostete Abel mit dem leuchtend gelben Limoncello zu, den der Padrone zwischenzeitlich in eisüberzogenen Gläsern serviert hatte. Doch Abel winkte dankend ab. Er hielt sich lieber an den höllisch starken Espresso, den der Wirt gleichfalls aufgetischt hatte. In der letzten Stunde hatte er mehr Alkohol konsumiert als sonst in einer ganzen Woche. »Aber so richtig musterhaft hat er sich dann doch nicht aufgeführt, wenn ich mich richtig erinnere.«

»In gewisser Weise war Unterweger schon musterhaft«, entgegnete Solarino. »Er war ein Lehrbuchbeispiel für den Irrglauben an die Resozialisierbarkeit von Schwerstkriminellen. Nachdem Unterweger 1990 freigelassen worden war, spielte er die Rolle des Musterschülers offenbar überzeugend weiter. Er war ein gerngesehener Gast auf Partys und in Talkshows, und nebenher startete er eine beachtliche Mordserie. Von 1990 bis 1992 hat er wenigstens elf Prostituierte ermordet – in Prag, Graz, Bregenz, Wien und zum Abschluss drei weitere in Los Angeles. Zumindest sind das die Fälle, die man Unterweger zuschreiben konnte. Jede dieser jungen Frauen hat er mit ihrer eigenen, zu einem modifizierten Henkersknoten gebundenen Unterwäsche stranguliert.«

»Seine Signatur«, warf Abel ein.

»Die ihm schließlich zum Verhängnis wurde«, ergänzte Solarino. »Nachdem er in einem Indizienprozess zu lebenslanger Haft verurteilt worden war, erhängte er sich in seiner Zelle in der Justizvollzugsanstalt in Graz. Dafür benutzte er

die Kordel aus seiner Jogginghose, die er zu genau demselben Henkersknoten geknüpft hatte – ein spätes Schuldeingeständnis, wenn du mich fragst.«
Abel ließ sich das durch den Kopf gehen.
»Das sehe ich anders«, sagte er dann. »Ich habe mich mit einem befreundeten Profiler lange über die Handschrift von Serientätern unterhalten. So wie ich ihn verstanden habe, kann ein Mörder wie Unterweger – oder wie unser Killer – seine Signatur nicht einfach so verändern. Sie ist der Ausdruck seiner Bedürfnisse, seiner Persönlichkeit. Meiner Ansicht nach hat Unterweger also mit seinem letzten Tötungsakt – dem Suizid – zum Ausdruck gebracht, wen er letzten Endes zum Henker gewünscht hat. Wen er eigentlich gehasst hat und umbringen wollte, obwohl erst einmal mindestens elf unschuldige Frauen dran glauben mussten: nämlich sich selbst.«
Während Solarino dazu überging, den neuesten Tratsch aus der italienischen Rechtsmediziner-Szene zum Besten zu geben, sinnierte Abel über das Böse, das in ihrem Serienkiller seine jüngste Verkörperung gefunden hatte. Auch wenn er nicht in einem religiösen Sinn an Teufel, Dämonen und höllische Verdammnis glaubte, war er doch zutiefst von der Existenz des Bösen überzeugt.
Sein Beruf hatte ihn gelehrt, dass Menschen unter bestimmten Umständen zu Teufeln werden konnten, die ihren Mitmenschen das Leben zur Hölle machten. Bekamen sie nur genügend Macht über andere, konnten sie ganze Länder oder sogar große Teile des Planeten in ein Inferno verwandeln.
Von einem früheren Besuch in Bari war Abel im Gedächtnis geblieben, dass fast die ganze Stadt irgendwann im Mittelalter von einem Herrscher namens *Wilhelm der Böse* zerstört worden war. Das hatte ihn schon damals beeindruckt, und so war es nur folgerichtig, dass ihm dieses Detail gerade

heute wieder einfiel. Würde es ihm gelingen, den Namen des Bösen herauszufinden, der diesmal Bari heimgesucht hatte?

☠ ☠ ☠

51

**Paris-Montmartre, Place du Tertre,
Montag, 29. Juni, 15:34 Uhr**

Auf dem Straßenmarkt an der Place du Tertre war wieder mal die Hölle los. Franco trieb sich zwischen den Ständen herum und tat so, als würde er sich brennend für irgendwelche dämlichen Gewürze interessieren. Für Lederhüte, die nach Schwein stanken, oder all den anderen Schrott, den sie hier von früh bis spät den Touristen andrehten.

Er hatte nie verstanden, warum es die Leute zu Zehntausenden nach Montmartre zog. Wieso rannten alle ausgerechnet dahin, wo es sowieso schon viel zu voll war? Er selbst war am liebsten allein. Mit einer kleinen Schlampe an einem abgelegenen Ort, an dem man vor unangenehmen Überraschungen sicher war.

Aber wo ist man schon vor Überraschungen sicher?, dachte Franco. *Nicht mal in seiner eigenen Familie.*

Als er sich vor ein paar Jahren das kleine Miststück geschnappt hatte und mit ihr in das Dornröschenschloss im Wald gefahren war, da hätte ihn Nasir anschließend fast hochgehen lassen. Sein eigener Bruder! Franco konnte es noch immer nicht richtig fassen.

Nur weil er den Kastenwagen mit dieser lächerlichen Beule

zurückgebracht hatte, war Nasir total ausgeflippt. Angeblich war im Wagen »alles voller Blut« gewesen. Und angeblich war auch Franco selbst »von Kopf bis Fuß mit Blut verschmiert« gewesen, als er von seinem kleinen Trip zurückgekommen war.

Nasir hatte das alles maßlos aufgebauscht. Aber er war immer schon ein Spießer und Duckmäuser gewesen. Für ein Lob von ihrer Mutter oder ein Lächeln von ihren Schwestern hätte Nasir sich wahrscheinlich sogar den Schwanz abgeschnitten.

Und die Eier dazu, dachte Franco.

Jedenfalls hatte sein Bruder damals einen Riesenaufstand gemacht. »Noch mal so eine Schweinerei und ich hetze dir die Bullen auf den Hals!«, hatte er gedroht. »Wenn die spitzkriegen, dass du in Rabat ausgebrochen und mit falschen Papieren in Frankreich bist, dann schicken sie dich schneller wieder nach Marokko in die Klapse, als du bis drei zählen kannst! Verstanden, Arschloch?«

»Alles klar, reg dich ab, Nasir.«

Franco hatte den Kopf gesenkt, damit sein Bruder nicht den Zorn in seinen Augen sah. Und er hatte die Hände in die Taschen geschoben, um das Zittern zu verbergen. In heißen Wellen schwappten Wut und Hass durch seinen Blutkreislauf. Er stellte sich vor, wie er die Hände um Nasirs Hals legte und mit aller Kraft zudrückte.

Aber in Wirklichkeit war es genau umgekehrt. Nasir hatte ihn in der Hand und konnte ihn fertigmachen, wenn Franco nicht nach seiner Pfeife tanzte.

Nasir war schlau, das musste Franco ihm lassen. Und er hatte sich um seinen kleinen Bruder gekümmert, nachdem Franco aus der Irrenanstalt in Rabat getürmt war. Er hatte dafür gesorgt, dass Franco mit dem Reisepass von einem ihrer Cousins ausreisen konnte. Das war überhaupt kein Problem gewesen. Der Cousin sah fast genauso wie Franco

aus und hatte mehr oder weniger den gleichen Vornamen. François. Außerdem war François ein Junkie und hatte sowieso keine Verwendung für den Pass. Jedenfalls, nachdem Franco sich um ihn gekümmert hatte.
Er hatte sich die Papiere geschnappt und war nach Marseille gefahren. Das war ein Kinderspiel gewesen, kein Grenzer und kein Bulle hatten ihn auch nur argwöhnisch angesehen. Nasir hatte damals gerade begonnen, seinen »Kunstgewerbe-Handel« aufzuziehen. Mittlerweile besaß er hier in der Nähe, im Afrikanerviertel Barbès, einen fünf Meter langen Marktstand, der unter Tonnen von Halsketten und Armbändern, Kitschgemälden und sonstigem Trödel fast zusammenbrach. Nasir kam mit dem Geldzählen kaum noch nach, denn die bescheuerten Touristen rissen ihm seinen »echt afrikanischen Ethno-Schmuck« nur so aus den Händen. Noch viel mehr Kohle machte er allerdings mit der Ware, die er an seine Stammkunden verhökerte. Meth und minderjährige Mädchen, beides frisch aus Marrakesch.
Im Lauf der Jahre hatte Nasir mehr oder weniger ihre ganze Sippe nach Paris geholt. Aber in der Rue Cavé im Afrikanerviertel, wo sie zu zwölft auf zwei Etagen wohnten, hielt es Franco noch weniger aus. Dort war es noch voller und lauter als hier am Montmartre. Vor allem wohnten auch ihre Mutter und ihre drei Schwestern mittlerweile bei Nasir, und nach wie vor ließen sie keine Gelegenheit aus, ihn zu beschimpfen. »Franco, du erbärmlicher Versager« hier und »Franco, du bescheuerter Schlappschwanz« dort, es war dieselbe beschissene Litanei wie vor dreißig Jahren in Ifrane.
Franco grub die Hände tiefer in die Taschen seiner weitgeschnittenen Jeans. Er schob sich durch das Gedränge und hielt nach geeigneter Beute Ausschau.
Es war ein heißer Tag, und entsprechend freizügig waren die meisten Frauen gekleidet. Franco wollte sich gar nicht

vorstellen, wie sie ohne Kleidung aussahen. Es würde ihn nur wieder in Schwierigkeiten bringen, aber diese Schlampen ließen ihm keine Chance. Unter ihren hauchdünnen T-Shirts und hautengen Blusen zeichneten sich ihre Nippel überdeutlich ab. Das machte ihn schier wahnsinnig.
Doch er würde sich nicht provozieren lassen, das hatte er sich fest vorgenommen. Nasir würde ihn den Bullen zum Fraß vorwerfen, wenn noch mal so etwas wie damals im Dornröschenschloss passierte, und Franco wollte auf keinen Fall zurück nach Rabat. In die Irrenanstalt zu Dr. Boulemain und dem Wächter Jibran. An die beiden zu denken war der beste Trick, wenn er wieder schwach zu werden drohte.
So wie jetzt, verdammte Scheiße!, dachte Franco.
Innerlich schrie er geradezu auf. Vor ihm lief ganz genauso eine kleine Schlampe, wie er sie sich damals im Bois de Boulogne geschnappt hatte. Vielleicht achtzehn, neunzehn Jahre alt, zierliche Figur, aber an den richtigen Stellen trotzdem prall.
Vorsichtig rückte er etwas näher auf. Er konnte sie schon riechen, ihren frischen, eine Spur süßlichen Schweiß. Er wusste ganz genau, wie ihr feuchter Körper riechen würde, wenn er die Nase in den Spalt zwischen ihren Titten schieben würde.
Aber das wirst du nicht tun, ermahnte er sich. *Wenn du auch nur mit den Fingerspitzen ihren Rücken berührst, ist es mit deiner Selbstkontrolle vorbei.*
Widerwillig ließ er sich ein paar Schritte zurückfallen.
Ich habe hier einen Job zu erledigen, sagte er sich. *Einen sterbenslangweiligen Job. Aber einen, der mir todsicher wieder ein paar Scheine einbringen wird.*
An Plakatwänden und Litfaßsäulen überall im Viertel klärte die Polizei darüber auf, dass der Montmartre ein »Eldorado für Taschendiebe« war. Aber die Touristen trugen ihre Geld-

börsen und Wertsachen trotzdem so einladend mit sich herum wie ein Obstbaum seine Früchte. Man brauchte sie nur zu pflücken, am besten natürlich bei den Frauen. Die waren schwächer als die Männer und schleppten praktischerweise alle ihre Habseligkeiten in der Handtasche mit sich herum. Außerdem hatten sie ganz etwas anderes verdient. Also mussten sie eigentlich froh und dankbar sein, wenn Franco ihnen nur ihre Handtasche entriss.

Er pirschte sich an eine stämmige Frau um die vierzig heran, die offenbar allein unterwegs war. Ihre Handtasche war nagelneu und sah teuer aus. Trotzdem ließ sie das gute Stück unbekümmert an einem Riemen von ihrer Schulter baumeln.

Ein bisschen Abwechslung gefällig?, dachte er. *Das kannst du haben, du fette Kuh.*

Spielerisch tastete er nach seinem Messer mit der feststehenden Klinge, das er wie immer unter seinem XXL-Shirt am Gürtel trug. Das Messer würde er hoffentlich nicht brauchen, aber man wusste nie.

Als er auf Griffweite heran war, packte er die Handtasche beim Trageriemen und riss sie zu sich heran. Die Frau wirbelte herum und umklammerte ihre Tasche mit beiden Händen.

»Du Bastard!«, schrie sie. »Polizei! Hilfe! Dieses Stück Scheiße will meine Tasche klauen!«

Sie brüllte wie am Spieß, und von allen Seiten drehten sich die Leute zu ihnen um.

»Lass verdammt noch mal los!«, schrie sie und stieß ihm ihr Knie in den Schritt.

Sie hatte Knie wie eine Elefantenkuh. Im letzten Moment drehte er sich zur Seite, aber sie erwischte ihn trotzdem an der Hüfte.

In Franco kochte die Wut hoch. »Du verdammte Nutte!«, fuhr er sie an. »Das war der größte Fehler deines Lebens!«

Er riss sein Messer aus dem Gürtelfutteral.
»Und dein letzter!«
Die Leute schrien wie aus einem Mund auf, als Franco ihr das Messer seitlich in den Hals stieß. Er hatte nicht besonders fest zugestoßen, trotzdem fuhr ihr die Klinge bis zum Heft ins Fleisch.
»Mörder!«, brüllte irgendwer mit einer Stimme wie ein Bär.
»Ruft die Polizei! Ist hier irgendwo ein Arzt? Oh Gott, sie stirbt!«, schrien alle durcheinander.
Franco stieß die Frau von sich, entriss ihr die Handtasche und rannte davon. Er drehte sich nicht um, als er das Klatschen hörte, mit dem der schlaffe Körper auf dem Asphalt aufschlug.
Hoffentlich verreckt sie, dachte er. *Die fette Schlampe ist selbst schuld. Warum hat sie nicht einfach ihre dämliche Tasche rausgerückt?*

☠ ☠ ☠

52

**Bari, historische Altstadt,
Freitag, 10. Juli, 15:10 Uhr**

Aus der dämmrigen Kühle des Ristorante *L'Angeletto* kehrten sie in die glutheißen Altstadtgassen zurück. Solarino redete ohne Punkt und Komma weiter, doch Abel hörte ihm nur noch mit einem Ohr zu.
Er bereute, dass er zum Essen zwei Gläser Wein getrunken hatte. So erfrischend der Pinot grigio und der Vermentino geschmeckt hatten, so sehr vernebelte der Alkohol ihm jetzt den Kopf. Und dabei brauchte er nichts dringender als einen

klaren Verstand! Wenn der Mörder das nächste Mal zuschlug, musste er ihn stellen, solange er noch in der Stadt war. Aber in welcher Stadt? Wie konnte er herausfinden, wo der Killer als Nächstes zuschlagen würde? Eines stand jedenfalls fest: Solange Solarino wie ein Wasserfall auf ihn einredete und unaufhörlich von Nahtoderfahrungen und umherirrenden Mörderseelen räsonierte, hatte Abel keine Chance, seine nächsten Schritte zu planen.

»Wir fahren jetzt erst mal ins Institut«, sagte Solarino, »da kann ich dir die Symptomatik der PMBS ausführlicher erklären.«

»PMBS?«, wiederholte Abel. »Was soll das denn sein?«

»Na ja, Postmortale Belastungsstörung«, sagte Solarino, »davon reden wir doch die ganze Zeit.«

Du redest davon, mein Guter, dachte Abel.

»Danach warten auf mich noch zwei Kunden im Sektionssaal. Das wird aber nicht allzu lange dauern. Der eine ist auf der sechzehnjährigen Freundin seiner Tochter, mit der er wohl schon seit zwei Jahren eine Affäre hatte, beim Geschlechtsakt zusammengebrochen; die Kleine war definitiv zu viel für sein großes Herz. Und der zweite besteht nur noch aus Knochen, völlig skelettiert, kein Wunder bei der seit Wochen herrschenden Hitze«, fuhr Solarino in seinem unstillbaren Rededrang fort. »Aber heute Abend musst du unbedingt zu mir nach Hause kommen. Ich koche was Leckeres, und wenn du willst, kannst du natürlich gerne auf der Couch bei mir übernachten.«

Abel gab ein unbestimmtes Brummen von sich. An die Couch in Solarinos Wohnzimmer hatte er nicht die besten Erinnerungen, schon wegen der Totem- und Dämonenskulpturen, die in dem kleinen Apartment so ziemlich jeden freien Quadratzentimeter bevölkerten. Davon abgesehen, war die Couch für Abels Körperlänge ganz einfach ein paar Zentimeter zu kurz.

Die beiden Carabinieri, die im *L'Angeletto* an einem Nebentisch verköstigt worden waren, folgten ihnen in zwanzig Meter Abstand. Einer von ihnen trug Abels Bordcase, der andere Solarinos Aktentasche. Solarino redete unentwegt, und Abel begnügte sich damit, ab und zu »Aha« oder »Interessant« einzuwerfen. Mehr wurde von ihm offenbar auch nicht erwartet.

Die Gassen hier im historischen Zentrum von Bari waren so schmal, dass man kaum zu zweit nebeneinander gehen konnte. Die Hausfassaden und das Pflaster waren stilecht restauriert worden. Man fühlte sich in ferne Epochen zurückversetzt. Besonders im Dunkeln, wenn die schmiedeeisernen Laternen die Szenerie nur schummrig erhellten, musste die Stimmung in dem Gassenlabyrinth geradezu schaurig sein.

Aber auch im hellen Tageslicht machten die verwinkelten, mit Weinlaub überwachsenen Gemäuer einen düsteren Eindruck. Abel hätte sich nicht gewundert, wenn aus einer der schmalen, niedrigen Türen ein Scharfrichter in wallender Kutte hervorgetreten wäre, der das Henkersbeil auf der Schulter trug und sein gefesseltes Opfer hinter sich herzog. Oder ein Meuchelmörder, der mit blutverschmierten Händen, das Gesicht unter einer Kapuze verborgen, das Weite suchte.

Er hatte es kaum gedacht, als sein Blick auf ein altmodisches Schild mit verschnörkeltem Schriftzug fiel. »*Pensione Guglielmo il Male*«, entzifferte Abel. Ein Pfeil zeigte die Gasse hinunter, die sich hinter einem Mauerbogen noch weiter zu verengen schien.

Abel musste unwillkürlich lachen. *Pension Wilhelm der Böse*, dachte er. *Das ist genau der Ort, an dem ich mich jetzt aufhalten sollte, um mich in unseren Nachläufer hineinzuversetzen.*

Solarino sah ihn erstaunt an. »Was gibt es da zu lachen?«

»Sei mir nicht böse, Biagio«, sagte Abel, »aber ich bin ganz erschlagen von der Hitze und dem Wein. Ich nehme mir da hinten in der Pension ein Zimmer und lege mich eine Stunde aufs Ohr.«

Er hatte damit gerechnet, dass Solarino protestieren würde. Aber der Italiener starrte ihn geradezu ehrfürchtig an.

»Du *hast* telepathische Fähigkeiten, Alfredo. Du machst nur zu wenig draus.«

Abel sah ihn nur fragend und leicht genervt an.

»Die Pension gehört Gino Lamberti«, fuhr Solarino fort, »dem Sohn von Teresa Lamberti, die dein Killer draußen in San Paolo erschlagen hat.«

Er drehte sich um und bedeutete den beiden Carabinieri, sich ihnen zu nähern.

»Vielleicht kannst du von Gino und seiner Frau Maddalena noch einen Hinweis bekommen, der dich weiterbringt«, fügte Solarino hinzu. »Aber Diskretion, bitte – offiziell weißt du von nichts!«

Er nahm den Bordcase von den Carabinieri entgegen und reichte ihn mit großer Geste an Abel weiter.

»Heute Abend um acht holen dich meine Neffen in der Pension ab und bringen dich zu mir. Keine Widerrede, Alfredo. Es gibt Hummer und Tintenfisch, unsere apulischen Spezialitäten!«

☠ ☠ ☠

53

**Paris-Montmartre, Place du Tertre,
Montag, 29. Juni, 15:43 Uhr**

Die Frau war bewusstlos. Sie lag auf dem Rücken, und unter ihrem Nacken hatte sich eine kleine Blutlache auf dem Straßenpflaster gebildet. Das Messer steckte quer in ihrem Hals, doch niemand wagte, die Klinge herauszuziehen.
In einem engen Kreis standen die Schaulustigen um sie herum. Immer noch schrien alle durcheinander.
»Ein Mord auf offener Straße! In was für Zeiten leben wir eigentlich? Herr im Himmel, sie stirbt! Wo bleibt denn nur die Ambulanz?«
Endlich traf der Notarzt ein. Im Laufschritt rannte er durch die widerwillig zurückweichende Menge, gefolgt von zwei Sanitätern mit einer Trage. Er knallte seinen Arztkoffer knapp neben die Blutlache und ging in die Knie.
Das Messer wirke wie ein Stöpsel, dozierte er in Richtung der Schaulustigen, während er den Kreislauf des Opfers stabilisierte. »Hätte jemand von Ihnen die Klinge herausgezogen, wäre die Frau unweigerlich verblutet.«
Die Schwerverletzte wurde auf die Trage gelegt und mit Klettverschlussbändern fixiert. Betroffen schauten die Augenzeugen dem Rettungswagen hinterher, der sich mit Blaulicht und Sirene einen Weg durch das Marktgedränge bahnte. Und sie sahen nicht weniger betroffen drein, als kurz darauf die Kriminalermittler vom Polizeikommissariat in der nahe gelegenen Rue Marcadet eintrafen und nach dem Aussehen des Täters fragten.
»Dunkelhäutig«, diktierten sie den Polizisten in die Notizblöcke. »Muskulös, mittleres Alter.« Allerdings sei der Tä-

ter eher klein gewachsen und habe hinter der Frau gestanden, als er ihr das Messer in den Hals stieß. Daher konnte niemand seine Gesichtszüge genauer beschreiben.
Bis zum Afrikanerviertel war es von hier nur ein Katzensprung. Aufgrund der Zeugenaussagen lag es nahe, den Täter dort zu suchen, wo ein großer Teil der aus Afrika stammenden Einwohner von Paris wohnte oder sich zumindest häufig aufhielt.

☠ ☠ ☠

54

**Bari, historische Altstadt,
Pensione Guglielmo il Male,
Freitag, 10. Juli, 16:20 Uhr**

Ich bin mir sicher, dass er in den nächsten Tagen wieder zuschlagen wird«, sagte Abel, »aber ich habe keine Ahnung, wo. Es ist zum Verrücktwerden!«
»Verrückt werden kannst du immer noch«, antwortete Timo Jankowski. »Schauen wir uns lieber noch mal mit kühlem Verstand an, was wir über deinen Täter wissen.«
Abel hatte seinen BlackBerry auf das wurmstichige Schreibpult gelegt und auf Lautsprecher geschaltet. Während er mit Jankowski redete, ging er in dem absurd winzigen Pensionszimmer zwischen Bett und Fenster hin und her. Bei jedem Schritt quietschten die jahrhundertealten Dielen. Wenn Abel sich nicht täuschte, war der Boden zur Tür hin sogar leicht abschüssig.
»Der Täter hat höchstwahrscheinlich einen afrikanischen Genotyp«, sagte Jankowski. »Seine dunkle Hautfarbe wird

durch diverse Zeugenaussagen bestätigt. Mehrere Zeugen haben außerdem präzisiert, dass seine Haut einen ›rußfarbenen‹ Farbton aufweist.«

Das waren zwar alles keine Neuigkeiten für Abel, aber schon der Tonfall des Profilers, gelassen und gleichzeitig hochkonzentriert, war Balsam für seine Nerven. Und den hatte er bitter nötig.

Bevor er Jankowski angerufen hatte, hatte er mit Marie Lindweg telefoniert. Lilly war noch bei Bewusstsein, aber die Ärzte rechneten fest damit, dass sie innerhalb der nächsten zwei, allerhöchstens drei Tage ins Koma fallen würde. Marie hatte sich angehört, als wäre sie vor Schmerz und Erschöpfung kaum mehr bei Sinnen. Sie hatte ihm nicht verraten, wie sie es anstellen wollte, Lars' sofortige Freilassung zu erzwingen. Abel hatte sie beschworen, nichts Unüberlegtes zu unternehmen. Doch er hatte gespürt, dass er nicht zu ihr durchgedrungen war.

»Der Mann ist mindestens dreißig und höchstens vierzig Jahre alt«, fuhr Jankowski fort, »eins siebzig bis eins dreiundsiebzig groß und ungewöhnlich muskulös. Er hat ein massives Problem mit seiner Aggressionskontrolle und gehört zum desorganisierten Tätertypus. Aber er geht nicht völlig planlos vor, sondern hat ein bestimmtes Tat- und Beuteschema.«

Konzentriert hörte Abel ihm zu. Die Wirkung des Weins war glücklicherweise verflogen. Vielleicht hatte Solarinos Schwadronieren über Totengeister und Seelenwanderung ihn sogar noch mehr benebelt als der Alkohol. Abel hätte viel darum gegeben, wenn er Jankowski bei der Jagd auf den Killer an seiner Seite gehabt hätte. Aber auch der telefonische Rat des Profilers konnte wertvoll sein.

»Bei allen drei Morden, von denen wir wissen, liegt der Tatort in der Nähe eines Flughafens«, referierte der Profiler weiter. »Bei den Opfern handelt es sich durchweg um alte

Frauen, die der Täter sofort nach Eindringen in ihre Wohnung erwürgt hat. Bis auf die dritte Tat in Bari, da hat er die Tötungsart gewechselt, nachdem er feststellen musste, dass er dieses Opfer aufgrund anatomischer Besonderheiten nicht auf die gewohnte Weise umbringen konnte. Ansonsten hat er sich auch hier an das bewährte Tatschema gehalten. Lass mich sehen.«

Im Handylautsprecher war leises Papierrascheln zu hören. Anscheinend blätterte Jankowski in seinen Notizen.

»Nachdem er das Opfer getötet hat, durchwühlt er die Wohnung«, fuhr der Profiler fort. »Als Beute bevorzugt er Bargeld und Schmuck. Bevor er wieder verschwindet, signiert er den Körper seines Opfers mit dem Schriftzug *Respectez Asia*, wobei er auffällig zittert. Für die Beschriftung verwendet er jedes Mal einen Lippenstift des Opfers, und jedes Mal schreibt er auf die nackte Haut der Toten, wofür er sie teilweise entkleidet. Anschließend zieht er sie sorgfältig wieder an.«

»Hier in Bari hat er zusätzlich die Wohnung des Opfers verwüstet«, sagte Abel.

Er beschrieb die zerfetzten Kleidungsstücke und die Fotografien, die der Täter mit einem Messer bearbeitet hatte.

Jankowski blieb einen Moment lang stumm, um das Gehörte zu verarbeiten.

»Ich denke, das macht sein Zittern noch verständlicher«, sagte er schließlich. »Ich hatte ja bereits vermutet, dass das Signieren des toten Körpers für ihn eine symbolische Ersatzhandlung sein könnte. Indem er die Kleider zerschneidet und die Frauen und Mädchen aus den Fotografien herauskratzt, macht er jetzt ziemlich klar, was er eigentlich mit den Leichen seiner Opfer anstellen würde, wenn er sich nicht davon abhalten würde.«

Sogar erschreckend klar, dachte Abel.

»Das bedeutet aber nicht zwangsläufig, dass er beim nächsten Mal diesen Zerstörungsdrang hemmungslos an der Leiche seines Opfers ausleben wird«, fügte Jankowski zu Abels Erstaunen hinzu. »Auch wenn es seltsam klingen mag: Unser Mann verfügt durchaus über ein gewisses Maß an Selbstbeherrschung. Gemessen an dem enormen Zerstörungspotenzial, an der Wut und dem Hass, die er in sich trägt, beweist er sogar eine beachtliche Selbstkontrolle, indem er seine Opfer ›nur‹ erwürgt und beschriftet, anstatt ihre Körper so zu zerfetzen, wie er es diesmal mit den Kleidern und Fotos getan hat.«

Jankowski unterbrach sich erneut, und Abel dachte über diese letzte Schlussfolgerung nach. Er selbst war davon ausgegangen, dass bei dem Serientäter nach und nach alle Dämme und Schleusen brachen und er bei jedem weiteren Mord seine Zerstörungsphantasien noch hemmungsloser ausleben würde. Aber Jankowski sah das offenbar anders, und er war der Fachmann.

»Hältst du es für möglich, dass er seinen Tötungsdrang wieder vollkommen unter seine Kontrolle bekommt?«, fragte er den Profiler. »Dass er mit dem Morden einfach wieder aufhören kann, wie wenn man einen Schalter umlegt?«

»Nagle mich nicht darauf fest«, sagte Jankowski, »aber spontan würde ich dir antworten: Nein, das schafft er nicht mehr. Dieses Ventil bekommt er nie mehr ganz zu. Aber vermutlich kann er durch die Mordserie so viel Dampf ablassen, dass er nicht gezwungen ist, die viel übleren Dinge anzustellen, die ihn wahrscheinlich irgendwann früher schon mal in Schwierigkeiten gebracht haben.«

»Also führt er uns im Grunde an der Nase herum?«, fragte Abel weiter. »Ist das ganze Tatschema am Ende nur eine Inszenierung, mit der er uns auf eine falsche Fährte locken will? Er reist mit dem Flugzeug herum, aber bei seinen Morden erbeutet er immer nur ein paar hundert Euro und einige günstigstenfalls mittelmäßige Schmuckstücke. Das ergibt doch keinen Sinn, damit kann er höchstens gerade so seine Reisekosten decken. Was treibt ihn an?«

»Für dich und mich ergibt es keinen Sinn«, stimmte Jankowski zu. »Aber das liegt eben daran, dass der Täter geistesgestört ist. Psychopathen wie er leben typischerweise in sozialer Isolation, allein oder bei Personen, die für sie einen Elternstatus haben, und sie leben in einer geschlossenen Wahnwelt. Aus seiner Perspektive sind seine Handlungen sogar zwingend. Er kann gar nicht anders, als ›*Respectez Asia*‹ auf die Körper seiner Opfer zu schreiben, ihren Schmuck und ihr Bargeld mitzunehmen. Er könnte seine Parole so wenig abändern wie sein Tat- und Beuteschema, auch wenn er wohl wirklich nur eben genug erbeutet, um sich jeweils das nächste Flugticket davon zu kaufen.«

Abel setzte sich auf den knarrenden Stuhl vor dem uralten Schreibpult. »Und die Parole? Was will er uns damit sagen? Verbirgt sich dahinter irgendeine raffinierte Botschaft, die wir nur noch nicht entschlüsseln konnten?«

»Das halte ich für ausgeschlossen«, sagte Jankowski in entschiedenem Tonfall. »Was er tut, ergibt nur für ihn einen Sinn. Aus der Sicht jedes anderen ist sein Handeln nicht nachvollziehbar, sondern einfach zwanghaft. Er hat anscheinend eine Beziehung zu Frankreich oder zur französischen Sprache. Er scheint aber kein Muttersprachler zu sein – darauf deutet jedenfalls das fehlerhafte ›Asia‹ in seiner Signatur hin. Und er bildet sich offenbar ein, dass irgendjemand ›Asien‹ zu wenig Respekt entgegenbringe – wobei ›Asien‹ in seiner Wahnwelt praktisch für alles stehen kann.«

»Und warum hat er ausgerechnet in Berlin, London und Bari zugeschlagen?«, fragte Abel.

»Die gleiche Antwort, Fred: Dein Täter ist ein Psychopath und gehört zum desorganisierten Typus. Vor und nach der Tat verhält er sich höchstwahrscheinlich chaotisch. Viel-

leicht folgt er einfach einem spontanen Impuls, wenn er sich am Flughafen für sein nächstes Ziel entscheidet. Vielleicht hört er auch auf eine innere Stimme, die ihn anweist, da und dahin zu fliegen.«
Plötzlich fühlte sich Abel total entmutigt. »Hast du zufällig eine Idee, was ihm seine innere Stimme als Nächstes befehlen wird?«, fragte er.
»Tut mir leid. Nicht einmal das Orakel von Delphi könnte vorhersagen, wo er als Nächstes zuschlagen wird. In Amsterdam, Warschau oder vielleicht in Riga? Ich weiß es nicht. Vielleicht hat er auch schon so viele Meilen gesammelt, dass er über den großen Teich fliegen und sein nächstes Opfer in New York, Fort Lauderdale oder Los Angeles töten kann.«
Abel schüttelte den Kopf. Er fühlte sich hilflos. Vorhin hatte er auch noch mit seiner Schwester Marlene telefoniert, und sie hatte ihn wie erwartet mit Vorwürfen überschüttet. Er hatte sie davon zu überzeugen versucht, dass er seine Prioritäten gar nicht anders setzen konnte. »Unsere Mutter ist tot, ob ich bei der Beerdigung bin oder nicht«, hatte er gesagt, »aber die Frauen, die der Killer als Nächstes ermorden wird, sind noch am Leben! Ich muss ihn aufhalten, bevor er weitere Morde begehen kann.«
Doch plötzlich klangen seine Worte in seinen eigenen Ohren hohl. So hohl, wie sie sich offenbar auch für Marlene angehört hatten.
»Sei wenigstens ehrlich zu dir«, hatte seine Schwester ihn angefahren. »Du jettest in der Weltgeschichte herum, weil du dich dann wichtig fühlen kannst und deinen Spaß hast. Geheimagent Fred Abel rettet die Welt! Das ist doch lächerlich!«
Ihr bitteres Lachen klang ihm noch in den Ohren.
Das darf doch alles nicht wahr sein!, dachte er. *Ich muss diesen Wahnsinnigen finden – aber wie?*

»Wenn er so verrückt und chaotisch ist, wie du ihn eben geschildert hast«, fragte er Jankowski, »warum kann er dann immer wieder unbemerkt morden? Wieso ist er nicht längst aufgeflogen?«

»Möglicherweise ist er ja früher schon mal aufgeflogen. Vielleicht hat er sogar eine Weile im Gefängnis gesessen«, gab Jankowski zurück. »Oder er war zumindest schon mal knapp davor, das halte ich jedenfalls für sehr wahrscheinlich. Daraus hat er seine Lehre gezogen. Deshalb unterdrückt er einen Teil seiner Bedürfnisse, er lebt sie nicht mehr vollständig aus, sondern geht vorsichtiger und zurückhaltender vor, wenigstens für seine Verhältnisse.«

»Für seine Verhältnisse vielleicht«, sagte Abel. »Trotzdem ist er ein Chaot und Psychopath, der eine Blutspur durch halb Europa zieht. Warum ist er damit bisher durchgekommen?«

»Das ist mal eine einfache Frage«, antwortete der Profiler. »Von Darwin wissen wir schließlich, dass in einer Welt von Halbidioten nicht der Intelligenteste im Vorteil ist, sondern derjenige, der sich am besten an seine Umgebung anpasst.«

Abel stutzte, dann musste er lachen.

»Oh Mann«, sagte er. »Trotzdem bin ich froh, dass wir beide keine optimal angepassten Halbidioten sind.«

Seine Stimmung hellte sich schlagartig auf. Tatsächlich war ihm bei Jankowskis letzter Bemerkung die Idee gekommen, wie er den Serienkiller finden konnte.

»Danke dir, Timo«, sagte er. »Das war wie immer sehr hilfreich.«

☠ ☠ ☠

55

**Paris, Afrikanisches Viertel, Rue Cavé,
Wohnung von Nasir Moussadet,
Donnerstag, 2. Juli, 09:45 Uhr**

In den Tagen nach der Messerattacke auf die Frau am Montmartre klapperten zwei Dutzend Ermittler das Afrikanerviertel Barbès ab. Am Square Léon und in den umliegenden Straßen fragten sie jeden Schankwirt und jede Marktverkäuferin, jeden Hausmeister und jeden Ladenbesitzer, ob ihnen ein muskulöser, untersetzter Mann zwischen dreißig und vierzig mit rußfarbener Haut bekannt oder begegnet sei.

Sie klingelten und klopften buchstäblich an jeder Tür, das ganze Viertel war in Aufruhr. Franco konnte schon kaum mehr über die Straße gehen, ohne dass die Leute ihm schiefe Blicke zuwarfen. Jedenfalls kam es ihm so vor, und es gefiel ihm überhaupt nicht.

Über kurz oder lang würden die verfluchten Schnüffler auch bei Nasir klingeln. Und Franco wusste ganz genau, wie sein Bruder reagieren würde, wenn die Bullen ihm brühwarm erzählten, was mit der fetten Touristin passiert war. Und vor allem, wenn sie ihre Täterbeschreibung zum Besten geben würden.

Also war es wieder mal Zeit für ihn, sich unsichtbar zu machen. Darin hatte er Übung, seit er mit acht zum ersten Mal aus dem Holzverschlag in Ifrane abgehauen war.

»Hör zu, ich verschwinde«, sagte er zu Nasir, als der morgens beim Frühstück saß.

»Kann mir schon denken, warum«, sagte Nasir. »Die Bullen waren gestern bei mir am Stand und haben nach einem Typen gefragt, der zufällig aussieht wie du.«

Franco knirschte mit den Zähnen. »Und was hast du ihnen gesagt?«, presste er hervor.

»Na, was schon?« Nasir hielt sich nacheinander die Augen, die Ohren und den Mund zu.

»Halte einfach weiter dein Maul, egal, wie sie dich löchern«, sagte Franco.

Sein Bruder starrte ihn finster an. »Unter einer Bedingung«, antwortete er.

In Franco kochte schon wieder die Wut hoch. »Was für eine beschissene Bedingung denn?«

»Weißt du, was du bist, kleiner Bruder?«, fragte Nasir zurück. »Du bist ein Messer auf zwei Beinen. Wie oft habe ich dich schon aus der Scheiße rausgezogen? Jetzt ist es genug. Früher oder später reißt du uns alle mit in den Abgrund.«

Franco verstand nur Bahnhof. »Was für ein verfickter Abgrund, verdammt noch mal?«

Mit einem Handkantenschlag in die Luft schnitt ihm Nasir das Wort ab. »Lass dich hier nie wieder blicken, Bruder! Dann sorge ich dafür, dass hier alle Stein und Bein schwören, dich seit Wochen nicht mehr gesehen zu haben.«

Franco starrte auf seine Hände, die wie verrückt zitterten.

»Deal«, sagte er und machte, dass er wegkam.

☠ ☠ ☠

56

**Bari, historische Altstadt,
Pensione Guglielmo il Male,
Freitag, 10. Juli, 18:50 Uhr**

Seit einer Stunde feilte Abel an seiner Rundmail herum, aber er war noch nicht ganz zufrieden mit dem Text. Es war der letzte Trumpf, den er bei seiner Suche nach dem Serienkiller ausspielen konnte. Damit dieser Trumpf auch stechen würde, musste er den richtigen Ton treffen: eine Mischung aus dramatischem Hilferuf und entschiedenem Appell an das Pflichtgefühl seiner Kollegen. An die verschworene Gemeinschaft der Rechtsmediziner und forensischen Anthropologen in ganz Europa, die sich schon mehr als ein Mal so unkonventionell wie diskret gegenseitig unterstützt hatten.

»*Ein psychopathischer Serienmörder zieht eine blutige Spur durch Europa*«, hatte Abel in sein Smartphone getippt. »*Seine Verbrechen sehen, jedes für sich betrachtet, wie gewöhnliche Raubmorde, wie Taten eines Nachläufers aus. Aber das ist nur Fassade. Er wird wieder und wieder zuschlagen, wenn er nicht gestoppt wird. Und dafür brauche ich Eure und Ihre Hilfe, liebe Freunde und Kollegen.*«

Er hatte überlegt, ob er die sterbende Lilly und ihren Vater, der unschuldig in Untersuchungshaft saß, erwähnen sollte. Aber das schien ihm dann doch zu viel des Guten.

Zu seinem Netzwerk gehörten nicht nur Rechtsmediziner, sondern auch etliche Kriminalkommissare, Profiler und einige Staatsanwälte. Wer auch immer imstande und bereit wäre, ihm den entscheidenden Tipp zu geben, müsste sich dafür weit aus dem Fenster lehnen. Damit würde sich der Betreffende höchstwahrscheinlich einigen Ärger einhandeln. Dieses Risiko würden er oder sie letztlich nur aus einem Grund eingehen: weil sie ihr berufliches Ethos höher stellten als ihre eigene Bequemlichkeit. Weil es in ihren Augen ein unerträgliches Unrecht war, wenn ein Krimineller nur deshalb weitere Verbrechen begehen konnte, weil die Mühlen der Bürokratie zu langsam mahlten. Und das kam gerade bei Europol keineswegs selten vor.

»Alles deutet darauf hin, dass dieser Serientäter spätestens in den nächsten ein bis zwei Tagen ein weiteres Opfer überfallen und töten wird: eine wehrlose alte Frau, die allein in der Nähe eines internationalen Flughafens irgendwo in Europa lebt. Laut Zeugenaussagen ist er ca. 1,70 bis 1,73 Meter groß, dunkelhäutig und ungewöhnlich muskulös. Zu seiner Signatur gehört, dass er den Körper der Toten mit der Parole ›Respectez Asia‹ beschriftet. Wer von Euch in einen Fall mit diesen Merkmalen involviert wird oder davon erfährt, möge sich bitte kurzfristig mit mir in Verbindung setzen. Jede Minute zählt!«

Abel las das Ganze noch einmal durch, brachte ein paar kleine Korrekturen an und fügte die üblichen Grußfloskeln hinzu. Dann klickte er kurz entschlossen auf »Senden«.

Er lehnte sich auf dem ächzenden Stuhl zurück und atmete tief durch. Jetzt konnte er nur noch hoffen, dass er umgehend einen Tipp bekommen würde, sobald der Täter das nächste Mal zugeschlagen hatte. Nur dann würde er die Chance haben, den Irren zu stellen, bevor der wiederum in einen Flieger gestiegen und spurlos verschwunden war.

Und bevor Lilly gestorben war.

☠ ☠ ☠

57

**Paris, Flughafen Orly,
Donnerstag, 2. Juli, 11:13 Uhr**

Franco hatte seinen Pass in der rechten Hosentasche, genauer gesagt, die Papiere von seinem Cousin François. Seine linke Hosentasche war vollgestopft mit knapp zweihundertfünfzig Euro aus der Handtasche der fetten Schlampe. Der Preis dafür war allerdings hoch gewesen. Es hatte ihn sein Messer gekostet. Es war ein erstklassiges Messer mit metallverstärktem Holzgriff und einer Edelstahlklinge so lang wie sein Schwanz.
Scheiß drauf, sagte er sich. *In den Flieger hätte ich die Waffe sowieso nicht mitnehmen können. Und in Amsterdam kann man schließlich auch Messer klauen.*
Schon seit Jahren hatte er vor, mal ins Kifferparadies zu fliegen, nach Amsterdam. So ziemlich jeder Zweite hier in Barbès und Montmartre schwärmte einem ungefragt von der Stadt vor, in der man sich angeblich für ein paar Euro mit Haschisch zudröhnen konnte, und das auch noch legal.
Franco hatte keine Ahnung, wo dieses großartige Amsterdam eigentlich lag, im Norden oder Westen oder auch ganz woanders. Aber wofür gab es schließlich die Ticketverkäuferinnen am Flughafen? Die würden schon wissen, in welchen Flieger man steigen musste, wenn man in Amsterdam landen wollte.
Er war bester Laune, als er um kurz nach elf am Flughafen Orly aus der Bahn stieg. *War mal Zeit, das Eldorado der Taschendiebe gegen das Kifferparadies zu vertauschen.*
Doch seine Laune sank schlagartig in den roten Bereich, als die dicke Kuh am Air-France-Schalter ihm den Preis für ein Flugticket nach Amsterdam nannte.

»Zweihunderteinundsechzig beschissene Euros?«, fuhr er das Miststück an. »Ich will deine verfickte Boeing nicht kaufen, ich will nur damit fliegen!«
Sie riss die Augen auf.
Franco ballte die Fäuste.
Bleib ganz ruhig, ermahnte er sich. *Oder willst du, dass sie die Bullen ruft, Idiot?*
»War nur ein Witz.«
Er zuckte mit den Schultern und ließ seinen Blick über die riesige elektronische Tafel schweifen, auf der Unmengen von Städtenamen und Abflugzeiten aufgelistet waren.
Brüssel, Rom, Frankfurt, Stockholm, Moskau, Berlin ...
Berlin? Da feiern sie doch angeblich rund um die Uhr Party. Also gibt es da genauso wie in Amsterdam an jeder Ecke Hasch zu kaufen.
»Nach Berlin«, sagte Franco. »Was kostet ein Ticket?«
Die Schlampe in ihrer albernen Air-France-Uniform wirkte nur kurz irritiert, dann klickte sie schon wieder eifrig mit ihrer Maus herum. »Zweihundertfünf«, sagte sie.
»Bingo.« Er blätterte zwei glatte Hunderter und einen ziemlich zerknitterten Fünfer auf den Schaltertresen.
Drei Minuten später hatte er sein Ticket.
»Gute Reise«, wünschte ihm das Miststück.
»Mach keinen Scheiß, Schätzchen«, sagte Franco. »Ich komme wieder.«

☠ ☠ ☠

58

Bari, historische Altstadt,
Pensione Guglielmo il Male,
Freitag, 10. Juli, 19:40 Uhr

Mein herzliches Beileid, Signora Lamberti«, sagte Abel unten am Empfangstresen der Pension. »Heute Mittag im Restaurant habe ich zufällig erfahren, dass Sie gerade einen schmerzlichen Verlust erlitten haben.«

Maddalena Lamberti war Ende vierzig und noch immer eine Schönheit. Sie war schwarz gekleidet, hatte metallisch glänzende schwarze Haare und dunkelbraune Augen, die jedoch in Tränen schwammen. Der Tod ihrer Schwiegermutter schien ihr wirklich zu Herzen zu gehen.

»Vielen Dank. Sie sind ein guter Mensch, Signore.«

Abel hatte sie auf Englisch angesprochen, und sie antwortete ihm mit einem heiseren Redeschwall, in dem sich englische und italienische Wendungen mischten.

»Was für ein Schock, was für eine Sünde und Schande! Die Erzengel mögen den Teufel strafen, der meiner armen, unschuldigen, herzensguten Schwiegermama das angetan hat! Und denken Sie nur, Signore, es ist noch nicht vorbei!«

Als Abel nach dem Mittagessen eingecheckt hatte, hatte ihn ein uralter Mann empfangen, der sich anscheinend seine Rente als Hilfsportier aufbesserte. Mit ihm hatte sich Abel größtenteils pantomimisch verständigt, da der Greis nur Italienisch sprach und überdies mehr oder weniger taub war. Die Unterhaltung mit Signora Lamberti gestaltete sich kaum weniger schwierig, und so glaubte Abel zunächst, dass er sie falsch verstanden hätte. Aus welchem Grund hätte sie sagen sollen: »Es ist noch nicht vorbei?«

»Commissario Umberto nimmt an, dass der Mörder ein

Fremder war, der zufällig die bedauernswerte Teresa erwischt hat«, fuhr sie fort. »Aber das ist ein Irrtum! Ich habe ihn doch mit eigenen Augen gesehen!«
»Was haben Sie?«, rief Abel.
Marie Lamberti starrte ihn entgeistert an.
»Verzeihung, Signora, ich wollte Sie nicht erschrecken«, fügte er leiser hinzu. »Aber ich dachte ... ich nahm an ...«
Er geriet ins Stottern und zermarterte sich den Kopf. Dann kam ihm der rettende Geistesblitz. »Ich hatte gedacht, dass der Täter bereits gefasst worden wäre«, sagte er und sah die Trauernde mitfühlend an.
Sie schüttelte den Kopf. »Mit mir können Sie offen sprechen, Signor Abel. Commissario Umberto tappt völlig im Dunkeln. Er ist offensichtlich überfordert, der Gute. Aber Sie helfen ihm auf die Sprünge, geben Sie es nur zu! Das pfeifen die Spatzen hier sowieso schon von den Dächern. Dottore Solarino hat Sie geholt, damit Sie bei der Aufklärung dieses abscheulichen Verbrechens helfen. Das hat auch Sauro, der Wirt des *L'Angeletto*, vorhin meinem Mann Gino bestätigt!«
Abel begnügte sich damit, geheimnisvoll dreinzublicken.
Die Trauernde kramte unter ihrem Tresen herum und förderte eine Packung Papiertaschentücher zutage. Nachdem sie sich umständlich die Nase geschneuzt hatte, sagte sie mit verschwörerisch gesenkter Stimme: »Der Mörder heißt Savio Barbarini.«
Sie öffnete eine Schublade und zog eine zerknickte Fotografie heraus.
»So sieht er aus!«, stieß sie hervor. »Die Bestie, die meine arme Schwiegermutter erschlagen hat. Und das alles nur wegen einer Handvoll Geld!«
Mit einer Hand wischte sie sich die erneut strömenden Tränen aus den Augen, mit der anderen schob sie die Fotografie zu Abel herüber.

Für einen Moment zuckte in ihm die Hoffnung auf, dass auf diesem zerknickten Blatt tatsächlich der Killer, dem er quer durch Europa hinterherjagte, abgebildet sein könnte. Aber der Mann auf der Fotografie, der ihn eigentümlich empört zu fixieren schien, war hellhäutig und hochgewachsen. Zum Zeitpunkt der Aufnahme war er überdies höchstens Anfang zwanzig.

»Savio ist der Stiefbruder meines Mannes«, sagte Marie Lamberti. »Toto Lamberti, Ginos Vater, hatte vor seiner Ehe eine Affäre, aus der Savio hervorgegangen ist, ein schwieriger, jähzorniger Mensch. Er ist bei Pflegeeltern aufgewachsen, mein Schwiegervater wusste die längste Zeit gar nicht, dass es dieses Kind überhaupt gab. Erst vor ein paar Jahren ist Savio plötzlich hier aufgetaucht. Er hat verlangt, dass ihm ein Anteil von allem, was der Familie gehört, abgetreten wird. Meine Schwiegereltern haben sich geweigert, und nachdem Toto vor fünf Jahren das Zeitliche gesegnet hat« – sie bekreuzigte sich und schniefte energisch –, »ist die Lage eskaliert.«

Mit einer schwungvollen Kopfbewegung warf Maddalena Lamberti ihre Haare über die Schulter zurück.

»Savio hat Ginos Mutter unter Druck gesetzt, damit sie ihm auf der Stelle eine Viertelmillion Euro überschreibt«, fuhr sie fort. »Eine Viertelmillion! Die Ärmste wäre froh, wenn sie ein Zehntel davon auf der hohen Kante hätte. Natürlich hat Teresa sich geweigert und in ihrem Testament festgelegt, dass Savio keinen Cent bekommen soll. Und deshalb hat er sie erschlagen und ihre Wohnung durchwühlt! Er ist der Mörder, Signore! Ihn müssen Sie schnappen.«

Sie schlug mit der flachen Hand mehrfach auf die Fotografie, als wollte sie das ungeliebte Familienmitglied ohrfeigen.

»Und was macht Sie so sicher, dass dieser Savio der Täter ist?«, fragte Abel.

»Ich habe ihn ja selbst gesehen! Vor einer Stunde hat sich

weiter vorne in der Gasse ein Mann herumgetrieben. Da bin ich gerade vom Einkaufen zurückgekommen. Er hat ganz genau wie Savio ausgesehen! Ich habe ihn zwar nur von hinten gesehen, aber er war es, da bin ich mir hundertprozentig sicher! Und warum treibt er sich hier herum? Na, weil er bei Teresa nicht gefunden hat, was er gesucht hat. Sie hat immer nur wenig Bargeld in der Wohnung, eben wegen Savio! Und jetzt schleicht er hier herum, und bestimmt wird er als Nächstes bei uns einbrechen. Wenn Sie und Dottore Solarino ihn nicht rechtzeitig hinter Gitter bringen, Signor Abel!«

Erstaunt hörte sich Abel diese leidenschaftliche Zusammenfassung eines offenbar endlosen Familiendramas an. Zugleich fühlte er Enttäuschung in sich aufsteigen. Es wäre zu schön gewesen, wenn ihm durch einen theatralischen Zufall gerade hier in der Pension *Wilhelm der Böse* der Mörder von Irina Petrowa, Emily Goldsmith, Teresa Lamberti und wer weiß von wem noch alles auf dem Silbertablett präsentiert worden wäre. Aber solche Fügungen gab es nur im Märchen oder in schlechten Kriminalromanen.

»Nehmen Sie die Fotografie mit!«, drängte ihn Maddalena Lamberti. »Und machen Sie Commissario Umberto klar, dass er Savio schnappen muss!«

Abel nickte knapp und nahm das Foto an sich. »Ich werde alles tun, was in meiner Macht steht«, versprach er wahrheitsgemäß, »damit der Mörder Ihrer Schwiegermutter gefasst wird.«

»Tausend Dank, Signore! Sie sind ein guter Mensch! Ich werde Sie in meine Gebete einschließen, Signor Abel!«

Sie rief ihm immer noch Dankesworte hinterher, als Abel schon draußen auf der Gasse stand, wo die beiden Carabinieri auf ihn warteten.

☠ ☠ ☠

59

**Bari, historische Altstadt,
Freitag, 10. Juli, 22:35 Uhr**

Biagio Solarino ließ es sich nicht nehmen, Abel zur Pension zurückzubringen – »als kleines Dankeschön für diesen spannenden Abend«, wie er sich ausdrückte. Der Abend hatte zu neunundneunzig Prozent aus Solarinos Monologen bestanden, die Abel sich schicksalsergeben angehört hatte.

Es war auf jeden Fall besser gewesen, als allein in seinem Pensionszimmer oder in der Schankstube des *L'Angeletto* zu sitzen und seinen BlackBerry anzustarren. Glücklicherweise hatte sich Solarino so ausführlich über die Geschichte der Familie Lamberti und ihr schwarzes Schaf Savio ausgelassen, dass für Abschweifungen in seine Lieblingsthemen – Totenreiche, frühere Leben und Wiedergeburt – nur wenig Zeit geblieben war.

Laut Solarino war Savio Barbarini durchaus zuzutrauen, dass er seinen Bruder Gino bedrohen oder sogar verprügeln würde. »Aber ich kenne ihn persönlich, Alfredo«, sagte er, »und ich versichere dir: Zu mehr als einer Schlägerei, wenn er mal wieder einen über den Durst getrunken hat, reicht es bei Savio nicht. Er ist stark wie ein Bär, aber der geborene Verlierer. Im Grunde seines Herzens hat er das auch akzeptiert. Sein Vater Toto dagegen, möge er bald aus dem Fegefeuer erlöst sein, hatte ein Herz aus Stein.«

Abel zuckte immer noch zusammen, wenn von Herzen aus Stein die Rede war. Doch davon abgesehen, fand er Solarinos Erläuterungen in zweifacher Hinsicht beruhigend. Erstens bestand offenbar keine Gefahr für Leib und Leben von Maddalena Lamberti. Und zweitens ging aus Solarinos

Schilderungen klar hervor, dass sich der italienische Kollege trotz ausgedehnter Reisen durch Geisterreiche seinen nüchternen Menschenverstand bewahrt hatte.

Überdies war Solarino ein vorzüglicher Koch und aufmerksamer Gastgeber. Der Hummer und der *polpo,* der apulische Tintenfisch, waren ausgezeichnet gewesen, ebenso wie der 2010er Brunello, den er in Kristallgläsern serviert hatte. Pro Stunde hatte Abel ein halbes Dutzend Mails von Angehörigen seines Netzwerks erhalten. Kollege Milroy aus London und viele andere forensische Anthropologen, Rechtsmediziner und Kriminalisten aus ganz Europa versicherten ihm, dass sie die Augen aufhalten und ihn bei dem leisesten Hinweis auf ein solches Verbrechen alarmieren würden.

Doch bis kurz nach zehn Uhr abends, als sie zu Fuß zur Pension *Wilhelm der Böse* aufbrachen, hatte niemand aus Abels Netzwerk ein Anzeichen dafür bemerkt, dass der Killer erneut zugeschlagen hatte.

In den Altstadtgassen war die Stimmung bei Nacht so geheimnisvoll und schaurig, wie Abel es erwartet hatte. Die altertümlichen Laternen verbreiteten schummriges Licht. Krumme Fassaden, schiefe Fensterläden und Treppen mit abgetretenen Stufen warfen bizarre Schatten. Es war noch weit vor Mitternacht, doch die Gassen waren fast menschenleer. Die Schritte der wenigen Passanten hallten weithin hörbar. Es war immer noch stickig heiß, und obwohl nicht der leiseste Wind ging, raschelten die Weinblätter an einer Mauer vor ihnen.

Bestimmt lässt sich Biagio die Gelegenheit nicht entgehen, das Rascheln als Getuschel irgendwelcher Geister zu erklären, dachte Abel.

Doch selbst Solarino schien für heute von den Gespenstern genug zu haben. Hinter einem Mauerbogen schälten sich die trübe erleuchteten Fenster der Pension *Guglielmo il*

Male aus der Dunkelheit. Solarino blieb stehen und reichte Abel die Hand.
»Schlafe tief und fest, Alfredo«, sagte er. »Und schalte vorher dein Smartphone aus. Sonst liegst du die ganze Nacht auf der Lauer und findest keine Ruhe.«
»Ein weiser Rat«, sagte Abel.
Sie beide wussten, dass er ihn nicht befolgen würde.
»Wenn du morgen noch in Bari bleibst«, fügte Solarino hinzu, »bist du selbstverständlich wieder mein Gast.«
Sie umarmten sich zum Abschied, dann ging Abel durch den Mauerbogen. Bis zur Tür der Pension waren es etwa dreißig Meter, und dieser Teil der Gasse lag in fast völliger Dunkelheit.
Abel tastete sich voran, schläfrig von dem Brunello, der geradezu teuflisch gut geschmeckt hatte.
Etwas stimmt hier nicht, durchfuhr es ihn.
Es war so dunkel, dass man die Hand kaum vor Augen sah. Hinter sich hörte er die Schritte Solarinos, der sich zügig entfernte.
Zögernd ging Abel weiter. Sein Herzschlag hatte sich beschleunigt. Er spannte die Muskeln an und versuchte, in der Finsternis irgendetwas zu erkennen.
Dann nahm er die schemenhafte Gestalt wahr. Sie kauerte im Winkel zwischen der Hausfront und der kleinen Treppe, die zur Pensionstür hinaufführte. Im Dunkeln verschmolz der Schemen fast mit dem umgebenden Gemäuer.
Aber nur fast.

☠ ☠ ☠

60

**Bari, historische Altstadt,
Freitag, 10. Juli, 22:53 Uhr**

Abel ging weiter auf die Tür zu, als hätte er nichts bemerkt. Sein BlackBerry vibrierte so laut, dass er zusammenfuhr, doch er zwang sich, das Signal zu ignorieren. Als er am Fuß der kleinen Treppe war, machte er einen Ausfallschritt nach rechts und packte die hingeduckte Gestalt beim Kragen.
»Was soll das? Lauerst du mir auf?«, fragte er auf Englisch.
Der andere riss sich mit einem Ruck los. Im Aufspringen warf er sich nach vorn und rempelte Abel heftig an. Dabei stieß er einen Fluch aus, der russisch oder jedenfalls osteuropäisch klang.
Abel taumelte zurück. Der Mann war gegen seine Schulter geprallt und hatte ihm gleichzeitig einen Schlag gegen die Brust versetzt. Seine Faust war hart wie Stein. Während Abel noch um Atem rang, rannte der andere schon die dunkle Gasse entlang, auf den Mauerbogen zu.
Entweder er hat Katzenaugen, dachte Abel, *oder er kennt sich hier bestens aus.*
Ohne groß zu überlegen, was er da machte, lief er hinter der schemenhaften Gestalt her. Doch der Mann war unglaublich schnell.
Als Abel den Mauerbogen erreichte, war im schummrigen Laternenlicht nichts mehr von ihm zu sehen.
»Biagio!«, rief Abel. »Halt ihn auf!«
»Was ist los?«, schrie Solarino.
»Da kommt einer hinter dir her! Halt ihn fest!«
Schritte klapperten durch die Gassen. Abel rannte hinter dem Unbekannten her, und Solarino hatte offenbar kehrt-

gemacht und lief ihnen entgegen. Der Angreifer saß in der Falle. Doch als Abel nach einem Zweihundert-Meter-Sprint im Dämmerlicht den Anfang der Gasse erreichte, traf er nur auf Solarino.
Der italienische Kollege hockte auf dem Boden, sein Gesicht war schmerzverzerrt. Keuchend rang er nach Luft und brachte kein verständliches Wort hervor.
»Wo ist er?«, rief Abel, der kaum weniger außer Atem war. Solarino deutete hinter sich.
»Er hat mir einen Schlag auf den Solarplexus versetzt«, brachte er schließlich hervor.
»Anscheinend sein Lieblingspunch«, sagte Abel. »Bei mir hat er glücklicherweise nicht richtig getroffen.«
Solarino rappelte sich auf und lehnte sich gegen die Mauer. Behutsam tastete er über seinen Brustkorb.
»Zumindest hat er mir keine Rippe gebrochen«, sagte er. »Aber ich sage ja, der Kerl hat Kräfte wie ein Bär. Das sagt auch Gino immer: Savio ist stark wie Goliath.«
»Du glaubst also, dass es der enterbte Stiefbruder war?«, fragte Abel. »Hast du ihn denn im Dunkeln gesehen?«
»Gesehen habe ich nur einen Schatten. Aber der hatte die Statur von Savio und seine üblen Umgangsformen. Und wer sonst hätte einen Grund, vor Ginos Pension auf der Lauer zu liegen? Dein Serienkiller ist längst wieder in der Luft oder sogar schon am anderen Ende Europas gelandet. Außerdem ist er mindestens einen Kopf kleiner.« Solarino zuckte mit den Schultern. »Der gesunde Menschenverstand sagt mir, dass es nur Savio Barbarini gewesen sein kann.«
Abel hatte seine Zweifel, aber er sprach sie nicht aus. Er war sich auch keineswegs mehr sicher, ob der Unbekannte wirklich mit osteuropäischem Zungenschlag geflucht hatte. Sein Bauchgefühl sagte ihm, dass Solarino danebenlag. Doch er wusste nur zu gut, dass das Bauchgefühl sich meistens auflöste, sobald man ihm auf den Grund gehen wollte. Und so

verschwendete er keinen weiteren Gedanken daran, sondern merkte nur an: »Der gesunde Menschenverstand kann einen auch in die Irre führen.«

☠ ☠ ☠

61

**Paris, Rue Bonaparte, Polizeipräfektur,
Samstag, 11. Juli, 14:15 Uhr**

Als Victor Mercier den Doppelmord in Orly Ville auf den Tisch bekam, war er in Gedanken schon bei der Sommerparty, die seine Frau Julie und er heute Abend in ihrer Terrassenwohnung im 19. Arrondissement geben würden. Das Viertel um den Parc de Buttes-Chaumont herum war nicht gerade die beste Gegend von Paris, aber bei den wahnwitzigen Mietpreisen konnten sie froh sein, dass sie nicht in einem der verrufeneren Arrondissements gelandet waren. Oder in den trostlosen Schlafquartieren am Stadtrand, wie beispielsweise Orly Ville, das auch noch direkt neben dem Flughafen lag.

Wenn man sich als Capitaine de Police bei der Pariser Präfektur nur noch mit Mühe eine halbwegs passable Wohnung in der Stadt leisten konnte, in der man für Sicherheit und Ordnung sorgen sollte, dann war entschieden etwas in Schieflage geraten. Davon war Victor Mercier überzeugt. Aber er hielt nichts davon, sich in Selbstmitleid zu suhlen oder revolutionäre Parolen anzustimmen, und das unterschied ihn von der stets streikbereiten Mehrheit seiner Landsleute.

Wenn man es mit den Härten des Lebens zu tun bekam,

dann musste man eben noch härter sein, auch zu sich selbst. Mercier stammte aus einfachen Verhältnissen und hatte sich durch zähe Selbstdisziplin bis zur Kommandoebene der Pariser Polizeipräfektur hochgearbeitet. Für heute Abend hatten sie auch seinen Vorgesetzten eingeladen, den Vizepräfekten von Paris. Mercier war schon äußerst gespannt, ob Sous-Préfet Auguste Saurat ihnen die Ehre geben würde, tatsächlich auf ihrem Sommerfest zu erscheinen.

»Auf unserem Empfang«, hatte Julie gestern gesagt, was Mercier nun doch etwas übertrieben fand. Ihre Wohnung bestand aus drei kleinen Zimmern, und die Terrasse ging auf einen düsteren Hinterhof hinaus.

Er nickte Lieutenant Lilou Maran zu, seiner Kollegin mit Wurzeln in Martinique, und sie machten sich auf den Weg nach Orly. Am Tatort war die Spurensicherung schon in Aktion, ein Gerichtsmediziner wartete im Standby, bis er sich auf die Leichen stürzen konnte.

Apropos, dachte Mercier. *Da war doch gestern diese Mail von dem deutschen Rechtsmediziner Fred ... nicht Astaire ... Fred Abel.*

Mercier hatte ihn vor ein paar Jahren bei einem Kongress in Paris kennengelernt und war von Abels kriminalistischem Gespür beeindruckt gewesen. Außerdem erinnerte er sich lebhaft an ein Gespräch, das sie abends bei einem Glas Rotwein geführt hatten. Abel hatte in respektablem Französisch von der Lebenswirklichkeit in der deutschen Hauptstadt berichtet. Als er die Immobilienpreise erwähnt hatte, waren Mercier fast die Tränen gekommen.

Lilou Maran steuerte den dunkelblauen Citroën C6 durch den zähflüssigen Nachmittagsverkehr. Währenddessen rief sich Mercier die E-Mail in Erinnerung, die Abel gestern in ihrem Netzwerk herumgeschickt hatte. In Orly hatten sie es mit einem Doppelmord zu tun, also ging dieses Verbrechen vermutlich nicht auf das Konto von Abels Serientäter.

Aber einige Merkmale schienen zumindest auf den ersten Blick zu passen. Vor allem die Flughafennähe des Tatorts und die dunkle Hautfarbe eines Tatverdächtigen, von der ein Augenzeuge berichtet hatte.

Allerdings hatte in Paris gefühlt jeder Zweite eine dunkle Hautfarbe, sagte sich Mercier mit einem Seitenblick auf seine Kollegin.

Die Klimaanlage lief auf vollen Touren, und noch schneller lief der Schweiß Merciers Rücken hinunter. Lilou Maran aber machte die mörderische Hitze offenbar nicht das Geringste aus. Sie war eins fünfundachtzig groß und hatte die Figur einer Leichtathletin. Ihre Haut war dunkelbraun wie die Schalen von Esskastanien. Dagegen war der Mörder von Orly laut dem Augenzeugen »tintenschwarz«, und das wiederum passte zu der Beschreibung in Abels Mail.

»Gib Gas, Lilou«, sagte er. »Oder willst du, dass ich zu spät zu meiner eigenen Party komme?«

Sie grinsten sich an. Natürlich war Lilou auch eingeladen. Sie war viel jünger als er, gerade mal einunddreißig. In der Präfektur wurde gemunkelt, dass sie eine Affäre hätten, und trotz seiner fünfzig Jahre wäre Mercier einem Techtelmechtel mit der umwerfend hübschen Kollegin nicht ganz und gar abgeneigt gewesen. Aber erfahrungsgemäß brachte so etwas nur Ärger zu Hause und Minuspunkte bei den Vorgesetzten ein. Und mit seinem silbern melierten Haar und dem komplett ergrauten Schnauzbart hätte er neben der jungen Karibin wohl auch ziemlich lächerlich ausgesehen. Zumal er einen halben Kopf kleiner als sie war.

☠ ☠ ☠

62

**Paris, Chinesisches Viertel,
Hotel Nouveau Asia,
Samstag, 11. Juli, 14:24 Uhr**

Es war nicht das erste Mal, dass Franco in dem kleinen Hotel nahe der Metrostation Tolbiac unterkroch. Eigentlich war es nur eine Pension in der ersten Etage eines heruntergekommenen Altbaus, mit acht Zimmern und einem winzigen Bad am Ende des Gangs. Das Klo war meistens verstopft, und der Ausguss in der Dusche war so verschimmelt, dass es sogar Franco aufgefallen war.

Als er zum ersten Mal hierhergekommen war, hatte ihn Johnny Chang, der chinesische Hotelbetreiber, misstrauisch angesehen. »Sie machen mir doch keinen Ärger?« Franco hatte nur Bahnhof verstanden. »Sie sind der Erste, der ein Zimmer für drei Nächte verlangt«, hatte Chang ihm erklärt. Schließlich war bei Franco der Groschen gefallen. Die meisten Gäste hier buchten für ein oder zwei Stunden; eine ganze Nacht war das höchste der Gefühle. Die Mädchen, die mit ihnen auf die Zimmer gingen, waren allerdings fast immer dieselben.

Asiatische Mädchen. Zierlich wie Kinder, wenn auch grell geschminkt und mit Miniröcken, unter denen die nackten Hintern zu sehen waren.

Von seinem Fenster aus schaute Franco stundenlang zu, wie die Chinesinnen unten auf der Avenue de Choisy am Bordstein auf und ab tänzelten. Wie sie mit den kleinen Ärschen wackelten und die mageren Brüstchen in den Tops zurechtrückten, die bestimmt aus der Kinderabteilung stammten. Der Zorn kochte jedes Mal in ihm hoch, wenn da unten eine Protzkarosse stoppte, ein weißes Arschloch sich zur

Beifahrertür hinüberbeugte und einem der Mädchen mit herrischer Handbewegung einzusteigen befahl.
In der kalten Jahreszeit schleppten die Kleinen ihre Freier öfter hier hoch in die Pension. Aber die Typen, die hier mit den Mädchen abstiegen, waren fast immer arme Schlucker in billigen Klamotten. Während sie mit ihrer China-Nutte die Treppe hochstiegen, schissen sie sich vor Aufregung fast in die Hosen.
Das Hotel hieß *Nouveau Asia*, und es lag mitten im Chinesischen Viertel. Das erste Mal war Franco vor etlichen Jahren hier untergekrochen, nachdem Nasir wegen der paar Blutspritzer in seinem beschissenen Kastenwagen ausgerastet war. Dann später noch ein paarmal, weil sein Bruder erneut die Nerven verloren und damit gedroht hatte, ihn den Bullen zum Fraß vorzuwerfen.
Und jetzt war er also wieder hier. Im *Nouveau Asia*. Als er in Orly aus dem Flieger gestiegen war, hatte er eigentlich vorgehabt, direkt nach Hause zu fahren, zu seiner Familie in der Rue Cavé. Nasir würde sich doch bestimmt wieder beruhigt haben, hatte er sich gesagt, und die Bullen jagten längst irgendeinem anderen Idioten hinterher.
Aber dann war es doch ganz anders gekommen. Franco war immer noch geschockt, wenn er daran dachte, wie dieser zweite alte Drachen plötzlich in der Wohnzimmertür aufgetaucht war. Wie das verrunzelte Miststück geschrien hatte, bis ihre Kehle nur noch Matsch war. Und wie dann *er* aufgeschrien hatte, als er die alte Drecksau zum ersten Mal richtig angesehen hatte.
Scheiße, Scheiße, Scheiße, Franco, hatte er gedacht, *du hast deine eigene Mutter abgemurkst!*
Er hatte sich in eine Ecke gekauert, die Hände vors Gesicht gepresst und geflennt wie ein Baby. Erst nach einer Ewigkeit hatte er sich aufraffen können, die Tote noch einmal anzusehen.

So ein Schwachsinn, hatte er sich gesagt. *Die alte Schachtel sieht ihr keine Spur ähnlich!*
Danach hatte er noch ein paarmal nachgesehen. Wie durch einen bösen Zauber hatte sie ihr Aussehen jedes Mal verändert. Mal war sie es, dann wieder nicht, dann doch. Er war ganz konfus dabei geworden, und er war auch jetzt noch ziemlich durcheinander, während er in seinem Zimmer im *Nouveau Asia* am Fenster Posten bezog.
Doch als er die asiatischen Mädchen unten am Bordstein beobachtete, wurde er ruhiger. Das Zittern seiner Hände ließ nach. Er hatte es gewusst, die China-Mädchen übten jedes Mal diese Wirkung auf ihn aus.
Er konnte sie ansehen, ohne sich vorzustellen, dass er ihnen die Kleidung von der Haut schnitt. Dann die Haut von ihrem Fleisch. Und dann das Fleisch von ihren Knochen. Nein, nichts davon.
Vielleicht lag es daran, dass sie wie Kinder aussahen. Aber der entscheidende Grund war wohl, dass er irgendwie das Gefühl hatte, zu ihnen zu gehören.
Ich bin einer wie ihr, dachte Franco. *Praktisch ein Asiate. Und* Nouveau Asia *passt hundertprozentig. Das hier ist meine neue asiatische Heimat.*
Irgendwie befriedigte es ihn sogar, den weißen Arschlöchern unten auf der Straße dabei zuzusehen, wie sie sich über die asiatischen Mädchen hermachten. Wie sie mit ihren Protzkarren da unten am Bordstein stoppten, die kleinen China-Nutten rausschmissen und ihnen noch ein paar Beleidigungen hinterherschrien.
Genauso wie damals bei mir, dachte Franco.
Er verrenkte sich fast den Hals, um die Staatskarosse nicht aus dem Blick zu verlieren, die gleich drei China-Mädchen eingeladen hatte.
»Wir können hier keine Asiaten gebrauchen«, hatte der Major ihn vor versammelter Mannschaft heruntergemacht.

Zuerst war Franco vor Wut fast aus der Haut gefahren. »Ich bin kein beschissenes Schlitzauge!«, hatte er geschrien, und die ganze Meute hatte ihn ausgelacht.

Eigentlich verstand er bis heute nicht, wie der Major überhaupt darauf gekommen war, ihn als »Asiaten« zu beschimpfen. Vielleicht hatte Franco die Augen zusammengekniffen, weil ihn die Sonne blendete. Oder vielleicht lag es einfach daran, dass er nicht viel größer als die meisten Chinesen war.

Scheißegal, dachte Franco. *Irgendwie hat der verfickte Major sogar recht gehabt. Wenn ich hier im* Nouveau Asia *bin, fühle ich mich zu Hause.*

Außerdem würden die Bullen bestimmt nicht auf die Idee kommen, ihn ausgerechnet hier im Chinesenviertel zu suchen.

☠ ☠ ☠

63

**Orly Ville, Wohnung von Eloïse Leforêt,
Samstag, 11. Juli, 15:05 Uhr**

Orly Ville war auf den ersten Blick ein typisches französisches Provinzstädtchen. Schmucke Einfamilienhäuser mit üppigen Gärten gruppierten sich um ein Zentrum, in dem um zehn Uhr abends quasi die Bürgersteige abmontiert und im Rathauskeller eingelagert wurden.

Wenn man genauer hinsah, bemerkte man die billigen Wohnblocks, die für eine sehr viel weniger bürgerliche Klientel hochgezogen worden waren. Und während man noch darüber nachdachte, ob Orly Ville ein Ort war, an dem man sich gerne niederlassen würde, donnerten einem die ersten Flieger über den Kopf. So tief über den Hausdächern, dass man praktisch schon die Schweißnähte unten am Rumpf der landenden Airbusse begutachten konnte.

Eloïse Leforêt bekam von dem Fluglärm nichts mehr mit. Sie war vor sieben Jahren in die betreute Seniorenwohnanlage eingezogen und wäre nächste Woche dreiundachtzig geworden. Nach Aussage von Laia Gourcouff, ihrer algerischstämmigen Pflegerin, hatte sich Madame Leforêt in der Einrichtung »immer rundum wohl gefühlt«.

Eine Dame mit bescheidenen Ansprüchen – oder mit einem beneidenswerten Anpassungstalent, sagte sich Victor Mercier, Capitaine de Police, als er mit seiner Kollegin Lilou Maran am Tatort eintraf.

Der ganze Wohnkomplex wirkte heruntergekommen. Es war einer dieser billigen Betonbauten, die schon kurz nach dem Erstbezug sanierungsbedürftig aussahen. Und um deren Instandhaltung sich gerade deshalb nie jemand gekümmert hatte. Von der Fassade blätterte der entengrützengrüne Anstrich ab, was allerdings von Vorteil war. Das Treppenhaus und die endlosen Flure waren ungepflegt. Wenn man auf dem schmierigen Kunststoffboden zu lange an einer Stelle verharrte, blieb man praktisch schon kleben.

Mercier und Lilou Maran nahmen die Aussage von Laia Gourcouff in der Teeküche für das Pflegepersonal auf. Dabei handelte es sich um einen fensterlosen Verschlag in der dritten Etage, in der sich auch Eloïse Leforêts Apartment befand. Am Tatort selbst war der Rechtsmediziner noch dabei, die Leichen zu untersuchen. Auch die Kollegen von der Spurensicherung hatten ihre Arbeit noch nicht ganz beendet.

Laia Gourcouff schenkte sich mit bebender Hand einen Becher Tee ein. Sie war Mitte dreißig und seit fünf Jahren bei dem Betreiber des Pflegedienstes angestellt. Ihr Schwesternkittel wies das gleiche Entengrützengrün auf wie die Hausfassade. Kaum weniger grün war ihr Gesicht. Der Anblick, der sich ihr im Apartment der alten Dame geboten hatte, war ihr offenbar gehörig auf den Magen geschlagen.

»Erzählen Sie uns einfach mal, was passiert ist«, forderte Mercier sie auf, nachdem sie alle drei am Teeküchentisch Platz genommen hatten.

Stockend begann Laia Gourcouff zu berichten. Sie besaß einen Schlüssel zur Wohnung von Madame Leforêt, wie auch zu einer Reihe weiterer Apartments im Haus.

Um 12:40 Uhr hatte sie wie jeden Tag bei der alten Dame geklingelt, um ihr bei der Zubereitung des Mittagessens zu helfen.

»Ich war gespannt, ob ihre Jugendfreundin schon eingetroffen war«, sagte sie. »Sie sind wohl zusammen zur Schule gegangen. Madame Farès wollte aus Marseille anreisen, weil Madame Leforêt doch morgen Geburtstag hat. Oder gehabt hätte, wenn dieser ...«

Sie unterbrach sich abrupt. Von ihrem Gesicht konnte Mercier unschwer ablesen, dass eine neue Welle der Übelkeit in ihr aufstieg.

Als Lilou Maran ihr eine Hand auf den Arm legte, zuckte die Pflegerin zusammen und riss die Augen noch weiter auf. Mercier wechselte einen Blick mit seiner Kollegin. Offenbar stand Laia Gourcouff unter Schock.

»Madame Farès stammt aus Marokko«, fuhr die Pflegerin stockend fort. »Madame Leforêt hat mir die ganze Geschichte erzählt. Ihre Freundin war gerade erst nach Marseille gezogen, als sie in die Schulklasse von Madame Leforêt kam. Madame hat sich um sie gekümmert, und daraus wurde eine Freundschaft fürs Leben.«

Sie unterbrach sich und starrte Mercier an. Tränen schossen ihr in die Augen. »Und dann kommt sie hierher ... und dann dieses grauenvolle ...«

Mercier und Lilou Maran warteten, bis sie sich wieder ein wenig gefasst hatte.
Sie hatte die beiden Toten im Vorzimmer des Apartments entdeckt, Madame Leforêt direkt hinter der Wohnungstür, Madame Farès mit den Beinen in der Diele und dem Oberkörper im Wohnzimmer. Laia Gourcouff hatte nur einen Blick auf die Szenerie geworfen und war schreiend hierhergerannt, in die Teeküche der Mitarbeiter, wo zum Glück gerade einige ihrer Kolleginnen beisammensaßen. Eine von ihnen hatte sofort ihr Handy gezückt und den Notruf gewählt.
»Wer macht so etwas, um Himmels willen«, flüsterte die Pflegerin. »Ich meine, er hat sie ja nicht einfach nur umgebracht, um sie auszurauben oder so etwas. Was er mit Madame Farès gemacht hat ...«
Sie verstummte erneut. Mercier hatte sich von den Polizisten, die den Tatort gesichert hatten, die Auffindesituation kurz skizzieren lassen. Was der Täter mit der einen Leiche angestellt hatte, war in der Tat bizarr.
Wie in einem Psychothriller, dachte Mercier.
Aber Fred Abels Serienmörder schien mit dieser Sache hier nichts zu tun zu haben. Jedenfalls hatte Abel in seiner E-Mail mit keiner Silbe erwähnt, dass der von ihm gesuchte Serienkiller die Leichen seiner Opfer mit Schmuckstücken dekorieren würde.
»Und Sie haben in der Wohnung ganz bestimmt nichts angefasst?«, vergewisserte sich Mercier.
»Nein, wieso denn? Gar nichts!«, stieß die Pflegerin hervor und brach erneut in Tränen aus.
»Sie braucht psychologische Betreuung«, sagte er zu seiner Kollegin. »Kümmerst du dich darum?«
Lilou Maran nickte. Mitfühlend sah sie Laia Gourcouff an, während sie eine Psychologin vom Polizeibereitschaftsdienst herbeitelefonierte.

»Capitaine Mercier?«, rief jemand draußen im Flur.
Die Stimme kam ihm bekannt vor, auch wenn er ihr nicht sofort ein Gesicht und einen Namen zuordnen konnte.
Er erhob sich und trat vor die Tür. Auf dem hallenden Betonboden kam ihm ein kräftig gebauter Mann mit grauem Ziegenbart entgegen. Er trug einen Spurensicherungsanzug, was bei der Hitze eine Tortur sein musste. Als er sich die Kapuze vom Kopf streifte, wusste Mercier, wen er vor sich hatte.
Es war Dr. Charles Dupont, einer der dienstältesten Rechtsmediziner von Paris. Dupont war einige Jahre in Haiti gewesen, um in dem chaotischen, von Erdbeben, Seuchen und brutalen Mörderbanden heimgesuchten Inselstaat beim Aufbau einer halbwegs funktionierenden Rechtsmedizin zu helfen. Gerüchteweise hatte Mercier gehört, dass Dr. Dupont seinen Vertrag mit dem haitianischen Gesundheitsministerium vorzeitig aufgelöst hatte, weil ihm die ungeheure Menge an Toten aufs Gemüt geschlagen war. »Irgendwann kann man nicht mehr verhindern, dass einem diese Übermacht des Todes und der Toten zu Herzen geht«, hatte er bei seiner Rückkehr zu einem Kollegen gesagt. »Dann ist es höchste Zeit für einen Tapetenwechsel, bevor einen diese Erfahrung für immer verändert.«
Im Gehen zog sich Dupont den rechten Plastikhandschuh aus. »Capitaine«, sagte er und schüttelte Mercier die Hand. »Ich habe gerade etwas sehr Sonderbares entdeckt. Das müssen Sie sich unbedingt ansehen.«

☠ ☠ ☠

64

**Berlin-Wedding, Kinderklinik der Charité,
Samstag, 11. Juli, 15:25 Uhr**

Marie Lindweg stand am Fenster von Lillys Krankenzimmer und wollte ihren Augen nicht trauen. Lars war frei! Da unten in der breiten Allee zwischen den Klinikgebäuden kam er im Laufschritt angerannt. Er war immer ein guter Läufer gewesen, aber heute übertraf er sich selbst. Mit Riesenschritten eilte er die Allee entlang.
Er war höchstens noch fünfzig Meter vom Eingang zur Kinderklinik entfernt, als etwas Furchtbares passierte. Anscheinend war da unten seit neuestem eine Glaswand, die quer über die Straße verlief. Mit vollem Tempo rannte Lars dagegen. Sein Gesicht war sofort blutüberströmt. Es entstand eine breite Schliere aus Blut, als er an der Glaswand nach unten rutschte. Reglos blieb er auf der Straße liegen.
Oh Gott, dachte Marie, *ich muss ihm helfen! Und Lilly!,* durchfuhr es sie. *Sie darf auf keinen Fall mitbekommen, was passiert ist.*
Sie zwang sich zu einem gelassenen Lächeln, als sie sich zu Lilly umwandte.
Das Mädchen hatte sich die Bettdecke bis übers Gesicht gezogen. Das hatte sie noch nie gemacht, und es war auch keine gute Idee. Lilly bekam ja auch so schon kaum mehr Luft.
»Liebes«, sagte Marie leise, während sie auf das Krankenbett zuging. »Ich fahre mal kurz runter, mir die Beine vertreten.« Sie beugte sich vor und zog die Decke von Lillys Gesicht weg, und dann schrie sie auf und schlug sich die Hand vor den Mund. Wie gelähmt starrte sie dorthin, wo Lillys Gesicht sein sollte. Doch da war nur eine mondbleiche Scheibe mit leeren Augenhöhlen.

Gott im Himmel, dachte Marie. *Fast hätte Lars es noch geschafft, und jetzt sind beide tot!*
Das Herz schlug ihr zum Zerspringen, als sie zu sich kam. Erst allmählich dämmerte ihr, dass es ein Traum gewesen war. Sie war in dem Sessel neben Lillys Bett eingeschlafen. Ihre Haare, ihr T-Shirt – alles war schweißnass.
Sie stand auf und beugte sich über ihre Tochter. Es war so dämmrig, dass sie nicht erkennen konnte, ob Lilly die Augen aufhatte. Um sie nicht zu wecken, falls sie endlich mal eingeschlafen war, knipste Marie nur leise die Bettlampe an. Friedlich lag Lilly da, die Augen geschlossen, die Atemmaske vor Nase und Mund.
Aber sie atmet nicht! Marie beugte sich tiefer über Lilly. Die durchsichtige Maske müsste bei jedem Atemzug beschlagen, aber sie blieb ganz und gar klar!
So klar wie die Glaswand in meinem Traum.
»Lilly!« Marie rüttelte sie sacht bei der Schulter. »Liebes, wach auf!«
Lilly reagierte nicht, und Marie fing an zu schreien. »Lilly! Hilfe! Sie atmet nicht!«
Mit zitternder Hand drückte sie auf den Alarmknopf.
»Schnell! Schwester!«, schrie sie. »Der Arzt muss kommen! Lilly atmet nicht mehr!«
Sie riss ihr die Maske weg und presste ihre Lippen auf Lillys Mund. Sie blies Lilly ihren Atem in die Lunge. Dazu drückte sie ihre Hände auf Lillys knochigen Brustkorb und pumpte mit aller Kraft.
»Herrgott, was machen Sie denn da?«
Jemand riss sie zurück. Als sie sich umsah, war das Zimmer voller Ärzte, Schwestern, Pfleger.
»Setzt dem Kind die Maske wieder auf.« Das war der Oberarzt, Dr. Wilzok, und er sah weniger besorgt als verärgert aus. »Was machen Sie denn für Sachen, Frau Lindweg?«
»Aber sie hat nicht ... sie hat nicht ...«, stieß Marie hervor.

Ihr Blick fiel auf Lilly, die mit großen Augen von ihr zu Dr. Wilzok sah. Lilly atmete mühsam hinter ihrer Maske, aber sie war eindeutig am Leben und bei Bewusstsein.

»Wir wissen alle, wie Ihnen zumute ist, aber bitte machen Sie so etwas auf keinen Fall noch einmal«, sagte der Oberarzt in etwas sanfterem Tonfall.

Marie sah von Lilly zum Fenster und wieder zum Bett ihrer Tochter. Sie war total durcheinander. Ihr Herz hämmerte. Sie roch nach Schweiß.

»Ich habe geträumt«, murmelte sie, mehr an sich selbst gewandt. »Es war ein schrecklicher Traum ... Lilly hat ...«

Dr. Wilzok war mit zwei Schritten bei ihr. »Wir geben Ihnen etwas zur Beruhigung. Nur ein ganz leichtes Mittel, damit Sie den Stress ein bisschen außen vor lassen können, okay?«

Apathisch sah Marie zu, wie eine Schwester ihre Armbeuge für die Spritze präparierte. Gleichzeitig sah sie wieder vor sich, wie Lars mit blutüberströmtem Gesicht an dem Glas entlang nach unten gerutscht war. Und wie sie die Decke von Lillys Gesicht gezogen hatte, und da war nur diese bleiche Scheibe mit den leeren Augen.

Erst als Wilzok neben ihr in die Hocke ging, um ihr die Nadel in die Vene zu stechen, kam Marie wieder zu sich. Sie sprang auf und schlug dem Oberarzt die Spritze aus der Hand. Es gab einen knackenden Laut, als sie mit ihrer Armbanduhr gegen die Nadel prallte. Das hatte sie nicht geplant, aber es war genau richtig so. Die Spritze rollte über den Boden.

»Hauen Sie sich Ihre verdammte Spritze doch selbst rein!«, fing Marie an zu schreien. »Ich will nicht beruhigt werden, ich will, dass Lars freigelassen wird! Ich werde ein Video auf YouTube hochladen, damit alle erfahren, was für ein beschissenes Spiel hier mit uns getrieben wird! Lars soll auf der Stelle hergebracht werden, solange Lilly noch bei Bewusstsein ist!«

»Mama!«, keuchte Lilly dazwischen. »Mama, ich will das nicht. Bitte hör auf, so herumzuschreien!«
Aber Marie hörte kaum hin. Sie schrie und schrie, und sie schrie immer noch, als zwei Schwestern sie nach draußen brachten.
»Lasst Lars frei und bringt ihn hierher!«, schrie Marie.
Sie bekam einen Weinkrampf, während die beiden Schwestern sie in den Aufenthaltsraum für Angehörige führten.
»Wir verstehen ja, was in Ihnen vorgeht, Frau Lindweg«, sagte die eine Schwester.
»Aber Sie müssen versuchen, vernünftig zu bleiben«, sagte die andere Schwester.
Diesmal wehrte sich Marie nicht gegen die Beruhigungsspritze. »Lasst ihn frei, oder ihr werdet euch wundern«, murmelte sie und dämmerte im nächsten Moment weg.

☠ ☠ ☠

65

Bari, Medicina Legale, Universita degli Studi, Samstag, 11. Juli, 15:40 Uhr

In Solarinos Büro im Institut für Rechtsmedizin war es so kühl wie in einer Gruft. Und kaum weniger dunkel. Die Fensterläden waren wegen der Saharahitze geschlossen. Aus der Deckenlampe sickerte trübes Licht. Das Skelett neben der Tür, diverse Totenschädel in den Regalen und afrikanische Totemstatuen an jedem freien Fleck sorgten für eine Atmosphäre wie in einem altmodischen Gruselfilm.
Hier würde ich früher oder später auch zum Geistergläubigen werden, dachte Abel.

Solarino verbreitete sich über eines seiner Lieblingsthemen: die Berichte von Menschen, die nach einer Nahtoderfahrung »von der anderen Seite zurückgekehrt« seien. »Daraus könnte man einen enormen rechtsmedizinischen Erkenntnisgewinn ziehen«, behauptete er gerade, als sich Abels Handy meldete.

»Das ist Capitaine Mercier von der Polizeipräfektur in Paris«, sagte Abel nach einem Blick auf das Display. »Ein Videoanruf.«

Solarino sah ihn erwartungsvoll an. Auch ihm war auf Anhieb klar, was dieser Anruf bedeutete.

Der Killer hat wieder zugeschlagen.

Abels Pulsschlag beschleunigte sich, als er den Anruf entgegennahm. Auf dem Display erschien Merciers Gesicht mit dem eindrucksvollen grauen Schnauzbart.

»Bonjour, Monsieur Abel«, meldete sich der Capitaine sichtlich erregt. »Offenbar hat es Ihren Serienmörder nach Frankreich verschlagen.«

»*Bonjour, monsieur le capitaine!*«, antwortete Abel auf Französisch.

Als Student in Lausanne hatte er fließend Französisch gesprochen. Das war zwar viele Jahre her, doch in seinem Berliner Bekanntenkreis gab es ein paar Exilfranzosen, mit denen er sich hin und wieder in ihrer Heimatsprache unterhielt. So waren seine Französischkenntnisse nie ganz eingerostet.

»Wie sicher sind Sie, dass er sich sein neuestes Opfer in Paris gesucht hat?« Abel schaltete seinen BlackBerry laut und lehnte das Gerät gegen eine grimmige Geisterstatuette auf Solarinos Schreibtisch. So konnte er Mercier auf dem Display sehen und war auch seinerseits im Fokus seiner Handykamera.

»*Zwei* Opfer«, korrigierte Mercier. »Beide weiblich, zweiund dreiundachtzig Jahre alt. Und ja, ich bin mir ziemlich

sicher, dass wir es mit Ihrem Täter zu tun haben. Eines der Opfer trägt seine Signatur. Sehen Sie selbst.«
Mercier verschwand vom Display. Sekundenlang war das Bild verschwommen, dann stellte sich das Objektiv wieder scharf. »Diesmal hat der Killer nicht mit Lippenstift geschrieben«, ertönte Merciers Stimme aus dem Off. »Und er hat eine sehr viel kleinere Schrift verwendet. Aber der Wortlaut ist derselbe wie bei den anderen Morden – hier an der Innenseite des Oberarms von Madame Leforêt. Sehen Sie, Monsieur Abel?«
Verblüfft starrte Abel auf den kleinen Bildschirm. »Könnten Sie näher rangehen?«
Der Franzose zoomte auf die Signatur. Jetzt konnte Abel den Schriftzug klar erkennen.
Respectez Asia.
»Er hat ihr seine Botschaft in die Haut geritzt«, sagte Mercier.
Der Schriftzug reichte von der Armbeuge bis zur Achselhöhle der alten Frau und wirkte noch zittriger als bei den vorherigen Morden. Doch das rührte wohl auch von dem Blut her, das beim Schreiben aus dem Arm des Opfers ausgetreten war.
»Damit weicht er von seinem bisherigen Modus Operandi ab. Aber auch wenn er jetzt anders vorgeht, ist es auf jeden Fall seine Signatur«, sagte Abel. »Können Sie schon etwas zum Todeszeitpunkt sagen?«
»Die Leichen sind praktisch noch warm«, antwortete Mercier. »Dupont schätzt, dass die beiden Frauen heute zwischen elf und dreizehn Uhr getötet worden sind.«
»Vor maximal fünf Stunden also. Ich komme so schnell wie möglich nach Paris.« Abels Herzschlag hatte sich mittlerweile mindestens verdoppelt.
»Biagio«, sagte er leise, »kannst du herausfinden, wann der nächste Flieger geht?«

Solarino nickte und fuhr seinen Laptop hoch.

»Was hat er zum Schreiben benutzt?«, wandte sich Abel wieder an Mercier. »Ein Messer?«

»Vielleicht eine Messerspitze oder eine dickere Nadel, möglicherweise auch die Spitze eines Schraubendrehers«, sagte Mercier. »Da will sich Dupont noch nicht festlegen. Wir sind hier noch am Tatort, sehen Sie?«

Die Kamera wurde erneut geschwenkt.

Kollege Dupont, ging es Abel durch den Kopf. *Wollte der nicht in Haiti die Gerichtsmedizin auf Vordermann bringen?*

Auf dem Display waren verwackelte Bilder von einem kleinen Flur zu sehen. Das Opfer, dem der Killer seine Signatur in den Arm geritzt hatte, lag in dem schmalen Raum auf dem Rücken. Sie trug eine ärmellose Bluse. Der Arm war waagrecht abgespreizt, deshalb war die Signatur gut zu sehen. Hinten rechts, in der offenen Tür zu einem weiteren Zimmer, lag der zweite Körper.

»Das andere Opfer ist dunkelhäutig«, fuhr Mercier fort. »Sie heißt Mansura Farès. Ich habe ihre Identität überprüft: Madame Farès stammt ursprünglich aus Marokko, genauer gesagt aus Marrakesch. Vor rund siebzig Jahren sind ihre Eltern mit ihr und ihren Geschwistern nach Frankreich emigriert. Sie ist in Marseille aufgewachsen und hat später dort geheiratet, einen Landsmann aus Marokko.«

Mercier stieg über den Leichnam von Madame Leforêt hinweg und ging nach hinten zu dem zweiten Opfer.

»Sehen Sie?«, fragte er wieder. »Ihre Hautfarbe ist schwarz.«

Auf dem Display war erneut nur verschwommenes Durcheinander zu sehen. Dann wurde das Bild wieder scharf, und bei dem Anblick, der sich ihm bot, vergaß Abel fast zu atmen.

Die Haut von Madame Farès wies in der Tat die Farbe von frischem Ruß auf.

Aber nicht deshalb starrte er so verblüfft auf das Display seines Smartphones.

»Hat da garantiert niemand was verändert?«, fragte er.

»Eine Pflegerin hat die beiden gefunden«, sagte Mercier. »Nach ihrer Aussage hat sie nichts angefasst. Und ich halte sie für glaubwürdig.«

Abel holte tief Luft. Das zweite Opfer, Madame Farès, lag gleichfalls auf dem Rücken. Aber anders als bei Madame Leforêt hatte der Täter ihr Gesicht auf äußerst sonderbare Weise dekoriert.

Ihre Augen waren mit schmetterlingsgroßen Broschen verdeckt. Über ihrer Stirn lag eine Perlenkette ausgebreitet wie ein Diadem. Ringe und Armbänder bedeckten große Teile des restlichen Gesichts. Auf ihrem Oberkörper, über den Mercier mit seiner Kamera langsam hinwegschwenkte, hatte ihr Mörder eine Reihe weiterer Schmuckstücke ausgestreut.

»*Undoing*«, sagte Abel. »Symbolisches Ungeschehenmachen. Oder wie schätzen Sie das ein, Monsieur Mercier?«

»Gut möglich.« Der Franzose drehte sein Handy um, so dass wieder er selbst auf dem Display zu sehen war. »Auf jeden Fall ist es die Handschrift eines Geistesgestörten. Vielleicht fühlte er sich in seinem Wahn von der Toten beobachtet, während er die Wohnung durchsuchte oder seine Signatur auf den Arm des anderen Opfers geschrieben hat.«

»Jedenfalls scheint er in irgendeinem Verhältnis zu Madame Farès gestanden zu haben, dafür spricht das *Undoing*. Er könnte sie persönlich gekannt haben«, sagte Abel. »Vielleicht ist sie sogar eine Verwandte von ihm, die er gezielt bei Madame Leforêt aufgesucht hat.«

»Was bedeuten könnte«, ergänzte Mercier, »dass auch er selbst hier in Paris wohnt.«

Der Schweiß brach Abel aus, so heiß strömte das Adrenalin durch seine Blutgefäße. »Ich komme direkt zum Tatort.

Wenn irgend machbar, lassen Sie dort bitte alles, wie es jetzt ist. Jedes kleinste Detail kann uns auf seine Spur bringen.«
»Ich versuche mein Möglichstes«, versicherte Mercier.
Doch sein Gesicht mit dem buschigen Schnauzbart sah nun ausgesprochen unglücklich aus. Abel fragte sich, ob Mercier befürchtete, durch seine Einmischung Ärger zu bekommen. Aber das glaubte er eigentlich nicht. Jedenfalls hatte er den Capitaine auf dem Kongress vor einigen Jahren als couragierten Kriminalisten kennengelernt.
»Wann landen Sie in Orly?«, erkundigte sich Mercier.
Abel sah Solarino fragend an. Der Italiener tippte ein abschließendes Stakkato in seine Tastatur und verkündete: »18:35 Uhr in Orly. Ein Air-Berlin-Flug. Wenn das kein gutes Omen ist, Alfredo!«
Abel gab Ankunftszeit und Airline weiter. Mercier sah aus, als würde er gleich in Tränen ausbrechen.
»Alles klar«, sagte der Franzose mit Grabesstimme. »Ich lasse Sie am Flughafen abholen.«
Abel dankte ihm und beendete das Gespräch. Er stand auf und sah sich nach seinem Bordcase um. Wohlweislich hatte er schon aus der Pension ausgecheckt und sein Gepäck mit hierhergebracht.
Mit gefühlten hundertachtzig Stundenkilometern brachten ihn die beiden Carabinieri-Neffen kurz darauf zum Flughafen. Unterwegs buchte Abel mit seiner Air-Berlin-App ein Ticket nach Paris.
»Der Einfachheit halber fahren sie dich bis aufs Rollfeld«, hatte Solarino mit diesem schwer einzuschätzenden Grinsen zum Abschied gesagt. Abel hatte es für einen Scherz gehalten, aber tatsächlich stoppten sie mit quietschenden Bremsen praktisch erst unter der linken Tragfläche seines Fliegers.
Am Fuße der Gangway wartete eine Air-Berlin-Mitarbeiterin, der Abel seinen Personalausweis zeigte. Sie händigte ihm

das Flugticket aus, gleichzeitig klopfte ihm ein Security-Mann die Taschen nach Waffen und Sprengstoff ab. Es war eine surreale Situation, und unter anderen Umständen hätte sich Abel darüber amüsiert. Aber im Moment hatte er keinen Sinn dafür.
Oben auf der Gangway stand eine weitere Stewardess und machte ihm energische Zeichen, sich zu beeilen. Abel rannte die Stufen hoch und ließ sich auf seinen Platz in der Businessclass fallen. Er ignorierte die Blicke seiner Mitreisenden, während die Stewardess sein Bordcase im Gepäckfach verstaute und der Pilot über Lautsprecher »Boarding completed« verkündete.
Minuten darauf waren sie in der Luft.
Wenn der psychopathische Killer tatsächlich aus Paris stammt oder sogar dort wohnt, grübelte Abel, *warum ist er gerade jetzt nach Hause zurückgekehrt? Und wieso hat er in Orly eine Frau getötet, die er anscheinend kannte und die vielleicht sogar mit ihm verwandt ist? Aus Versehen oder weil er es gerade auf sie abgesehen hatte?*
Mehr als alles andere wünschte er sich, Timo Jankowski an seiner Seite zu haben.

☠ ☠ ☠

66

**Orly Ville,
Samstag, 11. Juli, 19:07 Uhr**

»Fred Abel hier, entschuldige die Störung, Timo. Ich weiß, es ist Samstagabend und du hast alles Recht der Welt, dich zu erholen. Aber ich brauche ganz schnell noch mal deinen Rat.« Abel saß im Fond des Streifenwagens, den Capitaine Mercier zum Flughafen geschickt hatte.
»Schieß los. Ich habe gerade den Gartengrill angeschmissen. In einer halben Stunde kommen unsere Gäste. Wenn die Steaks anbrennen, sage ich allen, dass du schuld bist.«
»Einverstanden«, gab Abel zurück. »Solange ich keine schwerere Schuld auf mich lade, kann ich damit leben. Also hör zu. Unser Täter hat erneut zugeschlagen. Diesmal in Paris. Ich bin gerade gelandet und auf dem Weg zum Tatort. Der liegt wieder in unmittelbarer Nähe des Flughafens, aber trotzdem ist diesmal einiges anders. Der Killer hat zwei Frauen umgebracht. Die zweite Frau war zu Besuch. Möglicherweise ist er von ihr überrascht worden, als er mit seiner Nachläufer-Maske hinter der anderen in die Wohnung eingedrungen ist. Und meiner Ansicht nach hat er die zweite Frau gekannt.«
Er schilderte Jankowski in kurzen Worten die Auffindesituation. »Das zweite Opfer hat er mit dem Schmuck aus der Wohnung dekoriert. Ihre Augen zugedeckt und weitgehend auch ihr Gesicht. Sieh es dir selbst an.«
Er schickte Jankowski eine MMS mit einem Foto von Madame Farès, wie der Mörder sie am Tatort zurückgelassen hatte. »Wie deutest du dieses Verhalten?«, fragte er.
Jankowski stellte ihm erst noch ein paar Gegenfragen. »Er könnte sie gekannt haben, das sehe ich so wie du«, sagte er

schließlich. »Auf jeden Fall hat sie ihm höchstwahrscheinlich etwas bedeutet. Das muss allerdings nicht zwangsläufig heißen, dass genau diese Frau in seinem Leben eine Rolle gespielt hat. Vielleicht hat das Opfer ihn auch nur an eine Frau aus seiner Vergangenheit erinnert. Seine Mutter, eine Großmutter oder Tante vielleicht. Das Opfer könnte für ihn symbolisch für diese reale Person aus seiner Biographie stehen.«
Abel stöhnte auf. »Schon wieder nur Symbolik!«, stieß er hervor. »Wie soll ich diesen Typ schnappen, wenn er statt wirklicher Spuren jedes Mal nur symbolische Inszenierungen am Tatort hinterlässt, die allein in seinem kranken Kopf einen Sinn ergeben?«
Timo Jankowski blieb einen Moment lang still, wie es seiner Gewohnheit entsprach.
»Dass er ihre Augen verdeckt hat, bedeutet auf jeden Fall, dass sie nicht sehen sollte, was er dort macht«, sagte er dann. »Mit deiner Einschätzung, dass wir es hier mit einer Form von Undoing zu tun haben, liegst du richtig. Indem er ihre totenstarren Augen verdeckt und im wahrsten Sinne des Wortes mit Schmuck überhäuft, nimmt er die Tötung sozusagen zurück – natürlich nur symbolisch.«
Sie ließen das Flughafengelände hinter sich. Die uniformierte Polizistin am Steuer drückte das Gaspedal durch. Ihr Kollege beugte sich vor und schaltete Blaulicht und Sirene ein.
»Aber der Täter geht über bloßes Undoing hinaus, indem er ihr Gesicht unter den Schmuckstücken geradezu versteckt«, redete Jankowski weiter. »Das könnte bedeuten, dass er das Opfer depersonalisiert, also alles unkenntlich macht, was ihn an diese bestimmte Frau erinnert. So etwas beobachten wir häufig gerade bei psychopathischen Mördern. Sie suchen sich ein Opfer, das sie als symbolischen Ersatz für die Person töten, die ihnen Leid und Schmerz zugefügt hat. Und damit sie an dem Leichnam ihre Wut- oder Rachephantasien ausagieren können, berauben sie ihn anschließend

seiner Individualität, indem sie vor allem das Gesicht ihres Opfers verdecken.«

Abel fuhr sich mit der Hand über sein Gesicht. »Also alles nur Spiegelfechtereien? Keine reale Spur?«

Diesmal antwortete Jankowski prompt. »Ganz im Gegenteil. Anscheinend habe ich mich undeutlich ausgedrückt. Bei seinen bisherigen Morden hat dein Killer keinerlei Anstrengungen unternommen, um seine Opfer zu entindividualisieren oder seine Tat symbolisch zurückzunehmen. Daraus kann man meiner Ansicht nach durchaus ableiten, dass er die zweite Frau in Orly wirklich gekannt haben muss. Natürlich wäre es gut, wenn du noch weitere Hinweise hättest, die diese Deutung stützen.«

»Die habe ich«, sagte Abel. »Die Frau heißt Mansura Farès und stammt aus Marokko. Sie hat den gleichen Hautton wie unser Killer.«

»Dann könnten sie sogar miteinander verwandt sein. Auch wenn das erst mal nur eine Vermutung ist. Er wollte sie sehr wahrscheinlich nicht umbringen, und der versehentliche Mord hat ihn mit Sicherheit zutiefst aufgewühlt. In sein hermetisches Wahnsystem ist die Realität eingebrochen. Stell es dir so vor, wie wenn in ein geschlossenes Gefäß plötzlich Gas einströmt – das so entstehende Gemisch kann hochexplosiv sein. Wann hat sich dieser Doppelmord denn ereignet?«

»Vor maximal acht Stunden«, sagte Abel. »Vielleicht auch erst sechs.«

»Dann bist du ihm dicht auf den Fersen«, sagte Jankowski. »Ich bin mir ziemlich sicher, dass er sich im Moment irgendwo in Paris verkrochen hat.«

»Und wenn er gleich nach der Tat in den nächsten Flieger gestiegen ist?«

»Das glaube ich nicht«, antwortete der Profiler. »Wenn sie eine Verwandte von ihm ist, kann es kein bloßer Zufall sein, dass er vom Flughafen Orly gerade dorthin gegangen ist, wo er auf Madame Farès gestoßen ist. Dieser Ort muss für ihn eine ganz bestimmte Bedeutung haben. Da er sich seine Opfer sonst immer völlig willkürlich ausgewählt hat, spricht einiges dafür, dass er selbst in Paris oder in der näheren Umgebung wohnt und jetzt dorthin zurückgekommen ist, weil sich der Kreis für ihn aus irgendwelchen Gründen geschlossen hat. Der Mord in Orly sollte womöglich so etwas wie der Schlusspunkt dieser Mordserie sein. Aber dann ist die Sache dort wohl aus dem Ruder gelaufen.«

Abel ließ sich das durch den Kopf gehen. Währenddessen rasten sie mit heulender Sirene durch die Randbezirke von Orly Ville. Einfamilienhäuser in weitläufigen Gärten huschten vor den Seitenfenstern vorbei. Wassersprenger verspritzten ihre Fontänen über Rasenflächen, die trotz der seit Wochen herrschenden Wüstenhitze frühlingshaft grün aussahen.

»Wenn du es schaffst, den Killer aus seinem Versteck hervorzuscheuchen«, sagte Jankowski, »hast du eine gute Chance, ihn zu schnappen.«

Sie stoppten vor einem Wohnblock mit giftgrüner Fassade. Das Martinshorn erstarb jaulend. Der Polizist auf dem Beifahrersitz sprang nach draußen und riss für Abel die Fondtür auf.

»Wir sind da«, sagte Abel. »Tausend Dank, Timo. Darf ich dich noch mal anrufen, wenn ich eine weitere Frage haben sollte?«

Am anderen Ende der Leitung war ein Gewirr fröhlicher Stimmen zu hören. »Ich mache mir jetzt ein Bier auf«, sagte der Profiler. »Und ich kann dir nicht versprechen, dass es bei der einen Flasche bleibt. Aber mit dieser Einschränkung bin ich jederzeit für dich da.«

☠ ☠ ☠

67

Orly Ville, Wohnung von Eloïse Leforêt,
Samstag, 11. Juli, 19:22 Uhr

Es war nicht einfach, das können Sie mir glauben, Monsieur Abel«, sagte Capitaine Mercier. »Docteur Dupont hat getobt, weil wir die Leichen noch nicht in die Gerichtsmedizin gebracht haben.«
Abel schüttelte ihm zur Begrüßung die Hand. »Ich weiß das sehr zu schätzen, Monsieur le Capitaine«, sagte er.
Victor Mercier und Lilou Maran hatten ihn auf dem Flur vor Eloïse Leforêts Apartment erwartet. Hinter der halb geöffneten Wohnungstür lagen die beiden Toten noch genauso, wie Abel sie keine vier Stunden zuvor auf dem Display seines Smartphones gesehen hatte. Nur der süßliche Leichengeruch erinnerte daran, dass seitdem die Zeit nicht stehengeblieben war.
»›Bei dieser Hitze verfaulen die Toten so schnell, dass man dabei zusehen kann‹, hat Dupont mir vorgehalten«, fuhr Mercier fort. »Aber ich habe darauf bestanden, dass hier alles unverändert bleiben muss, bis wir den Tatverlauf minutiös rekonstruiert haben. Obwohl ich selbst, ehrlich gesagt, noch nicht ganz verstanden habe, warum Sie unsere Untersuchungsergebnisse nicht einfach über Europol anfordern, Monsieur Abel.«
»Sie haben völlig recht, ich bin Ihnen eine Erklärung schuldig«, sagte Abel. »Die bekommen Sie auch, sobald ich mich hier umgesehen habe. Einverstanden?«
Mercier und Lilou Maran wechselten einen Blick, dann nickte der Capitaine und machte einen Schritt zur Seite.
»Aber schnell und diskret, wenn ich bitten darf«, sagte er. »Dupont hat Beziehungen bis hinauf zum Präfekten. Wenn

meine Vorgesetzten von dieser Sache Wind bekommen, habe ich ein Riesenproblem.«

Abel verzog reuevoll das Gesicht. Während er Eloïse Leforêts Wohnung betrat, klingelte Merciers Handy.

»Kommen Sie, Monsieur«, sagte Lilou Maran. »Wenn Sie Fragen haben, wenden Sie sich am besten an mich. Victor hat jetzt schon ein Riesenproblem – in dieser Minute beginnt zu Hause seine Sommerparty.«

Noch eine Party, die ich heute ruiniere, dachte Abel.

Er ging neben der toten Madame Leforêt in die Hocke und musterte die Würgemale an ihrem Hals. Es war eindeutig die Handschrift des Killers, der bereits in Berlin, London und Bari zugeschlagen hatte. Der Täter war wieder zu seinem bewährten Modus Operandi zurückgekehrt.

Abel beugte sich tiefer hinab und inspizierte die Signatur am Oberarm von Madame Leforêt. »Für mich sieht das klar nach einer Ritzung mit einer Messerspitze aus. Kollege Dupont wollte sich ja vorhin noch nicht festlegen. Aber wenn der Täter eine Nadel benutzt hätte, wäre die Schrift wesentlich feiner.«

Als er sich erhob, fiel ihm auf, dass Lilou Maran außergewöhnlich groß gewachsen war. Und dass sie eine außergewöhnliche Schönheit war. *Genauso eine Schönheit wie Claire,* dachte Abel. *Dieselbe kastanienfarbene Haut.* Das war auch hier in Paris gewesen, aber es war eine Ewigkeit her. *Und überhaupt ist es der falsche Zeitpunkt, um in Erinnerungen an alte Liebschaften zu schwelgen.*

Lilou Maran stand dicht neben ihm und sah ihn abwartend an. Ihr schmal geschnittenes Gesicht mit den hohen Wangenknochen und den großen, ausdrucksvollen Augen weckte bei Abel erneut für einen kurzen Moment Erinnerungen an Claire.

Auf den ersten Blick war Mercier eindeutig zu beneiden. Allerdings wusste Abel aus eigener Erfahrung, dass es nicht

immer einfach war, mit einer solchen Schönheit an seiner Seite einen kühlen Kopf zu bewahren.
Dann vielleicht doch lieber mit einem übereifrigen Witzbold wie Tekin Okyar.
»Das ist die Handschrift unseres Killers«, sagte er. »Eindeutig und im wahrsten Sinn des Wortes.«
Mercier war zu ihnen getreten, doch sein Blick war abwesend, sein Gesichtsausdruck gequält.
»Aber ja, *chérie*«, sprach er in flehendem Tonfall in sein Handy, »ich versichere dir, dass ich in spätestens einer Stunde zu Hause bin. Lass einfach schon mal Champagner servieren. Bevor die Gäste anfangen können, mich zu vermissen, mische ich mich unter sie und tue so, als wäre ich schon die ganze Zeit da gewesen.«
Guter Plan, dachte Abel. *Aber manchmal ist es nötig, Pläne zu ändern.*
Er wandte sich dem zweiten Opfer zu, Mansura Farès. Ihr Gesicht war noch genauso mit den Schmuckstücken verdeckt, wie er es auf dem Bildschirm seines Handys gesehen hatte. Doch jetzt erst konnte er die einzelnen Broschen, Ringe und Ketten detailliert begutachten.
»Warum hat er den Schmuck so und nicht anders angeordnet?«, fragte er mehr sich selbst als Lilou Maran. »Welche Botschaft verbirgt sich in dieser Dekoration? Oder hat er die Schmuckstücke wahllos ausgebreitet, einfach nur, damit ihr Gesicht nicht mehr zu sehen war?«
Erneut ging er in die Hocke. Die Brosche, die Madame Farès' linkes Auge verdeckte, hatte die Form eines Efeublatts. Der vergoldete Rahmen umfasste eine Art Wappen: ein gelber Löwe im Profil vor einem stilisierten Baum.
»Haben Sie eine Ahnung, wofür dieses Wappen steht?«, fragte er Lieutenant Maran.
Sie schüttelte den Kopf. »Aber das müsste sich feststellen lassen.«

Sie zog ihr iPhone aus der Gesäßtasche ihrer Jeans und machte mehrere Aufnahmen von der Brosche.

»Wir haben seit neuestem eine Bilderkennungssoftware im Einsatz, die jede beliebige Abbildung mit den grafischen Internet-Beständen abgleicht.« Sie klickte auf ihrem Smartphone herum. »Einen Moment dauert das aber schon«, fügte sie hinzu, als sie Abels erwartungsvollen Blick bemerkte.

Ein Moment ist okay.

Abel platzte fast vor Ungeduld, doch er gab sich die größte Mühe, sich nichts anmerken zu lassen. Wenn er Mercier und Lilou Maran zu größerer Eile anzutreiben versuchte, würde er die beiden nur gegen sich aufbringen. Und wenn sie ihm die Unterstützung aufkündigten, könnte er einpacken. Auf eigene Faust würde er den Killer in der Millionenmetropole Paris ganz bestimmt nicht aufspüren.

»Die Spurensicherung hat hier doch alles untersucht?«, fragte er Lilou Maran.

»Selbstverständlich, Monsieur«, mischte sich Mercier ein. »Gehen Sie getrost davon aus«, fuhr er fort, »dass die französische Polizei die kriminaltechnischen Grundlagen beherrscht.«

Er stopfte sein Handy mit einer wütenden Bewegung in sein Jackett. Sein Tonfall klang jetzt eindeutig gereizt.

»Pardon, Monsieur le Capitaine, das wollte ich nicht in Frage stellen«, sagte Abel rasch. »Ich wollte nur sichergehen, dass ich diese Schmuckstücke anfassen darf.«

Mercier gab einen Brummton von sich, den Abel als Zustimmung auslegte. Er streifte die Plastikhandschuhe über, die ihm Lilou Maran wortlos reichte, nahm die Brosche von dem rechten Auge des Opfers und richtete sich wieder auf. Der Leichengeruch wurde dadurch nicht schwächer. Aber zumindest vermischte er sich mit dem fruchtig frischen Parfum von Lilou Maran.

Abel besah die Brosche von allen Seiten. Scheinbar war es

einfach eine vergoldete Scheibe, nicht viel größer als eine Zwei-Euro-Münze. Aber sein Bauchgefühl sagte ihm, dass es mit diesem Schmuckstück irgendetwas auf sich hatte.
»Sie ist zu leicht«, murmelte er vor sich hin.
Mit der Schmalseite hielt er sie ins Licht und kniff die Augen zusammen. »Da ist doch ein Spalt, oder nicht?«
Wie bei dem ausgehöhlten Stein, in dem der Herzhacker die Fernsteuerung plaziert hat, ging es ihm durch den Kopf. Doch daran wollte er jetzt keinesfalls denken. Seine Nerven waren auch so schon angespannt genug. Er konzentrierte sich wieder auf das Schmuckstück. Aus den Augenwinkeln nahm er wahr, dass Lilou Maran ihn neugierig beobachtete, während Mercier schon wieder mit seiner Frau telefonierte.
»Der Spalt läuft um die Scheibe herum. Er ist so fein, dass man ihn kaum erkennen kann«, sagte Abel zu Lilou Maran. »Außen herum ist die Brosche außerdem geriffelt, deshalb kann man den Spalt auch mit der Fingerspitze nicht ertasten. Aber er ist eindeutig vorhanden. Und das bedeutet, dass in der Scheibe ein Hohlraum sein muss.«
»Darf ich mal sehen?« Mercier streckte auffordernd die Hand aus. Abel überließ ihm die Brosche. »Sie meinen also, das hier wäre eine Art Medaillon?«
Er drehte und drückte wahllos an dem Schmuckstück herum und schüttelte den Kopf.
»Das hätten unsere Leute bemerkt«, fügte Mercier hinzu.
Bist du dir da so sicher?, dachte Abel, hütete sich aber, seine Zweifel zu erkennen zu geben. Wenn sie sich in patriotische Eifersüchteleien verstrickten, würde nur der Killer davon profitieren.
»Ich würde dir recht geben, Victor, wenn sie eine Frau dabeigehabt hätten«, wandte Lilou Maran mit einem Lächeln ein. »Aber heute hat das ganze Team nur aus Männern bestanden. Und was verstehen die schon von Broschen?«
Sie schob ihr iPhone zurück in ihre Jeans und nahm Mercier

das Schmuckstück aus der Hand. »Meine Oma hatte ein Medaillon mit einem winzigen Geheimfach. Es ging ganz einfach auf, wenn man daraufgedrückt und gegen den Uhrzeigersinn gedreht hat. So!«

Sie hielt die Brosche mit einer Hand an der Anstecknadel fest und drehte die Scheibe mit der anderen Hand wie eine Dose auf, wobei sie gleichzeitig Druck ausübte.

Das Medaillon öffnete sich. Darin kam etwas zum Vorschein, das Abels kühnste Träume übertraf.

»Wow!«, sagte Lilou Maran.

Im gleichen Moment begann Merciers Handy wieder zu klingeln. Der Capitaine warf einen Blick darauf und drückte den Anrufer weg. Alle drei beugten sich über das Medaillon auf Lilou Marans Hand.

Das rötliche Muster im Innern der Brosche war teilweise verwischt. Aber es war unverkennbar ein Abdruck, wie ihn eine blutbeschmierte Fingerspitze hinterließ. Und das Blut war eindeutig noch ziemlich frisch, schmierig und nur ansatzweise verschorft, also höchstens ein paar Stunden alt.

»Er hat sie gekannt«, sagte Abel. »Das steht für mich jetzt eindeutig fest. Diese beiden Broschen muss Madame Farès an ihrer Bluse oder ihrer Kostümjacke getragen haben, bevor der Killer sie ihr abgenommen hat. Er hat ihre Augen damit verdeckt, um sich nicht von der Toten beobachtet zu fühlen.«

Sein Herzschlag beschleunigte sich aufs Neue. Behutsam nahm er das Medaillon und legte es auf die Fensterbank im Wohnzimmer. Dort waren die Lichtverhältnisse besser.

»Erst danach hat er die Wohnung durchwühlt«, spann er seinen Gedanken weiter. »Und ganz am Schluss, nachdem er seine Signatur in den Arm des anderen Opfers geritzt hat, ist er aus irgendeinem Grund auf die Idee gekommen, in dem Medaillon nachzusehen.«

Mercier verschränkte die Arme vor der Brust. Er wirkte

jetzt hochkonzentriert. »Möglicherweise hat er befürchtet, dass sie in dem Medaillon etwas aufbewahren könnte, das eine Verbindung zu ihm herstellt.«
Abel nickte. »Das klingt plausibel.« Er holte sein Smartphone hervor und fotografierte das geöffnete Medaillon mit dem Fingerabdruck darin.
»Nur gehört er eben zum desorganisierten Tätertypus«, fuhr Abel fort, »und legt vor allem nach der Tat ein chaotisches Verhalten an den Tag. Und deshalb hat er ausgerechnet in dem Medaillon zum ersten Mal eine brauchbare Spur hinterlassen.«
Lilou Marans Smartphone gab einen Fanfarenton von sich. Sie zückte es erneut und warf einen Blick darauf. »Das Ergebnis des Grafikabgleichs. Das Bild auf der anderen Brosche, der Löwe und der Baum – das ist das Wappen von Ifrane. Der marokkanischen Stadt, aus der Madame Farès stammt.«
»Vielleicht kommt der Killer auch von dort«, sagte Mercier. »Falls sein Fingerabdruck in der Europol-Datenbank gespeichert ist, kennen wir in spätestens einer Stunde seinen Namen. Und sein Gesicht.«
Während Abel und Lilou Maran ihre Smartphones wieder verstauten, zog Mercier abermals sein Handy hervor.
»*Chérie?* Bei mir wird es doch noch etwas später. Fangt schon mal mit den Horsd'œuvres an.«

☠ ☠ ☠

68

**Orly Ville, Wohnung von Eloïse Leforêt,
Samstag, 11. Juli, 19:51 Uhr**

Obwohl sie alle Fenster weit geöffnet hatten, war der Leichengeruch kaum zu ertragen. Die toten Körper waren mittlerweile in Plastiksärgen abtransportiert worden, doch der süßliche, Würgereiz erregende Gestank schwängerte weiterhin die Luft in jedem Winkel der kleinen Wohnung.
Abel, Mercier und Lilou Maran bekamen das allerdings kaum mit. Sie saßen in Madame Leforêts Wohnzimmersesseln und starrten alle drei mit einer Mischung aus Entsetzen und Verblüffung auf Abels Smartphone.
Er hatte die Europol-Datenbank aufgerufen und die Fotos mit dem Fingerabdruck in das entsprechende Eingabefeld kopiert. Keine fünf Minuten später hatte der Schriftzug *»Matched – 1 Treffer«* aufgeblinkt, untermalt von einem ermutigenden Klingelton.
Abel hatte sofort zu den personenbezogenen Daten weitergescrollt. Der Mann, zu dem der Fingerabdruck aus dem Medaillon gehörte, hieß Franco Moussadet. Er war vor siebenunddreißig Jahren in der marokkanischen Provinzstadt Ifrane geboren, dunkelhäutig und einen Meter einundsiebzig groß. Das einzige verfügbare Foto von ihm war vor mehr als zehn Jahren aufgenommen worden. Darauf war ein untersetzter und auffällig muskulöser junger Mann zu sehen, der zum Zeitpunkt der Aufnahme gerade vierundzwanzig geworden war.
Laut Europol-Eintrag hatte Moussadet vor dreizehn Jahren eine junge Marokkanerin namens Durya Ezzaki in einen Wald bei Ifrane verschleppt, in einer Holzfällerhütte mehr-

fach vergewaltigt und mit kaum vorstellbarer Grausamkeit zu Tode gequält. Über mehrere Tage hinweg hatte er sein Opfer mit Messern verschiedener Größe buchstäblich zerfleischt, und zwar jeden einzelnen Quadratzentimeter ihres Körpers. Fremdenlegionäre hatten die beiden bei einer militärischen Übung zufällig in der Holzfällerhütte entdeckt und Moussadet überwältigt. Doch für Durya Ezzaki war jede Hilfe zu spät gekommen.

Moussadet war wegen Vergewaltigung und Mordes in einem besonders schweren Fall angeklagt und verurteilt worden. Aufgrund schwerwiegender Persönlichkeitsstörungen hatte man ihn jedoch für schuldunfähig erklärt und in die geschlossene Abteilung der Psychiatrischen Anstalt von Rabat eingewiesen. Das war zugleich sein letzter bekannter Aufenthaltsort. Kurz darauf hatte er einen Wärter auf grausame Weise ermordet und war aus der Anstalt ausgebrochen. Seitdem fehlte jede Spur von ihm.

Abel massierte seine Schläfen mit den Fäusten. Er hatte Mühe, einen klaren Gedanken zu fassen, und das lag bestimmt nicht daran, dass Lilou Maran neben ihm saß. Sein Kopf fühlte sich mit einem Mal gänzlich leer an.

»Heißt das, er reist mit gefälschten Papieren durch die Gegend?«, überlegte er laut. »Für mein Gefühl passt das nicht zu ihm. Oder jedenfalls zu dem Bild, das wir uns bisher von ihm gemacht haben.« Er referierte kurz, was er mit Timo Jankowskis Hilfe über den Killer herausgefunden hatte.

»Er ist chaotisch, desorganisiert, ein Psychopath, der in einer mehr oder weniger geschlossenen Wahnwelt lebt«, fuhr Abel fort. »Wie konnte er sich falsche Papiere beschaffen? Das müssten erstklassige Fälschungen sein, sonst wäre er nach so vielen Jahren auf der Flucht längst aufgeflogen. Und wie wahrscheinlich ist es, dass er mit dieser neuen Identität über einen so langen Zeitraum kein einziges Mal mehr mit dem Gesetz in Konflikt geraten ist?«

Mercier runzelte die Stirn. »Vielleicht ist er in seinem neuen Leben bisher nur wegen kleinerer Delikte auffällig geworden«, spekulierte er. »Dann wäre er bloß auf nationaler Ebene gespeichert, nicht bei Europol.«
Er beugte sich vor und schubste seine Kollegin an. »Anstatt Monsieur Abel anzustarren, als ob du ihn hypnotisieren wolltest, fahr lieber mal den Laptop hoch.«
»Pardon, ich war in Gedanken.« Lilou Maran zuckte zusammen und senkte den Blick. »Wenn er in Paris wohnt, haben wir hier garantiert was über ihn«, stimmte sie zu.
»Verraten Sie mir Ihre Mail-Adresse, Lilou?«, fragte Abel. »Dann bekommen Sie von mir ein Foto.«
Er war sich keiner Zweideutigkeit bewusst gewesen. Erst als sie ihm mit freudig erstauntem Lächeln zunickte, dämmerte ihm, dass hier etwas aus dem Ruder lief. Oder jedenfalls auf dem besten Weg dazu war.
Du bist smart und wunderschön, Mädchen, dachte er, *aber ich lebe in einer glücklichen Beziehung und habe nicht vor, daran etwas zu ändern. Und ich habe im Moment wirklich keinen Kopf dafür, dir das klarzumachen.*
Er konnte nur hoffen, dass Lilou Maran seine unterschwellige Botschaft mitbekam.
Sie baute den Laptop auf dem Wohnzimmertisch von Madame Leforêt auf und fuhr ihn hoch. Währenddessen schickte Abel ein Foto von dem Fingerabdruck an ihren Dienst-Account.
»Lass den Digitalsklaven nicht nur beim Fingerabdruck nach Übereinstimmungen suchen«, sagte Mercier zu Lilou Maran. »Sondern auch bei Herkunftsland und -ort und natürlich bei seinem Namen.«
Nachdem sie die Datenbank der *Police nationale* aufgerufen hatte, klickte und tippte sie eine Weile in der Eingabemaske herum. Schließlich klickte sie auf »Suchen«.
Wenig später meldete sich der Laptop mit einem Jingle. Auf

dem Bildschirm erschien wiederum der Schriftzug
»*Matched – 1 Treffer: Name*«.
Verblüfft beugte sich Abel vor, um die Angaben zu überfliegen.
François Moussadet, genannt Franco ... geboren vor siebenunddreißig Jahren in Marrakesch, Marokko ... seit fünf Jahren wohnhaft in Frankreich, zunächst in Marseille, seit drei Jahren in Paris.
Neben den personenbezogenen Angaben war ein Foto eingeblendet, das vor zwei Jahren aufgenommen worden war. François »Franco« Moussadet war ein Muskelpaket mit Oberarmen wie Baumstämme. Mit seinen breiten Schultern und der untersetzten Gestalt sah er fast quadratisch aus. Auch an seinem Hals traten die Muskelwülste deutlich hervor. Seine Kiefer waren auf dem Foto zusammengepresst, seine Augen funkelten vor mühsam gezügelter Wut. Und seine Haut wies tatsächlich den rußschwarzen Farbton auf, den die Zeugen in Berlin, London und Bari beschrieben hatten.
»Wenn ich mir das Foto hier so anschaue«, sagte Abel, »handelt es sich bei den beiden Francos um ein und denselben Mann.«
Mercier zog den Laptop näher zu sich heran. Auch sein Jagdfieber schien geweckt zu sein, wenngleich ihm der Ärger wegen der verpatzten Sommerparty noch anzusehen war.
»Also der Reihe nach«, murmelte Mercier. »Letztes Jahr wurde der Bursche zweimal wegen Körperverletzung angezeigt. In beiden Fällen wurde die Anzeige am nächsten Tag zurückgezogen. Klassische Opfer- beziehungsweise Zeugeneinschüchterung, würde ich sagen. Jedenfalls liegen keine biometrischen Daten wie Fingerabdruck et cetera über diesen Franco Nummer zwei vor.«
Lilou Maran schob ihren Kopf dichter neben Merciers Silberschädel.

»Das gibt's nicht«, sagte sie, »er ist sogar polizeilich gemeldet. Im Afrikanischen Viertel, Rue Cavé, in der Wohnung eines gewissen Nasir Moussadet, angeblich sein Cousin.«
Sie tippte hektisch auf dem Laptop herum.
»Nasir Moussadet, sechsundvierzig Jahre alt, stammt gleichfalls aus Marokko«, fasste sie zusammen. »Lebt seit zehn Jahren in Frankreich, anfangs in Marseille, seit acht Jahren in Paris. Mehrfach polizeilich überprüft wegen Verdachts auf Rauschgift- und Menschenhandel, Ermittlungen aus Mangel an Beweisen jedes Mal eingestellt.«
Abel kniff die Augen zusammen. Sein Verstand arbeitete fieberhaft. »Nasir, der angebliche Cousin, stammt nicht zufällig aus demselben marokkanischen Provinzkaff wie Franco Nummer eins?«
Lilou Maran scrollte auf dem Bildschirm hoch und runter.
»Doch, Treffer«, sagte sie. »Nasir Moussadet wurde in Ifrane, Marokko, geboren.«
»Dann haben wir unseren Killer gefunden«, sagte Abel. »Franco eins und zwei sind ein und derselbe Mann. Ich verstehe zwar noch nicht ganz, wie er das mit den zwei fast identischen Namen hinbekommen hat. Aber das kann er uns ja dann erklären, wenn er seine Mordserie gesteht.«
Er sprang so ruckartig auf, dass sein Sessel auf dem Laminatboden ins Rutschen kam. Im Laufschritt rannten sie aus der Tür und zur Straße hinunter.
Zwei uniformierte Polizisten lehnten rauchend an ihrem Streifenwagen. Als ihre Vorgesetzten aus der Tür gestürmt kamen, warfen sie ihre Kippen weg und nahmen Haltung an. Mercier befahl ihnen, die Wohnung von Madame Leforêt abzuschließen und zu versiegeln.
Lilou Maran hatte den dunkelblauen C6 direkt vor der Haustür geparkt. Abel konnte gerade noch auf die Rückbank hechten, dann gab sie Gas.
Jankowski hat absolut richtiggelegen, überlegte Abel, wäh-

rend sie sich mit Blaulicht und Sirene durch den Abendverkehr frästen. *Mit seiner Signatur hat sich Moussadet von weitaus übleren Dingen zurückgehalten, die ihn früher fast Kopf und Kragen gekostet hätten.*
Anstatt junge Frauen auf grausamste Art und Weise zu zerfleischen, hatte er die alten Frauen »nur« erwürgt und beschriftet. Sieben Morde waren es mittlerweile. Und das waren nur die, von denen sie zum jetzigen Zeitpunkt wussten.

☠ ☠ ☠

69

**Paris, Einsatzwagen der Polizeipräfektur,
Samstag, 11. Juli, 20:33 Uhr**

Von Orly bis ins Zentrum von Paris brauchte man mit dem Taxi selbst bei geringem Verkehr normalerweise rund eine Stunde. Lilou Maran schien entschlossen, einen neuen Streckenrekord aufzustellen, und Abel hatte keinen Zweifel, dass ihr das gelingen würde.
Während sie mit über zweihundert Stundenkilometern auf der äußersten linken Spur der A86 dahinrasten, saß Lieutenant Maran scheinbar ganz entspannt hinter dem Steuer. Ungefähr einmal pro Minute warf sie Abel im Rückspiegel einen Blick zu, der ihn noch kribbeliger machte, als er ohnehin schon war.
Über Funk trommelte Mercier währenddessen ein Einsatzteam zusammen. Er wies die Beamten an, unweit der Metrostation La Chapelle am Boulevard de la Chapelle zu warten und jedes Aufsehen zu vermeiden. Jedenfalls, soweit das in einem Viertel wie dem Barbès möglich war. Die Ein-

wohner, überwiegend Schwarze aus Afrika und der Karibik, reagierten allergisch auf sichtbare Polizeipräsenz. Was allerdings bei der Leidensgeschichte, die viele von ihnen als Flüchtlinge aus Kriegsgebieten und Terrorregionen hinter sich hatten, alles andere als erstaunlich war.

»Das war eben Lieutenant Habelais, der Leiter der Polizeidienststelle im Afrikanischen Viertel«, sagte Mercier, nachdem er das Funkgerät wieder in seiner Halterung befestigt hatte. »In Nasir Moussadets Wohnhaus in der Rue Cavé ist unten im Erdgeschoss eine kenianische Kneipe. Der Hof dahinter sieht wie eine Mischung aus Slum und Biergarten aus. Ziemlich unübersichtliches Gelände, sagt Habelais. Bei der Wohnung des angeblichen Cousins, in der unser Freund gemeldet ist, handelt es sich um eine Maisonette im dritten und vierten Stock.«

Abel hatte das Gefühl, vor Anspannung fast zu platzen.

Das darf jetzt auf gar keinen Fall schiefgehen, dachte er.

»Wie viele Ein- und Ausgänge?«, fragte er.

»Einer zur Straße, einer zum Hof«, sagte Mercier. »Der Zugang zur Maisonette ist im dritten Stock. In der Etage darüber gibt es auch noch eine Tür, aber die ist angeblich durch Gerümpel versperrt. Wir riegeln unten beide Haustüren ab und postieren zusätzlich ein paar Beamte in den umliegenden Hinterhöfen. Nur für den Fall, dass unser Freund versuchen sollte, sich über die Dächer davonzumachen. Mit dem restlichen Team gehen wir hoch und klopfen im dritten Stock auf den Putz. Außerdem stellen wir in der vierten Etage einen Posten auf. So weit der Plan.«

Pläne können sich ändern, dachte Abel. *Manchmal auch dann, wenn man es nicht will.*

Sein Puls jagte, als wollte er sogar Lilou Marans Fahrtempo übertrumpfen. Sie ließ die Autobahn bereits wieder hinter sich und raste eine belebte Straße am Seine-Ufer entlang, ohne nennenswert vom Gas zu gehen.

Jetzt hilft nur noch Daumendrücken, dachte Abel. Es war eine der Spruchweisheiten, die seine Oma Luise bei jeder Gelegenheit angebracht hatte. Eine andere lautete *Hilf dir selbst, dann hilft dir Gott.* Diese Redensart hatte ihm schon als kleinem Jungen gefallen. An Gott hatte er zwar niemals glauben können, nicht einmal in seiner Kindheit, aber er war zutiefst davon überzeugt, dass man sein Schicksal zu einem hohen Grad selbst bestimmen konnte. *Jeder ist seines Glückes Schmied,* wie seine Großmutter gesagt hätte.

»Wenn wir den Kerl hopsgenommen haben«, wies Mercier Lieutenant Maran an, »checkst du als Nächstes die Passagierlisten aller in Frage kommenden Flieger. Berlin, London, Bari, Paris. Monsieur Abel hat die entsprechenden Daten zweifellos parat.«

»Und wenn unser Freund nicht zu Hause ist?«

»Dann erst recht.«

Merciers Handy klingelte. Er drückte den Anrufer weg, ohne auch nur nachzusehen, um wen es sich handelte.

»Jetzt verraten Sie uns aber bitte mal, Monsieur, warum Sie sich in dieser Angelegenheit derart engagieren«, sagte er und drehte sich zu Abel um. »Da steckt doch etwas Persönliches dahinter, oder etwa nicht?«

Auch die großen, dunklen Augen im Rückspiegel sahen Abel erwartungsvoll an.

»In Berlin sitzt ein Unschuldiger in Untersuchungshaft«, sagte Abel. »Im Arrest, genauer gesagt, nachdem er auch noch einen Vollzugsbeamten tätlich angegriffen hat. Die Kripo glaubt, dass er der Mörder von Irina Petrowa ist, dem Berliner Opfer unseres Killers. Der Mann heißt Lars Moewig, er ist ein alter Kumpel von mir. Seine kleine Tochter liegt im Sterben. Leukämie. Die Ärzte geben ihr nur noch ein paar Tage. Ich habe Moewig versprochen, alles in meiner Macht Stehende zu tun, damit er rechtzeitig freikommt, um von seiner Tochter noch Abschied zu nehmen.«

»Wie ritterlich«, sagte Lilou Maran.
Sie klang aufrichtig gerührt. Ihre Augen im Rückspiegel kamen Abel sogar eine Spur feucht vor.
»Überhaupt nicht«, sagte er absichtlich rauh. »Nennen Sie es meinetwegen Soldatenkodex. Als junge Männer waren Moewig und ich bei der Armee in derselben Einheit. Das ist alles.«
Die Augen im Rückspiegel zogen sich ein wenig zusammen. Doch bevor Lilou Maran weitere Spekulationen über Abels angebliche Beweggründe anstellen konnte, ergriff Mercier das Wort.
»Meinen Respekt, Monsieur Abel. Nur befürchte ich, dass Ihre Mission aussichtslos ist. Auch wenn uns der Killer heute in die Falle gehen sollte – bis die Mühlen der Europol-Bürokratie Ihren Kumpel wieder freigeben, gehen Wochen ins Land.«
Abel schob das Kinn vor. »Das werden wir ja sehen. Wenn Moussadet den Mord an Irina Petrowa heute noch glaubhaft gesteht, setze ich Himmel und Hölle in Bewegung, damit Moewig morgen freigelassen wird.«
Die Augen im Rückspiegel waren so tief und dunkel wie Bergseen in einer Neumondnacht. Abel hütete sich, in ihre Richtung zu sehen.
Er war heilfroh, als sie in die Rue du Faubourg Saint-Denis einbogen. Obwohl er seit Jahren nicht mehr länger als zwei Tage hintereinander in Paris gewesen war, wurde seine Erinnerung langsam wieder lebendig.
Die Rue du Faubourg Saint-Denis führte direkt auf die Metrostation La Chapelle zu, in deren Nähe das Einsatzteam wartete.
Mercier schaltete Sirene und Blaulicht aus. Er ließ das Seitenfenster herunter und sammelte den Lautsprecher und den Rotationsscheinwerfer ein, die mit Magneten auf dem Wagendach befestigt waren.

»Wir parken in der Rue Perdonnet«, sagte er. »Unser Besuch soll schließlich eine Überraschung werden.«

☠ ☠ ☠

70

**Paris, Afrikanisches Viertel, Rue Cavé,
Wohnhaus von Nasir Moussadet,
Samstag, 11. Juli, 21:05 Uhr**

Das Einsatzteam bestand aus dreizehn Polizisten in Zivilkleidung, Angehörige einer Sondereinheit, die für Einsätze dieser Art geschult waren. Sieben Frauen, sechs Männer, alle mit afrikanischen oder karibischen Wurzeln und entsprechend dunkler Haut.
Mercier dirigierte sie über sein Handy, das mit einem kaum sichtbaren Headset kabellos verkoppelt war. Anscheinend verfügte das gesamte Team über diese Technik. Jedenfalls lotste Mercier seine Einsatzkräfte mit dezentem Murmeln, ohne dass Abel mehr als zwei oder drei von ihnen zu sehen bekam.
»Wir sind ganz normale Paare, die durch das Viertel schlendern«, hatte Mercier gesagt, bevor sie ausgestiegen waren.
Was das bedeuten sollte, war Abel erst gedämmert, als sich eine kräftig gebaute schwarze Zivilpolizistin bei Mercier eingehängt und ihn mit einem gutturalen Lachen in Richtung Metrostation gezogen hatte.
Verdeckte Operation à la française, hatte er gedacht.
Im nächsten Moment hatte Lilou Maran den Arm unter seinen geschoben. »Gehen wir, Fred. Wir müssen uns jetzt duzen«, fügte sie mit undurchdringlichem Lächeln hinzu.

»Aus rein beruflichen Gründen.« Auch sie hatte ihr iPhone auf Empfang geschaltet und trug ein Headset auf dem Kopf, das in ihrem üppigen schwarzen Haar verschwand.
»Meinetwegen«, knurrte Abel.
Es fühlte sich keineswegs unangenehm an, so Arm in Arm mit Lieutenant Maran den Boulevard de la Chapelle zu überqueren. Aber so wie sich die junge Frau an ihn heranmachte, stand ihnen beiden noch eine unangenehme Szene bevor. Abel fragte sich, ob er sie schonend darauf hinweisen sollte, dass es schon jemanden in seinem Leben gab und er mit dieser anderen Frau sehr glücklich war. Doch seiner Erfahrung nach, die auf diesem Gebiet allerdings nicht sehr groß war, würde er dadurch nur noch mehr Porzellan zerschlagen. Außerdem war der Zeitpunkt für Erklärungen dieser Art nicht gerade günstig.
Jeweils paarweise näherten sich die restlichen Einsatzkräfte von anderen Straßen aus ihrem Zielobjekt in der Rue Cavé. Für außenstehende Betrachter musste es so aussehen, als wären sie in dem quirligen Viertel einfach ein paar weitere Paare auf dem Nachhauseweg. Oder Touristenpärchen, die sich bei einem abendlichen Trip durch das Afrikanische Viertel vergnügten.
Doch Abel machte sich keine Illusionen. Die wachsamen Blicke, mit denen etliche Anwohner ihn und Lieutenant Maran musterten, verrieten ihm, dass hier kaum jemand auf ihre Komödie hereinfiel. Auch wenn sich Lilou Maran immer enger an ihn presste und mit verliebtem Lächeln zu ihm aufsah. »Sie übertreiben«, knurrte Abel. »Ich meine, *du* trägst zu dick auf, Lilou.«
Sie sah ihn aus großen Augen an. »Überhaupt nicht«, sagte sie in dem gleichen rauhen Tonfall wie vorhin er.
Sie beide mussten lachen.
Verdammt, dachte Abel, *sie hat auch noch die richtige Sorte Humor.*

»Da vorne ist die Rue Cavé«, sagte Lilou.
Etwa zehn Meter vor ihnen bogen Mercier und die stämmige schwarze Zivilpolizistin Arm in Arm in eine schmale Seitenstraße ein. Abel und Lilou folgten ihnen. Als sie um die Ecke gingen, schaute Abel rasch zurück. Fünf oder sechs Paare schlenderten die Straße entlang. Er hätte nicht sagen können, welche von ihnen zu ihrem Einsatzteam gehörten.
Gut geschulte Leute, dachte er.
Trotzdem hatte er kein gutes Gefühl. So leicht würde es ihnen Franco Moussadet nicht machen. Er war ein Psychopath und höchstwahrscheinlich nicht einmal besonders intelligent. Aber er war, wie Jankowski gesagt hatte, »ideal an seine Umwelt angepasst«.
Wie ein Raubtier. Wie ein Weißer Hai.
»In der kenianischen Kneipe scheint es ja hoch herzugehen«, sagte Lilou Maran.
Sie waren vor dem Wohnhaus von Moussadet angekommen. Die Fenster im Erdgeschoss standen weit offen, dahinter war es proppenvoll. Fremdartige Klänge, Trommeln und schrilles Pfeifen, drangen auf die Straße. Unzählige Leute schrien durcheinander, auf Französisch, in afrikanischen und arabischen Sprachen.
Behutsam löste Lilou ihren von Abels Arm.
»Bleib im Hintergrund, Fred«, sagte sie leise. »Das hier ist eine französische Polizeiaktion.«
Abel nickte. *Ab jetzt volle Konzentration,* befahl er sich selbst.
Auch die Haustür war weit geöffnet. Drei junge Schwarze saßen davor auf den Stufen und sahen ungerührt zu, wie sich Mercier zwischen ihnen hindurch einen Weg bahnte.
Lilou Maran folgte ihrem Chef. Während sich Abel noch unauffällig umsah, drängten sich weitere Personen an den jungen Schwarzen vorbei ins Haus. Zwei Männer, zwei Frauen, alle dunkelhäutig.

Abel vermutete, dass sie zu ihrem Team gehörten, aber sicher war er sich nicht. Er schloss sich ihnen an und gelangte in ein düsteres Treppenhaus. Es roch nach Schimmel und nassem Mauerwerk, nach gebratenem Lammfleisch und einem Gewürz, dessen Name ihm nicht einfiel.
Rechter Hand schraubte sich die Treppe in die oberen Stockwerke. Die Stufen waren so ausgetreten, dass sie bei jedem Schritt ächzten. Es klang fast wie menschliches Stöhnen.
Von den Bewohnern ließ sich niemand im Treppenhaus sehen. Doch Abel glaubte die Anspannung hinter den Wohnungstüren förmlich zu spüren. In Häusern wie diesen wohnten meist auch Illegale, die ohne gültige Papiere eingereist waren. Wahrscheinlich hörten die Leute hinter den Türen schon an ihren Schritten auf der Treppe, dass es sich um Polizisten handelte.
Als Abel die zweite Etage erreichte, wurde im Stockwerk über ihm an einer Wohnung geklingelt. Eine Tür ging auf, und Mercier sagte in barschem Tonfall:
»Capitaine Mercier, Polizeipräfektur. Sind Sie François Moussadet?«
Ein Mann mit nordafrikanischem Akzent fragte fast fröhlich zurück: »Sehe ich so aus?«
»Ihre Papiere, Monsieur, wenn ich bitten darf.«
»Ehrlich gesagt, wäre es mir lieber, wenn Mademoiselle mich darum bitten würde.«
»Das glaubst du nicht wirklich«, sagte Lieutenant Maran mit einem stählernen Unterton, den Abel bei ihr noch nicht gehört hatte.
Sie stieß einen Wortschwall hervor, gemischt aus französischem Straßenslang und afrikanischen Brocken. Abel verstand nicht die Hälfte davon.
»Sonst bist du schneller hinter Gittern, als du bis drei zählen kannst!«, sagte sie schließlich wieder auf Französisch. »*Allons!*«

»Ist ja schon gut«, sagte der Mann. »Ich bin Nasir, sein Cousin. François habe ich seit Wochen nicht mehr gesehen.«
In diesem Moment kam Abel in der dritten Etage an. Rasch sah er sich um. Von dem Treppenabsatz ging ein langer, dunkler Flur ab. In der ersten Tür links lehnte ein schlaksiger Mann mit heller Haut und nordafrikanischen Gesichtszügen. Er war etwa Mitte vierzig und lediglich mit Trainingsanzugshose und einem Muskelshirt bekleidet, das schlaff an seinem alles andere als muskulösen Oberkörper hing.
Nein, dachte Abel, *du siehst ganz bestimmt nicht wie Franco aus.*
Nasir Moussadet streifte ihn mit einem raschen Blick und wandte sich gleich wieder Mercier und Lilou Maran zu. Seine Augen hatten etwas Flackerndes, wie eine Laterne im Wind.
»Das glaube ich erst, wenn wir ihn da drinnen nicht gefunden haben«, sagte Mercier. »Und Ihre Identität können wir gerne auch auf dem Polizeirevier überprüfen, Monsieur, falls Sie Ihre Papiere gerade verlegt haben.«
Auf dem Treppenabsatz hinter Mercier und Lilou Maran standen zwei Frauen und drei Männer. Diesmal hatte Abel keinen Zweifel, dass sie alle fünf zu ihrem Einsatzteam gehörten. Einer der Männer ging weiter die Treppe hoch, die anderen Beamten warteten augenscheinlich auf Merciers Befehl, die Wohnung zu durchkämmen.
Notgedrungen machte Nasir Moussadet einen Schritt zur Seite. Mercier, Lilou Maran und die vier Zivilpolizisten traten hintereinander ein. Abel hatte nach wie vor ein ungutes Gefühl. Kurz überlegte er, ob er hier draußen Posten beziehen sollte, entschied sich jedoch dagegen und folgte den anderen in die Wohnung.

☠ ☠ ☠

71

**Paris, Afrikanisches Viertel, Rue Cavé,
Wohnung von Nasir Moussadet,
Samstag, 11. Juli, 21:21 Uhr**

Die Maisonette war der Alptraum eines jeden Fahnders, das sah Abel auf den ersten Blick. Der Vorraum war nur schummrig beleuchtet und mit Schränken und niedrigen Tischen vollgestellt. Sechs Türen gingen von hier ab, Teppiche lagen in mehreren Schichten übereinander und bildeten perfekte Stolperfallen.
Mercier wies zwei seiner Leute an, die Wohnungstür zu sichern. Die beiden anderen, er selbst und Lilou Maran nahmen sich mit gezogenen Waffen die Wohnung vor. Abel schloss sich ihnen an.
Im ersten Zimmer schreckten sie ein halbes Dutzend rundlicher Frauen mit Kopftüchern auf, die beim Anblick der Fremden wie aufgescheuchte Hühner gackerten. Die beiden nächsten Zimmer enthielten monumentale Himmelbetten mit hoch aufgetürmten Decken und Polstern, bei deren bloßem Anblick Abel zu ersticken glaubte. In der Wohnung war es ohnehin so heiß wie in einer Sauna.
Hinter einem Schrank, der als Raumteiler diente, führte eine improvisierte Holztreppe in den oberen Teil der Maisonette. Ein weiterer Raum wurde anscheinend als Kinderzimmer genutzt. Jedenfalls war er mit Spielzeug, Kinderbetten, einer Wiege und einem Wickeltisch vollgestopft. Von den Kindern war allerdings nichts zu sehen oder zu hören. Hinter den restlichen zwei Türen verbargen sich eine Küche und ein saalartiges Badezimmer, das offenbar auch als Hamam diente.
Doch von Franco Moussadet fanden sie keine Spur.

»Wie gesagt, Monsieur le Capitaine, meinen Cousin habe ich seit Wochen nicht mehr gesehen.«
Mit breitem Grinsen verstellte Nasir Moussadet ihnen den Weg, gerade als Mercier und Lilou Maran auf der wacklig aussehenden Treppe in den vierten Stock hochsteigen wollten.
»Treten Sie zur Seite«, sagte Mercier.
»Wollten Sie nicht meine Papiere sehen?«
Beflissen hielt ihm Nasir Moussadet seinen Pass und ein zerknicktes Schriftstück hin, das mit amtlich aussehenden Stempeln übersät war. Offenbar wollte er verhindern, dass sie den oberen Teil der Wohnung betraten, oder die Durchsuchung zumindest hinauszögern.
»Zeigen Sie den Beamten in der Diele Ihre Papiere vor«, befahl Mercier.
Er schob Nasir Moussadet zur Seite und stapfte die Treppe hoch. Lieutenant Maran und die beiden Beamten der Sondereinheit folgten ihm dichtauf. Alle vier hatten ihre Waffen im Anschlag.
Der Marokkaner blieb an das Geländer gelehnt stehen und sah mit süffisantem Grinsen zu, wie Lilou Marans Beine in den engen Jeans langsam in der Deckenluke verschwanden.
»Da läuft einem das Wasser im Mund zusammen«, sagte Nasir Moussadet. »Nur werde ich nie verstehen, warum ihr euren Frauen erlaubt, wie Nutten herumzulaufen.«
Offenbar fühlt er sich sehr sicher, dachte Abel. *Oder versucht er mich aus einem bestimmten Grund zu provozieren?*
Er brannte darauf, Franco Moussadet in einem der oberen Zimmer zu stellen. Doch sein Bauchgefühl sagte ihm, dass sie ihn auch dort nicht finden würden.
»Wenn wir schon bei Verständnisproblemen sind«, sagte Abel. »Warum bezeichnen Sie Ihren Bruder eigentlich als Ihren Cousin?«
Nasir Moussadets Blick wurde noch flattriger. »Meinen

Bruder?«, wiederholte er. »Ah, ich weiß, was Sie meinen, Monsieur – wie noch gleich?«
»Sous-Commandant Abel«, sagte er.
Mit Betonung auf der zweiten Silbe. *Abèl.*
So ganz genau kannte er sich mit den hiesigen Dienstgraden nicht aus, aber Sous-Commandant traf es wohl ungefähr. Da er fließend Französisch sprach, würde Moussadet jetzt annehmen, dass er der französischen Polizei angehörte, aber das war nicht Abels Problem.
»Meine Verehrung, Sous-Commandant.« Mit spöttischem Grinsen deutete der Marokkaner eine Verbeugung an. »Um auf Ihre Frage zurückzukommen: Sie sind nicht der Erste, der die beiden durcheinanderbringt. Franco und François.« Er zwinkerte Abel zu. »Gar nicht so einfach, diese Ausländer auseinanderzuhalten, was? Sehen irgendwie alle gleich aus. Und wenn sie dann auch noch ähnliche Namen haben, ist das Durcheinander perfekt.«
Nasir Moussadet war ein miserabler Schauspieler. Aber er hatte offenbar große Freude an seiner Darbietung und steigerte sich zunehmend in seine Rolle hinein.
»Im Grunde ist es ganz einfach«, fuhr er fort. »François ist mein Cousin aus Marrakesch. Und Franco, mein armer kleiner Bruder, ist leider seit seiner Geburt verrückt. Total Banane, verstehen Sie?«
Er machte eine Kurbelbewegung vor seiner Stirn.
»Als er ein Kind war, musste unsere Mutter ihn praktisch wie einen Hund in einem Holzverschlag gefangen halten«, sprach er weiter. »Franco hat jeden gebissen, der sich auf weniger als einen Meter an ihn herangetraut hat. Wie ein tollwütiger Schakal.«
Er fletschte die Zähne und rollte mit den Augen.
»Später hat Franco ein paar ganz schlimme Sachen angestellt. Aber das alles ist in Marokko passiert. Franco ist nie aus unserer alten Heimat rausgekommen. Vor zehn Jahren

oder noch mehr hat er in Rabat einen Irrenhauswärter umgebracht, und seitdem hat ihn niemand mehr gesehen. Wenn Sie mich fragen, der arme Teufel ist bestimmt schon lange nicht mehr am Leben.«

Nasir ließ die Schultern hängen und verzog gramvoll das Gesicht. Abel fragte sich, wie weit er die Schmierenkomödie noch treiben würde. *Vielleicht bricht er als Nächstes in Tränen aus?*

»Im Gegensatz zu Ihrem Cousin François«, lieferte er Nasir ein weiteres Stichwort.

Der Marokkaner nickte heftig. »Jetzt haben Sie es kapiert«, lobte er. »François war für mich immer wie ein Ersatz für meinen verrückten kleinen Bruder. Deshalb habe ich ihn unter meine Fittiche genommen. Aber was soll's – er hat mich auch enttäuscht.«

Mit einer entsagungsvollen Gebärde winkte er ab.

»Ich kann es nicht beschwören, aber mein Gefühl sagt mir, dass er zurück nach Marokko gegangen ist. Vielleicht habt ihr ja doch recht mit euren Vorurteilen: einmal Kameltreiber, immer Kameltreiber!«

Er schüttelte den Kopf und machte ein Gesicht wie ein Bestatter bei der Sargberatung.

Er ist verrückt!, durchzuckte es Abel. *Deshalb redet er so aufgedreht und grimassiert so übertrieben.*

Bestimmt hatte Nasir Moussadet auch einiges zu verbergen, überlegte er weiter, vor allem aber schien er genauso verrückt wie sein Bruder zu sein. Nur mit dem Unterschied, dass Franco Moussadet ein Psychopath war, Nasir dagegen ein Soziopath.

Mit Timo Jankowski hatte Abel mehrfach über den Unterschied zwischen Psycho- und Soziopathen gesprochen. Psychopathen waren außerstande, sich in andere Menschen einzufühlen. Die einzigen Gefühle, die sie aus eigenem Erleben kannten, waren Hass und Wut; daher lebten sie als isolierte Außenseiter am Rand der Gesellschaft. Um Gefühle wie Angst oder Schmerz erleben zu können, quälten sie ihre Opfer mit erfinderischer Grausamkeit.

Dagegen waren Soziopathen Meister der Verstellung. Sie konnten sich in ihre Opfer hineinversetzen, sie manipulieren, in jede beliebige Rolle schlüpfen. Oft lebten sie über viele Jahre unauffällig als biedere Bürger und Familienväter, bis eines Tages herauskam, dass sie ein zweites, geheimes Leben als sadistische Vergewaltiger oder Serienkiller geführt hatten.

So wie Jack Unterweger, der charismatische Frauenmörder.
Das alles ging Abel in Sekundenbruchteilen durch den Kopf, während Nasir Moussadet weiter seine Show vor ihm abzog.

»Was wollen Sie eigentlich von François?«, fragte er gerade. »Mein Cousin ist manchmal ein bisschen impulsiv, aber im Grunde ein guter Kerl.«

Er hat sieben Menschen ermordet, mindestens. Abel hatte nicht vor, ihm diese Antwort zu geben. Während er noch überlegte, was er stattdessen sagen sollte, ertönte von oben lautes Rumpeln.

Holz knarrte, mit dumpfem Laut krachte ein schwerer Gegenstand auf den Boden.

»Das ist er, schnappt ihn euch!«, rief Mercier.

Abel hörte stampfende Schritte in der Etage über sich. Mehrere schnell aufeinanderfolgende dumpfe Schläge ließen die Decke über seinem Kopf erzittern. Staub und feiner Dreck rieselten aus den Spalten zwischen den Dielen auf Abel herunter, als er sich mit einem Satz in Richtung der Deckenluke, die zum nächsthöheren Stockwerk führte, in Bewegung setzte.

Nasir Moussadet machte rasch einen Schritt nach rechts, um ihm den Zugang zur Treppe zu versperren. Doch Abel schubste ihn zur Seite und stürmte die Stufen hoch.

Hatte ihn sein Gespür getäuscht? Er war sich so sicher gewesen, dass sie Franco Moussadet hier oben nicht finden würden.

Doch als er aus der Deckenluke tauchte, fand er zwei Mann aus dem Einsatzteam in wildem Handgemenge mit einem muskulösen Schwarzen. Mercier und Lilou Maran standen dabei und sahen ihnen gebannt zu.

Dieser Teil der Wohnung war ein noch wüsteres Durcheinander aus Teppichen, Möbeln und Gerümpel. Die einzige Deckenlampe beleuchtete die Szenerie so spärlich, dass Abel Mühe hatte, bei den miteinander ringenden Körpern auf dem Boden Freund und Feind zu unterscheiden.

Ein mindestens zwei Meter hoher Schrank war umgefallen oder umgeworfen worden. Dahinter war eine Tür zum Vorschein gekommen, die weit offen stand und zum Treppenhaus hinausführte. Ein bulliger Schwarzer stand draußen auf dem Plafond, die Pistole auf den Boden vor seinen Füßen gerichtet. Als sich ihre Blicke trafen, nickte er Abel kurz zu.

Die drei Männer wälzten sich fluchend über den Boden. Der muskulöse Schwarze trug einen Kampfanzug mit Camouflage-Musterung und Armeestiefel. Er schlug mit den Fäusten um sich, trat nach seinen Kontrahenten und stieß einen unaufhörlichen Schwall an Flüchen aus. »Euch verschissenen Wichsern sollen die Eier verfaulen«, war noch die harmloseste seiner Verwünschungen. Vor allem die Schwestern und Mütter seiner Gegner wurden mit geradezu epischen Flüchen bedacht.

Lilou Maran stand in einer Haltung dabei, als würde sie sich am liebsten ins Getümmel stürzen. Ihr Oberkörper war vorgebeugt, die Beine leicht angewinkelt, die Hände zu Fäusten geballt. Ihre Augen leuchteten, als sie kurz zu Abel hinüberschaute.

Endlich ertönte das erlösende Klicken der Handschellen.

»Wir haben ihn«, keuchte einer der Polizisten und rappelte sich auf.

»Der Bursche könnte beim Wrestling Karriere machen«, steuerte sein Kollege atemlos bei.

Der Mann, den sie mit vereinten Kräften niedergerungen hatten, lag reglos auf dem Bauch. Seine Hände waren auf dem Rücken gefesselt. Obwohl er in dieser Position kaum Luft bekommen konnte, hielt er das Gesicht in den Teppich gepresst.

»Dreht ihn um«, befahl Mercier. »Das Versteckspiel ist aus, Franco Moussadet!«, fuhr er den Mann am Boden an.

Einer der Polizisten beugte sich vor, packte ihn bei der Schulter und drehte ihn auf die Seite.

Der Gefesselte starrte mit verdrehten Augen zu ihnen herauf. Er hatte den durchtrainierten Körper eines Martial-Arts-Champions und das Gesicht eines verängstigten Kindes. Außerdem maß er mindestens einen Meter achtzig und war höchstens fünfundzwanzig Jahre alt.

»*Merde*«, sagte Mercier. »Wir haben den Falschen erwischt.«

»So falsch auch wieder nicht, *mon capitaine*.« Einer der Polizisten hielt einen transparenten Plastikbeutel hoch, der mit blauen Kristallbröckchen gefüllt war.

»Das ist ihm aus der Tasche gefallen. Könnte natürlich auch Viagra mit abgelaufenem Verfallsdatum sein. Aber wenn Sie mich fragen, das ist reines Crystal Meth.«

☠ ☠ ☠

72

**Paris, Rue Bonaparte, Polizeipräfektur,
Samstag, 11. Juli, 22:37 Uhr**

Der junge Marokkaner hieß Sidki Moussadet, doch er hätte genauso gut Philippe Jaroussky heißen können. Er sang zwar nicht so glockenhell wie der berühmte französische Countertenor, aber bei seinen Arien ging den Zuhörern trotzdem das Herz auf.

Sidki Moussadet stammte aus Marrakesch. Er war ein jüngerer Bruder von François Moussadet, mit dessen Pass der Miles & More-Killer kreuz und quer durch Europa gereist war. Die französische Drogenfahndung hatte seit Monaten ein Auge auf ihn geworfen, weil Sidkis Lieblingsbeschäftigung darin bestand, von Frankreich nach Marokko und zurück zu reisen. Offenbar gab es irgendwo in den marokkanischen Bergen ein Meth-Labor, und Sidki war einer der Kuriere, die das »blaue Gold« emsig wie Ameisen nach Europa herüberschafften.

Bisher hatten ihn die Drogenfahnder nicht festgenommen, weil sie der Hoffnung aller Kämpfer gegen das organisierte Verbrechen anhingen: über die kleinen Fische an die dicken Raubfische im Hintergrund heranzukommen.

Diese Hoffnung hatte Mercier durch die Festnahme des Marokkaners zerstört. Aber für Abel und ihre fieberhafte Suche nach dem Serienmörder war Sidki Moussadet alles andere als ein kleiner Fisch.

Mercier hatte ihn in ein Vernehmungszimmer in dem düsteren Präfekturgebäude an der Rue Bonaparte bringen lassen. Dort saßen der Capitaine und Abel dem Muskelmann mit dem Kindergesicht an einem grauen Tisch gegenüber, dessen Resopalplatte von den Faustthieben und Handkantenschlägen unzähliger ausgerasteter Delinquenten gezeichnet war.

Sidki Moussadet jedoch saß lammfromm auf seinem Stuhl und antwortete beflissen auf jede Frage, die Mercier oder Abel ihm stellten. Sie hatten ihm gleich zu Anfang klargemacht, dass er geliefert war. »Allein das halbe Kilo Crystal, das wir in deinen Taschen gefunden haben«, hatte Mercier ihm versichert, »reicht aus, um dich so lange einzubuchten, bis *deine* Eier garantiert verfault sind.«

»Aber das Meth ist das deutlich kleinere deiner Probleme«, hatte Abel ergänzt.

Beflügelt durch seinen Drang, den Killer zu überführen, tauchten nun auch vergessen geglaubte französische Vokabeln und Redewendungen wieder aus den Tiefen seines Sprachgedächtnisses auf.

»Du hast einen mehrfachen Mörder gedeckt, du hast jahrelang mit ihm unter einem Dach gelebt«, hatte er dem jungen Marokkaner vorgeworfen. »Alleine schon wegen Beihilfe zu zigfachem Mord kommst du für dein restliches Leben hinter Gitter, wenn du uns nicht auf der Stelle verrätst, wo sich dein Cousin Franco versteckt hältst.«

»Mein Bruder, nicht mein Cousin«, hatte Sidki zuerst noch dagegengehalten.

Natürlich hatte Nasir ihm und jedem anderen aus der Sippe Moussadet immer wieder eingeschärft, unter allen Umständen an dieser Lügenstory festzuhalten.

»Versuch nicht, uns zu verarschen!«, hatte Mercier wieder übernommen. »Franco Moussadet ist dein Cousin aus Ifrane. Du wirst uns wohl kaum erzählen wollen, dass du deinen eigenen Bruder und deinen Cousin nicht auseinanderhalten kannst. Franco hat in Marokko eine junge Frau ermordet. Bei seinem Ausbruch aus der geschlossenen Psychiatrie hat er außerdem einen Wärter umgebracht. Danach ist er mit dem Pass deines Bruders François nach Frankreich gekommen und behauptet seitdem, François Moussadet aus Marrakesch zu sein. Was hält eigentlich François davon?«

»Und was bringt mir das, wenn ich Ihnen sage, was ich weiß?«

Sidki Moussadet war zwar nicht die hellste Kerze auf der Geburtstagstorte. Aber so blöd, seinen Kopf für einen gesuchten mehrfachen Mörder hinzuhalten, war er offenbar auch wieder nicht.

»Deine Eier werden noch zu etwas nütze sein, wenn du wieder in Freiheit kommst«, hatte Mercier ihm so feierlich wie vage versprochen.

Seitdem sang Sidki Moussadet wie Philippe Jaroussky. Etwas in ihm schien nur auf eine Gelegenheit gewartet zu haben, sich einiges von der Seele zu reden.

»Mein Bruder François, der arme Idiot, hat sich sein Gehirn mit Crystal zerschossen«, sagte er. »Jahrelang hat er in Marrakesch praktisch auf der Straße gelebt, und eines Tages war er nicht mehr da. Verschwunden, einfach so.«

»Und dann ist Franco gekommen und hat den Pass von seinem Cousin verlangt?«

Sidki schüttelte den Kopf. Sein kindliches Gesicht über den Muskelbergen war von Trauer gezeichnet.

»Nasir ist gekommen. Nasir hat meinem Vater fünfhundert Dollar für François' Papiere geboten. Und für unser Schweigen, natürlich. ›Ich kann meinen Bruder nicht wie ein wildes Tier in den Wäldern hausen lassen‹, hat er damals gesagt. ›Ich hole Franco zu mir nach Frankreich, dann kann ich auf meinen kleinen Bruder aufpassen.‹ So wird die Geschichte in meiner Familie jedenfalls erzählt«, fügte Sidki hinzu. »Natürlich hat ihm niemand sein angebliches Mitleid mit seinem Bruder abgenommen. Nasir hat noch nie irgendwem die Wahrheit gesagt. Aber alle in der Familie hatten immer schon Angst vor ihm, und natürlich auch vor

Franco. Dem *tollwütigen Schakal*. So haben wir ihn immer genannt. Außerdem haben wir das Geld dringend gebraucht. Also hat mein Vater die fünf Scheine genommen und Nasir dafür den Pass von François gegeben.« Sidki sackte noch etwas mehr in sich zusammen. Trotz all seiner aufgepumpten Muskeln wirkte er weich und fast wehrlos. »Fünfhundert Dollar für das Leben meines Bruders.«
Mercier und Abel wechselten einen Blick.
»Heißt das, du beschuldigst Nasir Moussadet, deinen Bruder umgebracht zu haben?«, hakte Mercier nach.
Sidki zuckte mit den Schultern, die den Umfang von Bowlingkugeln hatten. »Nasir hat sich nie die Hände schmutzig gemacht. Aber François war plötzlich weg. Und Franco, der tollwütige Schakal, hat seitdem seinen Pass. Gut für Franco. Gut für Nasir.«
Und schlecht für François, dachte Abel. *Egal, wo man bei diesem Fall herumstochert, überall stößt man auf Leichen.*
Allem Anschein nach hatte Nasir seinen Bruder Franco als Bluthund benutzt, um jeden aus dem Weg zu schaffen, der ihm irgendwie lästig war oder gefährlich zu werden drohte. Wieder wechselten Abel und Mercier einen Blick. Fast unmerklich schüttelte Abel den Kopf. Dieses Fass durften sie jetzt nicht auch noch aufmachen. Diesen Keller voller Leichen, besser gesagt. Erst einmal mussten sie den »tollwütigen Schakal« schnappen. Bevor er noch mehr Menschen umbrachte.
Und solange Lilly noch am Leben ist.
Mercier nickte. Anscheinend sah er die Prioritäten genauso.
»Sagt dir der Name Mansura Farès etwas?«, fragte er den jungen Marokkaner.
Ein Anflug von Unsicherheit huschte über Sidkis Kindergesicht. »So heißt meine Tante«, murmelte er. »Sie ist eine Cousine von Francos Mutter Sayeda. Warum fragen Sie nach ihr? Tante Mansura lebt in Marseille.«

Der Capitaine schüttelte den Kopf. »Sie ist hier in Paris, und sie ist tot. Dein verrückter Cousin Franco hat sie umgebracht, heute Vormittag in Orly.«
Sidki Moussadet riss die Augen auf. Mit beiden Fäusten schlug er sich wuchtig gegen den Brustkorb, aus dem krampfhafte Schluchzer drangen.
»Dafür soll Franco büßen«, stieß er hervor. »Diese Bestie soll in der Hölle verrotten!«
»Ganz deiner Meinung«, sagte Mercier. »Du musst uns nur noch verraten, wo er sich aufhält. Um den Rest kümmern wir uns dann schon.«

☠ ☠ ☠

73

**Paris, Chinesisches Viertel, Hotel Nouveau Asia,
Samstag, 11. Juli, 22:37 Uhr**

Johnny Chang hörte nur mit einem Ohr zu, als sie bei *France Inter* irgendetwas über einen Doppelmord in Orly meldeten. Der Radiosender lief den ganzen Tag, während Chang hinter seinem Rezeptionstresen saß und sich um die Hotelverwaltung kümmerte. Gleichzeitig lief auf dem Plasmabildschirm, der gegenüber seinem Tresen an der Wand hing, von früh bis spät *TF1*.
Beides waren französische Staatssender. Und beide brachten nichts als sterbenslangweilige Reportagen, Nachrichtensendungen, Filme und Talkshows oder einschläfernde Reden des Präsidenten. Aber seit Johnny Chang vorletztes Jahr seinen französischen Pass bekommen hatte, schaltete er nur noch französische Staatssender ein.

Kein Hongkong-TV mehr und auch keine Sender aus Taiwan, da ließ er nicht mit sich reden. Das Geheimnis des Überlebens hieß Anpassung, das hatte er seiner Frau Mulan immer wieder eingeschärft. Und das Geheimnis des gesellschaftlichen Aufstiegs hieß Anpassung plus Sparsamkeit plus Fleiß.

Mulan hatte ihm schreckliche Szenen gemacht, nachdem er aufs Dach geklettert war und die Satellitenschüssel abmontiert hatte. Aber nur ein paar Wochen darauf hatte sie ihn mit Ling und Ying im Bett erwischt, und damit hatte sich auch der Streit um das China-TV erledigt. Ling und Ying waren zwei der Straßenmädchen, die ihre Freier regelmäßig ins *Nouveau Asia* abschleppten. Bei der Abrechnung der angebrochenen Stunden drückte Johnny meistens ein Auge zu, und als Gegenleistung ließen ihn die Mädchen ab und zu gratis ran.

Win-win eben, dachte Chang. Nur seine Frau wollte das partout nicht so sehen.

Mulan hatte ihn in Gegenwart der beiden Mädchen mit einem Regenschirm verdroschen und war anschließend zu ihrer Familie nach Taiwan zurückgekehrt. Dort schaute sie jetzt höchstwahrscheinlich von früh bis spät chinesisches Fernsehen, während Johnny den lieben langen Tag *TF1* und *France Inter* eingeschaltet hatte. Den einen Sender ohne Ton, den anderen, ohne richtig hinzuhören, aber trotzdem nervte es ihn, dass sie endlos von dem Doppelmord berichteten.

Er senkte den Kopf tiefer über die Kladde, in der er berechnete, wie sich die Kosten für Zimmer- und Badreinigung noch weiter senken ließen. Am einfachsten wäre es natürlich, wenn er gar nicht mehr putzen ließe. Aber die Mädchen fingen sowieso schon an, sich zu beschweren. Schimmel in der Dusche, das Klo andauernd verstopft. Okay, gerade bei einem Stundenhotel war das nicht ganz unproblematisch.

Obwohl Johnny Chang die Bezeichnung *Liebeshotel* vorzog. *Nouveau Asia,* das *Neue Asien,* würde ein Kontinent der Liebe sein. Jedenfalls in seiner Vision. Kein Kommunismus mehr, keine Parteikader, die im Gleichschritt marschierten. Überall nur noch Wasserbetten für die Liebe. Zumindest, wenn es nach Johnny ging.
Plötzlich Schritte über ihm im Flur. Johnny schreckte hoch. Diese Schritte würden ihn sogar aus dem Tiefschlaf aufwecken. Schnelle, kraftvolle Schritte, die den Boden vibrieren ließen. So als erzitterte ringsherum alles, wenn dieser spezielle Gast sich näherte.
Der Gast von Zimmer hundertsieben.
Johnnys Rezeptionstresen befand sich in einem winzigen Raum, den nur er selbst Hotelhalle nannte. Auch Mulan hatte immer nur »dein Verschlag« gesagt. Widerwillig musste Johnny zugeben, dass sie damit richtiggelegen hatte.
Es war ein drei mal drei Meter kleiner Vorraum vor der Treppe, die zu den Hotelzimmern hochführte. Zwischen seinem Tresen und dem Tisch mit den zwei Sesseln unter dem Plasmafernseher musste man sich regelrecht hindurchzwängen, wenn man von der Treppe zum Ausgang wollte oder von der Straße nach oben.
Jetzt ließen die Schritte bereits die Holzstufen erbeben. Johnny vergrub den Kopf in seinem Notizbuch.
Schon tausendmal hatte er sich gewünscht, dass der unheimliche Gast seine Vorliebe für das *Nouveau Asia* verlieren würde. Er hatte sowieso nie verstanden, warum Monsieur Moussadet, dieser rußfarbene Muskelprotz, sich alle halbe Jahr bei ihm einquartierte. Wieso klebte er den ganzen Tag da oben am Fenster und beobachtete Ling und Ying und Sing und Ming, wie sie an der Bordsteinkante auf und ab scharwenzelten?
Weil er nicht ganz richtig im Kopf ist, das war jedenfalls Johnny Changs Meinung. Der Kerl hockte da oben und

malte sich aus, wie er sich eines der kleinen Chinamädchen schnappen würde. Und was er mit dem armen Ding dann anstellte.

Keine harmlosen Wasserbettfreuden wie jene, die sich Johnny mit Ling und Ying gegönnt hatte, als Mulan wie ein Feuerdrache dazwischengefahren war. Sondern übelste Gewaltexzesse, da war sich Johnny sicher.

Er hatte schon im Allgemeinen keine besonders guten Nerven. Wenn Moussadet ihn mit seinen Haifischaugen anstarrte, dann schiss er sich fast in die Hosen.

So wie jetzt.

Moussadet stand vor ihm und starrte Johnny an. Seine Riesenpranken, die überhaupt nicht zu seiner Körpergröße passten, lagen wie kampfbereite Kraken vor ihm auf dem Plastikfurnier des Tresens.

»W-was w-wünschen Sie, M-Monsieur?«

Nur wenn er sehr aufgeregt war, kam Johnnys altes Leiden zum Vorschein. Zuletzt hatte er gestottert, als Mulan den Stockschirm geschwungen hatte, während Ling und Ying sich kreischend unter der Bettdecke verkrochen hatten. Und jetzt war er noch tausendmal nervöser.

»Bring mir ein Chop Suey«, sagte Moussadet. »Aber mit einer Gabel, kapiert? Ich esse es da drüben.«

Er zeigte mit dem Daumen über seine Schulter. Johnny nickte krampfhaft. Moussadet drehte sich um.

Und erstarrte in der Bewegung.

»Mach den Dreck aus!«, befahl er.

Seine Stimme war plötzlich eine halbe Oktave höher.

»W-welchen Dr-dr-dr...«

Johnny blieb das Gestotter in der Kehle stecken. Er verfluchte sich, weil er letztes Jahr diesen gigantischen Plasmafernseher gekauft hatte. Fast lebensgroß waren auf dem Bildschirm zwei Plastiksärge zu sehen, die gerade vor einem Wohnblock mit eiterfarbener Fassade in einen Transporter

verladen wurden. *Der Doppelmord in Orly! Warum will er das nicht sehen?*
»Mach es aus, habe ich gesagt!«
Er hat sich noch nie darum gekümmert, was da gerade lief!
Die Haifischaugen hypnotisierten Johnny. Seine Hand zitterte so sehr, dass er die Fernbedienung fast vom Tresen gefegt hätte.
Endlich schaffte er es, auf den Aus-Knopf zu drücken, und der Monitor wurde schwarz.

☠ ☠ ☠

74

**Paris, Rue Bonaparte, Polizeipräfektur,
Samstag, 11. Juli, 22:53 Uhr**

»Du hast Tür an Tür mit Franco gewohnt«, setzte Abel die Vernehmung des jungen Marokkaners fort. »Da hast du doch einiges von seinen Gewohnheiten mitbekommen. Mit wem hat er sich getroffen? Wo ist er hingegangen, wenn er abends mal was unternehmen wollte?«
Sidki Moussadet zuckte mit den Schultern.
»Er hat nie irgendwen getroffen«, sagte er. »Oder höchstens mit dem Messer ins Fleisch.«
Er schüttelte sich, als würden ihm Spinnen über den Rücken laufen.
»Letztes Jahr haben Franco und ich sogar ein paar Wochen lang in einem Zimmer gewohnt. Nasir holt immer noch mehr Cousins und Neffen aus Marokko zu sich. Da wird es ab und zu richtig eng. Aber mit Franco in einem Zimmer …«
Sidki schüttelte sich erneut. »Er knurrt und heult im Schlaf,

wirklich wie ein tollwütiger Schakal. Einmal bin ich in der Nacht aufgewacht, da hatte ich seine beschissenen Hände an meinem Hals! Er war gar nicht richtig wach, seine Augen waren Schlitze, wie bei einem verdammten Chinamann. Er hat mich gewürgt und dabei irgendwas gewinselt. Ich musste alle meine Kraft einsetzen, um seine Hände von meiner Kehle wegzureißen, und danach hat er mich angestarrt und geknurrt. Er hat mich erst gar nicht erkannt, und er sah auch nicht wie er selbst aus, sondern wie ein wildes Tier.«

Er atmete tief ein und aus und starrte gegen die Wand hinter Mercier und Abel.

Während der Vernehmung von Sidki saß Lieutenant Maran eine Etage höher in ihrem Büro und durchforstete alle in Frage kommenden Passagierlisten. Wenn sich der Verdacht gegen Franco alias François Moussadet bestätigte, woran niemand mehr ernsthaft zweifelte, würde Mercier eine Großfahndung über die Medien starten. Daran führte kein Weg vorbei, denn sie hatten keine heiße Spur mehr.

Außer, wenn sie aus Sidki Moussadet herausbekamen, wo sich sein Cousin versteckt hielt. Und danach sah es im Moment nicht aus.

Eine Großfahndung über die Medien war eine zweischneidige Waffe. Um sachdienliche Hinweise gebeten und womöglich durch eine Belohnung angestachelt, würden sich die Einwohner von Paris und ganz Frankreich plötzlich einbilden, dass sie Franco Moussadet in ihrem Wohnviertel oder Dorf gesehen hätten. Und zahlreiche Zeitgenossen würden die Gelegenheit nutzen, einem missliebigen Nachbarn etwas heimzuzahlen. In der Folge müsste die Polizei Zehntausenden Hinweisen nachgehen, die sich zu neunundneunzig Komma neun Prozent als falsch herausstellen würden. Da der Gesuchte dunkelhäutig war, würden sie zu allem Überfluss eine Lawine an Rassismus und Fremdenfeindlichkeit lostreten. Und von alledem abgesehen, war eine Fahndung mit Hilfe der Medien die sicherste Möglichkeit, wenn man einem Verdächtigen mitteilen wollte, dass die Jagd auf ihn eröffnet war.

»Wohin ist Franco gegangen, wenn er sich mal amüsieren wollte?«, fragte Abel. »Oder wenn er einfach mal rauswollte, was anderes sehen?«

»Aber ich sag doch, keine Ahnung! Er ist nie irgendwohin gegangen, außer wenn Nasir ihn losgeschickt hat.«

Sidki hatte wie aus der Pistole geschossen geantwortet, und dabei hatte er Abel direkt in die Augen gesehen.

Er glaubt es wirklich nicht zu wissen, dachte Abel.

Aber das hieß noch lange nicht, dass die entscheidende Information nicht trotzdem irgendwo in Sidkis Gedächtnis verborgen war. Auch wenn Franco Moussadet ein psychopathischer Einzelgänger war, musste es einen Ort geben, zu dem es ihn manchmal hinzog. Der ihm eine Rückzugsmöglichkeit bot, auch vor den ständigen Bevormundungen und Manipulationen durch Nasir. Und da Franco und Sidki längere Zeit auf engstem Raum zusammengelebt hatten, musste Sidki etwas davon mitbekommen haben.

Früher oder später würde ihm ein Detail einfallen, das Franco einmal erwähnt hatte, davon war Abel überzeugt. Zumindest klammerte er sich an diese Hoffnung. Der Name einer Straße, einer Bar oder Pension – irgendetwas, das ihnen verraten würde, wo er sich versteckt hielt. Sie mussten Sidkis Gedächtnis nur auf die Sprünge helfen, und da war es ratsam, erst einmal nach anderen Dingen zu fragen. Nur hatten sie dafür eigentlich keine Zeit.

Doch je mehr Fragen Mercier und Abel stellten und je mehr Antworten sie erhielten, desto klarer wurde ihnen, dass Franco Moussadet eine Bestie in Menschengestalt war.

Die Moussadet-Sippe stammte ursprünglich aus Ifrane in den marokkanischen Bergen. Bereits vor dem Zweiten Weltkrieg war ein Großonkel von Nasir und Franco nach

Marrakesch gegangen und hatte dort seine eigene Familie gegründet. Seitdem gab es eine Hauptlinie in dem Provinzstädtchen Ifrane und eine Seitenlinie in der turbulenten Hafenstadt. Ifrane war eine Insel des Wohlstands, jedenfalls für marokkanische Verhältnisse. In den umliegenden Bergen fuhren die Angehörigen der Mittelschicht im Winter Ski. Naturfreunde streiften das ganze Jahr über durch den Nationalpark, um seltene Tiere zu beobachten. In Ifrane gab es daher etliche Hotels, und eines davon hatte den Eltern von Nasir und Franco gehört.

Der Vater war unter ungeklärten Umständen kurz nach Francos Geburt gestorben. Franco war das jüngste von fünf Geschwistern, drei davon waren Mädchen. Die Mutter hatte das Hotel alleine weitergeführt, die Schwestern und Nasir hatten ihr dabei geholfen. Franco aber war schon als Kleinkind meist in dem Holzverschlag hinter dem Haus eingesperrt worden. »Eben weil er immer schon verrückt war«, sagte Sidki zur Erklärung.

Aber vielleicht, dachte Abel, *ist der Junge dadurch auch erst zum Psychopathen geworden. Oder jedenfalls noch verrückter, als es ihm schon in die Wiege gelegt worden ist.*

Wer sich ihm näherte, den biss er wie ein wildes Tier. Zur Strafe wurde er von der Mutter und den Schwestern mit Stöcken und Gürteln windelweich geprügelt. Aber er lernte nichts daraus, im Gegenteil, bei der nächsten Gelegenheit biss er noch heftiger zu.

»Er hat ihnen schon als kleiner Junge Fleischstücke herausgebissen«, sagte Sidki. »Aus den Armen oder den Beinen, alle in seiner Familie hatten ständig Bisswunden. Nur Nasir nicht. Seinem großen Bruder hat er buchstäblich aus der Hand gefressen.«

Je älter Franco wurde, desto weniger konnten sie ihn bändigen. Er lernte, aus dem Holzverschlag auszubrechen, und trieb sich oft tagelang in den Wäldern herum.

Eine Zeitlang wurde es scheinbar besser mit ihm, er besuchte sogar für einige Jahre die Schule. Als er volljährig war, hieß es, er sollte Soldat werden. Aber die marokkanische Armee wollte keine verrückten Soldaten haben, die im Schlaf wie tollwütige Hunde jaulten.
»Danach hat er es bei der französischen Fremdenlegion versucht. Aber die wollten auch nichts von ihm wissen«, sagte Sidki. »Stattdessen hat ihn dann ein Trupp Fremdenlegionäre in einer Hütte im Wald mit einem Mädchen erwischt, das halbtot neben ihm lag. Ihr Körper war völlig zerschunden, sie sah aus, als hätte jemand sie durch den Fleischwolf gedreht. Aber Franco hat behauptet, dass er nichts damit zu tun hätte. Die Soldaten haben ihn zu ihrer Kaserne mitgenommen, und da hat es dann wohl einen Zwischenfall gegeben, über den sich Franco wahnsinnig aufgeregt hat. Wenn er überhaupt von irgendwas geredet hat, dann von diesem Major in der Kaserne. Was genau da passiert ist, habe ich trotzdem zuerst nicht kapiert. Der Major hat Franco angeschnauzt, dass sie keine Asiaten gebrauchen könnten.«
Abel horchte auf. »Keine Asiaten?«, wiederholte er. »Bist du sicher, dass er das so gesagt hat?«
Wieder zuckte Sidki mit seinen kanonenkugelgroßen Schultern. »Chinesen, Asiaten, irgendwelche Schlitzaugen eben«, sagte er. »Und seit der Nacht, in der ich Franco an meiner Kehle hatte, weiß ich auch, was der Major damit gemeint hat.«
Abel bekam eine Gänsehaut.
»Franco hat ihn angeschrien, dass er kein beschissenes Schlitzauge wäre«, fuhr Sidki fort. »Aber damals in der Nacht, als er mir an die Kehle gegangen ist, da waren seine Augen blutunterlaufene, schmale Schlitze. *Das* hat der Major gemeint, jede Wette.«

☠ ☠ ☠

75

**Paris, Chinesisches Viertel, Hotel Nouveau Asia,
Samstag, 11. Juli, 22:59 Uhr**

Johnny Changs Hand zitterte, als er den Vorhang hinter dem Rezeptionstresen aufzog. Auf den dottergelben Vorhang mit dem aufgestickten feuerspeienden Drachen war er immer stolz gewesen. Aber jetzt wünschte er sich, dass er stattdessen eine Stahltür angebracht hätte.

Dahinter befand sich seine Privatwohnung, eine Flucht winziger Räume. Vorne die Küche mit integrierter Nasszelle, in der Mitte das Wohnzimmer mit goldfarbenen Tapeten und als Letztes sein Schlafzimmer, das von dem Wasserbett fast vollständig ausgefüllt wurde.

Aus dem Küchenregal mit den Fertiggerichten nahm Johnny eine Packung »Chop Suey nach original taiwanesischem Rezept«. Er pulte den Alubehälter aus der Plastikfolie, schob ihn in den Mikrowellenherd und wäre am liebsten hinterhergekrochen.

Einen anderen Fluchtweg gab es nicht. Der einzige Ein- und Ausgang zu seiner Privatwohnung war der Vorhang hinter der Rezeption. Die Zimmer hatten nicht einmal Fenster. »Man kommt sich darin vor wie in einem Schuhkarton«, hatte sich Mulan mehr als ein Mal beklagt. Johnny hatte ihr immer widersprochen. Auch jetzt fand er, dass sie mit diesem Vergleich danebengetroffen hatte.

Es war tausendmal schlimmer. Das hier war ein verdammtes Mauseloch. Und davor saß der gefräßige Riesenkater Moussadet und wartete, dass Johnny wieder hervorgekrochen kam. Damit er sein Chop Suey verspeisen konnte und zum Nachtisch ihn selbst, Johnny, die Maus.

Johnny hatte Mühe, seine Tränen zurückzuhalten. Er stand

in der beklemmend engen Küche direkt hinter dem Vorhang, den er wieder zugezogen hatte. Angespannt horchte er in die Hotelhalle hinaus.

Der Mikrowellenherd rauschte, trotzdem konnte Johnny deutlich hören, wie Moussadet da draußen hin und her ging. Drei Schritte hin, drei Schritte her. Unaufhörlich hin und her zwischen der Rezeption und dem verfluchten Plasmafernseher.

Hätte ich nur die Satellitenschüssel nicht abmontiert, dachte Johnny. *Dann wäre wie früher Taiwan-TV gelaufen, und Moussadet hätte kein Wort darüber verloren. Egal, wie viele Plastiksärge voller Leichen sie da gezeigt hätten. Denn es wären garantiert nicht seine Leichen gewesen.*

Die Mikrowelle gab einen Klingelton von sich, und Johnny hätte beinahe aufgeschrien.

Mon Dieu, dachte er, *sind das wirklich* seine *Leichen? Hat Moussadet die beiden umgebracht?*

Obwohl er vorhin kaum hingehört hatte, waren in seinem Kopf ein paar Satzfetzen von der Meldung hängengeblieben. »Zwei alte Frauen erwürgt... *Raubmord... die Körper postmortal manipuliert...*«

Was immer das bedeuten mochte. Es hörte sich jedenfalls grauenhaft an. Und irgendwie passte es zu dem Gast von Zimmer hundertsieben.

Zu seinen viel zu großen Händen. Zu seinem Hals, der wie eine Steinsäule aussah, mit kabeldicken Muskelwülsten an den Seiten. Schon bei der Vorstellung, dass er selbst versuchen müsste, Moussadet die Luft abzudrücken, taten Johnny die Hände weh.

Der Vorhang bewegte sich, und Johnny blieb fast das Herz stehen. Moussadets Kopf schob sich auf seine Seite. Die Haifischaugen fixierten Johnny.

»Ich mag Schlitzaugen wie dich«, sagte Moussadet. »Ich bin einer von euch. Kapiert?«

Stimmt genau, dachte Johnny. *Warum ist mir nie aufgefallen, dass er so schmale Augen hat?*
Sein Kopf fing von selbst an zu nicken. Vor und zurück, als wäre dort, wo eben noch sein Adamsapfel gewesen war, plötzlich ein Gelenk.
»Wenn du versuchst, dich zu verpissen, bist du trotzdem tot«, sagte Moussadet. »Kapiert?«
Johnnys Kopf nickte sowieso immer noch.
»Und wenn du irgendwen anrufst«, fuhr Moussadet fort, »was glaubst du, bist du dann?«
»A-a-auch t-tot.«
»Bingo«, sagte Moussadet. »Und jetzt bring mir den verdammten Hundefraß.«

☠ ☠ ☠

76

**Paris, Rue Bonaparte, Polizeipräfektur,
Samstag, 11. Juli, 23:23 Uhr**

Schon fast eine Stunde lang vernahmen sie den jungen Marokkaner, aber den entscheidenden Hinweis hatten sie nicht bekommen. Sidki Moussadet war unverändert kooperationsbereit, doch auf die Frage, wo sich Franco versteckt halten könnte, fiel ihm immer nur dieselbe Antwort ein: »Keine Ahnung, das hab ich doch schon tausendmal gesagt!«
Ansonsten war er in seinem Redefluss kaum zu stoppen. Er schüttete ihnen geradezu sein Herz aus. Mittlerweile war Abel auch klar, was in dem Jungen vorging: Sidki war wie erlöst, nachdem er aus Nasir Moussadets Bannkreis ent-

kommen war. Es musste sich anfühlen, als wäre er aus einem quälend langen Alptraum aufgewacht. Anscheinend wollte er lieber die nächsten Jahre hinter Gittern verbringen, als in die Rue Cavé zurückzukehren.
Abel sah Mercier fragend an und deutete mit dem Kopf in Richtung Tür.
Der Capitaine nickte. »Wir alle können eine Pause gebrauchen.«
Schwerfällig stand er auf und streckte sich. Das Hemd war ihm vorne aus dem Gürtel gerutscht. Unter den Armen kamen CD-große Schweißflecken zum Vorschein.
Er riss die Tür auf und rief: »Ich brauche mal jemanden, der unseren Freund hier bei Laune hält.«
Zwei uniformierte Polizisten kamen in das Vernehmungszimmer und nahmen Merciers und Abels Plätze ein.
Der Hinweis, der uns weiterhilft, ist in Sidkis Kopf, dachte Abel, während er hinter Mercier aus der Tür ging. *Wir sind ganz nah dran, das spüre ich doch, verdammt noch mal!*
Er fühlte sich mindestens so fertig, wie Mercier aussah. Aber sie durften jetzt nicht nachlassen, sie mussten am Drücker bleiben. Jede Minute zählte, nicht nur wegen Lilly und Lars Moewig.
Abel sah Franco Moussadet fast physisch vor sich, wie er irgendwo da draußen im Dunkeln auf der Lauer lag. *Der tollwütige Schakal.*
Mit Mercier ging er in den zweiten Stock hinauf, wo der Capitaine sein Büro hatte. Unterwegs auf der Treppe vibrierte sein BlackBerry und erinnerte ihn daran, dass er seinen Mail-Account seit Stunden nicht mehr gecheckt hatte. Rasch zog er sein Smartphone heraus und überflog die ellenlange Liste der ungelesenen Mails.
Nichts Brandeiliges dabei, dachte er. Doch dann erregte eine französischsprachige Mail mit dem mysteriösen Betreff *»Nous sommes le résultat!«* seine Neugierde. *Wir sind*

das Ergebnis! Der Absender war ein gewisser Noah Borel, aber auch diese Mail musste warten. Obwohl sich Abels Herzschlag bei dem Namen Borel ein wenig beschleunigt hatte.

Claire Borel aus Guadeloupe, dachte er. *Die stürmischste, wenn auch kürzeste Liaison meines Lebens. Verrückt. Jahrelang habe ich nicht mehr an Claire gedacht oder mich gefragt, was wohl aus ihr geworden ist. Und heute denke ich schon das zweite Mal an sie. Wie lange ist das jetzt her? Mindestens fünfzehn Jahre!*

Erinnerungen wirbelten in ihm auf wie Laub, in das eine Windböe fährt. Der Kongress in Paris, an dem er als frischgebackener Facharzt für Rechtsmedizin teilgenommen hatte. Das kleine Hotel am Montparnasse, in dem ihm Claire Borel beim Frühstück praktisch in die Arme gestolpert war. Eine grazile Schönheit mit kastanienbrauner Haut und einem fröhlichen, glucksenden Lachen, das noch viele Jahre später in seinem Kopf nachzuhallen schien. Es war eine Affäre, so heiß und verrückt, wie er das nie mehr erlebt hatte. Sie hatte fünf Tage gedauert, genauso lang wie der Kongress, von dem er kaum etwas mitbekommen hatte. Danach war Claire wieder aus seinem Leben verschwunden. Er hatte nie eine Adresse, nie eine Telefonnummer von ihr besessen, und sie hatte sich auch niemals mehr bei ihm gemeldet. Er war nach Hannover zurückgekehrt, und wenig später hatte er Lisa kennengelernt.

Lange her. Und doch für einen Augenblick seltsam nah.

Er schob das Smartphone in seine Tasche zurück.

»So kommen wir nicht weiter«, sagte Mercier, als sie an dem kleinen Besprechungstisch in seinem Büro saßen. »Meiner Meinung nach weiß der Typ wirklich nicht, wo sein Cousin untergekrochen ist.«

»Er weiß es«, beharrte Abel. »Er weiß nur nicht, dass er es weiß.«

Die Tür ging auf, Lilou Maran kam herein. Sie sah noch genauso fit und wach aus wie vor fünf Stunden. Weder die Hitze, die trotz der Nachtstunde noch in den Räumen hing, noch die späte Arbeitszeit schienen ihr das Geringste auszumachen.

»Ich habe alle Passagierlisten überprüft«, sagte sie und warf einen Stapel Computerausdrucke auf den Tisch. »Franco Moussadet ist unser Mann, hundertprozentig. Seht es euch selbst an: Berlin-Tegel, London-Heathrow, Bari, Orly – er war überall zur Tatzeit vor Ort. In allen Fällen ist er maximal fünf Stunden vor der Tat gelandet und höchstens vier Stunden später weitergeflogen. Von Heathrow habe ich sogar Kamerabilder, auf denen er in der Ankunfts- und in der Abflughalle zu sehen ist. Nur von Orly ist er offenbar nicht wieder abgeflogen.«

Sie setzte sich auf den Stuhl zwischen Mercier und Abel und fächerte die Listen und Fotoausdrucke auf dem Tisch auf. Auf einem der Kamerabilder von London-Heathrow war Moussadet zu sehen, wie er durch die Abflughalle sprintete, offenbar auf dem allerletzten Drücker.

»Zwischen den Morden in Bari und Orly liegen drei Tage«, sagte Lilou Maran und sah Mercier bedeutungsvoll an.

Sie führte ihren Gedanken nicht weiter, aber das war auch nicht nötig. Es wäre alles andere als verwunderlich, wenn Moussadet in dieser Zeit einen oder sogar mehrere weitere Morde begangen hätte.

»Wir geben jetzt die Fahndung raus«, sagte Mercier. »Vielleicht ist Moussadet gerade in dieser Minute draußen am Flughafen und wählt aus den Last-Minute-Angeboten den Schauplatz seines nächsten Verbrechens aus.«

»Er ist hier in der Stadt, da bin ich mir sicher«, widersprach Abel erneut. »Er ist nach Paris zurückgekommen, weil seine Mordserie für ihn beendet ist. Der ungeplante Mord an Mansura Farès, der Cousine seiner Mutter, muss ihn zu-

tiefst aufgewühlt haben. Auch Jankowski, der BKA-Profiler, mit dem ich heute telefoniert habe, hält es für extrem unwahrscheinlich, dass Moussadet unter diesen Umständen zu seinem vorherigen Tatmuster zurückkehrt.«
Mercier schüttelte den Kopf. »Bei allem Respekt, Monsieur Abel«, sagte er mit einem gequälten Lächeln. »Meinen häuslichen Frieden haben Sie heute schon schwer erschüttert. Meine Karriere will ich zumindest nicht am gleichen Abend auch noch ruinieren.«
Er legte Lilou Maran eine Hand auf den Arm. »Gib die Fahndung raus«, sagte er. »Großraum Paris. Flughäfen, Bahnhöfe, Ausfallstraßen, das ganze Programm.«
So eine Scheiße, dachte Abel. *Das kann er doch nicht machen! Moussadet ist eine Bombe, die bei der geringsten Berührung hochgehen kann!*

☠ ☠ ☠

77

**Paris, Rue Bonaparte, Polizeipräfektur,
Samstag, 11. Juli, 23:33 Uhr**

Abel machte sich keine Illusionen: Mercier würde sich nicht mehr umstimmen lassen. Franco Moussadet war dringend verdächtig, innerhalb einer Woche mindestens fünf Menschen ermordet zu haben. Sie wussten, wie er hieß und wie er aussah. Und sie wussten, dass er so gefährlich war wie ein ausgehungerter Weißer Hai. Mercier würde in Teufels Küche kommen, wenn er bei diesem Erkenntnisstand keine Fahndung auslöste und Moussadet ein weiteres Mal zuschlug.

»Lassen Sie zumindest die Medien noch draußen«, bat Abel. »Wenn Moussadet im Fernsehen oder in der Zeitung sein Bild und dazu die Schlagzeile *Serienkiller auf der Flucht* sieht, brennen bei ihm mit Sicherheit die allerletzten Sicherungen durch.«

Mercier runzelte die Stirn. Mindestens eine halbe Minute lang starrte er auf seine Hand, die noch auf Lilou Marans Unterarm lag.

»Meinetwegen«, sagte er schließlich. »Heute Nacht erreichen wir über die Medien sowieso nur noch eine Minderheit. Aber wenn unser Riesenbaby da unten nicht bis morgen früh ausgespuckt hat, wo sich der Killer versteckt hält, dann feuere ich um Punkt sechs Uhr die Medien-Bazooka ab.« Er tätschelte Lieutenant Marans Arm. »Auf jetzt, Lilou. Sag der Einsatzleitung Bescheid!«

Sie stand auf und ging zur Tür, blieb aber auf der Schwelle stehen. »Unter zwei Bedingungen, Victor.«

»Bedingungen?« Er machte ein mürrisches Gesicht. »Bin ich hier der Capitaine oder …?«

»Erstens: Du fährst jetzt nach Hause und feierst mit deiner Frau und deinen Gästen«, fiel ihm Lilou Maran ins Wort. »Mit dem Riesenbaby werden Fred und ich auch allein fertig. Und zweitens: Ihr beide hört auf der Stelle auf, euch ›Sie‹ und ›Monsieur‹ zu nennen.«

Mercier schaute sie verdutzt an, dann zog ein Grinsen sein rundes Gesicht noch weiter in die Breite. »Da sieht man wieder mal, wer hier das Regiment führt.« Er stemmte sich hoch und streckte Abel die Hand hin. »Sei auf der Hut vor ihr, Fred«, fügte er hinzu. »Lilou ist mit allen Wassern gewaschen.«

Geht er jetzt wirklich heim und macht Party? Erstaunt sah Abel auf Merciers Hand. *Vereintes Europa hin oder her,* dachte er, *in Paris gehen die Uhren immer noch anders als in Berlin.*

Er stand gleichfalls auf und rang sich ein Lächeln ab, während er Merciers Hand ergriff.
»Aber Sie ... du bleibst doch erreichbar, Victor?«, vergewisserte er sich. »Ich meine, falls Sidki Moussadet doch noch einfällt, wo sich sein Cousin versteckt halten könnte?«
Mercier schüttelte kräftig Abels Rechte.
»Ich werde mit meiner Frau tanzen«, erklärte er, »mit dem stellvertretenden Präfekten plaudern und mein Wasserglas auf das Wohl meiner Gäste erheben.«
Sein Grinsen wurde noch breiter. »Und wenn man mich fragt«, fuhr er fort, »warum ich keinen Champagner trinke, werde ich antworten: ›Weil ich einen deutschen Kollegen zu Besuch habe. Ihr wisst doch, wie die Deutschen ihre Nächte verbringen: nüchtern und pflichtbewusst.‹«
Er hob grüßend die Hand und war aus der Tür, bevor Abels emporgeschnellte Augenbrauen ihre gewöhnliche Position wieder erreicht hatten.

☠ ☠ ☠

78

**Paris, Rue Bonaparte, Polizeipräfektur,
Samstag, 11. Juli, 23:39 Uhr**

Du bist ein verkommenes Stück Scheiße, Sidki«, sagte Lilou Maran.
Jedenfalls reimte es sich Abel ungefähr so zusammen. Sie redete wieder in dem Jargon, in dem sie früher am Abend Nasir Moussadet angeschnauzt hatte. Halb Französisch, halb afrikanisches Sprachgemisch. *Halb – halb,* ging es Abel durch den Kopf. *Wie in* ›Respectez Asia‹.

Er grübelte darüber nach, kam aber mit diesem Gedanken nicht weiter.

»Du kommst selbst aus dem Dreck«, fuhr Lilou Maran fort, »du hast in Marrakesch mit deiner Familie im Slum gehaust, das hast du doch eben erzählt! Dein Bruder François hat sich mit Meth das Gehirn zerschossen – auch das sind deine eigenen Worte!«

Sie sprang auf, beugte sich ruckartig über den Tisch im Vernehmungszimmer und schlug Sidki mit der flachen Hand ins Gesicht.

»Und was machst du, du dämlicher Haufen Müll?«, schrie sie. »Du hast nichts Besseres zu tun, als unsere eigenen Leute mit dem beschissenen Crystal süchtig zu machen!«

Schwer atmend sank sie wieder auf ihren Stuhl.

Abel war mindestens so erstaunt wie Sidki, der sie mit offenem Mund anstarrte. Er hätte ihren Schlag sicherlich mühelos abwehren können, aber er hatte nicht einmal eine Hand gehoben, um sein Gesicht zu schützen.

Unsere eigenen Leute, wiederholte Abel in Gedanken.

»Damit habe ich nichts zu tun«, sagte Sidki. »Was Nasir mit dem Zeug anfängt, ist nicht meine Sache.«

»Ach nein, wirklich nicht?«, fuhr sie ihn mit unverminderter Wut an. »Nasir verhökert das Zeug bei seiner afrikanischstämmigen Kundschaft, aber das ist nicht deine Sache? So wie es auch nicht deine Sache war, als dein Vater das Leben deines Bruders für fünfhundert Dollar verkauft hat?«

Sie fühlt sich halb wie eine Französin, halb wie eine Karibin, dachte Abel.

Er spürte ein heftiges Kribbeln im Magen. Sein Bauchgefühl wollte ihm offenbar etwas sagen, doch wie so häufig drückte es sich äußerst undeutlich aus.

Sidkis Mund begann zu zucken. »Was hätte ich denn tun sollen?«, schrie er. »Ich konnte doch meinen Vater nicht daran hindern! Ich war noch ein Kind!«

So wie Franco Moussadet, grübelte Abel. *So wie Franco noch ein Kind war, als sie ihn eingesperrt haben ... Nein, Blödsinn, darum geht es hier nicht!*

Er zermarterte sich den Kopf. Dabei wusste er ganz genau, dass ihm der Geistesblitz nur dann kommen würde, wenn er an etwas ganz anderes dachte. So wie auch Sidki der entscheidende Hinweis nur dann einfallen würde, wenn er nicht darüber nachgrübelte.

Lilou sah den Marokkaner angewidert an.

»Aber jetzt bist du schon lange kein Kind mehr«, sagte sie. »Niemand hat dich gezwungen, für Nasir den Kurier zu spielen und kiloweise das gleiche tödliche Gift hierherzubringen, an dem dein Bruder in Marrakesch verreckt ist!«

Sie war wieder in das bunte Sprachgemisch verfallen, halb Französisch, halb afrikanischer Cocktail.

Halb – halb, dachte Abel erneut. *Franco Moussadet hat seine Botschaft halb auf Französisch, halb auf Englisch auf die Körper seiner Opfer geschrieben. Aber auch das ist nicht die Parallele, auf die es hier ankommt. Sondern ...*

»Franco hat ihn umgebracht, nicht das beschissene Meth!«, brüllte Sidki.

»Da war er schon nur noch ein Zombie«, schrie Lilou. »Das weißt du besser als ich!«

Sie warf sich so heftig gegen die Rücklehne dass sie beinahe mitsamt ihrem Stuhl umgekippt wäre.

... sondern das Wort, brachte Abel den Gedanken zu Ende. *Asia. Darum geht es!*

Er war jetzt so dicht dran, dass ihm vor Anspannung fast übel wurde.

Halb – halb. Franco fühlt sich halb französisch, halb asiatisch, überlegte er fieberhaft. *Aber warum asiatisch? Weil dieser Major ihn damals als Schlitzauge beschimpft hat? Ergibt das irgendeinen Sinn?*

»Lassen wir die Scheiße«, sagte Lilou. »Das bringt uns jetzt auch nicht weiter.« Das hatte sie eigentlich zu Sidki oder vielleicht sogar zu sich selbst gesagt, doch Abel bezog es auf seine Grübeleien.

»Das bringt uns sogar entscheidend weiter«, sagte er, ohne auf ihren erstaunten Gesichtsausdruck zu achten.

Er wandte sich an Sidki. »Du hast doch vorhin gesagt«, begann er, »dass Franco, wenn überhaupt von irgendwas, dann nur von dieser Sache mit dem Major geredet hat. Richtig?«

Schulterzucken. »Na und?«

»Er hat sich wahnsinnig darüber aufgeregt, dass ihn der Major Schlitzauge genannt hat«, spann Abel seinen Gedanken weiter, ohne selbst zu wissen, worauf er hinauswollte. »Stimmt das so?«

»Scheiße noch mal, ja!«

»Und du hast außerdem gesagt, dass er wirklich ganz schmale Augen bekommen hat, wenn er so richtig psycho drauf war.«

»Aber total«, bestätigte Sidki Moussadet. »Als ich seine Pranken an meinem Hals hatte, hat er wie ein beschissener Asiate ausgesehen, nur in Schwarz!«

Lilou wollte etwas einwerfen, aber Abel hob hastig eine Hand.

»Stopp. Gleich, Lilou. So wie du dich halb wie eine Karibin mit afrikanischen Wurzeln fühlst, so fühlt sich Franco Moussadet halb wie ein Asiate. Oder nein, warte. Noch anders. Einen Tick anders.«

Er schloss die Augen, um seine Konzentration maximal zu steigern.

»So wie du dich dem Afrikanerviertel hier verbunden fühlst«, setzte er neu an, »so fühlt er sich also – kann das sein? – irgendwie ins Asiatenviertel hingezogen? Nach Chinatown? Ergibt das Sinn? Ich meine, in seiner Wahnwelt? Deshalb dieses ›Respectez Asia‹?«

»Nouveau«, platzte Sidki heraus. »Nicht ›Respectez‹. ›Nouveau‹.«

Abel machte die Augen wieder auf. Verärgert, weil er unterbrochen worden war.

»Was willst du uns sagen, Sidki?«, fragte Lilou Maran in dem sanftesten Tonfall, den Abel jemals von ihr gehört hatte. »Was meinst du mit ›*Nouveau*, nicht *Respectez*‹?«

»*Nouveau Asia*«, gab der junge Marokkaner wie aus der Pistole geschossen zurück. »Ich bin mir sicher! Irgendwann hat Franco mal gesagt, dass das so ein Schuppen im Chinesenviertel ist und dass er da hingegangen ist, als er so richtig die Schnauze voll hatte.«

Er strahlte Lilou und Abel an wie ein Prüfling, dem mit dem Schlussgong doch noch die richtige Antwort eingefallen war.

☠ ☠ ☠

79

Paris, Chinesisches Viertel, Hotel Nouveau Asia, Samstag, 11. Juli, 23:43 Uhr

Du hast mich enttäuscht, du beschissenes Arschloch«, sagte Moussadet. »Warum hast du dir diesen französischen Fernsehdreck reingezogen? Du bist doch ein Asiate, verdammt noch mal!«

»Aber ich ha-ha-hab doch g-g-gar …«

Mit dem Butterflymesser an der Kehle konnte Johnny Chang keinen klaren Gedanken fassen. Geschweige denn aussprechen. Er kniete neben Moussadet in seiner eigenen Hotelhalle, zwischen der kleinen Sitzecke und der Rezep-

tion. Seine Hose war klitschnass. Zwischen den Knien hatte sich eine kleine gelbe Pfütze auf dem Boden gebildet.
»Lüg mich nicht an!«, schrie Moussadet. »Ich hab genau gesehen, wie du auf die Scheißglotze gestarrt hast!«
Er saß auf einem der Sessel unter dem Plasmafernseher. Mit einer Hand löffelte er sich Chop Suey rein, mit der anderen drückte er das Messer gegen Johnnys Hals.
»Aber d-d-die l-l-läuft immer!«, heulte Johnny auf. »Ich gu-guck da g-g-gar ...!«
Moussadets Augen wurden immer schmaler. Winzige Schlitze mit nichts als Weiß dahinter, so als hätte der Irre seine Augen nach oben verdreht.
»N-n-nichts hab ich m-m-mitgekriegt!«, wimmerte Johnny. Auch Moussadet schien nicht viel von dem mitzukriegen, was Johnny von sich gab.
»Ich mag dich, Schlitzauge, das weißt du doch«, sagte er in kumpelhaftem Tonfall. »Also raus damit. Was haben sie über die alten Weiber gebracht?«
Er zeigte mit dem Löffel in Richtung Fernseher.
Johnny zermarterte sich den Kopf. In *TF1* hatte er nur kurz gesehen, wie vier Uniformierte die beiden Plastiksärge in einen Peugeot Transporter verluden. Aber im Radio, auf *France Inter,* da hatten sie doch alle Einzelheiten des »Doppelmordes von Orly« breitgetreten.
»Eine Frau sch-sch-schwarz«, sagte er, »eine w-w-weiß.«
Er verfluchte sich selbst, weil er kein einziges Mal zu *mon Dieu* gebetet hatte, dem Gott der Franzosen. Er überschüttete sich mit Vorwürfen, weil er Mulan aus dem Haus getrieben hatte. Nicht, dass sie mit ihrem Stockschirm eine Chance gegen Moussadet gehabt hätten. Aber wenn schon sterben, sagte er sich, dann wenigstens nicht ganz allein.
Nachdem er Moussadet das Chop Suey in der Alubox serviert hatte, hatte der ihn gezwungen, den Vordereingang abzuschließen. Der Notausgang hinter der Treppe ließ sich

sowieso nur von innen öffnen. »Vorhänge zu«, hatte er befohlen. Johnny hatte die blickdichten roten Vorhänge vor dem Fenster und der gläsernen Hoteltür zugezogen. Danach hatte Moussadet ihn angewiesen, sich neben ihm hinzuknien.

»Weiter, Chinese. Was noch?« Die Messerspitze drückte sich tiefer in Johnnys Hals. »Irgendwelche Namen?«

»J-j-ja.« Johnny schloss die Augen. »El-el-elo ... die w-w-weiße ...«

»Die ist mir scheißegal. Die schwarze Elster – wie hieß die? Jetzt red schon!«, fuhr er Johnny an und ratschte ihm mit der Klinge über die Kehle.

Johnny spürte den jähen Schmerz, mehr Brennen als Stechen. Warmes Blut floss ihm den Hals hinunter in sein Hemd.

»Mit dem Messer fick ich nur Fotzen«, sagte Moussadet. »Den Wärter damals hab ich ...«

Er unterbrach sich und sah Johnny versonnen an.

»Ma-ma-ma ...« Johnny klapperte mit den Zähnen. »Mansura Farès«, brachte er glatt hervor.

Moussadet heulte auf. »Das ist eine beschissene Lüge!«, schrie er. »Sag sofort, dass das nicht stimmt, du stinkender Schwanz!«

Er warf sich auf Johnny. Faustschläge prasselten.

Wie Steinschlag, durchfuhr es Johnny.

»Sag, dass es nicht Tante Mansura war!«, schrie Franco Moussadet.

Doch Johnny Chang sagte gar nichts mehr. Um ihn herum war alles schwarz.

☠ ☠ ☠

80

**Paris, Chinesisches Viertel, Avenue de Choisy,
Sonntag, 12. Juli, 00:17 Uhr**

»Wir sind gleich da«, sagte Lilou Maran. »Hörst du mich, Victor?«
Sie sprach mit gedämpfter Stimme in ihr Headset-Mikrofon. Abel zog sie tiefer in den unbeleuchteten Hauseingang. Unruhig sah er hinaus auf die Straße.
Mitternacht war vorbei, doch immer noch waren zahlreiche Nachtschwärmer unterwegs. Chinesische, vietnamesische und koreanische Speiselokale reihten sich, mit bunten asiatischen Laternen beleuchtet, auf beiden Straßenseiten aneinander wie Perlen an einer Schnur. Dazwischen gab es Nachtbars, Imbissbuden, Absteigen mit blinkenden, herzförmigen roten Laternen im Fenster. Alle paar Meter standen asiatische Straßenmädchen in knappen Outfits an den Bordsteinen.
Ungefähr dreißig Meter die Straße hoch leuchtete über einer Fensterreihe im ersten Stock der pinkfarbene Schriftzug. *Nouveau Asia – Hotel.*
In dem engen Hauseingang standen Abel und Lilou so dicht nebeneinander, dass sich ihr Atem vermischte. Und ihr Schweißgeruch. Lilou telefonierte immer noch flüsternd mit Mercier. Ihr braunes Gesicht verschmolz mit der umgebenden Dunkelheit. Desto heller hoben sich ihre Zähne und das Weiß ihrer Augen ab.
Sie erinnerte ihn wieder an Claire Borel. Dabei sah sie Claire bei genauerem Hinsehen gar nicht besonders ähnlich. Alles hier in Paris ließ ihn plötzlich an Claire denken, seit er ihren Nachnamen in dieser Mail gesehen hatte. Das Knattern eines vorbeifahrenden Mopeds, das Geschnatter der Passan-

ten, der Geruch des Holzkohlengrills im Restaurant gegenüber. Lilou ähnelte ihr höchstens so oberflächlich, wie sich zwei hübsche junge Frauen aus der gleichen fernen Weltgegend in den Augen eines Europäers eben ähnlich sehen. Beide schlank, großgewachsen, braun und jung.
Nur dass Claire mittlerweile auch nicht mehr im ganz taufrischen Alter war.
Aber für ihn war sie nicht einfach irgendeine junge Karibin gewesen. Damals hatte er sich ernsthaft gefragt, ob sie die Frau war, mit der er sein Leben verbringen wollte. Und dann plötzlich war es vorbei gewesen. Er war nach Hannover zurückgekehrt wie aus einem Traum, den man nie mehr vergaß. Der aufwühlend und beglückend gewesen war, aber eben nur ein Traum.
»Victor ist auf dem Weg«, sagte Lilou Maran zu Abel. »Wir sollen in Deckung bleiben, bis er hier ist. Er hat Einsatzkräfte angefordert, dreißig Mann. Die müssten in Kürze eintreffen. Sie umstellen das Hotel, erst dann gehen wir rein.«
Dieselbe Leier wie bei uns in Deutschland, dachte Abel. *Wir machen alles nach Vorschrift, dann kann uns nachher keiner was vorwerfen. Egal, ob die Vorschrift im konkreten Fall hilfreich ist oder nicht.*
»Wie lange dauert das?«, fragte er. »Und wie wollt ihr eure Truppe hier unbemerkt aufmarschieren lassen?«
Sein Mund war plötzlich wie ausgetrocknet. *Moussadet ist da drin*, dachte er. *Ich kann seine Anwesenheit förmlich spüren.*
»Das Momentum ist auf unserer Seite«, sagte er so ruhig wie möglich. »Zum ersten Mal, seit ich hinter ihm her bin. Aber wir müssen *jetzt* zuschlagen. Wenn er uns wieder entwischt, nur weil Mercier ... weil Victor lieber zu Hause auf seiner ...«
»Sch-sch. Sag es nicht!«, fiel ihm Lilou Maran ins Wort. »*Mon Dieu*, was hast du vor? Warte, Fred!«

Sie fasste Abel am Arm. Er schüttelte ihre Hand ab und trat auf den Bürgersteig. »Ich schau mir den Laden aus der Nähe an.«
»Aber nicht allein.« Sie legte einen Arm um seine Mitte. »Wenn du nicht alles verpfuschen willst, leg wenigstens deinen Arm um meine Schultern«, wies sie ihn an.
Eng umschlungen wie ein Liebespaar gingen sie auf das *Nouveau Asia* zu. Trotz der späten Stunde war es so warm, dass Abels Hemd an seinem Rücken klebte.
Haschischgeruch hing in der Luft, vermischt mit dem würzigen Duft asiatischer Speisen. Unmengen junger Asiatinnen und Asiaten kamen ihnen entgegen, die Mädchen in hautengen Minikleidern und High Heels. Irgendwo in der Nähe schien es eine Disco oder einen Tanzclub zu geben.
Besorgt sah sich Abel in der belebten Straße um.
Hoffentlich kommt es hier in der Amüsiermeile nicht zu einer Verfolgungsjagd, dachte er. *Merciers Scharfschützen könnten keinen Schuss riskieren, aber dafür könnte sich Moussadet mühelos eine Geisel greifen.*
Aus der Nähe sah das *Nouveau Asia* abweisend aus. Geschlossen oder sogar von seinen Betreibern aufgegeben. Schwere, dunkelrote Vorhänge hinter dem einzigen Fenster und der Eingangstür aus massivem Glas verwehrten jeden Blick in die Lobby. Die Fensterreihen darüber waren allesamt dunkel. Linker Hand schloss sich eine enge Durchfahrt in den Hinterhof an. Über der geschlossenen Schranke war ein Schild mit der Aufschrift »*Hotel – Parking*«. Aber auch der Parkplatz dahinter war dunkel und verwaist.
Wenn der Laden nicht in Betrieb ist, dachte Abel, *warum ist das Neonschild an der Fassade erleuchtet?*
Gemächlich wie Flaneure schlenderten sie an der schmalen Hausfront entlang. Gerade als sie in Höhe des Fensters waren, ertönte drinnen ein sonderbares Geräusch. Ein undefinierbares Gurgeln und Jaulen.

Wie von einem wütenden Tier.
Abel und Lilou Maran wechselten einen Blick.
Ein andersartiger Laut mischte sich dazu, ein helles, jämmerliches Wimmern.
»Hast du das gehört? Er ist nicht allein!« Abel flüsterte es, seine Lippen an Lilous Ohr.
Wieder das Gurgeln und Jaulen. Nach einem halben Wimpernschlag kam erneut das Winseln dazu.
Es hört sich an wie ein Raubtier, das seine Beute auffrisst – bei lebendigem Leib!
»Wir können nicht warten«, flüsterte Abel. »Noch ist das Opfer da drin am Leben!«
Ihr Griff um seine Hüften wurde fester.
»Du hast die Akte doch selbst gesehen!«, fuhr er fort. »In Rabat hat er dem Wärter den Kehlkopf herausgebissen.«
»Und du meinst, das macht er da drinnen jetzt wieder?« Mit geweiteten Augen sah sie ihn an.
»Wie hört es sich für dich an?«, flüsterte er zurück. »Wir können nicht auf Victor und seine Truppe warten. Wir gehen da jetzt rein.«
Sie zögerte noch ein paar Sekunden, dann nickte sie kaum merklich.
»Ich kümmere mich um die Hintertür. Bestimmt gibt es einen Notausgang zum Hof«, sagte sie so leise, dass er fast nur ihre Lippenbewegungen wahrnahm. »Pass auf dich auf, Fred.«
Sie hauchte ihm einen Kuss in den Mundwinkel. Dann löste sie sich von Abel und verschwand, geschmeidig wie eine Katze, in der Durchfahrt zu den Hotelparkplätzen.

☠ ☠ ☠

81

**Paris, Chinesisches Viertel, Hotel Nouveau Asia,
Sonntag, 12. Juli, 00:23 Uhr**

Ein metallisches Klicken schreckte Franco auf. Er hob den Kopf und lauschte. Er hatte Blutgeschmack im Mund. Mit den Fingern tastete er sich über die Lippen, und da war auch überall Blut. An seiner Hand, seinem Mund, seinem Kinn.

Wieder das metallische Geräusch. Nur ganz allmählich tauchte er aus seinem Rausch auf. Aus seinem Fressrausch. Er hockte auf allen vieren auf dem Boden vor dem Rezeptionstresen. Unter ihm die Überreste von irgendwem. Franco überlegte, wer es gewesen war.

Scheiße, Scheiße, der Chinese!, dachte er. *Das verfickte Arschloch hat behauptet, dass ich Tante Mansura umgebracht hätte. Und das hat er jetzt davon!*

Wo der Kehlkopf gewesen war, klaffte ein blutiger Krater. Der Chinese hatte keinen Fetzen mehr am Körper, jedenfalls keine Kleidung. Sein magerer Bauch sah aufgeplatzt aus. Wo eigentlich der Bauchnabel sein sollte, war ein riesiges Loch, aus dem Johnny Changs Darmschlingen wie bläulich-gräuliche Schlangen hervorquollen.

Das Haupt der Medusa, dachte Franco. So hieß ein bescheuerter Nachtclub in Montmartre, vor dem er ein paarmal stehen geblieben war. Was sie in dem Laden trieben, war ihm scheißegal. Aber auf der Eingangstür, die von zwei Türstehern à la Jibran bewacht wurde, war ein irrer Frauenkopf abgebildet, mit stechendem Blick und Schlangenhaaren.

Verdammter Chinese, das ist alles deine Schuld!, dachte Franco. Er war ins *Nouveau Asia* gekommen, weil er geglaubt hatte, dass er hier in Sicherheit wäre. Aber Johnny hatte ihn enttäuscht. *Genau wie alle anderen,* sagte sich Franco. *Alles das gleiche verrottete Pack.*

Wieder das Klicken. Anscheinend kam es von der Eingangstür.

Der Vorhang war zugezogen, deshalb konnte Franco nicht sehen, was sich da draußen tat. Aber das brauchte er auch nicht. Er kannte das Geräusch. Sidki hatte ihm letzte Woche erst vorgeführt, wie schnell man ein Schloss aufbekam.

So eine stinkende Scheiße! Das Schlitzauge hat die Bullen gerufen! Und die machen jetzt mit einem Dietrich in dem beschissenen Türschloss herum!

Franco sprang auf. In dem Glibber aus Blut, Pisse, Scheiße und Fleischbrocken kam er ins Schlingern und fing sich mit rudernden Armen.

Er hat sie heimlich angerufen, als er hinter der Gardine war! Dieser beschissene Verräter!

Er kickte gegen die Überreste von Johnny Chang, bis sie halbwegs unter dem Tisch verschwunden waren, und rannte zum Notausgang hinter der Treppe.

☠ ☠ ☠

82

**Berlin-Wedding, Kinderklinik der Charité,
Sonntag, 12. Juli, 00:25 Uhr**

Als Marie Lindweg erwachte, war es auf ihrer Armbanduhr 7:13 Uhr. Sie wunderte sich, weil es in Lillys Zimmer trotzdem noch dunkel war. Nur die Nachtlampe verbreitete ihr spärliches Licht neben Lillys Kopf.

Sie fühlte sich benommen. Das musste die Nachwirkung

der Beruhigungsspritze sein, die sie ihr gestern Nachmittag gegeben hatten.

In dem Ruheraum für Angehörige hatte Marie sechs Stunden lang wie ein Stein geschlafen. Dann war sie durch einen Alptraum aufgeweckt worden, in dem sie alle drei, Lilly, Lars und sie selbst, unter einer gigantischen Sauerstoffmaske zusammen erstickt waren.

Ihre Beine hatten ihr kaum gehorcht, vor ihren Augen hatte sich alles gedreht. Aber irgendwie hatte sie es bis hierher geschafft, in Lillys Zimmer. Sie hatte sich vergewissert, dass ihr kleines Mädchen unter der Maske noch keuchend um Atem rang. Dann war sie in diesen Sessel gefallen und aufs Neue eingeschlafen.

Und jetzt war es also kurz nach sieben.

Sieben Uhr morgens, was sonst.

Komisch nur, dass die lichtdichten Vorhänge zugezogen waren.

Wenn ich sie aufziehen würde, wäre es draußen taghell.

Dieser Gedanke war nicht ganz logisch, das spürte sie. Aber sie kam einfach nicht darauf, worin ihr Denkfehler bestand.

Wir müssen los. Alles ist vorbereitet. Ich darf nicht länger warten.

Wenn sie sich nur nicht so zerschlagen fühlen würde. *Nur noch eine Minute,* dachte sie. Dabei tat ihr vom langen Sitzen schon alles weh.

Im trüben Schein der Nachtlampe sah Lilly wie ihr eigenes Gespenst aus. So grau und eingefallen, fast schon körperlos. Aber sie atmete noch. Sie war immer noch am Leben, falls man dieses Kämpfen gegen den Tod Leben nennen wollte. Und sie schlief, falls dieser ohnmachtsartige Schlaf nicht bereits eine Art Koma war.

Der Anfang vom Ende.

Los jetzt, Marie.

In Gedanken hatte sie alles Dutzende Male durchgespielt.

Die Sauerstoffflasche und die Apparate, mit denen Lilly verkabelt war, waren auf einem Metallbord installiert, das am Kopfende ihres Bettes angebracht war. Der Galgen mit dem Tropf, durch den Lilly ständig Infusionen erhielt, war gleichfalls am Bettrahmen befestigt. So konnte man die Patienten von der Kinderintensivstation mitsamt allen lebenserhaltenden Vorrichtungen in der Klinik umherfahren, wenn es aus bestimmten Gründen erforderlich war.
Zum Beispiel, um herzlose Politiker oder Richter zum Handeln zu zwingen.
Wer immer zuständig sein mag, dachte Marie, *er wird handeln müssen. Und zwar sofort.*
Sie rappelte sich auf, löste die Bremsen an Lillys Bett und öffnete leise die Tür.
Draußen im Gang war es so ruhig und dämmrig wie sonst nur tief in der Nacht.
Umso besser, dachte Marie.
Sie bugsierte das Bett mit der schlafenden Lilly rückwärts aus der Tür. Erneut sah sie sich nach links und rechts um. Niemand zu sehen.
Entschlossen steuerte sie auf den Lift am Ende des Flurs zu. Die Gummiräder an Lillys Bett quietschten auf dem Linoleumbelag, sonst war kein Geräusch zu hören.
Außer Lillys keuchendem Atem.

☠ ☠ ☠

83

**Paris, Chinesisches Viertel,
Hotel Nouveau Asia,
Sonntag, 12. Juli, 00:29 Uhr**

Abel stieß die massive Glastür auf, riss den Vorhang zur Seite und hechtete ins Innere des Hotels. Er rollte sich ab und prallte gegen einen Schrank. Im Aufspringen sah er sich hastig nach allen Seiten um.
Schummriges Deckenlicht. Was er für einen Schrank gehalten hatte, war der Rezeptionstresen. Dahinter war niemand, genauso wie in der restlichen Lobby.
Jedenfalls niemand, der noch am Leben war.
Der schmale Gang vor der Rezeption war voller Blut. Überall lagen blutige Fleischstücke herum, im Gang, auf dem Tisch, sogar auf dem Rezeptionstresen. Dazwischen Überreste eines menschlichen Kehlkopfs und Fetzen von Darmschlingen. Auf einem Sessel lagen blutgetränkte Kleidungsstücke. Ein ehemals wohl weißes Hemd, Unterwäsche, schwarze Anzugjacke und -hose.
Abel vergaß fast zu atmen. Er hatte schon viele grauenvolle Tatorte gesehen. Aber das hier war auch für einen abgebrühten Rechtsmediziner wie ihn nur schwer zu ertragen. Zumal der Täter nicht weit weg sein konnte. Abel glaubte seine Gegenwart regelrecht zu spüren.
Der Körper, zu dem die Fleischstücke gehört hatten, lag unter dem Tisch. Nur ein blutverkrusteter schwarzer Haarschopf schaute hervor.
Abel ging in die Knie, um das Gesicht des Toten zu sehen. Dabei schaute er sich immer wieder hektisch um, damit ihn Moussadet in dieser ungeschützten Position nicht überrumpeln konnte.

Asiate, männlich, etwa Mitte dreißig, notierte er automatisch in Gedanken. *Vermutlich ein Angestellter des Hotels. Massive Bissverletzungen an den vorderen und seitlichen Halspartien. Aufgrund der Abdrücke von Ober- und Unterkiefer definitiv menschlichen Ursprungs. Unterbauch weiträumig eröffnet, ebenfalls durch Menschenbisse verursacht. Abdrücke der Eckzähne im Randbereich der geschürften und grobfetzig konfigurierten Wundränder. Freiliegen der Darmschlingen, diese teilweise verletzt. Kotaustritt in die freie Bauchhöhle. Jede dieser Verletzungen für sich tödlich.*

Zuerst hatte er vermutet, dass der Mann vielleicht mit letzter Kraft unter den Tisch gekrochen wäre. Aber so konnte es nicht gewesen sein. Als Moussadet den Körper aus dem Weg geräumt hatte, war der arme Kerl mit Sicherheit nicht mehr am Leben gewesen. Ohne Kehlkopf, mit aufgerissenem Bauch, aus dem die Därme hervorquollen, konnte niemand unter einen Tisch robben.

Zu spät! Ich bin schon wieder zu spät gekommen!

Er richtete sich auf und sah sich hastig weiter um. Hinter dem Rezeptionstresen war ein goldgelber Vorhang, halb zugezogen. Dahinter befanden sich offenbar Privat- oder Geschäftsräume. Theoretisch konnte sich Moussadet dort versteckt haben. Doch Abel verschwendete keine Sekunde auf diese Möglichkeit.

Das passt nicht zu ihm.

Rasch folgte Abel dem Gang nach hinten. Ein beleuchtetes Schild führte zum Notausgang unter der Treppe.

An der Treppenlaibung war ein altmodischer Lichtschalter, den er im Vorbeigehen heruntergedrückte, um das Licht im Gang zu löschen. Schützende Dunkelheit. Nur für den Fall, dass Moussadet eine Schusswaffe besaß.

Aber auch das glaubte Abel nicht.

Allmählich kenne ich dich, dachte er. *Dich hinter dem Vor-*

hang zu verkriechen passt nicht zu dir, genauso wenig wie eine Pistole.

Abel drückte die Klinke herunter und stieß die Tür auf. Frische Luft wehte ihm entgegen, immer noch stickig warm. Er trat auf den Hinterhof hinaus. Und erstarrte.

»Verpiss dich, Arschloch«, sagte Moussadet. »Du bist zu spät.«

☠ ☠ ☠

84

**Paris, Chinesisches Viertel,
Hinterhof des Hotel Nouveau Asia,
Sonntag, 12. Juli, 00:29 Uhr**

Der Hinterhof war weit und leer, die Fenster in den umstehenden Häusern größtenteils dunkel. Aber die Mondsichel schwebte über den Dächern und funkelte wie ein frisch geschliffenes Messer.

Franco mochte es, nachts unterwegs zu sein. Er konnte sich auch im Dunkeln mühelos orientieren. »Du hast Augen wie ein Luchs«, hatte Nasir einmal gesagt. Und ausnahmsweise hatte er damit ins Schwarze getroffen.

Aber auch Francos Ohren waren empfindlich wie bei einem Raubtier. Deshalb hörte er ganz genau, dass da irgendwer in der Durchfahrt war. Leise, schleichende Schritte, aber nicht leise genug für ihn.

Geduckt lief er an der Hauswand entlang. Auf halber Strecke zwischen der Hoteltür und der Durchfahrt war ein Schacht mit ein paar Stufen, der in den Nachbarkeller hinunterführte.

Franco glitt lautlos hinein und duckte sich. Gerade als die große Schlampe da drüben aus der Durchfahrt kam.
Scheiße, die hat 'ne Knarre, dachte er.
Sie hatte braune Haut, wilde schwarze Haare und pralle Titten.
Genau das Richtige für mich.
Die Knarre hielt sie mit beiden Händen umfasst, die Mündung schräg voraus auf den Boden gerichtet.
Hast wohl Angst, dir in die Möpse zu schießen, Schätzchen.
Hektisch sah sie sich nach links und rechts um, während sie sich an der Wand entlang bewegte, immer auf Franco zu.
So ist es gut, chérie.
Lautlos zog er das kleinere der beiden Fleischermesser aus der Beintasche seiner Outdoor-Jeans. Er hatte es aus der Küche der alten Elster in Orly mitgehen lassen, zusammen mit drei, vier weiteren Messern. Kleinen und großen, was man eben so brauchte.
Na komm schon, Miststück. Gleich hast du's geschafft.
Franco fühlte sich richtig gut, seit er Johnny fertiggemacht hatte. Verräter gehörten bestraft, so hatte er das immer schon gesehen. Und wenn es jemals einen beschissenen Verräter gegeben hatte, dann war es das verdammte Schlitzauge Johnny.
Die Bullenschlampe war jetzt genau über ihm. Franco schnellte aus dem Bodenloch und stieß ihr die Klinge in den rechten Oberarm.
Rawatsch! Bis zum Schaft! Ist das geil!
Sie schrie auf und ließ die Knarre los, wie geplant. Doch dann schnappte sie blitzschnell mit ihrer beschissenen anderen Hand nach der Wumme, als die noch durch die Luft segelte.
Jetzt wurde er richtig sauer.
Er trat ihr gegen die Hand. Die Pistole flog scheppernd in den Treppenschacht, und die Schlampe stöhnte auf. Franco

schnappte sich mit beiden Händen ihren Arm, drückte ihn durch und haute ihren Ellbogen auf sein hochgezogenes Knie. So fest, wie er nur konnte.
Bei dem Knacken und Krachen bekam er eine richtige Gänsehaut. *Hey, wie geil ist das denn? Warum hab ich das nicht schon öfter gemacht?*
Die Bullenschlampe starrte apathisch auf ihren Arm, der ihr wie totes Holz aus dem T-Shirt-Ärmel hing. Am Ellbogen war ihr das Fleisch aufgeplatzt, irgendwelche Knochen standen hervor. Blut trat aus der klaffenden Fleischwunde aus und floss zu einem kleinen Rinnsal zusammen, das über ihren Unterarm lief und von dort zu Boden tropfte. In ihrem anderen Arm steckte das Messer, wie Franco es reingestoßen hatte. Um die Klinge herum trat ebenfalls Blut heraus, aber längst nicht so viel, wie man glauben würde.
»Hey, Schätzchen, wir werden Spaß haben!«, sagte Franco. Er packte sie bei dem kaputten Ellbogen. Sie bäumte sich auf und stöhnte. Aber im nächsten Moment wurde sie ganz starr.
»Weißt du, was das ist, Fotze?«
Sie drückte den Rücken weiter durch, doch die Messerspitze blieb, wo sie war.
»Das ist ein erstklassiges Fleischermesser, so lang wie mein Schwanz«, erklärte ihr Franco.
Er könnte ihr das Messer in den Arsch rammen und sie dann einfach mit dem Griff dirigieren, wie eine Holzpuppe. In seiner Phantasie hatte er das schon mit vielen anderen Weibern gemacht. Aber ihm war klar, dass sie das nicht lange durchhalten würde. Sie würde gleichzeitig Blut scheißen und Blut pissen, so wie er das einschätzte, und dann wäre der Spaß bald wieder vorbei.
Also anders.
Er ließ ihren Ellbogen los, schlang ihr den linken Arm um den Hals und nahm sie in den Schwitzkasten. Mit der ande-

ren Hand drückte er ihr die Messerspitze seitlich in den Hals. Wie eine schlaffe Puppe ließ sie sich hin und her bewegen und konnte mit ihren unbrauchbar herabhängenden Armen keinerlei Gegenwehr leisten. Das erregte ihn nur noch mehr. Sein Schwanz wurde hart wie Stahl.
Jetzt pass nur auf, dass du dir nicht in deinen eigenen Arm stichst, dachte Franco und musste grinsen.
»Abmarsch, Schätzchen«, sagte er und wollte gerade mit der Schlampe nach links schwenken, in Richtung Durchfahrt, als ein langer, kräftig gebauter Typ atemlos und mit durchgeschwitztem Hemd aus der Hintertür des *Nouveau Asia* kam.
»Verpiss dich, Arschloch, du bist zu spät«, sagte Moussadet. »Die kleine Schlampe hier gehört mir.«
Der Typ wurde weiß wie ein Betttuch.
Dämliche Redensart, dachte Franco. *Die Betttücher im* Nouveau Asia *sind gelb mit roten Sprenkeln.*
Er schwenkte weiter herum und schleifte die Schlampe auf die Durchfahrt zu.

☠ ☠ ☠

85

**Berlin-Wedding, Kinderklinik der Charité,
Sonntag, 12. Juli, 00:31 Uhr**

Der Lift hielt in der obersten Etage des Klinikgebäudes. Marie schob das Bett mit der schlafenden Lilly auf den Gang hinaus.
Auch hier oben war alles wie ausgestorben.
Seltsam, dachte Marie.

Doch sie war viel zu benommen, um sich ernsthaft zu fragen, warum hier alles im Tiefschlaf zu liegen schien.
Sie schob das Bett auf die Flügeltür zu, die zur Dachterrasse hinausführte. Die Tür war eigentlich aus Glas, und Marie wunderte sich, weil sie heute so schwarz aussah.
Vielleicht auch Vorhänge, überlegte sie.
Während sie noch darüber nachdachte, lösten die Vorderräder von Lillys Bett den Kontaktsensor aus. Die Terrassentür schwang automatisch auf.
Marie schob das Bett nach draußen. Es war angenehm kühl. Über ihr glitzerte der Sternenhimmel. Der Mond sah aus wie in einem ihrer Alpträume: eine dünne Sichel, die der Tod mit knochiger Hand vom Himmel herunterpflückte, um Lilly zu holen.
Aber das war im Traum gewesen. In Wirklichkeit gab es hier keinen Tod mit schwarzem Kapuzenmantel, der eine Sichel schwang. Und aus irgendeinem Grund war es mitten in der Nacht. Dabei musste es laut ihrer Uhr sieben Uhr morgens sein.
Tag oder Nacht, Wirklichkeit oder Traum, es spielte keine Rolle mehr für sie. Es gab nur noch Lilly und Marie und Lars.
Sie schob das Bett über die Dachterrasse. Automatisch schaltete sich Flutlicht ein, das die weite Fläche fast taghell erleuchtete.
Marie stoppte am Rand der Dachterrasse. Die Brüstung bestand aus durchbrochenem Sandstein und war nicht viel mehr als einen Meter hoch.
Marie fühlte sich sterbensmüde. Aber wenn es nicht anders ging, würde sie es schaffen, ihre Drohung wahrzumachen.
Sie ist nur noch Haut und Knochen. Leicht wie ein Vogel.
Sorgfältig arretierte sie die Bremse an Lillys Bett. Dann zog sie ihr iPhone aus der Tasche und schaltete die Videofunktion ein.

Wir haben nichts mehr zu verlieren.
Sie stellte sich neben Lillys Kopf und hielt das iPhone so, dass sie beide im Bild waren.
»Ich bin Marie Lindweg, und das ist meine Tochter Lilly«, sagte sie. »Wir verlangen, dass Lars Moewig, Lillys Vater, umgehend freigelassen wird. Er sitzt unschuldig im Gefängnis in Moabit.«
Sie räusperte sich. Als sie weitersprach, klang ihre Stimme noch genauso belegt und brüchig.
»Lilly hat Leukämie. Sie wird in wenigen Tagen sterben«, fuhr Marie fort. »Die Ärzte sagen, dass sie vielleicht schon morgen ins Koma fällt. Ihr letzter Wunsch, und auch meiner, ist es, dass sie sich noch von ihrem Vater verabschieden kann. Das ist alles.«
Marie brach in Tränen aus. Auch das spielte keine Rolle mehr. Vielleicht würden Tränen sogar die Glaubwürdigkeit ihrer Drohung erhöhen.
Ihre Hand mit dem iPhone zitterte. Ihre Armbanduhr zeigte immer noch 7:13 Uhr.
Sie muss kaputtgegangen sein, als ich dem Arzt die Spritze aus der Hand gepfeffert habe.
Auch das war jetzt egal.
»Lars Moewig muss auf der Stelle freigelassen und hierhergebracht werden, in die Kinderklinik der Charité in Berlin-Wedding«, sagte sie. »Sonst stürze ich mich mit Lilly über diese Brüstung in den Tod.«
Sie schwenkte kurz mit der Kamera auf die Allee tief unter ihnen. Dann beendete sie die Aufnahme und speicherte die Videodatei ab.
Anschließend öffnete sie die Mail an alle großen TV-Sender, die sie schon vor Tagen vorbereitet hatte.
In der Betreffzeile stand: »*DRINGENDE EILMELDUNG: Todesdrohung in der Charité!*«
Darunter hatte sie nur noch geschrieben: »*Senden Sie sofort*

dieses Video – sonst stürze ich meine Tochter (12) und mich selbst vom Dach der Kinderklinik!«
Marie hängte die Videodatei an die E-Mail und klickte auf »Senden«.

☠ ☠ ☠

86

Paris, Chinesisches Viertel, Avenue de Choisy, Sonntag, 12. Juli, 00:33 Uhr

Franco trabte die Straße entlang, die Schlampe im Schwitzkasten und das Messer an ihrem Hals. Sie war fünfzehn Zentimeter größer als er, und so musste sie tief gebückt neben ihm her taumeln, mit wie gelähmt herabhängenden Armen, an denen das Blut herunterlief. In den Kneipen links und rechts war alles voller Gaffer, die sich die Augen ausglotzten, und aus den Fenstern und Türen lugten überall Asiaten mit weit aufgerissenen Schlitzaugen heraus. *Verräter,* dachte er, *nichts als beschissene Verräter.*
Aber er brauchte niemanden. Er war immer allein klargekommen.
Sein Plan war ganz einfach. Er würde geradeaus laufen, bis er die Stadt hinter sich hatte. Solange er der Schlampe sein Messer in den Hals drückte, würde niemand wagen, ihn anzugreifen. Irgendwann musste die Stadt zu Ende sein, und dahinter begann der Wald.
Im Wald ist es am besten, dachte Franco.
Im Wald hatte er sich immer schon wohl gefühlt. Ganz für sich. *Weit und breit niemand, der dich verhöhnt, verprügelt, einsperrt.*

In seiner Phantasie sah er vor sich, wie die Stadt sich schließlich öffnete. Wie sie ihn und die Schlampe freigab. Die Häuser nicht mehr wie Gefängnismauern, hoch in den Himmel aufragend. Sondern flach und von Gärten umgeben, wie in Ifrane. Und am Ende der letzten, schon schmalen Straße eine lockende, dunkle Masse, der Wald.

Vorerst aber war er noch mitten in der Stadt. Die Schlampe röchelte in seinem Arm. *Gut so,* dachte er, *also lebt sie noch.* Auch wenn sie mehr oder weniger bewusstlos zu sein schien. Oder machte sie sich absichtlich so schwer? Er war stark wie ein Bär, doch selbst ihm wurde allmählich der Arm lahm. Sie stolperte bei jedem Schritt, und immer wieder musste er sie über längere Strecken neben sich herschleifen wie einen Müllsack.

»Scheiße«, keuchte er, »benutz deine verfickten Beine!«

Ihre Antwort war Röcheln. Und die Menschenmenge um sie herum wurde immer dichter, fast schon wie auf dem Basar in Rabat.

»Verpisst euch!«, schrie Franco. »Haut ab, oder ich mach die Schlampe kalt. Kapiert?«

Widerwillig wichen sie zurück. Zwischen den Asiaten bemerkte er großgewachsene Männer mit heller Haut. Alle in Freizeitoutfit, aber ihn konnten sie nicht täuschen.

Scheißbullen riech ich auf hundert Meter. Der lange Typ vorhin im Hof war auch so einer. Ein Scheißoberbulle oder so was.

Die Polizisten in Zivil drängten die Menge zurück.

Gut so, haben schließlich Ordnungshüter gelernt. Freie Bahn für Franco und seinen Schlampenfick.

Er kam immer mehr in Stimmung. Konnte es kaum noch erwarten, endlich mit ihr allein zu sein.

Ein bulliger Typ mit wirren Silberhaaren und grauem Schnauzbart trat ihm in den Weg. Sein Hemd unter der Smokingjacke war durchsichtig vor Schweiß.

»Mein Name ist Mercier«, sagte er. »Capitaine Victor Mercier, Polizeipräfektur Paris. Geben Sie auf, Franco Moussadet, Sie haben keine Chance. Die Straße ist abgeriegelt. Lassen Sie die Frau frei. Sie ist Polizeibeamtin. Sie haben keine Chance!«, wiederholte er und verschränkte die Arme vor der Brust.

»Verpiss dich, Drecksbulle!«, zischte Franco. »Aus dem Weg oder ich säbel deiner Schlampe die Titten ab! Ratsch-ratsch! Kapiert?«

Na also. Der alte Sack ging zur Seite.

Pass auf, dass du keinen Herzkasper kriegst, verkackter Opa.

›Geben Sie auf!‹ Hatte der allen Ernstes versucht, ihn zu stoppen?

Der Typ versaut mir noch glatt die Laune, dachte Franco.

Die kräftig gebauten Zivilbullen bildeten mittlerweile einen lockeren Ring um ihn und die Schlampe.

»Geben Sie auf, Moussadet!«

Jetzt geht die Scheiße wieder los. Der Capitaine-Opa, diesmal mit Megaphon aus der zweiten Reihe.

»Sie haben keine Chance!«

Immer enger zog sich der Ring zusammen. Jetzt gingen auch Scheinwerfer an, wie bei Filmaufnahmen.

Soll wohl eine Umzingelung werden. Aber nicht mit Franco!

Er war der perfekte Einzelkämpfer. Auch wenn weder die marokkanische Armee noch die Fremdenlegion ihn als Soldaten hatten haben wollen. Und auch wenn der Scheißmajor ihn damals vor versammelter Mannschaft verhöhnt hatte. Er ließ sich niemals unterkriegen, auch nicht, wenn hundert Mann gegen ihn standen.

So wie hier.

Franco machte einen blitzartigen Ausfall nach links. Schon war er durch die Lücke in ihrem beschissenen Ring gerempelt. Dahinter war ein kleines Ladenlokal.

»I Ging, Dein Chinesisches Orakel«. *Na, dann orakelt mir mal was, Schlitzaugen.*
»Lassen Sie die Frau gehen! Geben Sie auf!«
Halt die Fresse, Smoking-Opa.
Franco zerrte die Schlampe mit sich. Die Ladentür stand weit offen. Drinnen zehn, fünfzehn Asiaten, alles Männer, alle starr vor Angst.
»Verpisst euch!«, schrie Franco. »Alle raus. Sonst schneid ich euch die Schwänze ab!«
Sie wuselten nach draußen, schneller als Nachtgespenster. Schon war der Laden menschenleer.
Bescheuerte Bude, dachte Franco. Raumteiler mit Drachenmuster waren kreuz und quer aufgestellt. Ziemlich unübersichtlich.
Aber scheißegal. Solange ich die Geisel hab, traut sich hier keiner rein.
Franco ließ sich auf einen Stuhl vorne im Laden fallen und zog die Schlampe auf seinen Schoß.
»Jetzt machen wir es uns erst mal gemütlich, *chérie*«, verkündete er.
In der Eingangstür erschien der Capitaine mit der zerzausten Silbermähne. »Geben Sie auf!«, fing er aufs Neue an.
»Nicht schon wieder diese Scheiße!«, schrie Franco. »Willst du, dass ich richtig sauer werde, Opa? Was glaubst du, was ich dann mit dem Fickhäschen hier mache, du impotente Schwuchtel! Ich reiß ihr mit meinem Messerschwanz den Arsch auf! Noch Fragen?«
Der Capitaine sah aus, als würde er gleich tot zusammenbrechen.
»Beruhigen Sie sich, Monsieur«, sagte er in genau demselben Irrenarzt-Tonfall wie damals Dr. Boulemain in Rabat. »Wir können über alles reden.«
»Ich soll mich beruhigen?«, schrie Franco. »Ich bin total ruhig! *Ihr* bringt doch diese verschissene Hektik hier rein!

Mach noch einen Schritt, dann hacke ich deiner Kleinen die erste Titte ab. Verstanden?«

Mercier hob halb die Arme und zeigte Franco die schweißnassen Handflächen. »Wir tun alles, was Sie verlangen, Monsieur!«

»Echt jetzt?« Franco musste grinsen.

Endlich mal 'ne gute Nachricht.

Er ließ sein Messer auf den Titten der Schlampe rumtänzeln. Ihr praller Arsch drückte auf seinen Schwanz, und seine Stimmung war genauso am Steigen.

»Alles, was ich will?«, vergewisserte er sich.

»Sagen Sie mir, was Sie für die Freilassung der Geisel verlangen«, sagte Mercier. »Wir tun alles, was in unserer Macht steht, um Ihre Forderung zu erfüllen.«

Die Straße hinter dem Capitaine-Opa war gesteckt voll mit Gaffern und Bullen. Alle wie vor Angst erstarrt.

Angst vor mir. Das ist so was von geil.

Auch der erste Bulle, der vorhin auf dem Hof bleich wie Quark geworden war, trieb sich da draußen rum. Im grellen Scheinwerferlicht sah er allerdings weniger verängstigt als wütend aus.

Franco drückte die Messerspitze in den Unterbauch der Schlampe. »Das klingt gut, Opa«, sagte er. »Schaff mir fünf Millionen Euro her. Und einen Porsche, aber tipptopp vollgetankt. Und zwar plötzlich!«, fing er wieder an zu schreien. »Oder willst du das Miststück hier in kleinen Stücken zurückkriegen?«

Mercier fuhr zusammen. Wieder hob er beruhigend beide Hände. »Wir geben unser Möglichstes«, beteuerte er. »Aber fünf Millionen, Monsieur – das braucht Zeit! Vor morgen früh um acht kommen wir da nicht ran!«

In Franco kochte die Wut hoch. Er schnappte sich eine Titte von der Schlampe und setzte das Messer an.

»Zwei Stunden!«, schrie er. »Keine Sekunde länger! Verstanden? Entweder die Karre und die Kohle sind in zwei Stunden da – oder ich mach Hackfleisch aus deiner Scheißbullette!«

Die Schlampe auf seinem Schoß kam zu sich und versuchte aufzustehen. Franco legte ihr den Arm um den Hals und drückte zu.

»Hiergeblieben, Schätzchen. Dein Chef rennt jetzt zum nächsten Geldautomaten. Und bis er zurück ist, haben wir beide noch jede Menge Spaß! Raus, du beschissener Spanner!«, schrie er Mercier an und schlitzte ihr T-Shirt mit einem Schnitt seines Messers von oben nach unten auf.

☠ ☠ ☠

87

Paris, Chinesisches Viertel, Avenue de Choisy, Sonntag, 12. Juli, 00:47 Uhr

Du hältst dich jetzt hier raus, Fred!«, sagte Mercier. »Du hast verdammt noch mal schon genug Unheil angerichtet.«

Wer von uns hat denn lieber Party gefeiert, anstatt den Killer zu fangen?, dachte Abel.

»Und wie sieht dein Plan aus, Victor?« Seine Stimme klang ganz ruhig.

Falls du in deiner Smokingjacke einen Plan versteckt hast.

Abel war kurz davor, aus der Haut zu fahren, aber dadurch würde alles nur noch schlimmer werden.

»Ganz einfach«, sagte Mercier. »Wir stürmen den Laden! Das Sondereinsatzkommando wartet nur noch auf meinen Startbefehl.«

Binnen weniger Minuten hatten sie in einem vietnamesischen Restaurant gegenüber dem I-Ging-Laden eine provisorische Einsatzzentrale eingerichtet. An den Wänden drohten feuerspeiende Drachen, und die Luft war geschwängert mit dem Geruch von Fischsud. Abel und Mercier saßen an einem Tisch, von dem aus sie den Eingang im Blick hatten.

»Der Laden ist vollgestopft mit kleinen Sitzgruppen, die alle durch Wandschirme voneinander abgetrennt sind«, sprach Mercier wie aufgedreht weiter. »Das reinste Labyrinth, aber das ist unser Vorteil. Von seinem Stuhl aus kann Moussadet den Hinterausgang nicht sehen. Bis jetzt scheint er noch nicht mal auf die Idee gekommen zu sein, dass es dahinten überhaupt noch eine Tür geben könnte.«

Er sah so schuldbewusst aus, dass er Abel fast schon wieder leidtat. Abel machte sich selbst große Sorgen, weil Lilou in den Fängen dieses völlig unberechenbaren Psychopathen war. Sie tat ihm unendlich leid, aber ein schlechtes Gewissen hatte er nicht.

Die Kampfgeräusche und das Wimmern des Opfers im Hotel hatten ihnen keine Wahl gelassen. Und auch wegen Lars und Lilly hatte er nicht länger warten dürfen. *Manchmal musst du alles riskieren, um das Leben eines Unschuldigen zu retten. Auch wenn du im Voraus nie weißt, ob das Ergebnis das Risiko wert war,* dachte Abel.

Diesmal waren sie zu spät gekommen, und der Killer hatte Lilou erwischt. Aber das war verdammt noch mal nicht Abels Schuld. Hätte Mercier nicht lieber mit seiner Frau getanzt und ihren Einsatz dadurch verzögert, wären sie rechtzeitig in voller Einsatzstärke vor Ort gewesen.

Doch es hatte nicht den geringsten Sinn, sich darüber jetzt den Kopf zu zerbrechen. Geschweige denn, sich in die Haare zu kriegen, während Lilou da drüben in der Gewalt des Killers war.

»Meine Männer gehen von hinten rein, während ich Moussadet vorne ablenke«, sagte Mercier. »Ich habe die besten Elitepolizisten von ganz Frankreich. Bevor er Scheiße sagen kann, liegt er platt wie eine Küchenschabe am Boden.«
»Das ist viel zu gefährlich«, sagte Abel. »Der Typ ist bis in die Fingerspitzen auf Töten programmiert. Sogar mit einer Kugel im Kopf würde er seine Geisel noch reflexartig abstechen.«
»Nur wenn er das Messer gerade an ihrem Hals hat«, beharrte Mercier. »Oder an einer anderen Körperstelle, an der er Lilou mit einem letzten Stich tödlich verletzen kann.«
Er warf einen gehetzten Blick auf die andere Straßenseite. Durch die offene Tür war nur eine unförmige Silhouette im Halbdunkel des kleinen Ladens zu sehen. Der Killer und seine Geisel, wie miteinander verschmolzen.
Unmöglich, Moussadet zu überwältigen, ohne Lilous Leben zu gefährden, dachte Abel.
»Und wie willst du ihn dazu bringen, dass er sein Messer weglegt?«, fragte er.
»Indem ich ihn ablenke. Ich weiß nur noch nicht genau, wie.«
Grandioser Plan, dachte Abel.
Sein BlackBerry vibrierte. Er zog das Gerät aus der Tasche: eine Nachricht von Lisa.
»Klick sofort auf diesen Link! RTL berichtet live aus der Kinderklinik!«
Der Magen zog sich Abel zusammen. Er tippte auf den Link. Auf dem Display baute sich ein Alptraum-Szenario auf.
Marie Lindweg auf dem Dach der Charité-Kinderklinik. Neben ihr Lilly in ihrem Krankenbett, schlafend oder im Koma, hinter dem Kopfende bedrohlich aufgetürmt die lebenserhaltenden Apparate.
»*... dass der Vater ihrer Tochter umgehend in die Klinik ge-*

bracht wird«, sagte gerade eine hörbar aufgeregte Reporterin. *»Andernfalls droht sie, ihre Tochter und dann sich selbst vom Dach der Kinderklinik zu stürzen.«*

☠ ☠ ☠

88

Paris, Chinesisches Viertel, Avenue de Choisy, Sonntag, 12. Juli, 00:58 Uhr

Abels Herz raste wie nach einem Fünfzigmetersprint.
»Was ist da los?«, fragte Mercier mit einem irritierten Blick auf Abels Handy.
Die Kamera schwenkte im Halbkreis über die Straße vor der Klinik. Drei Feuerwehrwagen, einer fuhr eben seine Leiter aus. Mehrere Ambulanzen. Ein halbes Dutzend Streifenwagen. Feuerwehrmänner spannten vor der Klinik Sprungmatten auf.
»Die Ex-Frau von Moewig, der in Berlin für die Taten von Moussadet unschuldig einsitzt. Sie will sich und die gemeinsame Tochter in den Tod stürzen, wenn Moewig nicht umgehend in die Klinik gebracht wird«, erklärte er, während er seinen BlackBerry in die Hosentasche zurückschob. »Du hast recht, Victor, wir müssen es riskieren. Moussadet muss heute Nacht noch den Mord an der Petrowa gestehen.«
Mercier sah ihn noch verwirrter an. »Auf einmal gibst du mir recht?« Er schien seine Forschheit gänzlich eingebüßt zu haben. »Und wie soll ich ihn ablenken? Hast du darauf auch eine Antwort?«
»Ich glaube schon«, sagte Abel und stand auf.
Auch Mercier erhob sich schwerfällig.

»Genau für eine solche Situation hat mich Timo Jankowski, der Profiler vom BKA, instruiert«, fuhr Abel fort.
Das war zwar stark übertrieben, aber mehr oder weniger traf es trotzdem zu.
»Du musst in das Gehirn des Täters kriechen«, zitierte er Jankowski. »Wenn es dir gelingt, so zu denken und zu fühlen wie er, bist du ihm den entscheidenden Schritt voraus.«
In Merciers Gesicht kämpfte Hoffnung mit Skepsis. »Du glaubst also, dass du Moussadet dazu bringen kannst, sein Messer wegzulegen?«
»Dafür ist mein Französisch nicht subtil genug«, sagte Abel. »Aber zusammen schaffen wir das, Victor. Wir müssen! Sonst haben wir am Ende der Nacht vier weitere Tote – zwei hier und zwei in Berlin.«

☠ ☠ ☠

89

Paris, Chinesisches Viertel, I-Ging-Laden, Sonntag, 12. Juli, 01:08 Uhr

Wo ist der Koffer mit der Kohle?«, schrie Moussadet. »Wo habt ihr den Porsche? Vielleicht in euren Arschlöchern, ihr Lochärsche?«
Er lachte bellend auf. Offenbar amüsierte ihn sein großartiges Wortspiel. Er schien sich zunehmend sicherer zu fühlen und seine neu gewonnene Macht über die Obrigkeit zu genießen.
»Wir arbeiten dran«, sagte Mercier. »Das Geld haben wir in einer Stunde. Und der Porsche wird gerade durchgecheckt und aufgetankt.«

Obwohl Lilou zusammengesunken auf seinem Schoß saß, musste sich Moussadet zur Seite beugen, um Mercier und Abel zu sehen. Er war wirklich ziemlich kurz geraten. Dafür waren seine Schultern doppelt so breit wie Lilous Oberkörper.

Ein Irrer im Quadrat, ging es Abel durch den Kopf.

Lilou Maran schien kaum mehr bei Bewusstsein. In ihrem rechten Oberarm steckte immer noch das Messer, die Spitze der Klinge sah auf der anderen Seite heraus. Um die Verletzung herum hatte sich ein brandrotes Hämatom gebildet. Der Oberarm war stark geschwollen.

Ihr linker Arm sah noch schlimmer aus. Das Ellbogengelenk war gebrochen, Knochensplitter ragten wie überdimensionale Mikadostäbe aus dem blutverkrusteten Fleisch. Lilou musste unerträgliche Schmerzen leiden.

Moussadet hielt ihre Hüften locker mit seinem linken Arm umfasst. Mit der rechten Hand drückte er die Spitze seines Fleischermessers seitlich gegen Lilous Hals.

»Dann verpisst euch und kommt wieder, wenn ihr die Kohle und die Karre habt. Abmarsch!«

»Sie sind von Asien fasziniert«, sagte Abel leise zu Mercier. »Übersetz das mal«, fügte er noch leiser hinzu.

Mercier runzelte die Stirn, und Abel nickte ihm zu.

Auch Moussadet glotzte nur verständnislos, als Mercier zu übersetzen begann.

»Das verstehe ich gut, Asien ist ein großartiger Kontinent«, sprach Abel weiter. »Und natürlich empört es Sie, wie respektlos Frankreich die Asiaten behandelt. Früher im Indochinakrieg haben die Franzosen weit über hunderttausend Asiaten getötet. Heute dürfen die Asiaten hier in Paris zwar Lokale und Läden betreiben. Aber die Franzosen behandeln sie nach wie vor wie Menschen zweiter Klasse.«

Mercier übersetzte, und Moussadet sah immer nachdenklicher aus. Mit eigentümlich unbewegten Augen starrte er

abwechselnd Mercier und Abel an, die nebeneinander vor der Ladentür standen.
»Deshalb haben Sie ›Respectez Asia‹ auf die Körper der toten Frauen geschrieben«, sagte Abel, »weil Sie selbst die gleichen Erfahrungen gemacht haben. Weil auch Sie in Ihrem ganzen Leben so respektlos behandelt worden sind, als wären Sie ein Asiate! Wie gut ich das nachvollziehen kann!«
Offenbar hatte Abel auf den richtigen Knopf gedrückt.
»Ein Schlitzauge«, murmelte Moussadet, noch bevor Mercier fertig übersetzt hatte. »›Wir brauchen keine Asiaten‹, hat der beschissene Major zu mir gesagt, vor versammelter Mannschaft! Alle haben mich ausgelacht!«
Er beugte sich noch weiter zur Seite.
»Sieht so vielleicht ein beschissenes Schlitzauge aus?«, schrie Moussadet.
Erregt fuchtelte er mit dem rechten Arm in der Luft herum. Seine Augen waren zu Schlitzen zusammengezogen, hinter denen nur das Weiß der Augäpfel zu sehen war.
»Zugriff«, flüsterte Mercier in sein Headset-Mikro.
Hinter den Wandschirmen wurde es schlagartig lebendig. Vier Beamte des Sondereinsatzkommandos schnellten aus ihrer Deckung hervor. Einer warf sich auf Moussadet und riss ihn seitlich von seinem Stuhl, wobei er Moussadets rechtes Handgelenk packte und wuchtig auf den Steinboden schlug. Das Messer schlitterte klirrend über den Boden. Noch während Moussadet zur Seite fiel, kugelte der zweite Polizist ihm mit einem Tritt sein linkes Schultergelenk aus. Moussadet schrie auf, sein Griff um Lilous Mitte erschlaffte. Ein weiterer Polizist drückte sein Knie in den Rücken des Killers, der jetzt bäuchlings auf dem Boden lag. Währenddessen fing der vierte Lilou Maran mit beiden Armen auf.
Moussadet schrie wie am Spieß. Er zappelte mit Armen und Beinen. Abwechselnd fluchte er und schnappte mit den Zähnen nach seinen Gegnern.

»Ich beiß dir die Eier ab«, tobte Moussadet. »Ich zerhack dein Hirn! Ich fress euren Weibern die Titten ab. Ich schäl dir den Arsch bis auf die Knochen runter, du stinkende Tunte!«

Mercier machte ein Zeichen zur Straße hin. Zwei Sanitäter kamen angerannt. Sie legten Lilou auf eine Trage, warfen ihr eine Isodecke über und schnallten sie vorsichtig fest. Im Laufschritt kehrten sie zu der Ambulanz zurück.

Die Stahlfesseln schlossen sich klickend um Moussadets Handgelenke. Sofort hörte er auf zu brüllen und um sich zu treten.

Ganz still lag er da, den Kopf über die Schulter zurückgedreht, und starrte Mercier und Abel mit reglosen Augen an.

Haifischaugen, dachte Abel.

☠ ☠ ☠

90

**Paris, Rue Bonaparte, Polizeipräfektur,
Sonntag, 12. Juli, 02:40 Uhr**

Wir können beweisen, dass Sie am 2. Juli in Berlin Irina Petrowa getötet und ausgeraubt haben«, sagte Mercier. »Also machen Sie reinen Tisch!«

Die Vernehmung von Moussadet dauerte jetzt schon über eine Stunde. Aber der Marokkaner gab nur wirres Zeug von sich.

»Merdelin? Ich kenne kein Merdelin«, sagte er auch jetzt wieder. »Nie da gewesen. Kenne auch keine Isabella Juppida.« Er grimassierte wie Jack Nicholson in *Shining*.

Vor zehn Minuten hatten sie Nachricht aus der Unfallklinik

bekommen: Lilou Maran war übel zugerichtet und stand unter Schock, doch keine ihrer Verletzungen war lebensgefährlich. Außer der Fleischwunde im Oberarm und dem Trümmerbruch ihres Ellbogengelenks hatte sie zahlreiche leichte Stich- und Schnittverletzungen am Hals und am Oberkörper davongetragen. Sie hatte eine hohe Dosis Beruhigungsmittel geschluckt und würde mindestens zwölf Stunden lang tief und fest schlafen.

Davon konnte Abel nicht einmal träumen.

Er brannte darauf, Marie Lindweg anzurufen und ihr die erlösende Botschaft zu verkünden. Aber solange Moussadet den Mord an Irina Petrowa nicht glaubhaft gestanden hatte, war es sinnlos, mit Marie zu reden.

Nach wie vor harrte sie mit Lilly auf dem Dach der Kinderklinik aus. Wenn er kein Geständnis vorweisen konnte, würde sie ihre verzweifelte Aktion bestimmt nicht abbrechen. Und auch wenn Moussadet noch in dieser Nacht gestehen würde, hieß das noch lange nicht, dass die deutsche Justiz Lars Moewig umgehend freilassen würde.

Eins nach dem anderen, ermahnte sich Abel. Sie hatten den »tollwütigen Schakal« geschnappt, jetzt galt es, ihn zum Sprechen zu bringen.

»Du hast Madame Petrowa in Berlin getötet«, hielt Mercier dem Marokkaner erneut vor, »und bist anschließend nach London geflogen. Dort hast du Emily Goldsmith umgebracht. Beide Verbrechen tragen dieselbe Handschrift: deine, du Dreckskerl! Du bist hinter den Opfern in die Wohnung eingedrungen, hast die alten Frauen erwürgt und ihre Körper mit deiner kranken Parole beschmiert. ›Respectez Asia‹. In beiden Fällen wurde deine DNA unter den Fingernägeln der Opfer gefunden, also gib es endlich zu!«

Sie befanden sich in demselben Raum, in dem sie wenige Stunden zuvor Sidki Moussadet vernommen hatten. Mercier spielte das uralte Spiel »Guter Cop – böser Cop«, wobei

Abel die Rolle des guten, scheinbar verständnisvollen Vernehmers zufiel. Aber Franco war ein ganz anderes Kaliber als sein Cousin Sidki.

Mercier hatte ihm die Handschellen abnehmen lassen. Sein Schultergelenk war wieder eingerenkt und bandagiert worden. Vorsorglich hatte Mercier angeordnet, dass sich ständig zwei hünenhafte Beamte des mobilen Einsatzkommandos mit entsprechender Nahkampferfahrung im Vernehmungszimmer aufhielten.

»Merdelin, Clowndon, was denn noch?«, fragte Moussadet in einem Tonfall, als wäre er tief gekränkt. »Ich kenne diese verfickten Käffer nicht. Und ich kenne auch keine Elli Silberschiss. Wie oft soll ich das noch sagen?«

Er zwinkerte Abel zu.

So knacken wir ihn nie, dachte Abel.

Aber Mercier in seinem durchgeschwitzten Smokinghemd machte einfach stur weiter. Das war wohl tatsächlich die beste Methode, um den Marokkaner mürbe zu machen. Jedenfalls hatte auch Abel momentan keine bessere in petto.

»In Bari haben Sie Teresa Lamberti getötet und ausgeraubt«, übernahm er die Initiative. »Sie haben die Parole auf ihren Körper geschrieben und sind am selben Tag weitergeflogen. Nach Orly.«

Franco Moussadet fuhr zusammen und zog den Kopf ein. Bisher hatte er sich demonstrativ gelangweilt auf seinem Stuhl herumgefläzt. Doch plötzlich sah er aus wie ein geprügelter Hund.

Mercier und Abel wechselten einen Blick.

»Orly«, wiederholte Abel.

Nur dieses Wort, vor dem sich Moussadet zu fürchten schien. Vor den Erinnerungen, die es in ihm weckte.

Der Marokkaner zog den Kopf noch weiter ein. Gleichzeitig ballte er die kolossalen Hände. Sein ganzer Körper schien mit einem Mal zum Bersten angespannt. Sein Gesicht war wie versteinert. Mit einem lauernden, fast furchtsamen Ausdruck starrte er Abel an.

»In Orly haben Sie Eloïse Leforêt getötet«, sagte Abel. »Und eine zweite Frau, mit deren Anwesenheit Sie vermutlich nicht gerechnet hatten.«

Er blätterte in einem der Schnellhefter, die vor ihnen auf dem Tisch lagen.

»Das zweite Opfer heißt ...«

Er gab vor, nach dem Namen zu suchen, und behielt dabei Moussadet im Auge.

Der Marokkaner starrte ihn drohend und gleichzeitig fast flehend an. Er hatte sich so weit vorgebeugt, dass er mit dem Oberkörper beinahe auf der zerschundenen Resopaltischplatte lag.

»Pass auf, was du sagst!«, knurrte er. »Wenn du lügst, zerbeiß ich dir die Kehle.«

»Wie bei Johnny Chang?«, fragte Abel in beiläufigem Tonfall und blätterte weiter hin und her. »Hat Chang einen Namen gesagt, der Ihnen nicht gefallen hat?«

Moussadet nickte fast unmerklich und starrte Abel weiter an. Er zitterte jetzt am ganzen Körper. Sein Gesicht glänzte vor Schweiß. Seine Fäuste begannen wie von selbst auf die Tischplatte zu trommeln.

»Aber das war nicht seine Schuld«, sagte Abel. »Chang hat nur den Namen genannt, den er im Fernsehen oder im Radio gehört hat.«

Moussadet knirschte mit den Zähnen. Seine Knie unter dem Tisch schlugen hörbar gegeneinander. Seine Füße stampften ein Stakkato auf den Linoleumboden.

»Sag den Namen!«, presste er hervor. »Aber nicht den falschen, sonst beiß ich dich tot!«

Wieder starrte er Abel lauernd an. Abel gab weiter vor, in der Akte nach dem Namen zu suchen.

So wie er jetzt zittert, hätte er die Körper seiner Opfer gar nicht beschriften können, dachte Abel. *Er ist wie eine Bombe kurz vor der Explosion.*

»Ah, da haben wir den Namen ja«, sagte er und sah Moussadet scharf an. »Das zweite Opfer heißt Mansura Farès.«

Moussadets Augen verengten sich zu Schlitzen. Wie von einem Katapult abgeschossen, schnellte er von seinem Stuhl und über den Tisch. Seine Hände schlossen sich um Abels Hals und rissen ihn mitsamt seinem Stuhl rückwärts um.

Der tollwütige Schakal, dachte Abel.

Verzweifelt zerrte er an Moussadets Handgelenken. Der Marokkaner hatte Hände wie aus Stahl. Seine Augen waren zu schmalen Schlitzen zusammengezogen, sein Gesicht in maßlosem Hass verzerrt. Abel keuchte und bäumte sich auf. Das Blut rauschte in seinen Ohren. Mit aller Kraft versuchte er Moussadets Würgegriff aufzusprengen, doch allein konnte er nichts ausrichten.

Die beiden Polizisten kamen um den Tisch herum und stürzten sich auf Moussadet. Mit vereinten Kräften schafften sie es, ihn von Abel herunterzuzerren. Sie legten ihm erneut Handschellen an und bugsierten ihn unsanft auf seine Tischseite zurück.

Währenddessen rappelte sich Abel wieder auf. Keuchend rang er um Atem. Sein Hals brannte, als hätte er Feuer geschluckt. Er stellte seinen Stuhl richtig hin und ließ sich darauf fallen.

»Bleib auf deinem Arsch sitzen, verstanden?«, sagte der eine der beiden Polizisten zu Moussadet.

»Tu mir den Gefallen und steh auf«, raunte der andere Beamte, »dann wirst du für den Rest deines Lebens nur noch Suppe essen können.« Was Moussadet ihrer allseits geschätzten Kollegin Lilou Maran angetan hatte, hatte sich wie ein Lauffeuer in der Präfektur verbreitet.

Sie drückten den Marokkaner auf seinen Stuhl herunter. Die Blutgefäße auf Moussadets Stirn und an seinem Hals

waren angeschwollen und traten wie dicke Kabelstränge hervor. Es sah aus, als würde er vor Hass und Wut gleich platzen.
»Genau so hast du die alten Frauen umgebracht. Du hast sie mit deinen Schraubstockpranken erwürgt«, sagte Mercier. »Auch Mansura Farès.«
Er zog ein Farbfoto in DIN-A4-Format aus einem Schnellhefter und hielt es hoch. Darauf war der Leichnam von Mansura Farès kurz vor dem Abtransport vom Tatort zu sehen. Die Tote lag auf dem Rücken im Wohnzimmer von Eloïse Leforêt. Die Broschen und sonstigen Schmuckstücke waren bereits entfernt worden, so dass ihr Gesicht gut zu erkennen war.
»Mansura Farès ist die Cousine deiner Mutter«, sagte Mercier. »Du hast sie umgebracht und dann erst kapiert, dass es deine eigene Tante war. Deshalb hast du ihr Gesicht abgedeckt – um nicht wahrhaben zu müssen, dass du jemanden aus deiner eigenen Familie umgebracht hast.«
Er hielt ein weiteres Foto hoch: Mansura Farès' grotesk dekoriertes Gesicht in Nahaufnahme.
»Es tat dir leid, oder? Du wolltest es am liebsten ungeschehen machen, als du gesehen hast, wen du da gerade umgebracht hast. War das so – ja oder nein?«
Moussadet starrte die Bilder an. Er hatte wieder zu zittern begonnen, aber jetzt schien es kein Krampf mehr zu sein, sondern mehr ein Zittern aus Schwäche.
»Wenn du nicht völlig bescheuert bist, gibst du die Tötung deiner Tante zu«, fuhr Mercier fort. »Für so eine tragische Tat aus Versehen kriegst du bei den Geschworenen jede Menge Bonuspunkte.«
Moussadet beugte sich vor und nahm Mercier das Foto der undekorierten Mansura Farès ab. So behutsam, wie Abel es ihm niemals zugetraut hätte, legte er das Blatt vor sich auf den Tisch und strich es glatt.

»Tante Mansura«, flüsterte er. »Zumindest nicht Mama.«
Abel und Mercier sahen sich an.
»Hat sie deiner Mutter ähnlich gesehen?«, fragte der Capitaine.
Moussadet nickte und schluckte.
Jetzt ist er so weit, dachte Abel.

☠ ☠ ☠

91

**Paris, Rue Bonaparte, Polizeipräfektur,
Sonntag, 12. Juli, 05:53 Uhr**

Um kurz vor sechs saßen Abel und Mercier im Büro des Capitaines und tranken schwarzen Kaffee. Drei Stunden lang hatten sie Moussadet vernommen. Über den Fotos seiner Tante Mansura war er schließlich regelrecht zusammengebrochen.
Ein junger Polizist mit Ringen unter den Augen kam herein. Er legte zwei Ausdrucke des Vernehmungsprotokolls auf den Tisch, das er und eine Kollegin rasend schnell vom Tonband abgetippt hatten.
»Zweiundzwanzig Seiten«, sagte er. »War ein hartes Stück Arbeit.«
»Tausend Dank, Jean-Jacques! Ich lade euch alle zum Grillen ein«, sagte Mercier. »Die ganze Mannschaft heute Nachmittag bei mir im Garten. Es ist noch genug übrig. Steaks, Champagner und *Mousse au chocolat*.«
Der junge Polizist sah gleich viel frischer aus. »Super Idee, mon Capitaine.« Er schlug sogar die Hacken zusammen, bevor er die Tür wieder hinter sich zuzog.

»Du kommst natürlich auch, Fred«, fügte Mercier hinzu.
Abel gab ein unbestimmtes Brummen von sich. Eigentlich hatte er geplant, spätestens am Nachmittag wieder nach Berlin zu fliegen.
Er griff sich eine Kopie und überflog das unglaublichste Geständnis seiner Laufbahn. *Unglaublich, aber hoffentlich nicht unglaubwürdig,* dachte er.
Wie hypnotisiert hatte Moussadet das Foto seiner toten Tante Mansura angestarrt und in einem kindlichen Jammertonfall alles gestanden. Die Ermordung von Irina Petrowa in Berlin und von Emily Goldsmith in London. Die Ermordung von Teresa Lamberti in Bari, von Eloïse Leforêt und schreiend, mit tränenheiserer Stimme, auch die Tötung seiner Tante Mansura in Orly.
»Ich Idiot!«, hatte er geschrien und sich mit der Faust wuchtig auf die Stirn geschlagen. »Nasir hat irgendwann mal gesagt, dass Tante Mansura eine Freundin von früher hat, die verdammte Elster Eloïse Leforêt in Orly!«
Deshalb ist er wie ferngesteuert dorthin gegangen, war es Abel durch den Kopf geschossen. Es war also kein bloßer Zufall gewesen, dass er als letztes Opfer in seiner Mordserie ausgerechnet Madame Leforêt auserwählt hatte. Nur dass seine Tante Mansura gerade an diesem Tag ihre Schulfreundin besucht hatte, war einer dieser irren Zufälle, die im wirklichen Leben immer wieder mal vorkamen.
Seine Offenbarungen enthielten Details, die nur der Täter kennen konnte. In Berlin hatte er seine Parole auf die Beine seines Opfers geschrieben, in London auf den Rücken, in Bari auf den Bauch. Ohne erkennbare Gefühlsregung hatte Moussadet schließlich eingeräumt, dass er Johnny Chang im *Nouveau Asia* getötet hatte. Als Zugabe hatte er zuletzt noch ein besonders grausames Verbrechen gestanden, die Ermordung einer jungen Frau in den Wäldern bei Marseille.
»Wie hieß das Mädchen?«, hatte Mercier gefragt.

Schulterzucken.

»Wann war das?«

Ratloses Kopfschütteln. Die Dimension Zeit schien in seiner Welt ein Schattendasein zu führen. »Vor drei Jahren vielleicht?«, hatte er gerätselt. »Oder vor sieben?«

An den Schauplatz dagegen erinnerte er sich mit sichtlichem Stolz. »Dornröschenschloss hab ich immer dazu gesagt. Nur von Ratten bewohnt. Und von mir und der kleinen Schlampe.«

Es war wohl die Erinnerung an die grausigen Details seiner Tat, die sein Gesicht für einen Augenblick aufgehellt hatte. Seiner Beschreibung nach handelte es sich um die Ruine eines Wasserrückhaltebeckens, von denen es im Nationalpark bei Marseille etliche gab. Moussadet hatte die junge Frau in das unterirdische Gemäuer verschleppt und dort über Tage hinweg mit seinen Messern zu Tode geschunden.

»Wir geben die Informationen nachher an die Kollegen in Marseille weiter«, sagte Mercier, der ebenfalls in einer Kopie des Vernehmungsprotokolls las. »Der Modus Operandi ist der gleiche wie bei dem ersten Mord, der ihn in Marokko in die Psychiatrische Anstalt gebracht hat.«

Abel nickte. *Moussadet hatte die grausigen Einzelheiten noch alle im Kopf. Sein ganz persönliches Kopfkino. Ein Film, den er immer und immer wieder vor seinem geistigen Auge abspielen konnte.*

»Nasir war so was von sauer«, hatte Moussadet weiter ausgesagt. Er hatte wieder den jammernden Tonfall angenommen, den Blick starr auf das Foto seiner toten Tante gerichtet. »Einen Riesenaufstand hat er gemacht, und das alles nur wegen den paar Spritzern Blut in seiner bescheuerten Karre. Ich soll meinen Scheißschwanz nicht in diese jungen Dinger stecken, sonst lässt er mich auffliegen!, hat er getobt. Aber was sollte ich denn machen? Ab und zu muss ich 'ne Schlampe kaltmachen, oder ich dreh durch! Also hab ich

mir die alten Elstern vorgenommen. Und 'ne ganze Weile hat das ja auch gut geklappt. Oder etwa nicht?«
Abel hatte ihm ermutigend zugenickt. Notfalls hätte er Moussadet auch den Nacken gekrault, um seine Beichte im Fluss zu halten.
»Und warum gerade Irina Petrowa in Berlin?«, hatte er gefragt.
Moussadets Antwort verblüffte ihn auch jetzt wieder, als er sie im Vernehmungsprotokoll noch einmal las.
»Das Scheißticket nach Amsterdam war zu teuer! So viel Kohle hatte ich einfach nicht! Da bin ich eben nach Berlin und vom Flughafen aus in der Gegend rumgelaufen, bis ich über die alte Schachtel gestolpert bin.«
»Und warum wollten Sie zuerst nach Amsterdam?«
»Ist doch logisch! Weil da sogar die Bullen kiffen!«
»So ein Blödsinn!«, hatte Mercier gepoltert. »Dein Bruder verhökert hier in der Stadt Drogen aller Art – und du willst nach Holland fliegen, um einen Joint zu rauchen?«
»Holland?« Moussadet hatte die Augen aufgerissen.
»Amsterdam ist die Hauptstadt von Holland, du Kretin!«
Abel hatte dem Capitaine einen warnenden Blick zugeworfen. *Provozier ihn nicht, er redet doch sowieso schon*, sollte das heißen.
Mercier hatte das Kinn vorgeschoben, dann aber zustimmend genickt. »Okay, und warum hast du deine Tüte nicht hier in Paris gequalmt?«
»Das fragst ausgerechnet du? Ihr habt ja überall bei uns im Viertel rumgeschnüffelt – nur weil ich dieser fetten Schlampe am Montmartre das Messer in den Hals geschoben hab! Obwohl das bloß Notwehr war – die Kuh wollte mir ihr verdammtes Knie in die Eier rammen!«
Diesmal war es Mercier gewesen, der große Augen machte. *Offenbar noch ein Schloss, zu dem er unverhofft den Schlüssel geliefert bekommt*, hatte Abel gefolgert.

»Und warum bist du von Berlin nach London weitergeflogen?«
»Da ist doch die verfickte Königin-Oma und die ganze andere Goldscheiße, oder nicht? Hab ich jedenfalls geglaubt. Das Geld liegt auf der Straße und bla bla bla. London ist aber auch nur ein versifftes Dreckloch. Das Einzige, was da auf der Straße liegt, ist tonnenweise Scheiße und Müll. Die ganze bescheuerte Stadt vollgestopft mit Dreck und Verrätern. Also bin ich weitergeflogen.«
Moussadet hatte alles ausgespuckt, was sie von ihm wissen wollten, wie ein löchriges Fass. Mal laut klagend, mal schreiend, dann wieder leise, wie in sich hineinhorchend. Zwischendurch hatte er bellend gelacht oder gejault wie ein Schakal.
Und immer wieder hatte er mit seinen Riesenpranken das Foto von Tante Mansura geglättet, angestarrt, gestreichelt. Und einmal sogar geküsst.
Abel war einiges gewohnt, aber während dieser Nachtstunden im Vernehmungszimmer hatte ihn mehrfach eine Gänsehaut überlaufen.
»›Bari‹ stand da an dem verfickten Ticketshop im Flughafen«, hatte Moussadet weitergeredet. »›Bari ist doch in Asien?‹, hab ich die Ticketschlampe gefragt. Sie hat dämlich gegrinst und genickt. Also bin ich in den Flieger, und dann in Bari raus und wieder große Scheiße. Seit wann sieht es so in Asien aus? Alles Beschiss und Verrat!«
Abel hatte sich fast verschluckt, als Moussadet bei dieser Station seines Amoklaufs angekommen war. *Das hatte ich ja auch erst falsch verstanden, wegen der schlechten Telefonverbindung mit Lisa,* war ihm durch den Kopf gegangen. *Also musste Signora Lamberti nur deshalb sterben, weil Moussadet Bari mit Bali verwechselt hat! Und weil die Verkäuferin am Ticketschalter gedacht hat, er würde einen Witz reißen.*

Aber Humor war in Moussadets finsterem Kosmos nicht vorgesehen.

»Nach Bari hatte ich die Schnauze gestrichen voll«, war er schließlich in die Zielgerade eingebogen. »Ab nach Hause, zu meinen Leuten, hab ich mir gesagt. Mit denen hab ich auch öfter mal Stress, aber das ist eben meine Familie. Kapiert?«

Er hatte Abel drohend angestarrt.

»Vollkommen klar«, hatte Abel gesagt, und Moussadet hatte sich wieder entspannt. Jedenfalls, soweit bei ihm von Entspannung die Rede sein konnte.

»In Orly hab ich mir dann gesagt: Scheiße, ja, eine alte Schlampe noch, und dann ab nach Hause. Ich hatte ja keine Kohle mehr, weil das Scheißticket wieder so teuer war. Und irgendwie entspannt es mich total, alte Weiber kaltzumachen. Die wehren sich praktisch gar nicht. Zucken nur noch ein bisschen unter mir rum. Das fühlt sich geil an, aber ohne mich wild zu machen. Kapiert?«

»Absolut«, hatte Abel versichert. »Allerdings bist du schon am 7. Juli wieder in Orly gelandet. Und Madame Leforêt und deine Tante hast du am 11. Juli umgebracht. Was hast du in der Zwischenzeit gemacht?«

Moussadet hatte ihn angestarrt und wieder angefangen, wirres Zeug zu reden. »Ich war irgendwo im Wald«, war noch die präziseste Aussage, die sie zu diesem Thema aus ihm herausbekommen hatten. Dann war er so abrupt verstummt, wie sein Redefluss Stunden vorher eingesetzt hatte.

Sie alle waren am Rande der Erschöpfung gewesen oder darüber hinaus. Der Killer genauso wie seine Verfolger, die ihn schließlich zur Strecke gebracht hatten. Am Ende hatte Moussadet acht Morde gestanden, zwei mehr, als ihm bis dahin zugeordnet werden konnten.

Obwohl er zweifellos geistesgestört war, enthielt sein Geständnis zahlreiche Details, die außer dem Täter niemand

kennen konnte. Die Beweggründe für seine Bluttaten ergaben nur in seiner Wahnwelt einen Sinn. Seine Opfer aber waren wirkliche Menschen gewesen und keine Wahngespinste.
Zweifellos werden noch weitere Leichen auftauchen, die die Signatur des Miles & More-Killers tragen, dachte Abel. *Zum Beispiel in einem Wald irgendwo in der Nähe von Orly.*
»Ich gehe runter, les ihm den Kram vor und lasse ihn unterschreiben«, sagte Mercier und stemmte sich aus seinem Sessel hoch.
Abel sah beunruhigt von seiner Lektüre auf.
»Keine Sorge, Fred«, fügte Mercier hinzu. »Ich fasse ihn mit Samthandschuhen an. Notfalls singe ich ihm was vor, wenn er nur unterschreibt.«
Abel stand gleichfalls auf und reichte Mercier die Hand. »Danke, Victor. Das war heute Nacht ein holpriger Weg, aber wir sind fast am Ziel.«
Mercier zog Abel zu sich heran und umarmte ihn. »Und wir waren ein gutes Team«, sagte er. »Lilou, du und ich.«
Abel hatte unwillkürlich die Luft angehalten. Behutsam schob er Mercier von sich weg.
»Bevor du Teil zwei deiner Party einläutest«, sagte er, »solltest du eventuell duschen.«
»Diese Deutschen!«, schimpfte Mercier breit grinsend, während er sein Büro verließ. »Immer müssen sie einem Vorschriften machen!«
Abel hörte nur noch mit einem Ohr zu. Er hoffte im Gegenteil, dass er in Berlin jemanden erreichen würde, der es mit den Vorschriften nicht so ganz genau nahm.
Er zog seinen BlackBerry aus der Tasche und scrollte sein Kontaktverzeichnis bis zum Buchstaben M durch.

☠ ☠ ☠

92

**Berlin-Wedding, Kinderklinik der Charité,
Sonntag, 12. Juli, 06:31 Uhr**

Die Mutter macht einen verwirrten Eindruck«, sprach die RTL-Reporterin in die Kamera. *»Ihre kleine Tochter ist allem Anschein nach kaum mehr bei Bewusstsein. Eine verzweifelte, eine schier ausweglose Lage. Für Sie zu Hause am Fernseher ist das wahrscheinlich nicht zu sehen, aber hier liegt eine riesige Anspannung in der Luft. Es ist halb sieben Uhr früh, trotzdem glühen bei uns im Sender die Telefonleitungen. Tausende Menschen aus dem ganzen Land rufen bei uns an, um ihre Anteilnahme und ihre Empörung über die Hartherzigkeit der Behörden auszudrücken. Hunderte Berliner sind am Schauplatz dieses Familiendramas zusammengeströmt. Eines Dramas, das mit jeder Minute mehr zum Polit- und Justizskandal wird.«*

Die Kamera schwenkte über die Allee vor der Kinderklinik. Das Areal unmittelbar vor der Klinik war mit Flatterband und Metallgittern abgesperrt.

Zu beiden Seiten der Sperrzone war die Straße dunkel vor Menschen.

»Lilly liegt im Sterben und will ihrem Papa ›Auf Wiedersehen im Himmel‹ sagen«, fuhr die Reporterin fort.

Sie stand offenbar auf dem Dach eines Gebäudes neben der Kinderklinik. Ihre langen blonden Haare wehten in der Morgenbrise. Obwohl sie sich Mühe gab, besorgt und anklagend zu schauen, wirkte sie unbekümmert und fast fröhlich.

»Wird der kleinen Lilly diese letzte Bitte ihres Lebens erfüllt werden, auch wenn ihr Papa Lars wahrscheinlich ein Mörder ist? Oder muss Mama Marie ihre schreckliche Drohung

wahrmachen? Bleiben Sie dran. Wir melden uns gleich wieder – live von der Charité, vom Todesdrama über den Dächern Berlins.«

☠ ☠ ☠

93

**Paris, Rue Bonaparte, Polizeipräfektur,
Sonntag, 12. Juli, 06:33 Uhr**

»Markwitz hier. Gut, dass Sie anrufen, Doktor.«
Abel war so verblüfft, dass es ihm für einen Moment die Sprache verschlug.
»Herr Markwitz leibhaftig?«, vergewisserte er sich. »Sonntagmorgens um halb sieben? Ich hatte eigentlich nur angerufen, um Ihnen eine Nachricht auf die Mailbox zu sprechen.«
»Hallo, wer ist da am Apparat?«, rief Markwitz. »Sind Sie das, Doktor Abel? Ihre Stimme klingt so verzerrt.«
»Gequetscht trifft es eher«, gab Abel zurück.
Sein Hals schmerzte. Er räusperte sich, aber seine Stimme klang nach wie vor heiser.
»Ich sitze jedenfalls leibhaftig an meinem Schreibtisch«, bestätigte der Hauptkommissar. »Obwohl ich aus dem Alter für Wochenendbereitschaftsdienst glücklicherweise heraus bin. Aber wenn Sie einen Praktikanten haben, der morgens um fünf RTL einschaltet und Sie daraufhin aus dem Schlaf klingelt …«
Tekin Okyar, dachte Abel, und unwillkürlich stieg seine Stimmung. Er sah das Gesicht des eifrigen Praktikanten vor sich, die buschigen Augenbrauen über der Knollennase.

»Kollege Mercier hat mir letzte Nacht eine E-Mail geschickt«, redete Markwitz weiter. »Wenn mich mein eingerostetes Schulfranzösisch nicht täuscht, hat er mit Ihrer Hilfe einen Mann geschnappt, der unsere Irina Petrowa aus Tegel auf dem Gewissen haben könnte. Er hat mich gebeten, schnellstmöglich nach Paris zu kommen, um ihm bei den Ermittlungen Amtshilfe zu leisten. Wegen der dramatischen Zuspitzung in der Charité habe ich mich entschlossen, heute noch zu fliegen. Sonntag hin oder her.«

»Was sich da in der Kinderklinik anbahnt, ist ganz furchtbar«, sagte Abel. »Ich bin hier in Paris in der Polizeipräfektur, und wir sind den entscheidenden Schritt weiter. Wir haben mit Sicherheit den Mörder von Irina Petrowa! Ein Marokkaner, Franco Moussadet, er hat in der Nacht alles gestanden. Ich maile Ihnen gleich das Vernehmungsprotokoll rüber. Auf Französisch, aber Staatsanwalt Dr. Siebener wird ja in seinem Haus jemanden haben, der das lesen und übersetzen kann. Ihnen ist doch klar, was das bedeutet? Moewigs Unschuld ist eindeutig erwiesen. Er muss umgehend aus der U-Haft entlassen werden, auch wenn er im Arrest sitzt. Sie selbst haben doch gesagt, dass Siebener ein verständiger Mann ist. Unter den gegebenen Umständen ...«

»Gestatten Sie, dass ich Sie unterbreche, Doktor«, fiel ihm Markwitz ins Wort. Er wirkte eine Spur verärgert, nahm sich aber hörbar zusammen. »Sie haben den Mörder von Irina Petrowa also gefunden? Das ist zwar nicht Ihre originäre Aufgabe als Rechtsmediziner, aber meine Gratulation! Ihre Erkenntnisse passen übrigens perfekt zu den Nachforschungen, die ich zwischenzeitlich angestellt habe. Dann habe ich mich also geirrt, und Sie hatten den besseren Riecher. Aber das nützt ...«

»Was soll das jetzt, Herr Markwitz?«, unterbrach Abel ihn seinerseits. »Darum geht es doch gar nicht. Versprechen Sie

mir, dass Sie alles Menschenmögliche unternehmen, um Siebener dazu zu bringen, dass Moewig umgehend freikommt – Arrest hin oder her! Notfalls kann er ihn ja unter Bewachung in die Klinik bringen lassen, und die offizielle Freilassung findet irgendwann in den nächsten Tagen statt. Nur muss er umgehend aktiv werden, damit in der Charité keine menschliche Tragödie passiert. Versprechen Sie mir das, Markwitz! Danach können Sie immer noch hierherkommen, um den Amtsschimmel zu füttern. Die erforderlichen Voraussetzungen für Moewigs Freilassung liegen vor, es geht jetzt nur noch darum, das bürokratische Verfahren zu beschleunigen! Hallo? Sind Sie noch dran?«
»Ja, ich bin noch dran«, sagte Markwitz.
Abel räusperte sich erneut und rieb sich den schmerzenden Hals. Markwitz' Zögern, sein Ausweichen, sein zurückhaltender Tonfall – das alles roch nach schlechter Nachricht. Abel zog sich der Magen zusammen, was allerdings auch daran lag, dass er seit gestern Mittag nichts mehr gegessen hatte.
Bitte nicht noch mehr Komplikationen, dachte er. *Dafür haben wir einfach keine Zeit mehr! Und ich selbst keine Energie.*

☠ ☠ ☠

94

**Berlin, Keithstraße, Mordkommission des LKA,
Sonntag, 12. Juli, 06:39 Uhr**

»Kleinen Moment, Doktor«, sagte Markwitz, »ich bin sofort wieder da.«
Er legte den Telefonhörer vor sich auf die Schreibtischplatte. Tekin Okyar war hereingestürmt und füllte das ganze Büro mit seiner quecksilbrigen Energie.
»Haben Sie das im Fernsehen mittlerweile gesehen?«, fragte der Praktikant. »Wir müssen sofort zur Klinik fahren, Chef!«
»Und was willst du da bitte schön anstellen?«, fragte Markwitz.
»Keine Ahnung. An der Fassade hochklettern, die Mutter mit einem Netz einfangen. Was weiß ich! Aber wir müssen doch was tun!«
»Du setzt dich da hinten hin und rührst dich nicht vom Fleck«, kommandierte der Hauptkommissar.
Er wartete, bis Tekin Okyar im Hintergrund des Büros verschwunden war, dann nahm er erneut den Telefonhörer auf.
»Da bin ich wieder«, sagte er. »Ich musste nur schnell jemandem den Kopf zurechtrücken.«
»Kann mir schon denken, wem«, brummte Abel. »Jetzt lassen Sie uns bitte offen reden«, fuhr er fort. »Ich spüre doch, dass bei Ihnen etwas im Busch ist.«
»›Im Busch‹ ist noch stark untertrieben«, antwortete Markwitz. »Es tut mir sehr leid, Ihnen mitteilen zu müssen, dass Oberstaatsanwalt Dr. Rubin die Mordsache Petrowa an sich gezogen hat.«
Abel fühlte sich, als wäre er in vollem Lauf gegen eine Mauer gerannt.

»Rubin?«, wiederholte er wie betäubt. »Sind Sie ganz sicher?«

»Todsicher.«

»Aber warum? Sie und die Staatsanwaltschaft sind doch davon ausgegangen, dass es sich um eine simple Nachläufer-Tat handelt. Das hier ist ja wohl ein paar Nummern zu klein für den Oberstaatsanwalt!«

Markwitz hüstelte. »Vermutlich hat Rubin spitzgekriegt, dass Sie an der Sache dran sind, Doktor. Und aus alter Freundschaft … Sie verstehen. Das ist natürlich nur meine persönliche Meinung. Und keinesfalls zitierfähig.«

»Danke, Markwitz. Ich weiß Ihre Offenheit zu schätzen«, sagte Abel. »Bitte versuchen Sie es trotzdem. Machen Sie Rubin klar, dass er es in der Hand hat, ob Marie Lindweg ihre Drohung wahrmacht.«

»Ich werde mein Möglichstes tun«, sagte Markwitz. »Schicken Sie mir das Protokoll, dann leite ich es sofort an die Staatsanwaltschaft weiter, bevor ich zum Flughafen fahre. Und was meine Nachforschungen angeht – der Bericht ist fertig, Sie bekommen ihn gleich auch noch per Mail. Wir bleiben in Verbindung, Doktor.«

Sie verabschiedeten sich. Abel legte sein Smartphone auf Merciers Besprechungstisch. Er fühlte sich immer noch, als hätte er einen Schlag auf den Kopf bekommen.

Oberstaatsanwalt Rubin, dachte er. *Dieser eitle, herzlose Karrierist. Jetzt kann nur noch Lisa die Lage retten.*

☠ ☠ ☠

95

**Paris, Rue Bonaparte, Polizeipräfektur,
Sonntag, 12. Juli, 06:47 Uhr**

Abels Telefonat mit Lisa verlief zunächst ähnlich frustrierend wie sein Gespräch mit Markwitz. Sie machte ihm keine Vorwürfe, weil er seine Schwester und sie am Vortag bei der Beerdigung hängengelassen hatte. Und sie hielt ihm auch nicht vor, dass er seit fast einer Woche unterwegs war, sich nur ein paarmal kurz per SMS bei ihr gemeldet hatte und sie nun sonntags in aller Herrgottsfrühe aus dem Schlaf riss.

Trotzdem reagierte sie spürbar zurückhaltend, als Abel verkündete: »Der Mörder von Irina Petrowa ist überführt und hat gestanden – nicht nur diese Tat, sondern noch sieben weitere Morde!«

»Das ist eine gute Nachricht. Meinen Glückwunsch, Fred«, sagte Lisa.

Ihre Worte gingen fast unter in einem plötzlich anschwellenden Stimmengewirr. Offenbar hatte sie den Fernseher eingeschaltet. Abel meinte die Stimme der jungen RTL-Reporterin im Hintergrund zu erkennen.

»Danke«, sagte er. »Aber ein Puzzlestück fehlt noch. Damit es in der Charité nicht zur Katastrophe kommt, muss Lars Moewig umgehend freigelassen werden.«

Lisa atmete hörbar ein. »Und wie willst du das bewerkstelligen?«, fragte sie.

»Gute Frage.« Abel erklärte ihr mit kurzen Worten die verfahrene Lage.

»Mit Staatsanwalt Siebener wäre bestimmt zu reden gewesen«, schloss er, »aber du kennst ja Rubin. Er ist ein Bürokrat, wie er im Buche steht. Außerdem hasst er mich seit der

Herzhacker-Sache und würde sich lieber einen Finger abschneiden, als mir einen Gefallen zu tun.«
»Das sehe ich genauso, Fred«, sagte Lisa. »Und bevor du danach fragst: Auch ich kann Rubin nicht zwingen, irgendetwas für Moewig zu tun.«
»Aber du bist bei der Bundesanwaltschaft!«, wandte Abel ein. »Er gehört der Länderebene an. Du agierst auf Bundesebene, da kannst du doch bestimmt irgendwo den Hebel ansetzen!«
»Das kann ich nicht«, sagte Lisa.
In ihrem Tonfall mischten sich nun Entschiedenheit und Bedauern. »Als Oberstaatsanwalt des Landes Berlin ist Rubin in keiner Weise an irgendwelche Weisungen der Bundesanwaltschaft gebunden, außer in Fällen, die Sicherheit und Ordnung der Bundesrepublik Deutschland berühren. Also beispielsweise bei Terroranschlägen oder organisierter Kriminalität. Dann kommen wir ins Spiel. Das brauche ich dir doch nicht zu erzählen. Ob ein Untersuchungshäftling, dessen Unschuld sich erwiesen hat, sofort oder in acht Tagen entlassen wird, hat ganz allein der zuständige Haftrichter auf Antrag der örtlichen Staatsanwaltschaft zu prüfen. Und im aktuellen Fall wird es sogar noch erheblich länger dauern, da erst einmal die französischen Ermittlungsakten angefordert, übersetzt und geprüft werden müssen. Tut mir wirklich sehr leid, Fred.«
Das Stimmengewirr aus dem Fernseher wurde noch lauter und verstummte dann abrupt.
»Du kannst also gar nichts machen?«, fragte Abel.
»Doch, natürlich«, sagte Lisa. »Ich kann Rubin anrufen und meinen Charme spielen lassen. Notfalls verabrede ich mich mit ihm zum Frühstück. Du weißt, dass ich sehr überzeugend sein kann.«
»Oh ja, das weiß ich«, sagte Abel mit neuer Hoffnung.
»Falls Rubin nicht mitbekommen hat, mit wem ich zusam-

menlebe«, fügte Lisa hinzu, »haben wir eine ganz gute Chance.«
Abel stöhnte auf. »Dann kannst du es gleich vergessen. Rubin ist der Typ, der über alles und jeden Dossiers führt. Nach dem Motto: Man weiß nie, wann man diese Informationen mal brauchen kann.«
Noch während er das sagte, kam ihm eine Idee.
»Soll ich es nicht trotzdem versuchen?«, fragte Lisa.
»Lass es sein«, antwortete Abel. »Er würde deine Bitte auf jeden Fall ablehnen, da er garantiert weiß, dass wir ein Paar sind. Die Genugtuung sollten wir ihm nicht gönnen. Aber trotzdem danke, dass du das für Lars tun würdest, Lisa.«
Sie verabschiedeten sich liebevoll.
Eigentlich hätte Abel nach diesem Gespräch noch mutloser sein müssen als nach dem Telefonat mit Markwitz. Aber das Gegenteil traf zu.
Wollen wir doch mal sehen, was Sie von meinem kleinen Dossier halten, Herr Oberstrippenzieher.
Kampfeslustig öffnete Abel seinen Mail-Account, um die E-Mails herauszusuchen, die Oberstaatsanwalt Rubin vor zwei Jahren während der Herzhacker-Mordserie verschickt hatte. Diese Mails waren weder an Abel noch an Jankowski gerichtet, aber von wohlmeinenden Empfängern weitergeleitet worden.
Nach Rubins offizieller Lesart hatte er persönlich »das Team Abel/Jankowski zusammengestellt und in jeder Hinsicht gefördert«. Folglich sei es letzten Endes auf seine Initiative zurückzuführen, dass die Identität des Herzhackers entdeckt worden sei. Diese Version stand jedoch in einem gewissen Spannungsverhältnis zu den Dienstanweisungen, mit denen Rubin seinerzeit die »Soko Herzhacker« eingedeckt hatte.
Abel hatte diese Mails ohne besondere Hintergedanken in seinem E-Mail-Postfach abgespeichert. Er erinnerte sich

auch gar nicht mehr im Einzelnen an die unsinnigen Unterstellungen und boshaften Anweisungen, mit denen der Oberstaatsanwalt ihnen so viele Knüppel wie nur möglich zwischen die Beine geworfen hatte.
Seine Suche nach Rubins gesammelten Bosheiten wurde unterbrochen, als Abel erneut auf die mysteriöse französischsprachige Mail von einem gewissen Noah Borel stieß. Diesmal siegte seine Neugierde.

☠ ☠ ☠

96

**Basse-Terre, Guadeloupe,
Freitag, 10. Juli, 01:34 Uhr**

*Von: Noah.Borel@guadeloupe.net
Betreff: Wir sind das Ergebnis!*

Wir überlegen schon ewig hin und her (na ja, seit 15 min), wie wir Dich / Sie anreden sollen. Aber bevor aus den 15 min noch mal 15 Jahre werden, fangen wir einfach mal mit den Top 3 unserer Anreden an (in alphabetical order):

*Cher Père! ☺ Hi Dad! ☺ Hallo Fred Abel! ☺
Achtung: Bitte nicht wegklicken ☹ oder löschen! ☹*

Wir heißen Manon und Noah Borel. Wir sind Zwillinge, 15 Jahre alt. Und wir sind Deine / Ihre Kinder.

Unsere Mutter ist Claire Borel, und wir hoffen schwer, dass Du Dich überhaupt an sie erinnerst (dass Sie sich an sie...?). Wir sind das Ergebnis, sagt Mama, von etwas, das für sie »viel mehr als eine heiße Affäre« war. Und für Dich auch, cher père?

Wir wollen Dich kennenlernen. Aber nur, wenn Du uns sehen willst. Wenn Du non/neyn (?) sagst, lassen wir Dich wieder in Ruhe. Ehrenwort! Aber wenn Du uns treffen willst, dann bitte so schnell, wie Du kannst. Wir platzen nämlich fast vor Spannung (ich=Noah) und Sehnsucht (ich=Manon).

Wir leben in Guadeloupe. Ganz weit weg von Dir ☹. Mama ahnt vielleicht, dass wir Dir schreiben wollen (es ist schwer, vor ihr Geheimnisse zu haben). Aber sie weiß nicht, dass wir Dich treffen wollen. Glauben wir jedenfalls.

Wir sind schon unser Leben lang hier auf Guadeloupe. Europa kennen wir nur von dem, was Mama uns erzählt hat. Und auch sie kennt bei euch eigentlich nur Paris.

Sie hat Dich total geliebt. Aber sie hatte Angst, und deshalb ist sie heimlich abgehauen. Angst, weil sie schwarz war (oder eigentlich ist, oder nein, eigentlich ist sie dunkelbraun) und Du weiß bist. (Wir sind so milchkaffee.) Weil Du Deinen Weg so genau vor Dir gesehen hast (wir haben sie ewig lang gelöchert, bis sie uns das erzählt hat), während sie auf der Suche war. Unsicher war. Nicht wusste, ob ihr zusammenpassen würdet, auf Dauer oder jedenfalls für mehr als ein paar Tage.
Hanofer (?), schon das Wort hat ihr Angst gemacht. »Es hört sich so deutsch an, so ordentlich, so geradeaus«, hat sie gesagt. »Und ich war damals so, wie ich heute immer noch bin.«

Sie ist immer noch auf der Suche, Dad. Sie hat das Suchen zur Kunst gemacht, sagt sie. Jedenfalls ist sie hier auf der Insel eine ziemlich bekannte Künstlerin. Wir finden es ja nicht ganz fair, dass bei Mama das Suchen Kunst sein soll. Und wenn wir unsere Schulbücher (ich=Noah) oder Ohrringe (ich=Manon) mal nicht finden, ist es keine Kunst, sondern Schlamperei.
Ist es aber auch, also Kunst bei ihr und bei uns Chaos. Wenn Du unsere Zimmer sehen würdest, vor allem meins (=Noah), würdest Du Dich bestimmt nicht mit uns treffen wollen.
Deshalb haben wir auch beschlossen, Dir nur Bilder von uns selbst zu schicken.
Wenn Du wissen willst, wie wir aussehen, klicke <u>hier</u> (=Manon) und <u>hier</u> (=Noah).
Wenn Du wissen willst, wie Mama heute aussieht, klicke <u>hier</u> (=Claire).
Und wenn Du willst, dass wir Dich in Deutschland besuchen kommen, schreib einfach Oui oder Ya (?) und klicke auf »Senden«.

Wir haben Dich gegoogelt, Dad. Du bist ein berühmter Jäger von Verbrechern und Aufschneider (?) von Leichen. Wir sind sehr stolz auf Dich. Und wir sind froh, dass Du in Berlin wohnst.
Wir haben auch Berlin gegoogelt. Wir glauben, dass Mama keine Angst gehabt hätte und nicht heimlich abgehauen wäre, wenn Du damals schon in Berlin gewohnt hättest. Es ist bunt, laut und unordentlich, fast wie Guadeloupe.

Stopp, hier noch eine wichtige Info: Mama hat seit fünf Jahren einen festen Freund, Pierre! Davor hatte sie auch feste Freunde, aber Pierre ist fester als die vorher. Wir

haben darüber diskutiert und glauben, dass Du kein Bild von ihm sehen willst. Aber er hat eine Galerie in der Stadt und ist sehr nett.
Aber er ist nicht unser Père/Dad/Fred. ☹

Bitte schreib Oui/Ya!

Wir umarmen und küssen Dich
Deine Kinder Manon und Noah

☠ ☠ ☠

97

Paris, Rue Bonaparte, Polizeipräfektur,
Sonntag, 12. Juli, 07:13 Uhr

Oberstaatsanwalt Dr. Rubin.«
Oliver Rubin hatte die ideale Plädoyer- und Pressekonferenzstimme. Dunkel und vertrauenerweckend, mit genau dem Unterton von selbstgewisser Autorität, der Angeklagte einschüchterte, Geschworene blendete und Reporter in Jünger verwandelte.
Nur bei Abel verfehlte der Rubinsche Honigbass seine bewährte Wirkung.
»Dr. Abel, BKA-Einheit ›Extremdelikte‹«, antwortete er. »Gut, dass Sie trotz der frühen Stunde schon an Ihr Diensthandy gehen.«
»Abel?«, wiederholte der Oberstaatsanwalt. Seine Stimme überzog sich mit einer Eiskruste. »Wenn ich geahnt hätte, dass Sie es sind, hätte ich auf ›Ablehnen‹ gedrückt.«
»Ablehnen hilft Ihnen jetzt nicht weiter. Wenn Sie nicht

drangegangen wären, hätte ich Ihnen eine Streife nach Hause geschickt.«

Er hatte beschlossen, sofort auf Angriffskurs zu gehen. Er musste Rubin aus der Reserve locken, nur dann besaß er eine Chance. Und die unverhoffte Mail von Manon und Noah gab ihm die nötige Zuversicht, dass er es schaffen würde.

Ich bin Vater. Ich habe Zwillinge mit Claire Borel.

Er schwebte innerlich auf Wolken. Doch das hinderte ihn nicht im Mindesten daran, vor Rubin auf der Hut zu sein.

»Und was verschafft mir die Ehre?« Der Oberstaatsanwalt klang nun doch eine Spur beunruhigt. »Was gibt es denn so Dringendes?«

»Hören wir mit der Kasperei auf«, sagte Abel. »Sie wissen, weshalb ich anrufe, und ich weiß, dass Sie es wissen. Also kommen wir zur Sache.«

»Sie müssen schon entschuldigen, dass ich nicht jede Kleinigkeit im Kopf habe. Einer wie Sie beschäftigt sich mit zwei, drei Fällen, ich dagegen ...«

»Das Familiendrama, das sich gerade in der Charité abspielt. Klingelt es jetzt bei Ihnen? Der Fall Irina Petrowa. Staatsanwalt Siebener hat Lars Moewig in U-Haft gebracht. Ich kann beweisen, dass Moewig unschuldig ist. Der wahre Mörder von Irina Petrowa ist vergangene Nacht hier in Paris verhaftet worden.«

»Hängen Sie sich lieber nicht zu weit aus dem Fenster«, schoss Rubin zurück. »Markwitz hat mir erzählt, dass Moewig ein alter Kumpel von Ihnen ist. Aber laut DNA-Analyse ist er trotz allem unser Täter.«

»Er hat nur den gleichen Haplotyp. Männer mit diesem genetischen Merkmal gibt es zu Hunderten. Hat Hauptkommissar Markwitz Ihnen das Ergebnis seiner Nachforschungen nicht geschickt? Demnach sind der Mörder und Moewig tatsächlich über diverse Ecken miteinander verwandt.

Aber Moewig hat mit dem Mord an Irina Petrowa nichts zu tun.«

Er fasste kurz den Bericht von Markwitz zusammen, den er vor dem Telefonat mit Rubin noch überflogen hatte. Auch wenn er sich nicht der Illusion hingab, dass sich Rubin durch sachliche Argumente umstimmen ließ. Typen wie er reagierten nur auf Druck.

Der Fall Petrowa hatte auch Markwitz keine Ruhe gelassen. Zusammen mit Okyar hatte er daher Stammbaumforschung betrieben. Das Ergebnis war, dass Lars Moewigs Herkunftsfamilie gegen Ende des Zweiten Weltkriegs in einem bayerischen Bergdorf begründet worden war.

Und zwar durch eine Vergewaltigung.

»Alliierte Truppen zogen 1945 durch Bayern«, referierte Abel, obwohl Rubin nur gelangweilt schnaubte. »Ein französischer Soldat mit nordafrikanischen Wurzeln vergewaltigte eine einheimische Frau. Das war Lars Moewigs Großmutter. Sie war verheiratet und hatte bereits zwei eheliche Kinder mit einem deutschen Mann. Als sie einen dunkelhäutigen Jungen zur Welt brachte, wurde die Familie geächtet. Anfang der 1950er-Jahre zogen sie nach Berlin, weil sie in der anonymen Großstadt eher unbehelligt leben konnten. Die Vergewaltigung von Lars Moewigs Großmutter war in der Familie immer als Geheimnis behandelt worden. Dunkelhäutigen Nachkommen wie Lars wurde erzählt, dass Vorfahren von ihnen vor vielen Generationen aus Afrika eingewandert seien. Deshalb gebe es in ihrer Familie immer wieder mal schwarze Kinder, obwohl sie alle Deutsche seien.«

»Herrje, jetzt hören Sie schon auf!«, polterte Rubin. »Wir haben Sonntagmorgen, ich habe noch nicht mal gefrühstückt und ...«

»... und Marie Lindweg stürzt sich gleich mit ihrem Kind vom Dach«, vollendete Abel. »Aber das werden Sie verhindern, Rubin. Lars Moewig hat von dieser makabren Familiengeschichte nichts gewusst, eben weil sie immer als Geheimnis behandelt wurde. Anderenfalls hätte er Markwitz davon berichtet, um sich zu entlasten – und dann hätte sogar der sturste Staatsanwalt kapiert, dass es weitere Verdächtige geben musste, die mit dem identischen Haplotyp durch die Gegend rennen.«

»Mir kommen gleich die Tränen. Mit dieser Rührstory von der geschändeten Oma wollen Sie beweisen, dass Moewig unschuldig ist? Der hat doch nicht mal ein Alibi für die Tatzeit. Im Gegenteil, als er sich in London aufhielt, wurde die zweite alte Frau nach genau demselben Muster getötet. Von einem Nachläufer. Kapieren Sie es endlich, Ihr sauberer Freund ist ein Raubmörder.«

»Der tatsächliche Täter hat ein umfassendes Geständnis abgelegt. Er heißt Franco Moussadet und stammt aus Marokko. Möglicherweise ist der französische Soldat ein gemeinsamer Vorfahr von Moussadet und Moewig.«

»Das werden wir ja dann sehen«, sagte Rubin. »Wenn die Franzosen die Ermittlungsakte via Europol an uns weitergeleitet haben, werden wir das alles in Ruhe prüfen.«

Er machte eine Pause. Seine Stimme klang jetzt gepresst, und er atmete hörbar schneller. »Und Sie haben den Burschen also geschnappt, Abel? Sie sind ja ein echter Tausendsassa. Am Seziertisch in Berlin zu Hause und als Privatermittler in der Welt unterwegs. Was sagen denn eigentlich Ihre Vorgesetzten dazu? Wissen die, was Sie am Wochenende so alles nebenher treiben? Aber meinen Glückwunsch zur Verhaftung!«

Es war schon die dritte Gratulation, die Abel an diesem Morgen entgegennahm. Allerdings hatte nur Lisa ihn aufrichtig beglückwünscht. Bei Markwitz hatte schon etwas Skepsis mitgeschwungen, aber Rubins Stimme hatte vor Missgunst und Sarkasmus fast schon gequietscht.

»Bei so viel Selbstverleugnung kommen *mir* fast die Tränen, Herr Oberstaatsanwalt«, sagte Abel. »Sollten wir nicht lieber bei der bewährten Arbeitsteilung bleiben? Profis wie Jankowski und ich sorgen für die nötige Erfolgsquote, und Sie stecken sich öffentlich die Federn an den Hut.«
»Was sollen diese Unterstellungen?«, polterte Rubin. »Sie vergessen, mit wem Sie reden, Abel!«
Er klang nun alarmiert, auch wenn er seine Panik hinter autoritärem Gehabe zu verbergen versuchte.
»Sie haben schon verstanden, warum ich Timo Jankowski erwähnt habe«, gab Abel ruhig zurück. »Mir liegt eine umfassende Dokumentation der Dienstanweisungen vor, die Sie seinerzeit während der Fahndung nach dem Herzhacker verschickt haben. Daraus geht hervor, dass Sie Jankowskis und meine Arbeit massiv behindert und uns beide persönlich verunglimpft haben. Was Sie selbstredend nicht daran gehindert hat, unseren Erfolg für sich zu reklamieren.«
Er unterbrach sich und lauschte Rubins erregtem Atem. Der gute Mann war am Rande der Hyperventilation.
»Ich würde es bedauern«, fügte Abel hinzu, »wenn diese Materialien durch ein Versehen in die Hand eines – sagen wir – RTL-Reporters gelangen würden. Ihr Vorgesetzter müsste der Sache zwangsläufig nachgehen. Wie es heißt, haben Sie in Ihrer Abteilung und in der Etage darüber nicht nur Freunde. Eigentlich gar keine Freunde. Dass Sie vor dem öffentlichen Druck kapitulieren, ist dann nur noch eine Frage der Zeit. Haben Sie eigentlich schon mal darüber nachgedacht, was Sie machen, wenn Sie Ihre Pensionsansprüche verlieren?«
Mindestens zehn Sekunden lang sagte Rubin gar nichts. Zweifellos versuchte er abzuschätzen, ob Abel bluffte oder tatsächlich etwas in der Hand hatte.
»Was wollen Sie überhaupt von mir?«, sagte er schließlich.
»Im Fall Petrowa ist Staatsanwalt Siebener zuständig. Ich

habe ihn nur gebeten, mir die Akte über das Wochenende zur Einsicht zu überlassen.«
Abel wartete.
»Wenn Sie im Mordfall Petrowa neue Erkenntnisse gewonnen haben, wenden Sie sich an den Kollegen Siebener«, fuhr Rubin fort.
Seine gewöhnliche Selbstgefälligkeit schien wie der Geist in die Flasche zurückzukehren.
»Ich wende mich an niemanden«, sagte Abel, »oder höchstens an die Medien. Sie dagegen werden unverzüglich veranlassen, dass Lars Moewig zu seiner Tochter gebracht wird. Sorgen Sie dafür, dass den Eltern und dem Mädchen ein Zimmer zur Verfügung steht, in dem sie ungestört sind. Ohne Kameras und ohne Polizei! Wenn Moewig nicht in spätestens einer Stunde als freier Mann vor der Klinik auftaucht, wird Ihre Karriere abrupt die Richtung wechseln, Herr Oberstaatsanwalt!«
Rubin gab eine Art Grunzen von sich, das Abel als Zustimmung auslegte.
Ohne ein weiteres Wort beendeten sie das Gespräch.

☠ ☠ ☠

98

**Berlin-Wedding, Kinderklinik der Charité,
Sonntag, 12. Juli, 08:11 Uhr**

Als Lilly zu sich kam, lag sie in ihrem Krankenhausbett, aber es stand in einem Raum, den sie nicht kannte. Er war viel größer als ihr Zimmer auf der Station, mit Bänken an den Wänden und einem Regal voller Kerzen und Bücher,

die irgendwie heilig aussahen. Sie hatte verschwommene Bilder und Geräusche im Kopf: sie selbst und ihre Mutter auf einer Dachterrasse tief in der Nacht. Ihre Mutter war total aufgelöst gewesen. Unten auf der Straße hatte es Getöse wie bei einem Menschenauflauf gegeben, untermalt von Polizei- oder Feuerwehrsirenen.
Was für einen Quatsch ich immer zusammenträume, dachte Lilly.
Sie fühlte sich ganz leicht. Schon vorhin im Traum hatte sie ihre Mutter zu beruhigen versucht.
Reg dich nicht auf, Mama. Wein doch bitte nicht. Alles wird gut.
Aber im Traum hatte sie nicht mehr sprechen können, und als sie es jetzt versuchte, ging es auch nicht.
Sie bekam kaum noch Luft. Sie fühlte sich so schwach, aber sie hatte keine Angst mehr. Sie war leicht wie eine Feder.
Ein Engel, dachte sie und musste lächeln.
Ein paarmal schon war sie ganz aus ihrem Körper herausgeglitten und unter der Zimmerdecke geschwebt. Sie hatte auf die keuchende Lilly heruntergeschaut und gedacht: Armes Mädchen, bald ist es vorbei.
Auch jetzt war sie mehr in der Luft über ihrem Bett als in ihrem Körper. Sie selbst wurde mehr und mehr Luft. So leicht, so schwerelos.
Im Religionsunterricht hatte die Lehrerin erzählt, dass sie alle eine Seele hätten und unsterblich wären. Lilly hatte damals gedacht: So ein Quatsch.
Aber es war kein Quatsch, das wusste sie jetzt. Und seitdem war alles leicht.
Die Tür ging auf, und ihr Papa kam herein. Er lachte, und seine Augen glitzerten. Lilly beeilte sich, ganz in ihren Körper zurückzugleiten.
Ihr Papa setzte sich neben sie auf ihr Bett und umarmte sie ganz zart. Er beugte sich über sie und flüsterte ihr ins Ohr:

»Lilly, mein kleines Mädchen. Ich bin's, Papa. Hörst du mich? Erkennst du mich? Bist du bei mir?«
Er weinte, die Tränen tropften auf Lillys Gesicht. Es war wie ein warmer Sommerregen.
»Ich liebe dich, ich werde dich immer lieben«, flüsterte er. »Flieg du schon voraus, kundschafte alles aus, bis Mama und ich wieder zu dir kommen. Dann kannst du uns alles zeigen in der neuen Welt.«
Ja, Papa, dachte Lilly, *so machen wir es. Ich warte auf euch.*
Sie sah an seinem Lächeln, dass er sie gehört hatte.
Auch ihre Mama kam jetzt ans Bett. Sie setzte sich an die andere Seite, und beide hielten ihre Hände fest. Sie sahen sie voller Liebe an und lächelten unter Tränen.
Lilly lächelte zurück. Gern wäre sie noch bei ihnen geblieben, aber sie war leichter als eine Feder. Sie schwebte aus ihrem Körper heraus und zur Zimmerdecke hoch.
»Sie atmet nicht mehr«, sagte Marie.
»Ich habe nachgedacht«, sagte Lars. »Es gibt keinen Tod.«
»Schau doch«, sagte Marie. »Lilly lächelt.«
Doch das hörte Lilly schon nicht mehr, sie schwebte hoch über Berlin.

☠ ☠ ☠

Epilog

**Lenthe, Straße vor dem Elternhaus
von Fred und Marlene Abel,
Montag, 13. Juli, 22:37 Uhr**

Marlene hatte ihn für acht Uhr zum Abendessen eingeladen, aber er hatte sich verspätet.
Typisch Fred, würde seine Schwester sagen. Er konnte nur hoffen, dass sie ihn nicht wieder mit Vorwürfen empfing. Schließlich war er hier, um sich mit ihr auszusöhnen.
Ein dringender Fall hatte ihn in Berlin aufgehalten, als er mit einem Fuß schon aus der Bürotür gewesen war. Die Obduktion eines abgetrennten Männerkopfes, der von Hobbyanglern aus dem Halensee, mitten in Berlin, gefischt worden war. Abel hatte mit maximal zwei Stunden gerechnet, aber der Kopf wies so zahlreiche und vielfältige Verletzungen auf, dass die Obduktion alles in allem fünfeinhalb Stunden gedauert hatte. Noch gab es keinerlei Hinweise auf die Identität des Toten. Auch der Rest des Körpers war trotz einer groß angelegten Suchaktion mit Tauchern bisher nicht gefunden worden, was Abel in diesem Moment gelegen kam.
Dr. Murau hatte bei der Obduktion mit der gewohnten Unermüdlichkeit assistiert. Nur sein Baudelaire-Zitat am Ende der Prozedur hatte erahnen lassen, dass auch er für heute bedient war:
»*Der Abend brennt in rosig-blauem Flimmer / Ein letztes Glühen noch, dann schweigt für immer / Der lange Seufzer, schwer von Abschiedsqual.*«
Am Himmel über Lenthe glühte nicht einmal mehr das schwächste Abendrot, als Abel am Straßenrand stoppte.
Sein Elternhaus lag am Ende des kleinen Bauerndorfs, das

auch am hellen Tag schläfrig wirkte. Jetzt in der Nacht sah alles verlassen aus. Die Rollläden im Erdgeschoss heruntergelassen, die Fenster darüber schwarz.

Marlene hatte ihr ganzes bisheriges Leben hier verbracht. Das war schwer zu verstehen, aber zumindest teilweise war es ihre eigene Entscheidung gewesen.

Sie kann mich nicht für alles verantwortlich machen, was sie in ihrem Leben versäumt hat, sagte sich Abel.

Wie jedes Mal, wenn er zu Besuch kam, parkte er in dem unbefestigten Seitenweg auf der gegenüberliegenden Straßenseite ein. Das Haus lag direkt hinter einer Kurve. Auch wenn es hier nur wenig Verkehr gab, passierten vor ihrem Gartentor immer wieder Unfälle.

Abel hatte mehr als einmal vorgeschlagen, einen Teil des Gartens als Parkplatz für Marlenes Toyota und wenigstens ein Besucherfahrzeug zu nutzen. Aber Marlene war eine leidenschaftliche Gärtnerin und hatte seinen Vorschlag jedes Mal abgelehnt.

Wie sie will, dachte Abel.

Er war in friedlicher Stimmung und würde sich weder wegen der Parkgelegenheit noch wegen der Beerdigung ihrer Mutter mit Marlene streiten. Im Grunde war er seiner Schwester sogar dankbar. Durch ihre Vorwürfe hatte sie ihn gezwungen, selbstkritisch zu prüfen, ob er die Weichen in seinem Leben richtig gestellt hatte.

Das Ergebnis war ein eindeutiges Ja.

Die Suche nach Moussadet hatte ihm einmal mehr vor Augen geführt, dass er seinen Beruf mit Leib und Seele liebte. Als Rechtsmediziner bei der BKA-Abteilung »Extremdelikte« übte er eine Tätigkeit aus, die ihn Tag für Tag mit Freude erfüllte. Hier konnte er Leben retten, indem er dabei half, mordgierige Individuen wie Franco Moussadet aus dem Verkehr zu ziehen. In der medizinischen Forschung dagegen hätte er bestimmt nichts Großes zustande ge-

bracht – und zwar deshalb, weil er bloß halbherzig dabei gewesen wäre.
Nur wenn man sich einer Sache ganz und gar verschrieb, konnte man aus dem Durchschnitt herausragen und Außerordentliches leisten. Davon war Abel überzeugt, und deshalb war er mit sich im Reinen.
Immer noch kam es ihm fast wie ein Wunder vor, dass Noah und Manon plötzlich in sein Leben getreten waren. Keine Kinder zu haben, die Freuden der Vaterschaft nie mehr erleben zu dürfen, hatte ihn doch von Zeit zu Zeit geschmerzt. Und nun war er über Nacht zum Vater von fünfzehnjährigen Zwillingen geworden.
Auch davon wollte er seiner Schwester erzählen. *Ich habe einen Sohn und eine Tochter,* würde er sagen. *Und du hast plötzlich einen Neffen und eine Nichte. Der Tod hat unsere Mutter geholt, aber das Leben hat uns diese Kinder geschenkt. Ist das nicht wundervoll, Tante Marlene?*
Noch vom Flughafen Orly aus hatte er den beiden geantwortet. Es war eine lange Mail geworden, aber in der ersten und in der letzten Zeile stand groß und fett ☺ **OUI/JA!** ☺.
Bevor Abel nach Berlin zurückgeflogen war, hatte er Lilou Maran im Krankenhaus besucht. Ihre Arme waren bandagiert, ihr rechter Ellbogen eingegipst, doch sie war guter Dinge. Nach kurzem Zögern hatte Abel ihr von den Zwillingen erzählt. Und von Claire Borel, mit der ihn in beider Augen mehr verband »als nur eine heiße Affäre«.
Lilou hatte wissend gelächelt. Zum Abschied hatte sie ihn mit zwei Fingern herangewinkt, immer noch näher, bis ihre Lippen sich flüchtig berührten.
Davon würde er Marlene nichts erzählen.
Er öffnete die Tür und stieg aus. Es war so stockfinster, wie es nur auf dem Land sein konnte, wenn auch noch der Himmel dicht bewölkt war. Man konnte die sprichwörtliche Hand kaum vor Augen sehen.

Als er mit den Rosen für Marlene und der Flasche Brunello über die Straße ging, meldete sich sein Bauchgefühl.
Irgendwas stimmt hier nicht.
Doch Abel nahm es nicht ernst. Er war immer noch aufgedreht von der Jagd nach dem Serienmörder durch halb Europa. Und vor allem nach den Kampfszenen in der Avenue de Choisy. Erfahrungsgemäß brauchte seine innere Alarmanlage ein paar Tage, bevor sie auf Normallevel herunterfuhr.
Mit dem Brunello stoßen wir auf unsere Versöhnung an, dachte Abel. Da stoppte neben ihm mit quietschenden Reifen ein schwarzer Kleinbus.
Zwei Männer sprangen heraus, beide mit Baseballschlägern bewaffnet. Abel warf sich herum und wollte zurück zu seinem Auto rennen. Doch sie schnitten ihm den Weg ab, drängten ihn gegen den Kleinbus, und im nächsten Moment traf ihn ein mörderischer Schlag am Kopf.
Er schrie auf und fiel mit dem Gesicht nach unten auf den unbefestigten Lehmboden. Der nächste Schlag, noch heftiger als der erste, traf ihn wuchtig von oben auf den Hinterkopf. Abel hörte es in seinem Schädel krachen. Er spürte, wie sein Herzschlag kurzfristig aussetzte und dann stolperte. Er war benommen, doch er blieb bei Bewusstsein. Beunruhigt nahm er wahr, dass sein Herz zwar wieder regelmäßig, aber viel zu schnell schlug.
Die Haustür wurde aufgerissen. Licht flutete in den Garten. Klappernde Schritte, dann Marlene, schrill vor Entsetzen: »Um Himmels willen, Fred?«
Die beiden Totschläger redeten in einer osteuropäischen Sprache miteinander. Es klang ruhig und selbstsicher, und plötzlich wusste Abel, wer die beiden waren.
Transnistrier, dachte er.
Im Auftrag eines Oligarchen hatte er dort im letzten Jahr die Überreste zweier Männer untersucht. Es waren Ge-

schäftsleute, die entführt und dann mehrere Jahre als vermisst gemeldet gewesen waren, ehe ein Metallcontainer mit ihren Leichen auf einem stillgelegten Firmengelände gefunden worden war. Was er in seinem Gutachten zur Identität und über die gewaltsame Todesursache festgehalten hatte, schien in dem Pseudostaat von Russlands Gnaden irgendwem nicht zu gefallen.

Abels Gehirn arbeitete schwerfällig.

Jetzt ergibt das alles einen Sinn. Die anonymen Anrufe. Die Schlammklumpen, die durch mein Hotelfenster in Heathrow geflogen sind, dachte er. *Und die schemenhafte Gestalt vor meiner Pension in Bari. Durch halb Europa sind sie mir gefolgt. Um mich einzuschüchtern, vielleicht, damit ich das Gutachten ändere. Oder damit ich nicht als Sachverständiger vor Gericht aussage. Aber da haben sie sich ...*

»Ich rufe die Polizei!«, rief Marlene.

Die beiden Schläger stiegen gemächlich in ihren Wagen und fuhren davon.

Abel kam langsam auf die Knie, aber seine Beine gehorchten ihm nicht, und er schaffte es nicht, aufzustehen. Er setzte sich hin und betastete seinen Kopf. Als er seine Handflächen ansah, waren sie blutverschmiert. Im Schulterbereich hoben sich dicke Blutstropfen deutlich von seinem hellgrauen Sakko ab. Sie erinnerten ihn unwillkürlich an die Abdrücke von sehr kleinen Katzenpfoten, und sie sagten ihm, dass Blut aus seinen Gehörgängen tropfte.

Er wusste, dass seine Schädelbasis gebrochen war. Und er wusste auch, was das bedeutete. Sein Überleben hing jetzt am seidenen Faden. Jede Sekunde zählte. Zu oft schon hatte er derartige Fälle auf dem Sektionstisch vor sich gehabt. Er kannte den Inhalt der dazugehörigen Ermittlungsakten. Wenn nicht innerhalb kürzester Zeit die richtige medizinische Hilfe kam, wenn der Notarzt nicht sofort noch am

Ort des Geschehens etwas gegen die rasant ablaufende Schwellung des Gehirns unternahm, wenn nicht innerhalb kürzester Zeit durch eine neurochirurgische Notoperation dem zunehmenden Druck im Schädelinneren entgegengewirkt wurde, würde sich sein Hirnstamm durch die immer weiter zunehmende Hirnschwellung in seinem Schädel in Richtung Rückenmarkskanal verschieben und dort eingeklemmt werden – was nicht mit dem Leben vereinbar war. Panik überkam ihn. Er würde hier im Straßendreck vor seinem Elternhaus sterben, wenn nicht rechtzeitig Hilfe eintraf. Aber auch in einem gewöhnlichen Krankenhaus ohne Neurochirurgie würde er nicht überleben. Er würde zwei oder drei Tage im Koma liegen. Ohne dass er vorher noch einmal das Bewusstsein erlangt hätte, würde man ihn nach abgeschlossener Hirntoddiagnostik für tot erklären und alle Geräte abstellen,
Er merkte, wie ihm die Kräfte schwanden. »Marlene«, rief er matt. »Schnell, komm her!«
Er sah sie nur verschwommen, ein Schatten, über ihn gebeugt.
»Hör mir bitte genau zu. Wenn ich nicht ...«
Abel wurde schwindelig, und er rang um Atem.
»Wenn ich nicht richtig behandelt werde, sterbe ich. Mach genau das, was ich dir jetzt sage«, brachte er so eindringlich hervor, wie er noch konnte. »Du musst einen Notarzt rufen. Sofort. Ich habe einen Schädelbasisbruch. Sag denen das am Telefon. Er muss mit einem Helikopter kommen. Er muss mich in eine ...«
Die Sinne wollten ihm schwinden. Aber er musste noch durchhalten, er hatte noch nicht alles gesagt!
»... in eine neurochirurgische Klinik bringen«, fuhr er fort, »Er muss noch hier vor Ort mit der Hirnödem-Prophylaxe beginnen. Eine Hirnödem-Prophylaxe«, wiederholte er mühevoll. »Alles verstanden?«

»Ja, Fred, ja.« Marlene weinte.
»Nicht mehr lange«, flüsterte Abel matt, »dann verliere ich das Bewusstsein. Mach alles, wie ich es gesagt habe, sonst werde ich ...«
Dunkelheit.

☠ ☠ ☠

Ende

☠ ☠ ☠

Danksagung

Michael Tsokos:
Nach einer wahren Begebenheit

Ich hoffe, dass Sie, ehe Sie auf diesen Seiten angekommen sind, gemeinsam mit Fred Abel dem Miles & More-Killer atemlos quer durch Europa hinterhergejagt sind und nicht gleich reflexartig zum Ende des Buches geblättert haben – um zu sehen, wer im Nachwort sein Fett wegkriegt und wer nicht mal eine Erwähnung wert ist (nicht wenige Leser sollen diese Angewohnheit haben …).
Die Idee zu diesem *True-Crime-Thriller* rührt von zahlreichen wahren Begebenheiten und meinen eigenen biographischen Erlebnissen her. Die hier erzählte Geschichte ist zu großen Teilen authentisch – inspiriert von einem echten Kriminalfall und weiteren Fällen in den Seitensträngen der Handlung, an deren rechtsmedizinischer Untersuchung ich in irgendeiner Form in den letzten Jahren beteiligt war.
Um zwei Dinge gleich vorweg klarzustellen: Nein, ich habe keine unehelichen Kinder in Guadeloupe. Und: Ja, den Miles & More-Killer gab es tatsächlich. Nennen wir ihn der Einfachheit halber bei seinen Initialen *A. L.* Er ist mittlerweile seit einigen Jahren in einem Krankenhaus des geschlossenen Maßregelvollzugs irgendwo in Frankreich untergebracht und wird nie wieder einen Fuß in Freiheit setzen – es sei denn, die Franzosen kommen irgendwann auf die Idee, eine Generalamnestie zu erlassen, die auch für psychopathische Serienmörder gilt. Aber das ist im Moment eher unwahrscheinlich.

Auch wenn *A. L.* »nur« die Nachläufertaten, die in den Morden in Paris, Berlin und London kumulierten, von der Polizei nachgewiesen werden konnten, ist es sehr wahrscheinlich, dass er in weiteren europäischen Städten, in unmittelbarer Nähe des jeweiligen Flughafens, zugeschlagen hat. Die dortigen Taten konnten ihm nur nicht zugeordnet und damit auch nicht nachgewiesen werden. Ich bin mir jedenfalls sicher, dass *A. L.* seine Blutspur noch viel ausgedehnter quer durch Europa gezogen hat als bisher bekannt. Sein Modus Operandi, für die nächste Tat völlig willkürlich eine neue Stadt irgendwo auf dem europäischen Kontinent auszuwählen – einen Ort, der für ihn selbst Minuten zuvor noch nicht feststand –, ist unschlagbar, wenn es um das Verwischen von Spuren geht. Zu keiner der europäischen Metropolen, die er anflog und in denen er dann mordete, hatte *A. L.* vorher den geringsten realen Bezug.

Ein Serienkiller, der in kürzester Zeit mehrmals in Städten zuschlägt, die Tausende Kilometer voneinander entfernt sind, ist auch mit den neuesten Methoden der polizeilichen Ermittlungsarbeit kaum zu fassen – zumal wenn er mit diesem speziellen Jagdverhalten agiert. Ein Jagdverhalten, das tatsächlich dem eines Weißen Hais ähnelt, wie es der Profiler Timo Jankowski Fred Abel in unserem Roman erklärt: Von einem Ausgangspunkt aus (im Fall unseres Killers: der jeweilige Flughafen) bewegt er sich in konzentrischen, immer größer werdenden Kreisen, um seine Beute auszuwählen, zu jagen, dann zu töten. Und schließlich kehrt er an den Ausgangspunkt seiner Jagd zurück, um von dort auf Nimmerwiedersehen zu verschwinden.

Was den echten Killer *A. L.* betrifft, hatten sowohl die zuständigen Mordermittler und die Kriminaltechnik als auch die Rechtsmedizin erhebliche Probleme, an verwertbare Spuren zu kommen. Gut möglich, dass er nie gefasst worden wäre – dann könnte er vielleicht bei Ihrem nächsten innereuropäischen Flug in der Sitzreihe hinter Ihnen oder sogar neben Ihnen sitzen. Auf dem Weg zu einem neuen Opfer.

Im Jahr 2007 hat unsere Arbeitsgruppe von der Berliner Rechtsmedizin auf einem internationalen DNA-Kongress eine Arbeit mit dem Titel *Reihenuntersuchung mit Y-STR Markern – Ein Fallbericht* präsentiert, die sich mit dem rechtsmedizinischen Hintergrund des Falles befasst. In unserem wissenschaftlichen Beitrag dazu heißt es wörtlich:

In einem Berliner Mordfall vom Februar 2004 wurde als einzige tatrelevante Spur ein Y-chromosomales DNA-Profil an den Fingernägeln des 83-jährigen weiblichen Opfers gesichert. Der ermittelte Haplotyp wies eine so deutliche Häufung in afrikanischen und afroamerikanischen Populationen auf (10^{-3} in afrikanischen vs. 10^{-5} in europäischen Populationen auf Basis von YHRD-Daten), dass entschieden wurde, diese Information im Gutachten mitzuteilen. Eine Person aus der Reihenuntersuchung (n = 480), die in allen 12 Merkmalen des Powerplex Y Kits mit der Spur übereinstimmte, wurde erst nach Analyse von 9 weiteren Y-STRs ausgeschlossen (1 Ausschlusskonstellation unter 21 Systemen).

Ende 2006 wurde eine Person afrikanischer Herkunft in Frankreich ermittelt, die Straftaten in zwei weiteren EU-Ländern begangen hatte und auch die Tat in Berlin gestanden hat. Anhand der Speichelprobe wurde Übereinstimmung der Y-STR Haplotypen in allen 21 Merkmalssystemen festgestellt. Der Fall steht beispielhaft für die Chancen, Herausforderungen und Komplikationen der Y-STR-Analytik in der forensischen und juristischen Praxis.

Die Person aus der Reihenuntersuchung, die unter insgesamt 480 Tatverdächtigen in allen zwölf Merkmalen mit der Spur am Tatort übereinstimmte und erst später durch weitergehende DNA-Untersuchungen ausgeschlossen werden konnte, heißt in unserem Roman Lars Moewig und ist der alte Freund aus Abels lange zurückliegenden Bundeswehrzeiten.

Dass sich der echte Killer in Frankreich für seine Taten Jahre später doch noch vor Gericht verantworten musste, ist purer Zufall. Nachdem er in der geschlossenen Psychiatrie, in die er wegen des Mordversuchs an einer Frau auf dem Montmartre eingewiesen worden war, einen Krankenpfleger angegriffen und fast getötet hatte, sprudelte es bei seiner Vernehmung nur so aus ihm heraus. Den staunenden Kriminalbeamten schilderte er haarklein seine Taten und die Tatorte, verteilt über Europa.

Großer Dank für die wertvollen polizeilichen Hintergrundinformationen gebührt an erster Stelle Ingo Kexel, langjähriger Hauptkommissar bei der Berliner Mordkommission und ein großartiger Kriminalist und Mordermittler. Er war es, der im Fall des echten Miles & More-Killers in Berlin die Ermittlungen leitete. Prof. Dr. Lutz Roewer gilt mein herzlicher Dank für seine Y-STR-Haplotypuntersuchungen und seine Fachexpertise, nicht nur in diesem Fall.

Fred Abel gibt es wirklich. Ich sehe ihn – zumindest in den Sommermonaten – etwa einmal pro Woche. Er lebt und arbeitet in Berlin; allerdings hat er mit Rechtsmedizin nichts am Hut. Er hat nur seinen ausnehmend prägnanten Namen bereitwillig für dieses Buch zur Verfügung gestellt.

Als ich selbst von 1986 bis 1988 Fernspäher bei der Fernspähkompanie 100 in Braunschweig war, hatte ich tatsächlich einen Kameraden, dessen Tochter im Alter von zwölf Jahren, genau zu der Zeit, als wir beide uns nach zwanzig

Jahren 2008 das erste Mal wieder trafen, an Leukämie starb. Wie er daran zerbrach, ohne dass ihm irgendjemand helfen oder seinen Schmerz auch nur in geringster Weise lindern konnte, hat mich fassungslos zurückgelassen.

Auch Biagio Solarino existiert in der Realität. Biagio ist ein engagierter italienischer Rechtsmediziner an der Universität Bari. Und ein sehr guter Freund. Aber im wahren Leben hat er nichts für Wiedergeburt, Seelenwanderung und Ahnengeisterglauben übrig, sondern steht mit beiden Beinen fest im Leben. Die künstlerische Freiheit, ihn zum Geisterseher zu machen, haben wir uns genommen.

Es gibt in der Berliner Rechtsmedizin zwar keinen Dr. Alfons Murau mit breitem österreichischen Akzent, wohl aber eine tägliche Frühbesprechung um 7.30 Uhr, bei der – wie im Roman geschildert – alle Obduktionsfälle des Vortags und des aktuellen Tages kurz referiert und gegebenenfalls im Kollegenkreis ausführlich diskutiert werden. Wir lernen dabei fast jeden Tag etwas Neues über menschliche Schicksale, Neigungen und Tragödien.

Sämtliche hier im Buch in der Frühbesprechung referierten und später im Obduktionssaal untersuchten Fälle haben sich exakt so zugetragen. In der Rechtsmedizin gibt es nichts, was es nicht gibt. Und das macht dieses Fach so unglaublich spannend.

Sebastian Fitzek danke ich für einen tiefen Einblick in die Arbeit eines wirklich großen Schriftstellers. Bei der gemeinsamen Arbeit an *Abgeschnitten* hast du mir nicht nur gezeigt, wie erfolgreiche Cliffhanger funktionieren. Ohne *Abgeschnitten* würde es auch *Zerschunden* nicht geben.

Meinem Literaturagenten Roman Hocke, *AVA international*, gilt mein herzlicher Dank für seinen Weitblick und sein Gespür bei Vertragsgestaltungen. Großer Dank auch an

Carolin Graehl und Regine Weisbrod, unsere beiden Lektorinnen.

Wenn man einen Verleger wie Hans-Peter Übleis an seiner Seite hat (er mag es besonders gerne, wenn ich ihn den *Zerleger* nenne), hat man als Autor schon gewonnen. Danke! Ebenso geht großer Dank an Steffen Haselbach, Verlagsleiter Belletristik bei Droemer Knaur, für sein Vertrauen in dieses Projekt. Helmut Henkensiefken, der das Cover gestaltet hat, kam auf die Idee, ein Fensterleder mit einer Sektionsnaht zu versehen und als Umschlagbild zu verwenden. Danke, Helmut! Genialer Einfall. Und danke an Jana Hoffmann für die kleine Näharbeit.

Und wenn dann noch so ein starkes Team im Verlag mit im Boot ist – Bernhard Fetsch mit Theresa Schenkel, Katharina Eder und Jochen Kunstmann (Marketing), Iris Haas und Birgit Hennig (Vertrieb), Katharina Ilgen und Patricia Kessler (Presse), Christina Schneider und Sabine Hartl (Veranstaltungen) sowie Sibylle Dietzel (Herstellung) und Barbara Stelcer (Assistenz) – dann macht es nicht nur richtig Spaß, ein Buch und alles, was drum herum damit zu tun hat, zu entwickeln, dann hat man es auch mit richtig tollen und kompetenten Leuten zu tun. Besonders hervorheben in diesem Zusammenhang möchte ich Theresa Schenkel, die nur so vor Energie und Kreativität sprüht. Danke für die hervorragenden Ideen betreffend Marketing, Promotion und Merchandising!

Dank gilt auch Erik Neumann für die Umsetzung der Präsentation zu *Zerschunden*. Marcus Behrendt, *EMBE Illustration,* danke ich für die großartigen Illustrationen für die Präsentation und den Motion Comic. Christian Meyer und Brian Bautz von *C & M Sicherheitsdienst* danke ich für die gemeinsamen Touren. Es ist mit euch immer unterhaltsam, danke dafür! Und danke an meinen Anwalt, Eckart Bröcker, der hier zwar nicht als Advokat tätig war, wohl aber den Hinweis gab, dass die besten Herrenschneider in London jedenfalls nicht in der Carnaby Street anzutreffen sind. Meiner Frau Anja danke ich für ihre immerwährende Unterstützung.

Last but not least danke ich meinem Koautor Dr. Andreas Gößling für die mittlerweile nun schon einige Jahre hervorragend laufende Zusammenarbeit. Ich freue mich auf unsere weiteren Projekte! Denn wir haben ja noch einiges gemeinsam vor.

Ich hoffe, Sie, liebe Leserinnen und Leser, halten Fred Abel die Treue. Denn schon bald geht es weiter, auch wenn sich mit dem zweiten Teil der Abel-Trilogie noch nicht klärt, ob Fred Abel sein schweres Schädel-Hirn-Trauma überleben wird, und wenn ja, welche Folgen das für seine Psyche und seine Physis haben wird. Die nächste Geschichte um Fred Abel spielt ein Jahr vor seiner Jagd auf den Miles & More-Killer. Da verschlägt es Abel im Rahmen eines Identifizierungsauftrags in eine ehemalige Sowjetrepublik, wo er es mit zwei grässlich zugerichteten Leichen zu tun bekommt, die jahrelang in einem Metallcontainer mit ungelöschtem Kalk gelagert waren, um ihre Identifizierung unmöglich zu machen.

Ihre Leichen sind fast vollständig *zersetzt* ...

Michael Tsokos

Andreas Gößling:
Rütteln am Thriller-Käfig

Seit rund dreißig Jahren schreibe ich Bücher, mit Vorliebe Romane. Von Krimis über historische Romane und Fantasy-Thriller, für erwachsene und jugendliche Leser, unter eigenem Namen, mit Koautoren und als Ghostwriter, habe ich zahlreiche Genres und Varianten erprobt. So glaubte ich, dass mich nichts mehr überraschen könnte – doch dieses gemeinsame Romanprojekt war auch für mich etwas Neues. Eine spannende Herausforderung, denn bei einem *True-Crime-Thriller* kommt es natürlich in ganz besonderer Weise auf Genauigkeit in den rechtsmedizinischen und kriminalistischen Details an. Und andererseits darauf, dass die Faktentreue nicht auf Kosten von Spannung und psychologischer Stimmigkeit geht. »Nichts ist so grausam wie die Realität«, da gebe ich Sebastian Fitzek recht – doch die Plots, die das Leben so schreibt, sind mit den Spielregeln des Thriller-Genres und mit den Erwartungen der Leser nicht von vornherein kompatibel.

Meine Stärken als Romanautor, so wird häufig gesagt, sind eine – manchmal vielleicht etwas unbändige – Phantasie und ein ausgeprägtes Gespür für Dramaturgie und Suspense. Die für unser Thriller-Projekt relevanten Stärken von Michael Tsokos sind – neben seiner großen Erfahrung und Expertise als Rechtsmediziner – ein unbeirrbarer Realitätssinn und eine starke Affinität zum Krimi- und Thriller-Genre. So haben wir uns gerade wegen unserer jeweiligen Stärken optimal ergänzt, als wir gemeinsam den Plot von *Zerschunden* entwickelten.

Was den realen Killer dazu bewog, von Sexualmorden an jungen Frauen zu den »Nachläufer«-Morden an Seniorinnen überzugehen, wird vermutlich für immer im Dunkeln bleiben. A. L. ist ein Psychopath, also schwerlich imstande, seine Beweggründe zu reflektieren, und das krude Material der kriminalpolizeilichen Protokolle und rechtsmedizinischen Gutachten aus diversen europäischen Ländern fügt sich nicht ohne weiteres zu einem stimmigen, auch dramaturgisch brauchbaren Psychogramm. Hier musste und durfte daher aus den Bruchstücken der Verbrechen und Geständnisse von A. L. sowie der jeweiligen Ermittlungsergebnisse mit der nötigen schöpferischen Freiheit der psychopathische Serienkiller Franco Moussadet kreiert werden.

Mein Dank gilt Michael Tsokos für die wie immer spannende und produktive Zusammenarbeit; Roman Hocke, der uns zum Autoren-Duo verkoppelt hat; allen Beteiligten bei Droemer Knaur für ihr Engagement und ihr Vertrauen, insbesondere Carolin Graehl; und zuerst und zuletzt meiner Frau Anne, die so wie ich unsere Bücher liebt, ohne sie zu zählen.

Die in *Zerschunden* auftretenden Rechtsmediziner und Kriminalbeamten, Ermittler und Staatsanwälte nicht nur in Berlin und Bari, sondern ebenso in London oder Paris sind mitsamt ihren Eigenarten und Marotten sehr nahe an der Realität; etwaige Ähnlichkeiten sind also meistens auch beabsichtigt (abgesehen von Biagio Solarino gibt es auch einen britischen Rechtsmediziner namens Milroy). Dass Michael Tsokos keine ehemalige Geliebte und demnach auch keine unehelichen Kinder in Guadeloupe hat, habe ich seinem Nachwort mit Erleichterung entnommen; es ist immer beruhigend, sich zu vergewissern, dass die Phantasie in ihrem Käfig bleibt. Ein bewährter Käfig ist das Krimi-Genre, beliebt bei Autoren und Lesern, doch während viele Krimi- und Thriller-Autoren in ihren Käfigen künstliche Plüschverbrecher und erdichtete Delikte vorführen, präsentieren wir einen echten Psychopathen und seine authentischen

Greueltaten, alles wahr und wirklich bis ins grausigste Detail. Sehen Sie, wie sich das menschliche Raubtier von innen gegen die Gitter wirft – aber seien Sie unbesorgt, der Käfig ist solide gebaut.

Andreas Gößling